이성과 반이성의 계보학

이성과 반이성의 계보학

이성의 역사

초판 1쇄 펴낸날 2021년 11월 5일

지은이 철학아카데미
펴낸이 이건복
펴낸곳 도서출판 동녘

주간 곽종구
편집 구형민 정경윤 박소연 김혜윤
마케팅 박세린
관리 서숙희 이주원

등록 제311-1980-01호 1980년 3월 25일
주소 (10881) 경기도 파주시 회동길 77-26
전화 영업 031-955-3000 편집 031-955-3005 **전송** 031-955-3009
블로그 www.dongnyok.com **전자우편** editor@dongnyok.com
인쇄·제본 영신사 **라미네이팅** 북웨어 **종이** 한서지업사

ISBN 978-89-7297-009-5 03100

이성과 반이성의 계보학

Aristoteles
Plato
Homeros

Baruch de Spinoza
Immanuel Kant
Jurgen Habermas
Hans Georg Gadamer
Friedrich Wilhelm Nietzsche
Jean Paul Sartre

Jacques Derrida

Gilles Deleuze

이성의 역사

Jacques Lacan

Georges Bataille
Merleau-Ponty
Michel Foucault

Max Horkheimer
Julia Kristeva
Georg Wilhelm Friedrich Hegel

철학아카데미 지음

동녘

| 일러두기 |

1. 본문에 사용한 기호의 쓰임새는 다음과 같다.
   《 》: 단행본, 신문명, 잡지명
   〈 〉: 미술 및 영화 작품, 단편, 논문
   Ibid.: 위에서 인용한 외국 서적
   op.cit.: 앞에서 인용한 외국 서적
2. 맞춤법과 띄어쓰기는 '한글 맞춤법'을 따랐다. 그러나 국내에서 통용되는 외국어는 국내 상황에 맞게 바꿨다. 특히 이 책에 등장하는 학자들의 이름은 최대한 원어를 번역하려고 노력했으나, 많이 다뤄져 관용적으로 굳어진 경우 또는 학계에서 통용되는 경우에는 기존의 표기를 따랐다.

책을 펴내며

철학아카데미가 2015년 7월~11월, 대략 5개월에 걸쳐 '이성과 반이성의 계보학'이라는 큰 주제 아래 특강을 기획해 시행했다. 이를 위해 18인의 학자들을 초빙했다. 그리고 그 강의 내용을 책으로 묶어내고자 했다. 그들에게 강의 내용을 글로 써서 투고하도록 부탁했고, 그 결실로 이 책《이성과 반이성의 계보학: 이성의 역사》를 출간하게 되었다. 그동안 6년이라는 긴 시간이 흘렀다. 여러 사정이 있긴 했으나, 이렇게 출간이 늦어진 것에 대해 기획 책임자로서 너무나 송구할 따름이다. 특히 일찍이 강의 원고를 주신 선생님들께는 뵐 면목이 없을 정도다. 다만 늦은 출간이 독자들에게 반드시 나쁘게 작용하지 않는다는 사실을 위로로 삼았으면 한다. 반드시 그런 것도 아니고 한편으로는 그래서도 안 되긴 하겠으나, 철학적 사유가 시류에 크게 얽매이지 않는 경향이 있기 때문이다.

'이성과 반이성의 계보학'이라는 주제에서 알 수 있듯이, 이 기획은 편의상 철학사적인 통시적 축을 따르는 것으로 했다. 통시적 축을 따른다 할지라도, '이성과 반이성'이라는 주제에 관해 철학사를 관통하듯 오가면서 종합적으로 사상사의 비교·분석을 수행할 수도 있다. 사실상 그래야만 훨씬 더 큰 연구의 성과를 얻을 수도 있고, 또 독자들에게 실질적으로 더 크게 도움이 될 것이다. 하지만 재정을 비롯한 여러 여건상 그럴 수 없었다. 18인의 학자들에게 그들 각자가 중점적으로 다루었으면 하는, 철학사적으로 중요한 특정 인물을 선택하도록 했고, 그 인물이 이성과 반이성에 관해 어떤 사유를 펼쳤는가를 강의하도록 요청했다. 다만 기획을 맡은 조광제는 맨 처음에 미흡하나마 총론 격으로 철학사를 관통하는 방식의 강의를 맡아 했다. 그런 뒤, 각자가 맡은 대로 순서에 따라 강의를 이었다.

간략하게나마, 필자(강의자)들이 글을 통해 담은 내용을 개관하는 것이 이 서문을 읽는 독자들을 돕는 길이 될 것 같다. 이 책에 실린 글의 순서에 따라 그 내용을 소개하고자 한다.

〈1장 이성과 반이성의 철학적 격돌〉에서 조광제는 이성과 반이성을 둘러싼 기초적인 문제들, 필연적인 법칙과 이성, 인간의 이성과 동물성, 이성과 충동적인 광기 등의 문제를 제기한다. 아울러 철학사에서 이성과 반이성이 어떤 지배/피지배의 관계를 맺는가를 개략적으로 밝힌다. 마지막으로, 반이성의 원천으로서 몸을 지적하고, 그 예로 메를로퐁티의 '살', 들뢰즈의 '기관들 없는 몸', 크리스테바의 '아브젝트(abject)' 등이 반이성의 영역의 기초를 이룬다는 것을 밝힌다. 결국 이성과 반이성에 대한 성찰이 현대사회에서 각자의 자유와 공동체적인 삶을 동시에 꾸릴 수 있는 데 도움이 되리라고 주장한다.

〈2장 호메로스에서 플라톤까지 이성 개념〉에서 김인곤 선생은 서양 철학의 주요 개념의 발상지인 고대 그리스의 호메로스에서부터 헤라클레이토스와 파르메니데스를 거쳐 플라톤에 이르기까지 있었던 복잡다양한 '이성' 개념의 발전사를 미세하면서 실감 나게 밝힌다. 흔히 '이성'이라 번역하는 '로고스'와 '누스'가 과연 어떻게 다른지 궁금하다면, 꼭 읽어봐야 할 것이다.

〈3장 아리스토텔레스: 인간과 세계 속의 '이성' 개념〉에서 김진성 선생은 아리스토텔레스가 이성을 어떻게 논리학, 인식론, 윤리학, 존재론 등에 각기 다르게 적용하는지, 그럼으로써 각 영역에서 이성이 어떻게 달리 나타나는지를 일목요연하게 정돈해 보인다. 김인곤 선생이 쓴 2장과 비교하고 연결해서 읽으면 '이성' 개념의 원류에 이은 체계화가 어떻게 이루어지는지를 알 수 있을 것이다.

〈4장 스피노자: 욕망의 힘, 이성의 역량〉에서 진태원 선생은 스피노자가 반이성에 속한다고 할 수 있는 욕망을 어떻게 인간의 본질로 보는가, 그리고 욕망과 정서, 그리고 이성을 위계적인 대립 관계로 놓지 않고 어떻게 연속적인 것으로 보는가를 밝힌다. 스피노자 철학이 왜, 어떻게 서구의 현대 철학에서 부활하여 중요하게 다루어지는지를 알고자 한다면, 이 글을 읽어 기초로 삼아야 할 것이다.

〈5장 칸트: 두 얼굴의 이성, 이론이성과 실천이성〉에서 박정하 선생은 우선 칸트가 어떻게 계몽적인 비판적 이성을 부각함으로써 인간의 주체성을 철학사적으로 제대로 의미 있게 건립했는지를 밝힌다. 그리고 칸트가 제시한 이론적 이성과 실천적 이성의 기능을 밝힌 뒤, 칸트 철학에서 실천적 이성이 이론적 이성보다 왜, 어떻게 우위를 점하는지를 밝힌다.

〈6장 헤겔: 이성의 진보로서의 역사〉에서 정대성 선생은 오늘날 이성에 대한 냉소적인 불신이 팽배한 것을 전제로, 헤겔이 어떻게 이성을 일체의 분열·분리를 넘어서는 것을 본질로 하는 것으로 보았는지, 그리하여 특히 계몽주의와 낭만주의의 대결과 분열을 사상적으로 지양·극복하고자 했는지, 그럼으로써 인간 해방의 기획을 완수하고자 했는지를 다각적으로 밝힌다. 헤겔의 이성 개념이 사상사적으로 어떤 의의를 갖는지가 궁금하면 반드시 일독해야 할 것이다.

〈7장 호르크하이머: 이성 비판과 가부장의 자의식〉에서 이순예 선생은 한국 사회에서 이성 비판 개념이 포스트모더니즘의 진정한 맥락에서 벗어났다고 진단한다. 그러면서 이를 호르크하이머의 《도구적 이성 비판》에서 제시한 자기 보존을 위한 주관적 이성과 공동체 유지를 위한 객관적 이성 간의 조화를 염두에 두고 비판적으로 고찰해야 한다고 본다. 이 글은 국내에서 그 중요성에도 불구하고 베냐민이나 아도르노보다 덜 조명된 호르크하이머의 비판 이론을 다시 생각하게끔 한다.

〈8장 하버마스: 기능주의적 이성 비판과 의사소통적 이성 옹호〉에서 강병호 선생은 호르크하이머와 아도르노가 내세운 도구적 이성 비판의 문제점을 지적하고, 이를 하버마스가 어떻게 극복하고자 하는지를 보인다. 하버마스가 '생활세계' 개념을 도입함으로써 구축한 '의사소통적 합리성'이 어떻게 포괄적 합리성으로 작동하는지를 일목요연하게 정돈해 보이고, 아울러 현대사회에서의 합리성과 비합리성을 검토한다.

〈9장 가다머: 이성과 감성의 지평융합으로서의 이해〉에서 박남희 선생은 한스게오르크 가다머가 도구화된 이성을 넘어선 참된 이성의 의미가 본래 '이해'에 있음을 드러냄으로써 사유의 일대 전환을 일으켰다는 점을 밝힌다. 이해의 운동이야말로 참다운 이성, 즉 진리라고 말하면서, 이해의 체험을 둘러싼 지평융합을 통해 도구적 이성에 의해 매도된 방법적 진리 개념을 불식시킨다는 점을 강조한다. 그러면서 가다머에게서 해석학이 어떻게 현상학을 바탕으로 한 존재론적인 해석학인지를 밝히고, 그 현대적인 의의를 밝힌다.

〈10장 사르트르: 20세기의 마지막 거대 담론 주창자〉에서 변광배 선생은 글의 제목 그대로 국내의 철학계에서 좀처럼 조명되지 않은 사르트르의 《변증법적 이성 비판》을 중심으로 사르트르의 사상사적인 맥락을 짚어 밝힌다. 이 책이 기본적으로 역사의 이해에서 변증법적 이성의 유효성과 한계를 검토하는 것을 주요 목표로 한 것임을 드러내면서, 마르크스주의와 실존주의의 결합, 헤겔의 사유 방식과 마르크스의 사유 방식의 결합을 시도한 것임을 밝힌다. 그리고 사르트르의 사회철학에서 가장 중요한 두 집단 개념인 '집렬체'와 '융화집단'이 어떻게 다른지를 밝힌다. 마지막으로, 이를 근거로 사르트르 철학에 대한 여러 비판을 소개하고 비판의 정당성 여부를 되새김질하여 사르트르 사상의 현대적인 유효성을 적극적으로 가늠한다.

〈11장 니체: 이성은 힘에의 의지의 도구다〉에서 박찬국 선생은 니체의 평생의 과업이 플라톤적인 형이상학과 기독교를 규정하는 이성 중심적 이원론, 즉 이성과 감성의 이원론을 깨뜨리는 것임을 강조한 뒤, 그 대안으로 니체가 종전의 작은 이성인 정신을 대신해 몸 내지는 큰 이성이라 부를 수 있는 '힘에의 의지'를 통한 최고도의 행복의 길을 내세웠음을 밝힌다. 니체가 정념들을 승화함으로써 힘에의 의지를 강화한다는 것과 힘에의 의지가 강한 명령자, 즉 알려지지 않은 현자라는 것을 어떻게 드러내 보이는지를 밝힌다. 그럼으로써 니체가 현대의 수없이 많은 사상가에게 어떻게 크게 영향을 미쳤는지를 간략하게나마 밝힌다.

〈12장 바타유: 이성의 성(城) 밖으로〉라는 글에서 김성하 선생은 그 중요성에도 불구하고 국내에서 그다지 많이 논의되지 않고 있는 바타유의 사상을 개관한다. 하나의 폐쇄된 이상적인 성을 쌓고서 성 밖의 고통, 죽음, 폭력, 방탕, 피와 폭력 등의 '비정형(informe)'과 '다름(hétérogène)' 및 '비천한 것(abjection)'을 바탕으로 한 실제 현실 간의 대립을 회피하는 폐쇄적 이성을 바타유가 어떻게 비판하는지, 그리고 폐쇄적 이성이 요구하는 완전성과 주권성, 중심성 등을 포기하고 성 밖의 현실로 뛰쳐나와 이성이 배제해버린 것들과 열린 방식의 이성으로 소통함으로써 일체의 대립적인 것들이 뒤섞여 드러내는 진실을 향할 수 있어야 한다는 바타유의 주장을 소개한다. 아울러 바타유가 프랑스의 내로라하는 위대한 철학자들과 어떻게 소통했고, 또 후대에 어떤 영향을 미쳤는지를 간략하게나마 소개한다.

〈13장 메를로퐁티: 이성의 신화에 대항하는 살적 이성〉에서 정지은 선생은 우선 메를로퐁티의 철학이 신체와 감각을 도외시한 데카르트의 독단적인 정신 중심주의를 어떻게 비판하는지, 그리고 목적론적인 미래 인간의 역사를 위해 현실의 인간을 헌신해야 한다는 헤겔주의적 역사주의를 어떻게 비판하는지를 밝힌다. 그러면서 "메를로퐁티에게서 비이성의 철학은 없다"라고 단호히 주장하면서, 메를로퐁티의 철학이 신체의 철학이라고 해서 그의 철학을 이성보다 반이성을 앞세우는 반이성의 철학으로 보아서는 안 된다는 점을 강조한다. 그리고 메를로퐁티가 제시하는 이성이 자신의 한계를 깨달은 상태에서 애매성과 불합리성을 포괄하고자 노력하는 확장된 이성임을 밝힌다. 그리하여 메를로퐁티의 감각적 살(chair)의 존재론이 펼쳐진다는 점을 밝힌다.

〈14장 푸코: 서양적 합리성의 역사와 그 한계, 하버마스의 비판에 대한 하나의 응답〉에서 허경 선생은 합리성 또는 보편성 문제를 놓고서 푸코와 하버마스가 어떻게 격렬하게 대결하는지를 밀도 있게 천착한다. 우선 하버마스가 특히 현재주의와 상대주의를 내세우는 푸코의 이론적 모순을 어떻게 비판하는지를 성실하게 소개한 뒤, 푸코의 입장에 서서 하버마스를 비판한다. "니체와 푸코의 위대한 점은, 자신의 이론을 자신의 이론에 대한 예외로 설정하지 **않았다**는 사실에 놓여 있다"라는 진단을 통해, 그리고 푸코가 필연성을 전제하는 보편성 대신에 일반성을 제시한다는 분석을 통해, 허경 선생은 푸코의 편에 서서 하버마스가 제시하는 이성의 계몽적·비판적·보편적 규범성 주장을 비판한다. 결국에는 하버마스는 유럽적 합리성으로써 보편적 합리성을 주장한 데 반해 푸코는 유럽적 합리성이 보편적 합리성일 수 없다는 점을 주장할 뿐 비합리주의자고 단정할 수 없다는 주장에 이른다.

〈15장 들뢰즈: 생각에 대한 새로운 상과 예술가적 배움〉에서 김재인 선생은 들뢰즈의 경험주의가 어떤 의미를 띠는지를 밝힌다. 이와 관련해, 들뢰즈가 이성주의가 품은 '생각에 대한 독단적인 상'이 지닌 억압적인 기능을 어떻게 적발해내어 비판하는가를 드러낸다. 들뢰즈가 이성주의가 지닌 '앎'을 '배움'으로 대체하고, '배움'이 창조이고 발명이며, '생각 활동' 역시 참된 창조임을 역설한다는 점을 드러낸다. 그러면서 이를 들뢰즈가, 배움과 생각 활동은 '뜻밖이면서 피할 수 없고 폭력적이면서 비자발적인 기호'를 바탕으로 한다는 것, 본질은 차이로서 생성하면서 예술을 통해 계시된다는 것, 생각이란 참/거짓의 문제가 아니라 높음/낮음의 힘의 문제로서 상 없이 이루어진다는 것 등을 통해 입증해 보인다는 점을 소상하고 깊이 있게 밝힌다.

〈16장 라캉: 문자의 과학과 이성, 주체의 전략〉에서 김석 선생은 언어(말/문자/텍스트), 의미, 주체, 욕망, 존재, 진리, 이성, 무의식 등에 관한, 왠지 엄청나게 복잡할 것 같은 라캉의 정신분석학적 사유를 복잡한 듯 쉽게 풀어낸다. 김석 선생이 해석하는 라캉에 따르면, 이것들이 맺는 관계들이 상식 또는 전통 철학의 이성으로 판단하는 것과 대체로 개념적으로 뒤집혀 있다. 꿈이 꿈꾸고, 문자가 주체로서 활동하고, 텍스트가 저항하면서 유혹하고, 무의식이 언어적 수사를 획책하고, 그런 가운데 진리는 의미 불가능성으로 나타나 언어가 창작의 향유를 부추겨 구원에 이르게 한다. 라캉을 통해, 이성과 반이성이 의미의 불가능성에 오히려 매혹되어 전혀 새롭게 자리매김되는 것으로 여겨진다.

〈17장 크리스테바: 이성의 시공 찢기, 비체와 코라〉에서 윤지영 선생은 비체, 충동, 기호계, 주이상스, 코라 등에 따른 모성적인 비규정적·비이성적 위력이 기존의 가부장제, 남근, 상징계, 욕망 등에 따른 부권적인 규정적·이성적 존재 질서를 내파한다는 크리스테바의 사유를 적절히 잘 설명한다. 하지만 그와 동시에 크리스테바가 전자만을 주장하지 않고, 모성적 위력과 부권적 영역이 교차·이접·경합하는 데서 의미와 주체가 생성된다고 주장한다는 점을 강조한다. 반이성과 이성의 관계가 양자택일의 문제가 아니라 끝없는 충돌의 문제임을 암시한다.

〈18장 데리다: 유사초월론과 이성의 탈구축〉에서 진태원 선생은 데리다가 '유사초월론'을 통해 이성적 진리의 가능성 조건이 곧 이성적 진리의 불가능성 조건이기도 하다는 점을 밝히고자 한다는 점, 그리고 진리의 가능성과 불가능성이 양자택일의 문제가 아님을 강조한다는 점을 적절히 잘 해석해 소개하고 있다. 제대로 된 철학적 사유를 하려면 이성과 반이성의 양자택일에 얽매이는 데서 벗어나야 한다는 경종을 울리고 있다 하겠다. 이는 윤지영 선생이 밝힌 크리스테바의 입장과 큰 맥락에서 일치한다고 볼 수 있다.

18인에 이르는 필자들의 글을 기획자 나름의 독해를 통해 간략하게 짚었다. 옥고를 주신 필자들 각자는 이러한 기획자의 독해가 불충분하거나 심지어 오독의 실마리를 제공한다고 여길 수도 있을 것이다. 만약 그렇다면, 기획자의 무능력이나 특정한 여건에 따른 것임을 양해해 주시길 바란다. '이성과 반이성'이라는 대단히 어려운 주제에 따라 성심성의껏 학문적인 역량을 발휘해주신 필자들께 고맙다는 인사를 전한다. 무엇보다 본 기획의 초기 단계에서 원고 수합에 이르기까지 크게 힘써주신, 철학아카데미 이사이신 박남희 선생님의 노고에 특별히 감사의 말씀을 전한다.

끝으로 이 책을 출간하는 데 기초가 된 철학아카데미의 특강을 재정적으로 돕고, 또 이렇게 책이 출간되기까지 최대한의 인내심을 발휘하여 최선의 편집을 위해 노력을 아끼지 않은 도서출판 동녘의 이건복 사장님과 편집부원님들께 고맙다는 인사를 전한다.

2021년 8월

기획자들을 대표하여 (사)철학아카데미 대표 조광제가 씀

차례

1장

이성과 반이성의 철학적 격돌

조광제(철학아카데미 대표)

《이성과 반이성의 계보학: 이성의 역사》라고 하는 정말 철학 강의다운 멋진 제목의 강좌를 개설했다. '이성과 반(反)이성', 제목에서부터 왠지 대대적인 충돌과 그에 따른 긴장을 예고한다. 사유의 신경과 근육을 한껏 끌어당겨야 할 것 같다. 철학에서 긴급한 문제이기 때문만은 아니다. 개인적인, 그리고 사회 역사적인 삶 자체에 워낙 근원적인 문제이기 때문이다.

1. 문제틀의 형성

'문제틀(problematics)'을 형성할 실마리를 얻기 위해 뜬금없는 물음을 던져본다. 인생은 이성적인가, 아니면 반이성적[1]인가? 이 물음에 답하려면 우선 '이성'은 무엇이며, '반이성'은 무엇인지를 알아야 할 것이다.

1) 필연적 법칙에 관하여

우리는 이미 이성이 무엇이며, 따라서 반이성이 무엇인지를 직관적으로나마 상당 정도 알고 있다. 우리는 나 자신이 태어나고 죽는다는 사실을 안다. 태어나고 죽는다는 것은 도무지 벗어날 수 없는 일종의 법칙이다. 법칙에 들러붙는 부사구가 있다. '반드시'라는 부사어다. 매일 반드시 해가 뜨고 진다. 우리네 한반도에는 반드시 봄·여름·가을·겨울 사계절이 순차적으로 순환한다. 지구는 태양을 반드시 돌게 되어 있고, 공중으로 던진 돌은 반드시 떨어진다. 질량을 가진 두 물질은 반드시 거리의 제곱에 반비례해 서로 끌어당긴다.

'반드시 …… 하게 되어 있다'라는 것을 우리는 대체로 '필연적 법칙'이라는 말로써 표현한다. 이 필연적 법칙은 벌어지는 일, 즉 사건에 대해 적용된다. 그런데 일이 벌어질 때에는 그 일을 일으키거나 당하거나 하는 그 무엇이 있게 마련이다. 그런데 이 무엇을 뭐라고 부르는가? 일단 그야말로 최대로 넓은 의미로 사물이라고 부르기로 하자. 예컨대 "방 안이 갑자기 어두워지면 반드시 벽지의 색이 다르게 느껴진다"라고 할 때, 색과 같은 감각적인 것도 지칭할 수 있는 그런 넓은 의미의 사물로 여기도록 하자.

그렇게 해서 정돈하자면 이렇게 될 것이다. "만약 필연적 법칙이 있다면, 사물이 일을 일으키거나 당하면서 그렇게 일이 벌어지는 데 그 필연적 법칙이 작동한다." 여기에서 일단 우리는 '필연적 법칙', '사건', '사물'이라는 세 요인을 생각하게 된다.

그런데 어떤가? 저 멀리 광막하기 이를 데 없는 우주에서부터 너무나 가까이 미묘하기 이를 데 없는 내 심정의 내부에 이르기까지, 그 사이에서는 온갖 사건이 일어난다. 이 지구촌에서 온갖 세계적인 사건이 일어나고, 한반도 내지는 한국 땅에서 온갖 국내적인 또는 민족적인 사건이 일어나고, 그런가 하면 주변의 친지나 이웃 및 가족 간에 온갖 사건이 일어난다.

그 방식들을 볼라치면, 물리적·생리적으로 일어나는 사건들도 있고, 욕망이나 충동을 둘러싸고서 심리적으로 일어나는 사건들도 있고, 나를 중심으로 해서 개인적으로 일어나는 사건들도 있고, 복잡 미묘한 네트워크를 형성하고서 사회적으로 일어나는 사건들도 있고, 성속(聖俗)을 둘러싸고서 종교적으로 일어나는 사건들도 있고, 언어 내지는 지식에 의거해서 학문적으로 일어나는 사건들도 있는가 하면, 이 모든 방식이 중첩되면서 얽혀 그 특성을 정확하게 지목할 수 없는 온갖 사건이 있다.

이를 염두에 두면서, 우리는 "각기 사물들이 일으키거나 당하는 그 모든 사건에 과연 필연적 법칙이 있어 작동하고 있는가?" 하는 물음을 던져보는 것이다. 왜 이 물음을 던지는 걸까? 이 물음에 대해 어떤 대답을 하는가에 따라, 이성과 반이성에 관련된 사유의 실마리를 확보할 수 있으리라 짐작되기 때문이다. 혹자는 "모든 사건에는 필연적 법칙이 분명히 작동하고 있을 것이다. 다만 우리 인간들이 그 법칙을 아직 모를 뿐이다"라고 말할 수도 있을 것이다. 또 혹자는 "어떤 사건들에는 필연적 법칙이 작동할 것이고, 다른 어떤 사건들에는 필연적 법칙이 작동하지 않을 것이다"라고 말할 수도 있을 것이다. 또 심지어 혹자는 "필연적 법칙이란 아예 없는 거야. 필연적 법칙이란 우리 인간이 사건을 설명하고 처리하기 위한 인위적인 임시방편일 뿐이야"라고 말할 수도 있을 것이다.

우리의 사유를 좀 더 구체화하기 위해 에드워드 윌슨이 쓴 유명한 책《통섭》의 한 구절을 인용해보기로 한다.

> 학자들은 행동과 문화를 다룰 때 개별 분과들에 적절한 여러 유형의 설명들, 예컨대 인류학적 설명, 심리학적 설명, 생물학적 설명 등을 언급하는 습관이 있다. 나는 본래 한 가지 부류의 설명만이 있다고 논증했다. 그 설명을 통해 우리는 다양한 수준의 시공간과 복잡성을 넘나들어 결국에는 통섭(統攝)이라는 방법으로 여러 분과들의 흩어진 사실들을 통일한다. 통섭은 봉합선이 없는 인과관계의 망이다.[2]

윌슨은 온갖 사건이 일어나지만, 그 '다양한 수준의 시공간과 복잡성'을 띤 모든 사건은 '본래 한 가지 부류의 설명'하에 '통섭'될 수 있다고, 즉 통괄적으로 포섭될 수 있다고 주장한다. 그리고 그는 "통섭은 봉합선이 없는 인과관계의 망이다"라고 말하고 있다. 앞서 말했던 '필연적 법칙'은 다름 아니라 인과관계를 설명해주는 것이지 않은가. 그러고 보면 윌슨은 우리가 말한 그 온갖 사건이 결국에는 단 '한 종류의 필연적 법칙'으로 설명될 수 있다고 믿는 셈이다. 그가 말하는 그 '한 종류의 필연적 법칙'은 바로 물리학적인 법칙이다. 그러니까 일체의 인간 정신문화적인 사건과 그에 따른 예술과 문학과 철학 및 종교적인 일체의 성과물의 생산과 향유도 결국에는 물리학적인 법칙으로 환원해서 설명할 수 있고, 또 그렇게 설명할 수 있어야 의미가 있다고 여기는 셈이다.

과연 그런가? 어떤 광인과 같은 천재가 있어 심지어 온 우주를 다 뒤져봐도 아예 그 어떤 필연적 법칙도 있을 수 없다고 말할 수 있을 것도 같은데도, 과연 그런가? 십분 양보해서 필연적 법칙이 있다고 할지라도, 사건이 벌어지는 그 특정한 영역에 따라 각기 그 나름의 특정한 필연적 법칙들이 있을 뿐, 그 필연적 법칙들을 하나로 통합할 수 있는 최종 상위의 필연적 법칙은 있을 수 없다고 말할 수 있을 것 같다. 그런데도 과연 최종 최후의 포괄적인 법칙인 물리학적인 법칙이 일체의 법칙을 이른바 통섭한다고 말할 수 있는가? 그뿐만이 아니다. 사건들이 일어날 때마다 제아무리 필연적 법칙이 작동한다 할지라도 그 필연적 법칙들을 벗어나는 근본적인 해체 내지는 이탈의 계기들이 늘 작동하기 마련이라고 말할 수도 있을 것 같다. 그런데도 윌슨의 주장은 그럴듯한 건가? 다시 말해 윌슨이 말하는 것처럼 일체의 일을 통괄해서 포섭하는 물리학적인 법칙이 있어, 모든 정신 심리적인 일조차 그 법칙으로 환원해서 설명할 수 있고, 또 그래야만 그 일이 의미를 갖는 것일까?

2) 이성과 반이성에 관하여

어떤 방식으로건 필연적 법칙이 있다고 치자. 온갖 사건을 관통하는 필연적 법칙이 있다고 할지라도 그것을 알 수 있는 우리 인간의 능력이 없다면 어떻게 되는가? 필연적 법칙은 한편으로는 사건들의 발생과 소멸을 지배하는 객관적인 것이지만, 다른 한편으로는 우리 인간이 사건들의 발생과 소멸이 어떻게 해서 일어나는지를 일반적으로 설명하는 데 동원하는 수단이다.

사건들의 발생과 소멸을 일반적으로 설명할 수 있어야만 예측이 가능하다. 일어난 사건들에 대해 설명을 하고, 이를 바탕으로 일어날 일에 대해 예측을 한다. 그럼으로써 내외적인 삶의 환경을 삶을 유지하는 데 유리한 방향으로 이끌고자 하는 것이다. 이같이 설명과 예측을 가능하면 더 정확하게, 그리고 더 포괄적으로 할 수 있는 인간의 능력, 즉 필연적 법칙을 파악할 수 있고 이를 해당 사건에 적용할 수 있는 인간의 능력을 일컬어 이성(理性, reason, raison, Vernunft)이라고 한다.

일찍이 철학자 아리스토텔레스는 "인간은 이성적 동물이다"라고 한 것으로 알려져 있다. 인간은 끝없이 저 멀리 천체에서 일어나는 일과 땅에서 일어나는 일, 세상 주변에서 일어나는 일과 내 마음속에서 일어나는 일 등을 설명하고 예측하고자 하는 본성을 지녔다는 이야기다.

문제는 '이성적 동물'이라고 할 때, 그 '동물' 내지는 '동물성'이다. 이 때문에 "인간은 이성적 동물이다"라는 말을 '인간은 순전히 이성적인 동물이다'라는 뜻으로 읽을 수가 없게 된다. 그러니까 상식으로도 쉽게 알 수 있듯이, 우리 인간에게는 이성적인 부분 외에 흔히 감정·욕망·충동 등으로 일컫는 부분들이 있어, 흥분하다 못해 심지어 미쳐버리기까지 한다. 이에 우리 나름으로 "인간은 감정적인 동물이다"라든가, "인간은 충동적인 동물이다"라든가, 심지어 "인간은 미칠 수 있는 동물이다"라는 등의 명제를 제시할 수 있게 된다.

이에 전혀 새로운 문제들이 줄지어 등장한다. 이성은 인과적인 필연적 법칙을 파악해서 해당 사건에 적용할 수 있는 능력이라고 말했다. 그런데 우리 인간에게서 발견되는 감정·충동·광기 등은 이성을 벗어난 것임에 틀림이 없어 보이는데, 이것들에는 과연 필연적 법칙이 없는가 하는 것이 첫 번째 문제다. 이것들이 일으키는 사건들에도 분명히 필연적 법칙이 있으리라 믿고서 '정신분석학' 내지는 '이상심리학(異常心理學)' 등의 심리학[psychology: psyche(혼)+logos(이성/법칙)]이 성립한다. 그러고 보면 이성이라는 인간 능력은 참으로 묘한 놈이다. **이성은 분명 인간의 능력이기에 인간 내부에서 발휘되면서 그 활동에 따른 사건을**

인간 내부에서 일으킨다. 그런데 마치 인간이 내부에서 겪는 온갖 사건을 벗어나 있는 것처럼, 그리하여 본성상 인간을 넘어선 일종의 초월적인 능력인 것처럼 작동한다. 그리하여 이성은 인간 안팎에서 벌어지는 뭇 사건들을 설명하고 예측할 뿐만 아니라, 심지어 저 자신의 활동과 그 결과를 반성적으로 비판하는 능력으로 작동한다.

두 번째 문제는 이성만이 인간의 능력이냐, 감정이나 충동이나 광기도 일종의 인간의 능력이지 않은가, 그렇다면 이성이 인과적인 필연적 법칙을 파악하듯이, 우리 인간이 감정·충동·광기로써 파악하는 외부의 어떤 대상도 있을 것 아니냐, 그 외부의 대상은 과연 무엇인가 하는 것이다. 말하자면 이성으로써는 도무지 파악할 수 없고 오로지 감정이나 충동 내지는 광기로써만 파악할 수 있는 우주 내의 어떤 대목들이 있을 수 있지 않겠는가 하는 것이다. 여기에서 이른바 반이성(反理性, irrationality, déraison, Unvernunft)의 대상 영역이 독자성을 띠고서 확 펼쳐진다.

흔히 우리는 공명이니 공감이니 또는 도취니 몰입이니 하면서, 저 멀리 우주에서의 일뿐만 아니라 주변의 꽃이나 냇물이나 밤낮이 교체되는 묘한 시각 등에 대해 빨려 들어가는 사건들을 경험하게 된다고 말하기도 하는데, 이러한 반이성의 영역과 무관하지 않을 것이다.

물론 이때에도 이성은 가만히 있지 않을 것이다. 이성은 그런 일들조차, "몰라서 그렇지 알고 보면 틀림없이 인과적인 필연적 법칙이 작동하고 있을 거야. 잘 살펴봐야지" 하는 태세를 취할 것이다. 그럼으로써 이성은 그런 반이성의 영역을 완전히 끌어들여 자신의 지배권 속으로 집어넣으려 할 것이다. 앞서 보았던 윌슨이 그 대표적인 모델이라고 하겠다. 어디 윌슨뿐인가? 알고 보면 플라톤이 그 원조라고 할 수 있고, 플라톤에게 영향을 미쳤던 파르메니데스가 원조의 원조라고 할 수 있다. 플라톤과 아리스토텔레스에 이어 서양의 중세 기독교 철학에서 담론으로 횡행했던바 신을 절대적이고 순수한 이성으로 여겼던 스콜라철학자들 역시 그런 부류에 속한다. 그뿐만이 아니다. 일체의 인간의 지식을 하나의 정합적인 체계로 엮어 제시하고자 하는 '보편학(mathesis universalis)'을 주창하고, 그 보편학의 근본원리를 찾아 결국에는 "나는 생각한다. 그러므로 나는 존재한다"라는 저 유명한 명제를 제시했던 데카르트야말로 오늘날 우리에게 직접 영향을 미치고 있다고 해도 과언이 아니기에 실질적인 원조다. 이에 우리는 '이성의 계보학'이라는 말을 할 수 있게 된다.

2. 이성과 반이성의 역사

이성과 반이성의 문제에 관해 이 정도로 사유의 문제틀을 형성했으니 이제 '계보학'이라는 제목에 부응하기 위한 작업에 돌입해보자.

동양에서는 이(理)와 기(氣)라고 하는 형이상학적인 거대한 두 원리로써, 또는 도(道)라는 통일된 하나의 원리로써 우주와 인간을 통일적으로 이해하고자 노력했다. 하지만 여러 여건상 이를 망라해서 논의할 여유가 없다. 편의상 서양을 중심으로 해서 이성과 반이성의 계보만을 살펴보고자 한다.

1) 신화에서 본 이성과 반이성

맨 먼저 이성과 반이성에 관련해서 신화에서 그 기원을 생각해보고자 한다. 고대 그리스의 위대한 시인이었던 헤시오도스의 《신통기》에는 이렇게 기록되어 있다.

> 태초에 카오스(Chaos)가 있었고, 그다음에는 넓은 젖가슴을 지닌 가이아(Gaia)가 있었는데, 그 가이아는 눈 덮인 올림포스산과 넓은 길이 많이 나 있는 대지의 가장 깊은 곳, 칠흑같이 어두운 타르타로스(Tartaros)에 거하고 있는 영생불멸하는 모든 신들의 든든한 처소였다. 그다음에 에로스(Eros)가 생겼는데, 이 에로스는 영생불멸하는 모든 신들 중 가장 아름다운 신이었으며, 모든 신들과 인간들의 머릿속의 이성과 냉철한 사고를 압도하며 다리의 힘을 마비시키는 신이었다.[3]

헤시오도스는 《일리아스》와 《오뒤세이아》의 시인으로 유명한 호메로스(Homeros)를 이은 최고의 서사 시인이다. 헤시오도스의 이 묘사에서 특이한 점은 태초에 하늘(Uranos)이 없고, 오히려 흔히 혼돈을 뜻하는 '카오스', '넓은 젖가슴을 지닌 가이아', '칠흑같이 어두운 타르타로스', 그리고 '모든 신들과 인간들의 머릿속의 이성과 냉철한 사고를 압도하며 다리의 힘을 마비시키는 신인 에로스'가 있었다는 것이다.

흥미로운 점은 헤시오도스가 '에로스'를 말하면서 "모든 신들과 인간들의 머릿속의 이성과 냉철한 사고"를 염두에 두고 이를 "억압하고 마비시키는" 힘으로 보았다는 점이다. 에로스는 카오스와 가이아가 결합하여 수많은 신들을 낳게 하는 근원적인 원동력이다. 에로스는 생산의 신이고, 창조의 신이며, 또 창작의 신이다. 비(非)신화화의 해석을 덧붙이자면, 에로스는 일체의 우주가 생성과 변화를 거듭하게 만드는 원동력인 것이다. 그런데 그런 에로스가 처음부터 이성, 즉 로고스(logos)를 압도하여 마비시킨다고 말하고 있으니, 참으로 흥미로운 이야기가 아닐 수 없다.

이렇게 되면 설사 온 우주가 로고스에 의해 필연적인 방식으로 변화한다고 할지라도 로고스가 그 변화를 일으키는 것이 아니라 반이성적인 에로스가 그 변화를 일으키는 원동력이고, 로고스는 그 변화의 방향을 조정할 뿐이라고 말하게 된다. 신화적인 단계에서부터 이성과 반이성의 격돌이 예상되면서 근본에서 보자면 반이성이 없이는 이성이 아무런 소용도 없다는 결론을 내리게 된다.

2) 철학에서 본 이성과 반이성

헤시오도스의 이러한 신화적인 생각은 플라톤에서 되풀이되면서 묘한 방식으로 선회를 한다. 플라톤은 유명한 책 《티마이오스》에서 이렇게 말한다.

> 존재·공간·생성이 있고, 이 셋이 세 가지로 있으며 천구(우주)가 생기기 전에도 있었다는 겁니다. 그렇기는 하나, 생성의 유모[즉, 공간]는 물의 상태로 되는가 하면, 불타는 상태로 되기도 하고 …… 결코 닮지 않고 균형이 잡히지 않은 힘들(dynameis)로 가득 차 있기 때문에, 그것의 어떤 부분에서 평형을 이루지 못하고, 그것들(힘들)로 인해서 균형을 잃고서 온갖 방향으로 기우뚱거리며 흔들리게 되는가 하면, 또한 운동하게 됨으로써 다시 그것들을 흔들어놓게 된다는 겁니다. …… 그러니까 [우주가 질서를 갖추어 갖게 되기] 전에는 이것들 모두가 비례(비율: logos)도 없고 척도(metron)도 없는 상태로 있었습니다.[4]

'존재'는 "합리적 설명(logos)과 함께하는 지성에 의한 앎에 의해 포착되는 것으로서 언제나 같은 상태로 있는"[5] 이데아인 형상들(eidos)을 뜻하고, '생성(genesis)'은 우주를 만들기 전 우주를 만들 원재료를 뜻한다. 그리고 '공간(chora)'은 생성인 원재료가 놓여 있던 곳으로서 무질서한 힘들로 넘쳐나는 곳을 뜻한다. 그러니까 '생성'은 헤시오도스가 말하는 '카오스'와 비견할 수 있고, '공간'은 헤시오도스가 말하는 '에로스'와 비견할 수 있다. 그런데 플라톤은 헤시오도스의 신화적인 세계에서는 전혀 없었던 '존재', 즉 그 자체로 이성적인 설명의 원형이 되는 형상들을 설정하고 있다. 말하자면 플라톤은 우주의 발생 전에는 이성과 반이성의 이원적인 대립을 제시하고, "우주는 바로 이렇게 해서 생겨났기에, 그것은 합리적 설명(logos)과 지혜(phronēsis)에 의해 포착되며 '똑같은 상태로 있는 것'에 따라 만들어졌습니다"[6]라고 함으로써, 우주가 발생할 때 이성이 반이성의 영역을 내리눌러 포섭하게 되어 생성된 우주 전체에 이성이 지배력을 발휘하면서 관통하게 되었다고 말하는 것이다.

그러나 플라톤은 천체들과는 달리, 생물들 특히 인간이 만들어질 때 온갖 종류의 감각과 감정 및 욕망과 함께 이성적인 힘을 갖게 되었다고 말한다. 그러면서 이성에 따라 잘 살면 이성적인 천체에 돌아가 행복하게 살게 되지만, 그렇지 못하면 여성으로 다시 태어나게 되거나 더 나쁜 경우 짐승으로 다시 태어나게 된다고 말한다.[7] 동식물을 비롯해서 역시 생물체인 우리 인간에게는 이성 외에 욕망이나 충동 또는 광기 등 반이성의 힘이 작동한다고 본 것이다.

이성과 반이성의 기원을 살피면서 방금 우리는 헤시오도스와 플라톤의 경우를 보았다. 이에 로고스(logos), 즉 이성이 뮈토스(mythos), 즉 신화와 대립한다는 것을 생각하게 된다. 참고로 부연하자면, 흔히 로고스를 파토스(pathos, 감정)와 대립하는 것으로 여기는데, 이때 파토스는 헤시오도스가 말한 에로스에 해당한다고 할 것이다.

잘 알다시피 로고스는 이성 외에 '말'이라는 뜻을 갖는다. 신화적인 세계에 젖어 들면, 이성적인 방식으로 말하는 것이 아니라 계시적인 방식으로 말하게 되고, 또 그렇게 듣게 된다. 이성적인 담화는 근거를 따지는 방식이지만, 계시적인 담화는 근거를 전혀 따질 수 없는 방식이다. 그러고 보면 철학은 신화에 의거한 계시적인 담화를 부정하고 로고스에 의거한 이성적인 담화를 적극적으로 받아들이는 데서부터 시작되는 것이다. 그래서 이성적인 대화를 추구했던 소크라테스가 위대한 철학자로 자리매김되었다.

하지만 계시적인 방식의 담화가 철학에서 완전히 제거되는 것은 아니다. '직관' 또는 '지성'이라는 이름으로 변형되어 살아남는다. 예컨대 플라톤이 이성이라고 말한 것은 로고스인데 비해, 이데아들의 세계를 파악하는 것은 '누스(nous)'라고 하는데, 이 누스는 직관적인 지성, 즉 어떤 근거에 의거한 추론적인 것이 아니라 일종의 깨달음으로서 '있는 그대로의 근본진리'를 파악하는 것이다. 로고스를 이성이라고 할 때, 그 이성은 추론의 능력이기도 한 것이다. 하지만 '누스'는 직관의 능력이다. 말하자면 로고스는 인간의 합리적인 인식능력이면서 동시에 우주라는 대상 영역을 관통하는 것이기도 하지만, '누스'는 순전히 인간의 인식능력일 뿐이다.

누스와 로고스는 데카르트에 이르러 직관과 연역이라는 이름으로, 명석판명함(clara et distincta), 즉 명증함(evidence)을 바탕으로 한 지식 체계로서의 보편학을 구축하는 기본적인 방법으로서 재가동된다. 수학에서 공리(公理)는 증명되는 것이 아니라 직관되는 것이고, 이 공리를 바탕으로 정리(定理)를 구축하면서 공리에 입각하여 그 정리를 입증하여 정당화하는 것이다.

데카르트 이전에 중세 스콜라철학에서 진리의 기준으로서 크게 중시하면서 '지성과 사물의 일치(adaequatio intellectus et rei)'를 제시했을 때, '지성(intellectus)'은 바로 근본적인 원리들을 직관하는 인간의 능력을 뜻한다. 이는 일찍이 아리스토텔레스가 《형이상학》 L.7에서 "지성은 지성적인 것을 파악하면서 제 스스로를 생각한다"라고 하면서 '지성'을 '신적인 사유' 또는 '사유의 사유'라고 일컬은 데서 유래한다고 할 수 있다. 그러니까 적어도 인간의 인식능력에 있어서는 지성이 오히려 이성보다 더 탁월한 것으로 취급되었던 것이다.

그런데 이러한 지성을 이성에 비해 한 급 낮은 것으로 격하시킨 인물이 바로 칸트다. 플라톤에서 시작해서 아리스토텔레스, 중세 스콜라 철학자들, 데카르트 등은 인간 지성을 학문을 위한 근본원리를 파악하는 능력으로 보았다. 그것은 다름 아니라 지성을 감각적인 것을 넘어서서 그야말로 순수 지성적인 형상 내지는 원리를 파악하는 능력으로 본 것이다. 그런데 칸트는 지성을 순전히 감각적인 것에 대해서만 작동하는 것으로 보았다. 즉, 감성에 의해 형성된 감각적인 직관[Anschauung, 같은 말로 번역되긴 하지만, 이때 직관은 종전에 지성을 직관(intuition)으로 본 것과는 전혀 다른 것임]을 넘겨받아 개념과 범주로써 일정하게 처리하는 인간 능력을 지성으로 보았던 것이다. 그리고 감각을 넘어선 영역들에 대해서는 이성이 파악한다고 여기면서 이를 '사변적 이성'이라고 하여 진리 관계에 있어서 난센스를 유발하는 형이상학을 형성해온 주범으로 보았다. 그러나 그는 올바르게 작동하는 이성, 즉 사변적 이성이 아닌 제대로 된 학문적 이성을 염두에 두었는데, 그것은 지성에 의해 형성된 판단들을 전체적으로 종합하여 하나의 정합적인 체계를 형성하는 인간 능력이다. 그러니까 칸트는 결국 이성을, 감각 세계로서의 자연을 하나의 정합적인 체계로 종합해내는 이성과 감각 세계를 아예 넘어서서 심지어 절대자를 염두에 두기까지 해서 신앙의 영역을 안출해내는 이성으로 나누어본 셈이다.

이러한 칸트의 생각은 헤겔에게 전수된다. 그런데 헤겔은 지성을 사물들 간의 역학 관계를 파악하는 일종의 물리학적인 이성으로만 제한하면서 인간 인식능력의 발전 단계에서 상당히 낮은 단계로 본다. 그보다 발전하여 자기의식이 나타나고, 자기의식의 단계를 넘어서서 이성의 단계가 나타나고, 그다음에 정신의 단계가 나타난다고 본다. 그리고 정신의 단계를 넘어서서 종교의 단계가 나타나고, 종교의 단계를 넘어서서 절대지(絕對知)의 단계가 나타난다고 본다. 중간쯤의 정신 단계인 이성은 기본적으로 관찰하는 능력으로서 특히 자기의식을 관찰하여 인간이 자유로운 개별성을 확립하는 능력으로 나타난다. 그러면서 이성은 법칙을 정립하고 증명하는 능력으로서 작동하기도 한다. 그러나 전체적으로 보면, 헤겔은 '국가 이성', '역사 이성' 등을 운위하면서 이성이란 근본적으로 이른바 '절대 이성'으로 발전함으로써 일체의 대상 영역과 정신 영역을 하나로 통일시키는 근본원리가 된다고 제시했다. 그러고 보면 비록 변증법적인 발전이라는 역동적인 계기를 덧붙임으로써 혁신을 이루긴 했지만, 플라톤이나 아리스토텔레스가 제시한 로고스로서의 이성과 누스로서의 지성을 이성이라는 이름으로 하나로 통일시키고, 그렇게 통일된 이성을 통해 온 우주와 인간 정신의 합일을 구축해냈기 때문에, 크게 보면 헤겔은 이들의 정확한 후예라고 할 수 있다. 특히 이성을 통해 반이성의 영역을 극복·지양하고자 한

점에서 그렇다.

그런데 헤겔이 칸트와 확실하게 다른 점을 유념할 필요가 있다. 칸트는 이론적인 이성과 실천적인 이성을 확실히 구분하고, 이론적인 이성에 대해서는 학문적인 이성과 사변적인 이성을 확실히 구분했다. 칸트는 이론적이면서도 학문적인 이성을 오로지 자연의 법칙을 구축해내는 것으로 보았다. 그런데 헤겔은 이론적이면서도 학문적인 이성이 결국에는 자연과 역사 모두를 아울러 관통하는 이른바 '절대정신'으로서 작동하는 것으로 확대한 것이다.

3) 진리로 본 이성과 반이성

이성과 반이성에 관련해서 가장 크게 문제가 되는 것은 진리다. 이성은 진리를 파악하는 능력이지만, 반이성은 진리에 어긋나는 것이라고 여겼기 때문이다. 진리라는 말도 엄격하게는 우주가 이성(로고스)에 의거해 작동한다는 것, 그 이성의 원리가 인생을 지배하기도 한다는 것을 전제로 했을 때 제대로 성립된다. 그러니까 진리와 이성은 짝을 형성한다고 할 수 있다. 이는 플라톤의 철학에서부터 기본적으로 정립된 것이다.

그런데 이때 진리를 파악하는 인간의 능력인 이성은 인식에 있어서는 감각적인 능력들과 대비된다. 오관에 의거한 오감의 능력은 변화·생성하는 것들에 자극을 받고 그것들에 조응하여 시시때때로 함께 흔들리지 않을 수 없는데, 이성의 능력은 그 감각적인 변화·생성의 배후에 있는 영원불변한 진리로서의 법칙을 파악하는 것으로 취급되기 때문이다. 넓게 보아 합리주의[rationalism←ratio(척도)]는 오로지 이성만이 진리의 원천이고, 따라서 진리는 오로지 이성에 의해서만 확립될 뿐이며, 감각은 진리의 원천이 아닐 뿐만 아니라 감각에 의해서는 진리가 오히려 가려지고 은폐되고 왜곡된다고 주장하는 입장을 지칭한다.

그리고 합리주의는 행동에 있어서 이성은 철저하게 반성된 의지로서 충동이나 욕망, 그리고 본능에 대립하는 것으로 여겨진다. 그러니까 충동·욕망·본능은 주로 감각적인 소여(所與)들에 쉽게 이끌리어 진리와 어긋난 행동을 하게 만드는 것으로 여기게 되는 것이다. 소크라테스가 말하는 지행합일(知行合一)의 경지는 영원불변한 이성적인 진리를 알게 되면 정의로운 행위를 하지 않을 수 없다는 것이고, 그럼으로써 행동을 이끄는 의지를 철저하게 이성에 복속시키는 것이었다. 이러한 이성 중심의 지혜는 아리스토텔레스에게 이르러 중용(中庸)의 지혜로 계승된다.

그런데 아리스토텔레스의 형이상학에는 암암리에 반이성의 근본원리가 잠복해 있다. 그에 따르면, 진정한 실체인 제1실체들은 형상(eidos)과 질료(hyle)로 구성될 수밖에 없다. 형상과 질료의 대립은 이성과 반이성의 대립이라고 해도 과언이 아니다. 그 연원은 플라톤이 말한 존재와 생성의 대립에 있다. 아리스토텔레스는 질료를 개별화의 원리라고 말한다. 그렇다면 형상은 보편화의 원리일 것이다. 이 세상에 존재하는 일체의 것을 분류해 그 종류별로 묶기 위해서는 사물들이 지닌 형상에 따른 보편적인 공통된 특징들을 파악해야 한다. 이를 파악하는 능력은 당연히 감각이 아니라 이성이다. 그런데 같은 종류에 속한다고 할지라도 그 속에서 하나하나의 개별자들을 분리해내려면 각각의 사물이 지닌 배타적인 요인을 찾아내야 한다. 그 배타적인 요인 중 가장 중요한 사안은 각각의 사물이 다른 사물들이 차지할 수 없는 오로지 자기 자신만의 장소를 갖는다는 사실이다. 이 장소를 차지하고 있는 것이 바로 질료다. 배타적인 장소를 차지하고 있는 질료적인 측면 자체를 파악하기 위해서는 이성이 필요 없고 감각이 더욱 절실하게 요구된다. 그런데 아리스토텔레스는 형상과 질료의 결합 관계가 상대적으로 다르게 나타난다고 본다. 그래서 '형상화(formalization)'라는 말을 한다. 여러 형상이 많이 들어갈수록 더욱더 형상화된다고 보면서 그럴수록 질료로부터 상대적으로 더 많은 독립성을 띤다고 본 것이다. 물론 그 반대의 방향도 생각할 수 있다. 그래서 완전히 형상화된 것을 '순수 형상'이라고 하면서 그 예로 '순수이성'과 '신'을 든다. 그 반대의 극단적인 개념이 '순수 질료'다. 순수 질료는 그 어떤 형상과도 관계를 맺지 않은, 이른바 플라톤이 말하는 생성과 같은 것이다.

순수 질료는 극단적인 반이성의 위력을 지니고서 저 바탕에서부터 일체의 사물을 개별화시키는 힘을 발휘함과 동시에 그 사물들 하나하나가 우리의 분별하는 인식인 이성을 무력화하는 힘을 발휘하도록 하는 존재론적인 위력이다. 이 순수 질료는 철저하게 낯선 이질적인 기묘한 사물 자체를 생각하도록 만든다. 그러고 보면 개별적인 사물 자체는 우리에게 대단히 위협적인 반이성적 존재가 아닐 수 없다.

이러한 순수 질료로서의 사물 자체라는 개념은 칸트에게서 묘하게 부활한다. '사물 자체(Ding an sich)'라는 개념이 그것이다. 이는 아리스토텔레스의 순수 질료로서의 사물 자체를 더욱 극단화한 것이라고 할 수 있다. 아리스토텔레스는 적어도 원리적으로는 순수 질료로서의 사물 자체를 감각할 수 있으리라고 보았다. 그러나 칸트는 사물 자체를 원리상 아예 감각할 수조차 없고 순전히 이념적으로 상정할 수밖에 없는 것이라고 여겼다. 칸트는 뉴턴이 밝힌바 철두철미 절대적인 공간과 시간 위에서 필연적인 중력 법칙에 의해 운행되는 우주 전체의 자연은 우리 인간의 인식능력이 없이는 성립할 수 없다고 보았다. 플라톤의 경우, 인간은 물론 우주 이전에 이성적 '존재'가 있음을 설정하고 그 '존재'에 따라 우주를 만들었기 때문에 우주가 이성적이라고 보았다. 그리고 우리 인간에게도 이성적 능력이 있어 그런 이성적 우주를 파악할 수 있다고 보았다. 그러나 칸트는 자연인 우주가 필연적 법칙에 따라 이성적으로 운행되는 것으로 파악되는 것은 순전히 우리 인간 때문이라고 여겼던 것이다. 즉, 우리 인간의 능력 중의 하나인 감성(感性)에 의해 알 수 없는 '사물 자체'의 자극을 받아 감각적으로 형성한 내용들을 역시 우리 인간의 능력인 이성에 의해 원칙에 입각해서 종합해 통일된 체계를 형성함으로써 그런 이성적이고 필연적인 법칙에 따라 운행하는 자연이 성립되어 나왔다고 본 것이다. 그러니까 칸트에게서 자연은 사물 자체의 영역이 전연 아닌 것이다. 만약 사물 자체를 조금이라도 엿보게 된다면 그것은 일체의 자연을 넘어선 기이한 일이 될 것이기에, 우리 인간으로서는 소스라치게 놀랄 수밖에 없을 것이다.

칸트의 이러한 생각은 정말이지 혁명적이었다. 칸트에 이르러 우주적 이성이 인간적 이성에 복속되는 대전환이 일어난 것이다. 중세 스콜라철학에서는 절대적 이성으로서의 신이 우주를 이성적으로 창조했기 때문에 우주가 이성적이라고 여겼다. 이는 플라톤이 '존재'를 내세워 말하는 것과 거의 흡사하다. 그러나 칸트는 인간과 무관하게 객관적이면서 보편적인 이성이란 아예 생각할 수 없으며, 객관적이면서 보편적인 이성이란 인간 개개인의 이성 능력을 넘어선 이른바 초월론적인 이성 능력이 바깥으로 외화(外化, Entäußerung)됨으로써 성립하는 일종의 그림자와 같다고 한 셈이다. 그래서 칸트 스스로 자신이 철학에서 코페르니쿠스적 전환을 이루었다고 말하게 된 것이다.

이러한 칸트의 거대 기획은 행동에 관련해서도 그대로 관철된다. 그는 인간의 초월론적인 실천이성의 능력에 입각해서 필연을 벗어난 자유의 영역이 열리고, 그 자유의 영역에서 무조건적인 선의지가 성립하고, 그 선의지에 따라 행동하고자 할 때에만 선이 성립한다고 말한다. 신적인 선한 의지에 의해 인간의 선의지가 성립하는 것이 아니라, 근본적으로 인간의 실천이성에 의해 자유의지가 선의지로서 성립한다는 것이다. 자연뿐만 아니라 도덕 세계의 성립조차 근본적으로 인간에 의거한 것임을 천명한 셈이다. 그가 선과 행복의 일치가 실현되어야 한다는 바람에 의해 신에 의거한 최후 심판을 도입한 것은 부수적인 일종의 궁여지책일 뿐이다.

이제 다시 진리의 문제로 돌아가서 이성과 반이성의 관계를 재검토해야 하겠다. 중요한 인물은 역시 데카르트다. 앞서 잠시 말한 것처럼, 데카르트는 진리를 파악하려면 명석판명함이라는 명증성에 입각해서 사유를 펼치지 않으면 안 된다고 했다. 그런데 이러한 데카르트의 입장을 현대에 이르러 그대로 복원한 인물이 현상학을 만든 후설이다. 후설 역시 명증함을 최고도로 추구한 나머지 명증하지 않은 일체의 내용을 일거에 제거하기 위한 이른바 '현상학적 환원'을 그 방법으로서 제시했다. 데카르트와 다른 점은 데카르트는 명증함을 찾아서 사유의 세계로 한껏 들어간 데 반해, 후설은 오히려 그 반대로 사유를 완전히 벗어나 오로지 순수 감각적으로 주어지는 영역을 찾아 한껏 들어갔다는 점이다. 이에 후설은 지각에서의 '자기소여성(自己所與性, Selbstgegebenheit)'을 명증성의 기준으로 본다. 후설은 의식에서 도무지 제거할 수 없는 가장 궁극적인 감각적 영역이야말로 자기소여적인 것으로 보았다. 그것은 바로 도무지 외부 세계를 운운할 수조차 없는 지금·여기에서의 무한정한 속도로 변화해가는 이른바 감각의 현출(顯出, Erscheinungen)이라는 것이다. 그러고서는 이 무한정한 속도로 변하면서 의식에 주어져 있는 이 감각의 현출의 영역을 인간이 알게 되는 모든 지식의 근본적인 원천으로 여겼다. 그가 '순수 의식' 또는 '절대 의식'을 제시했을 때, 그 근본적인 출발 지점은 다름 아니라 무한정한 속도로 변하는 순수 감각적인 현출이었다.

이러한 후설의 입장에서 이성은 근본적으로 직관이라는 쪽으로 연결된다. 추론적인 이성은 이차적이고 파생적인 이성으로서 명증한 사태를 직접 목도하는 직관적인 이성에 의거해서 부차적으로 성립하는 것으로 취급된다. 이렇게 되면, 후설은 플라톤이 말한 '누스'로서의 지성을 현대적인 방식으로 되살린 것이고, 또 그런 점에서 데카르트의 후예라고도 할 수 있을 것이다. 하지만 그 원천으로서의 바탕을 감각으로 여긴다는 점에서 이들과 사뭇 대비된다.

4) 몸, 반이성의 원천

문제는 몸이다. 후설에게서 몸은 목에 걸린 가시와 같은 것이었다. 그는 몸이 없이는 의식의 근본 영역인 무한정한 속도로 변화하는 현출의 영역이 성립할 수 없다는 점을 암암리에 인정했다. 요컨대 후설은 그의 직관적 이성에 의거한 학문적 양심에 있어서 몸의 근원성을 도무지 무시할 수 없었던 것이다. 하지만 몸과 의식의 존재론적인 근거 관계를 제대로 통일시켜 분석해내지 못했다. 그런데 이 몸이야말로 그 자체 명증하기는커녕 그 반대로 불투명하기 짝이 없는 것이다.

이러한 점을 정확하게 찌르고 들어간 철학자가 저 유명한 몸의 현상학을 펼친 메를로퐁티다. 그는 몸을 아예 불투명하다고 말하면서, 심지어 "몸은 항상 자기가 아니다"라는 말을 하기도 했다. 그런데 중요한 것은, 이 몸과 근본적으로 연결되지 않은 세계(또는 자연)는 존립할 수 없다고 한 것이다. 그럼으로써 메를로퐁티는 인간과 자연의 관계를 이성을 관통 원리로 삼아 인간 정신(또는 의식)과 자연의 로고스적인 측면과의 일치와 통일로 보았던 그동안의 정신 일변도의 철학적 사유를 일거에 바꾸어놓았다. 결국 메를로퐁티는 '살(la chair)'이라는 개념을 안출해 몸과 온 우주 간의 순수 감각적인 통일성을 제시하기에 이른다. 이때 감각이란 그저 지성적인 이성에 의해 처리되기 위한 소재로서의 감각이 아니라, 그 자체 사물과 구분될 수 없는 이른바 '감각 덩어리(masse du sensible)'라고 그는 말한다. 그 내부에서부터 끝없이 떨림을 자아내는, 강도와 밀도를 기본으로 삼아 외부로 자신을 표현해내는 그런 사물로서의 감각 덩어리, 또는 감각 덩어리로서의 사물을 존재의 근본적인 모습으로 제시했다. 여기에 깊숙이 빠져드는 인간은 그 자신도 감각 덩어리인 살로 되어 있어 온통 예술적인 이른바 반이성의 영역으로 한껏 빠져들 수밖에 없다.

달리 보면 메를로퐁티가 존재의 근본으로 제시한 감각 덩어리로서의 살은 저 멀리 플라톤의 생성, 아리스토텔레스의 순수 질료, 칸트의 사물 자체 등을 되살려내어 인간이 자신의 온몸으로써 직접 공명하여 그곳으로 이미 늘 관통해 들어가 있음을 알리는 것이었다. 이에 이성보다 반이성의 영역이 존재론적으로나 실제 생동적인 삶에 있어서 훨씬 더 중요한 것으로 정위되기 시작한다.

메를로퐁티의 이러한 '살'은 들뢰즈에 이르러 '기관들 없는 몸(le corps sans organes)'으로 변형되어 나타난다. 아주 넓게 보면, 이들의 개념들은 프로이트가 말한 '두려운 낯선 것(das Unheimliche)'이라는 개념에 맞닿아 있다. 프로이트야말로 무의식의 영역을 발견하고 그 근원성을 학문적으로 그 나름대로 입증해 보임으로써 이성이 아니라 반이성이 적어도 인간 삶에 있어서 근본적인 원리로 작동한다는 것을 보인 인물이다. 하지만 푸코는 프로이트를 한껏 비난한다. 광기가 지닌 반이성의 힘을 길들여 이성의 질서 속으로 편입시키고자 한 큰 오류를 범한 인물이 바로 프로이트라고 본 것이다. 크리스테바가 말한 혐오스러우면서도 동시에 매혹적인 '아브젝트(abject)' 역시 이 개념들의 변형이라고 할 수 있다. 한 가지 덧붙이자면, 데리다의 경우 '해체(탈구축, déconstruction)'라는 개념을 안출해내어 이전의 철학자들이 제시한 주장들에서 직관으로서의 이성과 추론으로서의 이성의 관계에서 빚어지는 충돌과 모순을 적발해냄으로써 결과적으로는 이성을 근본적으로 의심하게 하고, 그럼으로써 암암리에 반이성 영역의 지위를 강화했다고 할 수 있다. 이 과정에서 플라톤과 헤겔이 대대적으로 공격을 받게 되는 것은 어쩌면 당연한 일이라고 할 것이다.

3. 결론 혹은 모더니즘 관련

이렇듯 이른바 넓은 의미로 모더니즘이라고 통칭할 수 있는 반이성의 철학이 대두됨으로써 이룬 성과는 과연 무엇인가, 그 부작용은 또 무엇인가 하는 문제가 남아돈다.

가장 큰 문제는 자본주의의 발흥과 발전이다. 자본주의가 발전하면서 모더니즘 내지는 모더니티(modernity, 근대성)라는 것도 함께 성립하게 되는데, 그 와중에 이성은 오로지 이윤에 근거한 생산성을 높이기 위한 계산적 이성, 막스 베버가 말한 것처럼 이른바 '도구적 합리성'으로 전락하면서 저 숭고한 진리를 향한 직관으로서의 이성 내지는 성찰로서의 이성은 사회 역사적인 현실의 삶에서 뒤안길로 사라지고 말았다. 자신의 노동력을 제공하지 않고서는 생을 유지할 수 없는 인간들은 그러한 전(全) 포괄적인 계산적 이성에 완전히 포섭되어버린 나머지 자신의 고유한 존재를 도무지 실현할 수 없는 난관에 봉착한 것이다.

이에 반이성의 영역이 이성의 영역보다 더 근원적임을 밝히는 철학이 등장했다고 할 수 있다. 말하자면, 아예 반이성의 영역을 내세워 계산적 이성으로 전락했으면서도 삶 자체를 포괄적으로 규정하고자 하는 이성의 힘을 근본적으로 축출해버리자는 철학적 사유의 전략이 등장했다고 할 수 있다. 이런 맥락에서 보자면, 반이성의 철학은 모더니즘 내의 반(反)모더니즘의 일환이라고 할 수 있다. 이 반모더니즘은, '포스트모더니즘'을 모더니즘을 이어받은 것이 아니라 모더니즘을 벗어나는 것으로 해석할 때의 포스트모더니즘이라고 할 수 있다.

이러한 반이성에 입각한 반모더니즘의 철학은 프랑스를 중심으로 생겨나는데, 이와 전혀 달리 계산적 이성의 폭력을 비판하는 인물이 있다. 독일의 하버마스다. 그는 계산적 이성을 효율성을 중심으로 하는 기능주의적 이성이라 부르면서 폄하한다. 그리고 시장과 국가라는 체계를 효율성을 중심으로 한 것으로 보고, 이와 대립하는 생활세계를 진정한 문화적인 인간 삶의 터전으로 제시한다. 그러면서 시장과 국가라는 체계가 생활세계를 식민화했다고 말하고, 이 생활세계를 제대로 해방하기 위해서는 '의사소통적인 합리성'을 통해 체계 중심의 계산적 이성을 벗어나 진정한 삶을 도모할 수 있어야 한다고 주장한다. 그러니까 하버마스는 반이성으로써는 참다운 삶을 구축할 수 없고 어디까지나 이성에 따라야만 참다운 사회공동체적인 삶을 구출할 수 있다고 주장하는 셈이다. 그래서 하버마스는 포스트모더니즘과 크게 대결을 벌이기도 했다.

결국은 함께 잘 살 수 없는 전면적으로 폭력적인 세상이 되고 말았다. 그러한 폭력은 과연 이성과 대립할 것이다. 그러나 다른 한편으로 이성이 오히려 폭력의 원천이 되고 있다. 이에 일견 모순처럼 여겨지지만, 반이성의 평화적인 위력을 생각하기도 하는 것이다. 하지만, 반이성이라고 해서 폭력적이지 말란 법은 없다. 아니 폭력이야말로 흔히 반이성적이라 불린다.

앞서 살펴본 것처럼, 이성과 반이성 둘 다 우리 종적 인간, 즉 인류의 위대한 자산이다. 결국에는 그것들에서 폭력의 기미를 완전히 제거할 수 있어야 하겠고, 그럼으로써 각자의 자유가 공동체적인 삶을 통해 최고도로 의미와 가치를 지닐 수 있는 길을 마련해야 할 것이다. 크게 보면, 우리가 '이성과 반이성의 계보학'이라는 제목으로 철학적 사유를 일삼는 까닭 역시 그 길을 조금이라도 열기 위한 사유의 노력이라 할 것이다.

더 읽어볼 책

조광제. 2017.《현대철학의 광장》. 동녘.

인간과 세계의 현실에 대해 철저하고도 근본적으로 사유했던 서양 현대철학자 24인 각각의 근본적인 사유방식을 이해할 수 있도록 해준다.

이희원. 2009.《무감각은 범죄다》. 이루.

인간의 성행위를 미학적 관점에서 분석한 최초의 성 미학서이다. 성행위가 예술 행위 못지 않은 '감성적 (인식) 활동'으로, 미학의 주요 연구 대상이 될 수 있다고 말한다.

문성원. 2012.《해체와 윤리: 변화와 책임의 사회철학》. 그린비.

에마뉘엘 레비나스를 필두로 질 들뢰즈, 자크 데리다, 알랭 바디우, 마이클 월저 등 서구 현대철학의 거장들을 논의하고 있다.

버만, 마샬. 1994.《현대성의 경험: 견고한 모든 것은 대기 속에 녹아버린다》. 윤호병·이만식 옮김. 현대미학사.

칼 마르크스에 대한 재해석에서부터 현대적인 도시생활에 끼친 로버트 모세스의 충격에 대한 예리한 분석까지, 20세기 경험의 진행과정을 일목요연하게 정리하고 있다.

1부

이성적 사유의 기원과 전개

2장

호메로스에서 플라톤까지 이성 개념

김인곤(정암학당 연구원)

1. 로고스와 누스

'이성(理性)'은 영어의 'reason'을 번역한 말이다. 'reason'은 보통 원인(cause), 근거(ground), 논리적 사유(logical thought), 지적 이해력(intellect), 지성(intelligence) 등 사유 활동 내지는 지적 기능 일반을 뜻하는 말로 쓰인다. 때로는 사유 활동과 지적 기능을 수행하는 기관(the mind)을 뜻하기도 한다. 'reason'은 라틴어 'ratio'의 뜻을 그대로 물려받은 말이고, 더 거슬러 올라가면 그리스어 'logos'와 연결된다. 로고스(logos)는 '세다', '계산하다', '말하다'라는 뜻의 'legein' 동사의 명사형인데, 고대 그리스인들은 말하고 헤아리고 계산하는 사유 활동을 인간에게 고유한 것으로 보았다. 인간을 '이성적 동물'이라고 할 때, '이성적'이라는 말도 그런 뜻이다. 그들이 동물이나 짐승을 가리켜 'aloga'라고 부른 데서도 잘 드러난다. '알로가(aloga)'란 로고스의 능력을 가지고 있지 않은 것들(a-logos=without logos)이라는 뜻이다. 옥스퍼드 그리스 고전어 사전(LSJ)을 찾아보면 '로고스'라는 단어가 면수를 제일 많이 차지하는데, 아마도 로고스의 능력에 따른 인간의 활동이 가장 복잡하고 다양하기 때문일 것이다. 계산(account), 헤아림(reckoning), 평가(esteem), 숙고(consideration), 비율(ratio), 설명(explanation), 근거(ground), 원인(cause), 논변(argument), 법칙(law), 원리(principle), 규칙(rule), 정의(definition), 이론(theory) 등등. 뭉뚱그려 말하자면 로고스는 논리적·수학적으로 생각하고 판단하는 사유 활동 내지는 그런 능력, 그리고 그런 활동의 대상 전반을 가리킨다고 볼 수 있다.

그런가 하면 고전 그리스어에는 사고하고 이해하고 판단하는 지적 능력 자체, 혹은 그런 능력의 담지자나 기관을 가리키는 또 다른 용어가 있다. 'nous'라는 단어다. 그리고 누스(nous)의 활동을 뜻하는 'noein'이라는 동사가 짝을 이룬다. 누스는 지성(intelligence), 정신(mind), 생각(thought) 정도로 번역된다. 사전에 올라 있는 뜻들을 보면 라틴어 'ratio'와 영어 'reason'은 로고스와 누스의 뜻을 포괄하는 용어임을 알 수 있다. 그러나 시대를 거슬러 올라가 두 단어의 용법을 추적해보면, 애초에는 로고스와 누스가 '이성적 사유' 또는 '이성적 사유의 능력'이라는 뜻으로 사용되지 않았고, 영어의 'reason'처럼 누스와 로고스의 뜻이 통합적으로 쓰이지도 않았다. 로고스는 주로 '말(word)', '이야기(talk)'라는 뜻으로 사용되었고, 누스는 앎과 관련된 인지 작용뿐 아니라 감정·판단·숙고·결심 같은 심적 작용을 포괄하는 '생각(thought)', '마음(mind)'이라는 뜻으로 사용되었다. 이런 용례들 가운데 헤아리고 분별하고 알아차리는 마음의 인지 작용이 우리의 관심사다. 로고스와 누스의 이런 용법은 호메로스(Homeros)에서 플라톤에 이르기까지 철학적 사유의 발달과 함께 변화를 겪는다. 라틴어 'ratio'와 영어의 'reason'은 이러한 변화의 결과인 셈이다.

2. 호메로스: 누스와 노에인

호메로스의 작품들은 누스와 로고스의 용례를 추적해볼 수 있는 가장 오래된 문헌이다. 이 문헌에서 인지 기능으로서 누스와 노에인(noeīn)은 무엇을 '직접 보고' 바로 '알아차리는' 능력과 그 작용을 가리키는 용어로 쓰인다. 그런가 하면 '로고스'는 '말(words)', '이야기(talk)'라는 뜻으로 쓰이고,[1] 동사 '레게인'은 '헤아리다(account)'[2], '이야기하다(tell)'[3]라는 뜻으로 사용된다. 누스와 노에인은 감각적 지각과 연동되어 있는 앎(인지 가능)을 가리키는 용어로 이해할 수 있는데, 그래서 쓰임새에 따라, 무엇을 주목하거나 주의를 기울이는 경우처럼 시각적 인지 작용이 부각되기도 하고, 무엇의 정체를 알아차리는 경우처럼 정신 혹은 마음(mind)의 작용이 부각되기도 한다. 예컨대 《일리아스》 23권의 "en ophthalmoisi noēsas(당신이 직접 눈으로 보면)"라는 문구(194행)에서 'noēsas(보면)'는 제우스가 보낸 길조(吉鳥)를 눈으로 '보고 알아차린다'는 뜻이다.

그런가 하면 《일리아스》 11권의 "ton de idōn enoēse podarkēs dios Achilleus[준족(駿足)의 아킬레우스가 그를 보고 안다]"(599행), 《오뒤세이아》 13권의 "ou se g'epeita idon, kourē Dios, oud'enoēsa nēos emēs epibasan(제우스의 딸이여, 나는 당신을 본 적이 없어서 당신이 내 배로 오는 걸 알지 못했습니다)"라는 문구(318행)에서는 시각이 아닌 사유의 인지적 의미가 두드러진다. 첫 번째 인용문의 'noēsas(보면)'나 두 번째와 세 번째 인용문의 'enoēse(안다)', 'enoēsa(알아차리지)'는 모두 노에인 동사의 변화형이다.

두 번째와 세 번째 인용문에서 노에인 동사와 같이 사용된 'idōn(보고)'과 'idon(본)'도, 이 구절들에서는 '본다(시각적 인지)'로 읽히지만, '안다(정신적 인지)'의 뜻도 가지고 있다[이 단어는 나중에 언급할 플라톤의 '이데아(idea)'와 어근이 같은 말이다]. 이 단어의 부정형(infinitive)인 'ideīn'도 '본다(시각)'와 '안다(사유)'를 포괄한다는 점에서 노에인 동사와 다르지 않다.

'본다'에서 '안다'로의 이행은 자연스러운 인지 과정이지만, '보고'도 '알지' 못하는 경우가 허다하기 때문에 '본다'와 '안다'는 분명히 차원이 다르다. 여기에 주목하는 이유는 인간의 지성이 진리를 직관하는 정신의 눈으로 자리 잡게 되는 과정을 이해하는 첫걸음이기 때문이다. 《일리아스》 1권에서 테티스 여신이 아킬레우스와 대화하는 장면을 보자.

> 아들아, 왜 울고 있느냐? 네 마음에 무슨 슬픔이 생겼느냐? 털어놓아라, 마음속에 감추지 말고. 우리 둘 다 알 수 있게(eidomen) 말이다.(362행)

또 《일리아스》 20권에서 아이네이아스는 아킬레우스에게 이렇게 말한다.

> 우리는 서로 상대방의 혈통을 알고(idmen), 또 부모를 알고 있지(idmen). 사멸할 수밖에 없는 인간들의 오래전 이야기를 들었으니까. 하나 그대도 내 부모를 눈으로 본(ides) 적이 없고 나도 그대의 부모를 본 적은 없지. (203~205행)

인용문에서 이데인(ideín) 동사는 '본다'와 '안다' 두 가지 뜻으로 쓰였다. 'eidomen', 'idmen', 'ides'는 이데인의 변화형이다. 그런데 마음속 고민을 바깥으로 털어놓는다고 해서 눈으로 볼 수는 없을 터인데도 '본다'라는 뜻을 가진 이데인 동사를 사용하고 있고, 오래전의 이야기를 '듣고' 아는 것에 대해서도 마찬가지다. 이것은 그리스인들 특유의 시각 중심 문화의 영향으로 이해할 수 있다(그리스의 지중해식 기후는 겨울에도 풍부하고 질 높은 태양 광선을 선사한다. 그리스인들에게 모든 지각과 경험은 보는 것이 대표했다).[4] 시각적 앎의 모델로 보자면, 몰랐던 것은 어둠에 감춰져 있던 것이고, 몰랐다가 알게 되는 것은 어둠에 묻히고 감춰져 있던 것이 백일하에 드러나 '보이는' 것과 다르지 않다.

그러나 '노에인'과 '이데인'이 가진 이중적인 뜻, '본다'와 '안다'의 연결은 시각 문화의 영향에 따른 단순한 유비적 관계가 아니다. 호메로스의 문헌에서 확인할 수 있는 이 단어들의 용법들은 추상적 사유 또는 개념적 사유가 발달하기 전 단계에는 '본다(seeing)'와 '안다(knowing)'라는, 감각적 지각과 사유의 인지 작용이 뚜렷한 경계선을 갖지 않는다는 걸 말해준다. 눈으로 보는 시각적 인지와 사유를 통한 지성적 인지 사이의 명확한 구별은 나중에 이루어진 것이다. 감각과 구별되는 독립적인 사유 기능(기관)으로서의 '누스' 개념이 호메로스에서는 분명하게 확립되지 않았다는 뜻이다. 나중에 '누스'가 정신의 '눈'으로 자리잡게 된 것은 애초에 '노에인'이 대상을 직접 '보는', 이른바 '직관(直觀)'과 연동된 정신의 인지 작용이었기 때문이다. 누스에 의한 앎, 즉 노에인의 명료함은 눈으로 직접 보는 '직관'에서 확보되는데, 호메로스에서 신들의 앎이 인간들의 앎과 구별되는 이유가 여기에 있다. 신들은 무엇이든 현장에서 직접 보고 알지만 인간들은 그럴 수가 없다.

> 이제 말씀해주소서, 올림포스의 궁전에 사시는 무사 여신들이여, 당신들은 여신들이라 어디에나 친히 임하시므로 만사를 알지만(iste), 우리는 뜬소문만 들을 뿐 아무것도 아는(idmen) 것이 없기 때문입니다.(《일리아스》 2권 484행)

> (아킬레우스가 테티스 여신에게) 어머니는 알고(oistha) 있습니다. 도대체 왜 모든 것을 아는(idyiē) 어머니에게 이것을 말해야 합니까?(《일리아스》 1권 365행)

'iste', 'idmen', 'oistha', 'idyiē' 모두 '이데인(ideīn)' 동사의 변화형이다. 앞의 인용문 《일리아스》 20권 203행에서도 암시되고 있거니와, 현장에서 눈으로 직접 보고 아는 앎은 말로 전해 듣는 앎과 차원이 다르다. 그렇다면 신들은 어떻게 모든 걸 직접 보고 알 수 있을까? 비결이 있다. 신들은 엄청나게 빠른 속도로 움직인다. 《일리아스》 15권 80행에 보면 헤라 여신이 올림포스를 향해 달려가는 장면이 나온다.

> 마치 여러 땅을 돌아다닌 사람이 영민한 마음으로 '내가 여기에 있었으면, 또는 저기에 있었으면'이라고 생각하며 몹시 바랄 때 그의 누스(nous)가 질주하듯이, 그렇게 여신 헤라는 갈급한 마음으로 재빨리 날아갔다.

헤라 여신의 움직임은 사유(누스)가 사유 대상을 향해 질주하는 것만큼이나 빠르다. 서울에 앉아서 머릿속으로 뉴욕을 떠올리면 그 순간에 이미 뉴욕에 가 있는 것이다. 그래서 신들은 모든 것을 현장에서 직접 경험할 수가 있다. 시간과 공간의 제약을 받는 인간은 그럴 수가 없다.

인간은 사멸할 수밖에 없는 존재이고, 직접 경험할 수 있는 영역과 범위가 극히 제한적이다. 불사인 데다 순간 이동까지 할 수 있는 신들에 비하면 인간은 거의 아는 것이 없다고 봐도 된다. 그나마 인간에게는 말로 전해 듣고 아는 방법이 있지만, 직접 보고 아는 생생한 누스적인 앎에 비하면 밑도 끝도 없는 '뜬소문'에 가까웠을 것이다. 입에서 입으로 전달되는 과정도 그렇고, 기억이라는 것도 시간이 갈수록 흐려지고 낡아지기 마련이니 말이다.

말로 전달되는 앎이 누스적 앎과 대등한 지위를 얻게 되는 것은 철학적 사유가 개화한 이후다. 그러기 위해선 감각과 사유의 구별이 함께 따라야 했다. 헤라클레이토스와 파르메니데스에서 '누스'와 '로고스', '노에인'과 '레게인(legein)'으로 등장하게 되는데, 누스적 앎과 구별되는 로고스적 앎을 보통 추론적 앎이라고 한다. 추론 혹은 추리(inference)란 이미 알려진 것으로부터 알려지지 않은 것을 이끌어내는 사유 작용이다. 이를테면 얼굴 표정이나 목소리, 몸가짐과 태도 같은, 밖으로 드러난 외견상의 관찰을 토대로 마음속에 숨겨진 의도를 인지하거나 알아차리는 경우가 그렇다. 로고스를 통해 전달되는 앎이 바로 이런 추론적 앎의 전형이다. 현대의 우리는 아무도 2,500여 년 전에 살았던 소크라테스를 직접 만나보지 못했지만, 플라톤이 쓴 대화록들을 읽고 소크라테스에 관해서 뭔가 알고 있는 것들이 있다. 그는 철학자이고, 추운 겨울에도 맨발로 다녔고, 젊은이를 타락시켰다는 죄목으로 사형선고를 받았으며, 독배를 마시고 죽었다는 등등. 이런 앎은, 철학자가 뭐하는 사람인지, 추운 겨울에 맨발로 다니는 게 뭔지, 독배를 마신다는 게 뭘 어떻게 하는 건지를 어떤 식으로든 이미 알고 있고, 그렇게 기억된 앎으로부터 그 나름의 추리를 통해서 갖게 되는 앎이다.

이런 로고스적 앎은 직접적인 감각 경험처럼 현장의 생생함을 전달해 주진 않지만, 그 대신 시간과 공간의 제약을 넘어 뭔가를 전달해주는, 예사롭지 않은 측면이 있음을 오늘날의 우리는 잘 안다. 현대인들은 학문과 개념적 사유에 충분히 익숙해 있고, 문자를 비롯한 시청각 매체들이 쏟아내는 세상의 온갖 정보에 실시간으로 노출되어 있음을 기억하자.

그러나 신화적 사유가 지배하던 시대, 문자와 책이 극소수 엘리트들의 전유물이었던 호메로스 시대에는 로고스적 앎의 그런 측면을 인지하지 못했다. 인간의 로고스적 앎은 전해 듣고 아는 것이 거의 전부였고, 그나마도 기억과 함께 금방 사라지는 것이기에 기억을 보존하는 것이 중요했으며, 가치 있는 전통의 기억들을 되새기고 보존하는 호메로스 같은 음송 시인들이 지혜의 선생 노릇을 했다. 누스적 앎도 시각적 이미지로부터 명료한 표상을 얻는 분별적 앎에 머물러 있었다. 감각과는 별개인 순수한 지적 사유의 개념적이며 직관적인 앎이라는 인식에 이르기까지는 시간을 필요로 했다.

3. 헤라클레이토스: 로고스와 로고스적 누스

감각과 사유의 구별과 함께 로고스와 누스에 관해 분명한 반성적 성찰을 만날 수 있는 초기의 철학자는 헤라클레이토스와 파르메니데스다. 헤라클레이토스와 파르메니데스는 서로 대립하는 철학적 입장을 가졌기 때문에 로고스와 누스, 그리고 이것들과 감각 간의 관계도 의미가 다르다. 헤라클레이토스부터 보기로 하자.

헤라클레이토스에서는 감각과 사유의 구분이 뚜렷하지만, 두부 자르듯 단절되진 않는다. 누스와 로고스의 관계도 모호하지만, 로고스가 중심인 것은 분명하다. 이런 사정은 헤라클레이토스가 내세우는 존재론의 성격에 기인한다. '만물유전설'이라 일컫는 그의 존재론에 따르면, 세상의 모든 존재자는 흘러가는 강물처럼 늘 변한다. 이 만물유전설과 함께 기억해야 할 것이 헤라클레이토스의 '로고스'다. 세상의 모든 것은 움직이고 변하지만 완전한 무질서는 아니다. 어느 정도 일정한 경향이나 질서가 있는데, 헤라클레이토스는 이것을 로고스라 부른다. 호메로스에서 '이야기(talk)', '계산(account)'의 뜻으로만 쓰이던 로고스가 헤라클레이토스에서는 존재와 인식의 영역으로 확대된다.

헤라클레이토스의 로고스는 사물의 '공통된' 진리이기도 하고, 진리를 사람들이 공유하게 해주는 '말(언어)'이기도 하다.[5] 그리고 로고스는 바깥 세계에만 있는 것이 아니라 영혼 안에도 있다.

> 영혼에는 스스로 자라는 로고스가 있다.(단편 115)

> 그대는 가면서 모든 길을 다 밟아보아도 영혼의 한계를 찾을 수 없을 것이다. 영혼은 그렇게도 깊은 로고스를 가지고 있다.(단편 45)

영혼 안에서 스스로 자라며 한계를 찾을 수 없을 정도로 깊이를 가진 로고스가 무엇일까? 신탁처럼 불명료하고 모호함이 특징인 헤라클레이토스의 언어는 투명한 이해를 허락하지 않으니 추측에 붙일 수밖에 없다. 영혼은 살아 있는 생명의 원리이자 인식 기능의 담지자인데, 영혼 내부의 그런 기능의 실질적 주인은 로고스라고 보는 것일 게다. 우주의 운행 원리인 로고스가 불로 상징되듯이, 로고스는 또한 영혼을 작동시키는 영혼의 불이기도 하다. 이 로고스가 누스를 갖게 하고, 누스의 기능을 좌우한다.[6] 그러니까 헤라클레이토스에서 누스는 로고스에 의존하는 누스다. 호메로스에서 서로 무관하게 기능하던 로고스와 누스가 이렇게 만난다. 따라서 당연히 누스와 로고스의 의미는 달라진다. 눈으로 보고 알아차린다는 뜻의 누스는 눈이라는 감각 대신 로고스에 의지해서 알아차린다는 뜻을 갖게 된다. 이런 뜻의 누스는 '분별' 내지는 '이해' 정도로 번역할 수 있을 것이다.

여기서 '로고스'는 모든 것에 공통된 것, 즉 진리 자체이자 진리를 가리키고 입증하는 말이며, 인지능력의 측면에서는 그런 로고스적 활동을 가능하게 하는 지적 사유의 능력(영혼 속의 로고스)일 것이다. 헤라클레이토스에서 누스와 로고스는 둘 다 바야흐로 감각으로부터 구별되는 지적 사유의 기능이라는 점에서 상호 교차한다. 이렇게 교차하는 사유 활동으로서 로고스와 누스에 대해 '이성'이라는 말을 붙여도 이상하지 않다. 다만 진리를 분별하고 이해하는 사유 활동 과정에 로고스가 주도한다는 조건이 붙는다. 그 의미는 대상(진리)을 직접 보는 직관적 사유가 아니라 간접적으로 읽어내는 추리 내지 추론적 사유가 주인 노릇을 한다는 뜻일 것이다. 헤라클레이토스에서 진리(로고스)는 고정불변의 대상이 아니기 때문이다.

만물유전설을 배경으로 하는 진리로서의 로고스는 생성-소멸, 운동-변화하는 감각적 현상 이면의 상대적인 질서나 규칙성이라 할 수 있다. 그것은 감각의 대상이 아니지만, 그렇다고 해서 감각과 완전히 단절된 것은 아니다. 질서와 규칙성은 대립하는 것들이 상호작용하는 동적인 관계에서 형성되기 때문이다.

'활의 비유'를 생각해보자. 활은 시위와 활대로 이루어진다. 겉으로는 아무런 움직임이나 변화도 없는 것 같지만 실은 시위와 활대 사이에 긴장과 투쟁이 보이지 않게 작용하고 있다(단편 54). 시위와 활대의 긴장과 투쟁 관계가 활이 활로서 존재하며 기능을 발휘하게 하는 원리다. 긴장과 투쟁 관계의 균형이 무너지면 활의 존재도 무너진다. 헤라클레이토스는 삼라만상이 존재하고 사라지는 원리도 이와 같다고 본다. 상호 대립하는 것들 사이의 긴장과 투쟁 관계 속에서 존재자들은 끊임없이 생성과 소멸, 운동과 변화를 겪는다. 대립하는 것들이 상호작용 하면서 이루는 균형과 불균형의 원리가 로고스다. 활의 작동 원리이자 존재 근거라고 할 수 있는 활의 로고스는 활을 눈으로 보고 손으로 몇 번 만져본다고 해서 금방 알 수 있는 것이 아니다. 활을 지속적으로 사용하는 가운데 작동 원리, 구조, 재질 등을 종합적으로 파악하고 이해해야 한다. 활의 로고스가 비감각적인 것이면서도 감각적인 것과 무관하지 않은 이유다.

활대와 시위가 없으면 활의 로고스도 없다. 감각적인 현상과 현상 이면의 로고스는 전체와 부분의 관계처럼 상호 유기적으로 관계한다. '하나'인 전체는 비감각적인 로고스에 상응하며, '여럿'인 부분들은 감각적 현상의 측면이다. 이렇게 로고스와 감각적인 것은 '하나'와 '여럿'의 관계로 상호작용한다. '하나'는 전체의 통일성을 의미하지만, 고정불변적인 것이 아니라 잠정적이고 가변적인 것이다. 활의 로고스는 하나지만, 활대와 시위의 재질과 성분에 따라, 그리고 사용자의 신체 구조, 용도 등등에 따라 활의 로고스는 달라질 수 있고, 따라서 여럿일 수 있다.

4. 파르메니데스: 누스와 누스적 로고스

헤라클레이토스에서는 로고스가 중심이었다면, 파르메니데스에서는 누스가 중심이다. 누스는 직관적 사유로서 감각과는 날카롭게 구별된다. 진리는 하나이며 영원불변하는 존재라는 '일자 존재론'의 성격 때문이다. 파르메니데스가 남긴 단편의 서시(序詩)에서 익명의 여신은 파르메니데스에게 "떨어져 있음에도 불구하고 곁에 있는 것들을 누스로 확고하게 바라보라"(단편 4)라고 권한다. "떨어져 있음에도 불구하고 곁에 있는"은 헤라클레이토스의 "곁에 있음에도 떠나 있는"을 뒤집어 놓은 표현인데, 진리는 시간과 공간의 제약을 넘어서는 것, 즉 비감각적인 것임을 분명히 한다. 누스의 대상은 감각의 대상과는 차원이 다르다는 뜻이다.

그런데 헤라클레이토스에서 감각은 로고스가 함께하면 진리의 안내자 노릇을 할 수 있지만,[7] 파르메니데스에서는 그렇지가 않다. 감각은 '의견(doxa)의 길'에만 관계한다. 의견의 길과 진리의 길, 두 길은 단절된 것처럼 보인다. 진리의 길로 가려면 감각을 사용하지 말라고 주의를 준다. "습관이 …… 주목하지 못하는 눈과 잡소리 가득한 귀와 혀를 사용하도록 강제하지 못하게 하라. 다만 내가 제시한 많은 전투적인 논박(elengchos)을 로고스로 판별하라(krinai)"(단편 7. 3~6행).

익명의 여신이 권고한 것처럼 누스로 진리를 직접 볼 수 있다면 좋겠지만, 사멸하는 인간에게는 그게 간단하지 않다. "사멸하는 자들(인간들)은 아무것도 알지 못하면서 머리가 둘인 채로 헤맨다. 그들의 가슴속에서 무기력함이 헤매는 누스를 지배하고 있기 때문이다. …… 그들은 귀먹고 동시에 눈먼 채로 어안이 벙벙한 채로 분별 못하는 무리로서 이끌려 다니고 있다"(단편 6권 4행).

감각은 누스를 헤매게 만든다. F인 것을 F라고, not-F인 것을 not-F라고 정확히 구별해서 인지하지 못하고 둘 사이를 왔다 갔다 하게 만든다는 것이다. 이렇게 헤매지 않으려면 감각에 붙들리지 말고 로고스에 의지하라고 충고한다. '전투적인 논박'이 무엇에 대한 논박인지, 그것을 '로고스로 판별'하면 누스가 과연 진리를 볼 수 있는지, 볼 수 있다면 어떻게 가능한지 모두 불투명하다.

헤라클레이토스에서는 '영혼 속의 로고스'가 지적 사유 작용의 주인이라면, 파르메니데스에서는 누스가 주인이다(단편 4). 이 누스는 진리를 직접 본다는 점에서 육체의 눈에 대비되는 영혼의 눈이라 할 수 있다(플라톤에서 명시적인 표현이 등장한다). 이 누스가 감각이 아니라 로고스의 도움을 받는 것이다. 여기서 로고스는 '논변'이나 논변을 수행하는 지적 기능인 '이성'으로 번역하는 것이 자연스럽다. 파르메니데스의 단편들에서는 헤라클레이토스의 '영혼 속의 로고스'처럼 로고스가 지적 능력임을 암시하는 구절이 없기 때문에 '논변' 정도가 적절할 것이다. 그렇기는 해도 '로고스로 판별'하는 작용은 헤라클레이토스와 마찬가지로 누스와 로고스가 교차하는 지적 작용이라 할 수 있다. 그렇다면 파르메니데스의 경우 누스가 로고스의 도움을 받아 '판별'하는 지적 행위 과정에서 누스가 주도적 역할을 한다고 봐야 한다.[8] 그러나 누스가 어떻게 주도적 역할을 하는지 불투명하다.

'많은 전투적 논박을 로고스로 판별하라'는 표현은 '전투적 논박'에 대해 논리를 따져서 잘잘못을 가려봐야 한다는 말인 듯하다. 그렇게 하다 보면 최종적으로 누스가 진리를 '확고하게' 볼 수 있게 될 것이다. '전투적 논박'은 의견의 길에 관한 내용일 것이고, '많은'이라는 수식어로 미루어 볼 때 로고스의 도움을 받는 누스는 그 최종 목표를 금방 달성할 수는 없을 것이다. 의견의 영역과 관련된 전투적 논박이 무엇을 의미하는지, 누스와 로고스의 종합이 어떻게 이루어지며 누스가 어떻게 주도적 역할을 하는지는 플라톤에서 선명하게 그려진다. 중요한 측면에서 플라톤은 파르메니데스의 계승자임을 확인하게 될 것이다.

5. 플라톤: 로고스와 누스의 종합

로고스와 누스, 그리고 감각과 사유의 구별에 관한 파르메니데스와 헤라클레이토스의 유산은 플라톤에게 계승되고 종합된다. 《국가》의 유명한 세 가지 비유(해의 비유, 동굴의 비유, 선분의 비유)가 나오는 대목이 주목할 만하다. 내용을 간추려보면, 이데아계와 경험적 현상세계는 감각과 사유의 구별에 상응하는 영역이다. 지식(epistḗmē)의 대상인 이데아계는 누스(지성)를 통해 알려지며 눈에 보이지는 않는다. 반대로 의견의 대상인 현상계는 눈에 보이기는 하나 누스를 통해 알려지지는 않는다(507c). 후자를 '가시적(可視的)인 것(horaton)'이라 부르고, 전자를 '가지적(可知的)인 것(noēton)'이라 부른다(524c). '가지적인 것'이라고 번역한 '노에톤(noēton)'은 '누스로 알 수 있는 것'이라는 뜻이다. '지성계' 혹은 '지성적인 것'이라고 해도 무방하다. 또 의견의 대상은 시각이나 청각과 같은 '감각으로 지각할 수 있는 것들(aisthēta)'이라고 표현되기도 하고(507c), '생성계'(518c) 혹은 '생성과 동류인 것들'(519b)이라 불리기도 한다.

지식은 언제나 틀림없이 참이기만 한 앎이지만, 의견은 참이기도 하고 거짓이기도 한 앎이다. 의견의 모순적 성격은 대상의 모순적 성격에 연루되어 있다. 의견의 대상을 플라톤은 약식으로 '~이기도 하고 ~이지 않기도 한 것'이라고 표현한다(524c). 예컨대 '정의란 무엇인가?'에 대해 의견(doxa)을 갖는다는 건 어떤 행위가 정의로운지 정의롭지 않은지를 정확하게 구별하지 못한다는 뜻이다. 맞기도 하고 틀리기도 한다는 식의 표현은 어떤 경우에 맞고 어떤 경우에 틀리는지 정확히 모른다는 말과 같다. '정직하게 말하는 것'을 무조건 올바른 것으로 알고 그렇게 행동할 경우, 칭찬받을 때도 있지만 낭패를 당하는 경우가 있는 것처럼 말이다(331c~d). 그러니까 '정직하게 말하는 것'은 옳기도 하고 그르기도 한 것이다. 의견의 대상은 이렇게 모순적인 것인데, 감각은 이것을 구별하지 못하고 한데 "섞여 있는 것"으로 영혼에 전달한다. 이것을 구별해서 볼 줄 아는 것, 그게 누스의 작용(noēsis)이며 지성적 사유다(524c). 정직하게 말해야 할 경우와 곧이곧대로 말해서는 안 될 경우가 언제 어떤 상황인지 분별해서 아는 능력이다. 지성(누스)은 언제나 틀림없이 참인 이데아를 파악하기에 적합한 혼의 '가장 좋은 부분'(532b)이며, '만 개의 눈보다 더 보전할 가치가 있는 기관'(527e)이라고 플라톤은 강조한다.

그런데 지성적 사유에는 두 가지가 있다. '선분의 비유'(509c~d)를 보면 지성계(noēta)는 다시 두 영역으로 나뉜다. 수학적 영역과 이데아의 영역이다. 수학적 사유를 플라톤은 다음과 같이 설명한다. 우리는 보통 수학적 계산을 하거나 도형을 가지고 기하학적 증명을 할 때 '홀수', '짝수', '삼각형', '사각형', '대각선', '각' 등의 개념을 사용하지만, 홀수가 무엇인지, 짝수가 무엇인지, 수가 무엇인지, 각이 무엇인지 일일이 따지고 묻지 않는다. 그것들을 당연하게 여기고 계산과 추론을 하며, 원하는 결론을 이끌어낸다. 플라톤은 이런 사유를 '디아노이아

(dianoia)'라 부르며 지성적 사유(noēsis)와 구별한다. 수학적 계산이나 기하학적 증명은 사용하는 개념 하나하나에 대해 그것이 무엇인지 따져 물어서 궁극적인 원리(archē, 아르케)까지 나아가지 않는다. '추론적 사유'로 번역한 '디아노이아'는 감각의 작용이 아닌 사유 작용이라는 점에서 '노에시스', 즉 지성적 사유이긴 하나, 사유의 시선이 가정(hypothesis)에 머물러 있다는 점에서는 '노에시스'의 원래 의미인 직관적 사유는 아니다(510b~511b). 플라톤이 '디아노이아'를 노에시스에, 디아노이아의 대상을 노에타(noēta, 지성적인 것들)의 영역에 포함시키는 것은 감각계를 넘어서는 영역(지성계)의 탐구 활동에서는 추론적 사유와 직관적 사유가 함께 작용한다고 보기 때문일 것이다. 플라톤은 이 문제를 주제화해서 다루진 않지만 그가 사용하는 표현들을 통해 충분히 짐작해볼 수 있다.

《파이돈》에서 영혼이 진리를 파악하기 위해서는 몸의 영향에서 벗어나 '추론(to logizesthai)을 통해서'(65c), '추론적 사유(to dianoesthai)를 통해서'(65e), '추론(logismos)에 의지해'(66a), '추론적 사유(dianoia) 자체만으로'(66a), '로고스로써'(66b) 진리(이데아)로 나아가야 한다는 표현에서도 잘 드러난다. 플라톤은 '디아노이아'와 '로고스'를 같은 뜻으로 번갈아 사용한다. 그리고 《파이돈》(99c~100a)의 진리 탐구 방법에 관한 설명도 주목할 만한 대목이다. 여기서 플라톤은 '로고스 안에서의 탐구'를 권하며 이를 차선의 방법(deuteros plous, '두 번째 항해')이라 일컫는다(99c). 첫 번째인 최선의 항해는 순풍을 받아 힘 안 들이고 나아가는 것이지만, 순풍이 불지 않는 상황에서는 힘겹게 노를 저어 가야 한다. 진리 탐구도 마찬가지다. 사태에 직면하여 진리를 단번에 알아내는 것이 최선이지만, 그게 여의치가 않다. 실제로 진리 탐구의 길은 멀고도

험하며 엄청난 노력을 요구하지 않는가? 우리가 진리를 단번에 깨치지 못하는 것은 몸의 영향 때문이다. 몸에 속한 감각이 진리로 향하는 영혼의 시선(지성)을 방해한다(65b~c). 이런 사정을 플라톤은 비유로 설명한다. 맨눈으로 태양을 직접 보면 눈을 버리게 되듯이, 감각(aisthēsis)으로 사태(pragma)의 진상을 파악하려 들면 영혼의 눈이 멀게 될 위험이 있다(65b~c). 그런 위험을 피하려면 물이나 매끄러운 표면에 비친 상(像)으로 태양을 관찰하듯이 해야 한다. 그게 바로 '로고스 안에서의 탐구'다.

비유가 흥미롭다. 비유대로라면 물이나 매끄러운 표면이 태양의 상을 눈에 제공하는 것과 마찬가지로, 로고스는 진리의 상을 영혼에 제공한다. 상(像)은 실물에 비해 불완전하고 제한적인 것이지만 실물의 정체를 인지하고 파악할 수 있게 해준다. 상을 통한 인지 작용은 실물을 직접 접하는 것(직관)도 아니고 수학적 계산이나 연역 논증 같은 순수한 추리(추론)도 아니지만, 상을 '보고' 실물을 '추리'해낸다는 점에서, 직관과 추리가 함께 작용하는 것이라 할 수 있다. 헤라클레이토스와 파르메니데스에서 로고스에 편입된 누스, 누스에 편입된 로고스가 플라톤에서는 이렇게 종합된다. 물론 여기서 '로고스'는 '논변'이나 논변을 수행하는 사유 작용, 이른바 '이성'으로 번역할 수 있다.

로고스의 두 가지 뜻에 맞추어 '로고스 안에서의 탐구'도 '이성을 통한 탐구', 또는 '논변을 통한 탐구'로 번역할 수 있다. 이성을 통한 탐구든 논변을 통한 탐구든 탐구의 대상은 감각적인 것이 아니라 지성적인 것이다. 지성적인 것이란 궁극적으로 이데아를 가리킨다. '로고스 안에서의 탐구'는 한마디로 X란 무엇인가에 답을 찾는 지적 활동이기 때문이다. 정의란 무엇인가, 아름다움이란 무엇인가 등등. 탐구의 대상으로 주제화되는 X를 플라톤은 '이데아'라 부른다.

예컨대 X가 사람의 이데아를 가리킨다고 하자. 사람의 이데아란 세상의 모든 사람을 사람이게끔 해주는 것, 또는 모든 사람이 사람인 한에서 공유하는 것, 개체로서의 사람들이 소멸해도 소멸하지 않는 것, 그것을 파악하면 사람이 무엇인지 그 정체를 알게 되는 그런 것이다. 그런가 하면 "사람이란 무엇인가?"에서 '사람'은 사람의 이데아를 가리키는 로고스(말)다. 우리는 '사람'이라는 로고스를 세상의 모든 사람에게, 사람인 한에서, 똑같이 적용한다. 이렇게 '사람'의 로고스는 사람의 이데아와 통하는 데가 있다. 우리는 '사람'이라는 말을 일상적으로 쓰지만 사람의 이데아를 완벽하게 알고 있지는 않다. 그렇다고 전혀 모르는 것도 아니다. 그 말을 사용해서 탐구하고 소통하는 데 어느 정도 성공을 거두고 있다. 우리가 로고스로 탐구를 수행하고 소통할 수 있는 것은, 플라톤의 비유에 따르면, 이데아의 상이 로고스에 반영되기 때문이며, 이를 통해서 불완전하지만 이데아에 대한 앎을 어느 정도 공유하기 때문이다. 오늘날 학문적 탐구들은 우리가 관심을 갖는 모든 영역에서 X란 무엇인가에 대해 답을 얻고자 하며, 그럼으로써 세상에 대한 우리의 앎을 확장해가고 있다. 플라톤의 '로고스 안에서의 탐구'는 학문적 탐구의 원조이며, 이데아론과 함께 학문적 탐구 방법과 그것의 존재론적 근거를 정초하는 개념인 것이다.

"X란 무엇인가?"에서 X는 이데아를 가리키는 로고스지만, 탐구자가 이데아를 완전히 파악할 때까지는 가설에 머물러 있는 로고스다. 탐구자의 로고스가 진리 자체(이데아)가 아니라 진리의 상(eikōn)을 반영하는 로고스인 이유다. 이때의 상은 감각적인 상(이미지)이 아니다. 앞서 《국가》의 수학적인 것이 그렇듯이, 이데아를 가리키는 가설로서의 로고스는, 지성적인 것이지만 이데아 자체는 아니므로, 진리를 닮은 상(모상)의 지위를 갖는 것이다.

"X란 무엇인가?"에 답을 찾는 탐구를 '로고스 안에서' 수행하지 않고 감각(또는 감각적인 것) 안에서 수행하게 되면 논박에 노출된다. 이성(또는 지성적인 것) 안에서 수행하더라도, 이데아를 지향하지 않을 경우에도 논박을 벗어날 수 없다. 논박에 노출된다는 것은 답이 틀릴 수 있다는 뜻이다. 플라톤의 초기 대화편들은 탐구를 로고스 안에서 수행하지 않을 때 논박에 노출되는 모습을 생생하게 보여준다.[9] 《히피아스 I》, 《라케스》, 《에우튀프론》, 《카르미데스》 등에서 소크라테스는 "아름다움이란 무엇인가?", "용기란 무엇인가?", "경건이란 무엇인가?", "절제란 무엇인가?"를 주제로 묻고 답하는 방식으로 논의를 펼치며 대화 상대의 답변을 논박한다. '엘렝코스(elengchos)'라 일컫는 소크라테스의 논박들은 탐구자의 로고스를 감각적인 것에서 지성적인 것을 향하도록 이끌며, 궁극적으로는 이데아를 향하게 한다.

"아름다움이란 무엇인가?"에 답을 필요로 하는 상황을 생각해보자. 신화에서 불화의 여신 에리스가 던진 황금 사과를 차지하기 위해 여신들 사이에 누가 더 아름다운가로 시비를 벌이는 일화가 있다. 플라톤이 심판관이라면 시비를 공정하게 가리기 위해 아름다움을 평가하는 객관적 기준을 정할 것이다. 날씬한 몸매, 오뚝한 콧날, 조각 같은 얼굴, 우윳빛 피부 같은 것은 배제된다. 팔등신이라든가, 계란형 얼굴, 걸음걸이, 교양 수준 같은 정도는 되어야 할 것이다. 전자는 감각에 따른 기준이고, 후자는 이성 내지는 지성에 따른 기준이다. 수적 비례 관계, 기하학적 형태, 기능적 탁월성, 지성미 같은 것은 이미 감각적인 것이 아니니까.

미인을 선발하는 문제는 이 정도에서 그치겠지만, 플라톤은 더 근원으로 나아간다. 예술 작품의 아름다움과 자연의 아름다움, 남자의 아름다움과 여자의 아름다움 등등 아름다움의 종류와 부류가 다양하게 구별되고 다르지만, 모두 '아름답다'는 점에서 공통성이 있다고 플라톤은 생각한다. 여성미와 남성미가 다른 것은 미(아름다움)와 결합(koinōnia)해 있는 남성성과 여성성이 다르기 때문이다('남성성'과 '여성성' 역시 이데아로 놓고 탐구의 대상으로 삼을 수 있다). 그러나 '아름답다'는 점에서는 다르지 않다. 세상의 모든 아름다운 것은 '아름답다'는 점에서 하나인 것이다. 이데아를 '하나'로 놓는다는 것은 바로 이런 의미다. 미남 미녀를 아름답게 해주는 아름다움의 원리는 자연물, 인공물 할 것 없이 세상의 모든 아름다운 것의 원리와 통한다고 보는 것이다. 이데아에 대한 앎(epistēmē)이 언제 어떤 경우에나 틀림없이 참일 수밖에 없는 이유다. 로고스 안에서의 탐구가 감각적인 것이 아니라 지성적인 것, 궁극적으로는 이데아의 인식을 목표로 하는 이유는, 아름다움을 평가하는 경우처럼, 누구나 인정할 수 있는 객관적 기준을 얻기 위함이며, 나아가서 그와 연관된 모든 것을 설명해줄 절대적인 진리에 이르기 위함이다. 이데아의 단일성은 플라톤 존재론이 함축하는 체계적 완결성의 표현이며, 지식과 앎의 객관성과 보편성을 담보하고 절대화하는 개념이다. 우주와 자연, 인간과 사회를 관통하는 통합적이며 절대적인 지식 체계, 플라톤은 그런 이데아에 대한 앎이 우리의 행위와 실천을 지도하고, 사회와 공동체를 운영하는 지표가 되어야 한다고 본다.

로고스 안에서의 탐구가 절대적 진리에 도달하기 위해 궁극적인 원리로 나아갈 때 이를 플라톤은 '변증술(dialektikē)'이라 부른다. 변증술의 종착점이자 진리의 체계성과 완결성을 보장하는 궁극적 원리가 바로 '선(좋음)'의 이데아다. 선의 이데아는 태양과도 같다. 존재와 인식의 근원(아르케)이다. 지상의 모든 것은 태양에 힘입어 존립하고, 태양 빛이 있어 우리는 사물을 본다. 선의 이데아는 이데아계에서 그와 같은 역할을 한다. 가히 지성계, 이데아계, 우주 만물의 절대자라 할 수 있다. 한몸이 된 로고스와 누스가 변증술에 힘입어 어떻게 선의 이데아까지 이르게 되는지 플라톤의 말을 들어보자.

> **누스**(지성)로 알 수 있는 종류의 다른 한 부분으로 내가 뜻하는 바는 다음과 같다고 이해하게. **로고스** 자체가 **변증**(dialegesthai)의 힘으로 붙잡는 것이네. 이때의 **로고스**는 가정들을 원리들로 대하는 것이 아니라 말 그대로 가정(hypothesis)으로 대하네. 그러니까 무가정의 것에 이를 때까지 모든 것의 원리(archē)로 나아가기 위한 발판이나 출발점처럼 대한다는 것이네. **로고스** 자체가 원리를 붙잡고 나서, 이번에는 이 원리에 의존하고 있는 것들을 취하며 그렇게 해서 다시 끝(원리)으로 내려가네. 감각적인 것은 전혀 이용하지 않고, 형상들을 거쳐 형상들에 이르기까지 형상(eidos)들 자체만을 이용하며 형상들로 끝나네.(《국가》 511c)

> 누군가가 **변증**(dialegesthai)에 의해 일체의 감각은 쓰지 않고 **로고스**를 통해 각각 ~인 것 자체(이데아)로 달려가고자 하며, 그래서 좋음 자체(선의 이데아)를 **노에시스**(noēsis, 지성적 사유) 자체에 의해 파악하기 전에는 물러서지 않을 때, 그는 지성적인 것(noēton)의 바로 그 끝에 이르네. …… 이 여정을 자네는 **변증술**(dialektikē)이라 부르지 않는가?(《국가》 532a~b)

인용문에서 플라톤은 '로고스'와 '노에시스'를 번갈아 사용한다. 누스와 로고스의 활동을 뜻하는 '노에시스(지성적 사유)'와 '디알레게스타이(변증)'[10]도 마찬가지다. '로고스 안에서의 탐구'에서 '로고스'가 직관과 추론이 통합된 로고스임을 밝힌 바대로, 변증술의 영역인 이데아계에서도 탐구자의 사유는 추론과 직관이 통합된 형태로 작용한다는 뜻이다. 그러나 탐구의 방향을 잡아주는 것은 직관적 사유다. 모상을 모상으로, 가설을 가설로 대할 수 있는 계기를 마련해주는 것은 직관이기 때문이다. 이게 어떻게 가능할까?

수학적 계산이나 증명을 수행하는 추론적 사유(디아노이아)가 아직 선의 이데아를 붙잡지 못했는데, 어떻게 이데아계로 탐구의 시선을 돌릴 수 있을까? '삼각형', '사각형', '각', '대각선' 등의 개념들을 모상으로 간주하려면 실물을 알고 있어야 하지 않은가? 플라톤은 이 문제를 '상기설'로 해결한다. 우리의 영혼은 이데아를 본 기억을 가지고 있다는 것이다. 영혼이 몸속에 있고 감각의 영향 때문에 기억을 되살리기가 쉽지 않을 뿐이다. 몸의 영향을, 즉 감각의 영향을 벗어나는 계기는 로고스 안에서의 탐구 과정에서 주어진다. "X란 무엇인가?"에 답을 찾는 탐구에서 대답이 논박으로 인해 일관성을 잃거나 모순에 빠졌을 때, 곤경을 벗어나기 위해 일관된 대답을 찾고자 하는 지적인 노력 자체가 영혼이 이데아에 대한 기억을 가지고 있다는 증거다. 그러니까 선의 이데아에 이르는 탐구 과정 자체가 지속적인 상기의 과정인 것이다. 선의 이데아에 이르는 순간은 상기가 완성되는 순간이며, 탐구자의 사유가 로고스적(추론적) 사유를 벗어나 순수한 누스적(직관적) 사유가 되는 순간이다.[11] 그 순간을 플라톤은 다음과 같이 묘사한다(선의 이데아가 아닌 아름다움의 이데아가 주제이지만, 어떤 이데아든 이데아에 대한 앎은 마지막에 직관으로 완성된다).

> 아름다운 것들을 차례차례 올바로 바라보면서, 에로스의 일들에 대해 여기까지 인도된 자라면, 이제 에로스의 일들의 끝점에 도달하여 갑자기 본성상 놀랍고 아름다운 어떤 것을 직관하게(katopsetai) 될 것입니다. 소크라테스, 앞서의 모든 고통의 최종 목표이기도 했던 게 바로 이겁니다(《향연》 210e).

6. 신화적 사유에서 학문적 사유로

학문적 사유의 특징인 추상적 사유, 개념적 사유가 개화하기 전에는 눈으로 직접 보고 아는 시각적 앎이 중심이었고 거의 전부였다. 그러기에 우주와 자연을 운행하고 인간사를 움직이는 신들이 뚜렷한 형태와 모습을 갖추고 있었다. 들어서 아는 조상들의 이야기나, 가보지 못한 나라, 먼 지방의 소식들은 의심스러운 풍문 같은 것이었다. 모든 것을 생생하게 보고 아는 신들, 그리고 그에 버금가는 영웅들의 이야기(신화)가 기억의 소멸에 저항하며 소중하고 가치 있는 언어적 앎의 자산으로 대를 이었다. 인간의 길흉화복과 운명에 그들이 영향을 미친다고 믿었으니까. 호메로스의 '누스'와 '로고스'는 바로 이런 신화적 세계관을 반영하는 인식 개념이다.

인간의 사유는, 보이는 것보다 보이지 않는 것이 더 우선이고 중요하다는 걸 깨닫게 되면서 추상적·개념적 사유의 길을 걷는다. 자연 현상과 인간의 의지·감정·행위를 좌우했던 신들은 시각적인 의인화의 옷을 벗고 현상 배후의 아르케로, 원리로, 원소로 이해되기 시작했다.

성난 바다의 사나운 모습에서 포세이돈의 분노를 떠올리기를 멈추고 현상 이면의 보이지 않는 물리적인 힘과 원인을 생각하게 된 것이다. 감각과 사유의 구별은 그렇게 해서 확립되었다. 감각과 연동되어 있던 누스의 인지 기능이 감각과 분리되어 보이지 않는 것(진리)을 보는 정신의 눈으로 독립하게 된 것이다.

당연히, 들어서 아는 언어적 앎의 지위와 성격도 바뀐다. 학문의 언어로 탈바꿈한 '로고스'가 감각의 옷을 벗은 누스와 동거하며 앎의 주인이자 진리의 소유자임을 천명함으로써다. 그리하여 '이성'의 얼굴을 한 로고스와 누스는 신화의 언어가 누렸던 헤게모니를 장악하기에 이른다. 헤라클레이토스와 파르메니데스의 '로고스'와 '누스'가 이러한 사유의 혁명을 이끌었다.

개혁과 혁명 속에서도 보수의 잔재는 남는 법, 감각의 옷을 완전히 벗어 누드화된 누스는 로고스에 몸을 맡기고 로고스화되지만(헤라클레이토스), 신화의 잔상으로 몸을 가린 누스는 로고스의 날개에 올라타 조종간을 잡는다(파르메니데스). 누스가 향하는 하나의 진리, 절대적 앎, 그것은 절대적 권능자 제우스와 그가 가진 지혜의 다른 이름이다. 감각에 사로잡혔던 인간의 사유, '헤매는 누스'가 투사한 의인화의 옷을 벗겨보라.

절대적 진리에 이르기 위해 파르메니데스는 인간의 '헤매는 누스'가 타고 갈 로고스의 날개를 견고하게 가다듬지만("많은 전투적 논박을 로고스로 판별하라"), 과연 어떻게 도달했는지 묘연하다(여신의 도움을 받아야 하지 않았을까?).

과업은 파르메니데스의 비판적 계승자 플라톤이 이행하게 된다. 애당초 모든 것을 단번에 아는 신적인 지성이었으나 인간의 몸속으로 추락한 누스[12]는 이제 로고스의 배를 타고(로고스는 육화한 누스다) 변증술의 노를 힘겹게 젓고 저어 자신이 떠나온 고향으로, 이데아의 세계, 영원한 하늘나라로 돌아가게 된다.

그러나 로고스에 몸을 맡긴 헤라클레이토스의 누스는 지상에 남아 불이 되어 춤추듯 타오르며 세상을 밝힌다. 헤라클레이토스야말로 고대적 사유의 진정한 혁명가였다. 화려한 언어로 불의 로고스를 펼치는 현대 철학이 증명하고 있지 않은가!

더 읽어볼 책

호메로스. 2015. 《일리아스》. 천병희 옮김. 숲; 호메로스. 2015. 《오뒷세이아》. 천병희 옮김. 숲.

문학, 철학, 역사를 통틀어서 서양 인문학 서열 1위의 책. 가장 오래된 문헌이라는 뜻이기도 하고, 인문학도라면 무조건 읽어야 한다는 뜻이기도 하다. 서양 인문학의 모태이자 젖줄과도 같은 책이다. 영웅 아킬레우스의 무용담과 오뒤세우스의 귀향 이야기인데, 올륌포스 종교의 신화적 세계관을 접할 수 있고, 구전문학의 흔적을 읽을 수 있다.

딜스, 크란츠 편집. 2006. 《소크라테스 이전 철학자들의 단편 선집》. 김인곤 외 옮김. 아카넷.

동양의 사서삼경에 해당하는, 서양의 가장 오래된 철학 문헌이다. 철학적 사유가 태동하기 직전 여명기의 단편들부터 시작해서 데모크리토스의 단편들까지 실려 있다. 부록으로 철학자별로 해설이 붙어 있어서 두서없는 단편들의 분방함을 덜어준다. 철학에 관심이 깊다면, 요약 정리되고 해석된 글보다 투박하고 거친, 날것의 매력을 느껴보기를 권한다.

플라톤. 2013. 《파이돈》. 전헌상 옮김. 이제이북스.

플라톤의 중기 작품 가운데 하나다. 소크라테스가 독배를 마시고 죽는 장면은 다비드가 그림으로 남길 만큼 인상적이다. 철학적으로는 플라톤의 이데아 사상이 본격적으로 등장한다는 점이 중요하다. 철학은 죽음의 연습이라는 주장도 예사롭지 않거니와, 배후에 놓인 플라톤 철학의 핵심 개념들과 주요 전제들을 짚어볼 수 있다.

플라톤. 1997.《국가》. 박종현 옮김. 서광사.

플라톤을 대표하는 작품이다. '정의란 무엇인가'가 주제다. 윤리와 정치철학의 문제를 다루지만 존재론, 인식론, 심리학, 교육론, 예술론 등 철학 전반에 걸친 문제와 개념의 싹들이 어우러져 드라마로 엮여 있다. 철학의 입문서로서 손색이 없다.

3장

아리스토텔레스
인간과 세계 속의 '이성' 개념

김진성(정암학당 연구원)

'이성'의 개념은 오늘날에 이르러서야 특별히 문제가 된 것이 아니다. 서양의 철학사는 이성의 역사라고 해도 과언이 아닐 정도로 '이성'의 개념은 고대로부터 풍부하게 논의되었다. 소크라테스 이전 철학자들부터 시작하여 플라톤, 아리스토텔레스의 논의를 거치면서, 인간 존재의 위상은 '이성' 개념을 중심으로 정해졌다. 그리고 이는 "인간은 이성적 동물이다"라는 아리스토텔레스의 고전적인 정의로 집약되었다.

1. 철학의 분과와 로고스

서양철학에서 '이성'과 관련된 개념은 그리스어 'logos/nous,' 'dianoia'에서 시작하여, 라틴어 'intellectus,' 'ratio'를 거쳐 영어 'reason,' 'intellect/understanding', 독일어 'Vernunft,' 'Verstand' 등으로 다양하

게 변형되어 수용되었다(칸트의 개념 규정에 따라 '이성'은 상위의 또는 넓은 의미의 사유 및 인식능력으로, '지성'은 하위의 또는 좁은 의미의 사유 및 인식능력으로 이해한다). '이성'은 그리스어 'nous'와 라틴어 'intellectus(직관, 통찰 능력)'에 연결되고, '지성'은 그리스어 'dianoia'와 (키케로의) 라틴어 'ratio(계산, 추리 능력)'에 연결된다(후에 뒤바뀌어 독일어에서는 'ratio'가 'Vernunft'로, 'intellectus'가 'Verstand'로 번역된다). 대략 도식화하면 〈그림 1〉과 같다.

고대		키케로, 중세		중세 말~18세기		칸트	영어	우리말
logos/nous	→	intellectus	→	ratio	→	Vernunft	reason	이성
dianoia	→	ratio	→	intellectus	→	Verstand	intellect	지성

〈그림 1〉

〈그림 1〉의 개념 변천을 염두에 두고 그리스어 'logos'가 기본적으로 지닌 의미(법칙, 이성, 말)를 바탕으로 해서, 철학의 네 가지 주요 분과인 존재론·인식론·논리학·윤리학의 영역에서 그것이 갖는 다양한 의미를 아리스토텔레스의 철학을 중심으로 살펴보고자 한다.

먼저 철학의 분과 영역과 관련하여, 아리스토텔레스의 《명제론》 1장에 설명된 내용을 바탕으로 존재, 사유, 언어, 실천의 관계를 〈그림 2〉와 같이 도식화하여 논의를 시작해보자.

〈그림 2〉의 도형은 흔히 '의미론적 삼각형'이라고 불린다. 여기에서 화살표의 방향 순서대로 존재, 사유, 언어, 실천의 영역은 대략 존재론, 인식론, 논리학, 윤리학의 영역이라고 볼 수 있다(도형에서 실선은 직접적인 관계를, 점선은 간접적인 관계를 나타낸다). 여기에서, 존재론은 변

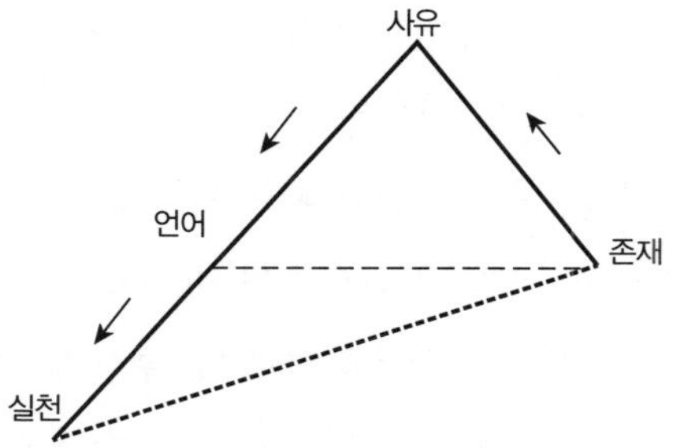

〈그림 2〉

화의 세계와 불변의 세계로 양분되는 세계에 대한 이해를 추구하는 분과, 인식론은 이 세계에 대한 올바른 인식 방법을 찾는 분과, 논리학은 이에 사용되는 올바른 사유 법칙을 탐구하는 분과, 윤리학은 세계에 대한 올바른 인식으로 바탕으로 행복의 근원을 찾는 분과다. 아리스토텔레스는 스토아의 전통과 달리, 이 네 영역 가운데 논리학(logic)을 철학의 독립적인 분과로 분류하지 않고, 학문의 '도구(organon)'로 취급한다. 이에 따르면, 논리학은 앎의 실질적 내용을 다루기보다는 앎의 기본 형식을 다룸으로써, 모든 학문의 예비지식 역할을 한다. 후에 베이컨)은 아리스토텔레스의 연역적 논리 체계에 반대하여 실험과 관찰에 바탕을 둔 귀납 체계인 《노붐 오르가눔(novum organum)》(1620)을 써서 '새로운 학문의 도구'를 제시했다. 앞의 네 가지 영역에 맞춰 'logos' 개념을 '이성'과 결부하여 논의해보자. 논의는 거꾸로, 아리스토텔레스가 주제에 접근하는 방법에 따라 우리에게 친숙한 실천의 영역인 윤리학부터 시작하기로 한다.

2. '이성(도리)'에 따른 삶: 윤리학의 영역

우리는 흔히 '제정신을 차려야 한다', '감정에 따르지 말고 이성에 따라야 한다', '이성적으로(합리적으로) 생각해보라' 등의 말을 하며 이성에 호소한다. 이성은 혼란, 불화, 갈등, 무질서보다는 통일성, 화합, 평화, 질서를 불러일으킨다는 생각에서다. 이런 생각을 헬레니즘기의 스토아학파는 '아파테이아(apatheia: 파토스가 없는 상태, 무정념의 상태)'를 통한 자족성의 도달로 표현했고, 이는 근세의 스피노자에게까지 영향을 미쳤다. 비슷한 시기에 에피쿠로스학파가 내세운 '아타락시아(ataraxia: 정념에 흔들리지 않는 상태, 부동의 상태)'도 다소 차이는 있지만, 기본적으로 외부 세계의 영향을 극복하고 행복에 이르기 위해 내세운 윤리학적 개념이다. 다른 한편으로, 우리는 이성에 따를 것을 호소하는 것과 반대로 '차가운 이성과 뜨거운 가슴'을 말하면서, 감정에 호소하기도 한다. 그러다가 앞뒤를 가리지(계산하지) 않고 '무리(無理)'하게 되어 혼란, 불화, 갈등, 무질서에 빠지기도 한다.

그리스의 철학적 전통에 따라, 아리스토텔레스는 후대의 거의 모든 철학자와 마찬가지로 이성에 복종하며 살 것을 권고한다. 그에 따르면 가장 행복한 삶은 관조하는(이론적인, theōretikē) 삶이다. 관조의 활동은 가장 지속적이고, 즐겁고, 자족적이며, 그 자체로 선택되는 것이고, 무엇보다 여유로운 것이기 때문이다. 아리스토텔레스는 그리스 전통의 신관을 거부하며 신을 순수한 사유 존재로 이해한다. 이런 신과 달리 인간은 물질적인 조건 때문에 앞의 관조 활동을 평생토록 할 수는 없다. 그렇지만 이성은 인간 안의 신적인 것이다. 따라서 이 **이성(nous)**을 따르는 삶은 보통의 인간적인 삶에 비해 신적이다. 그리고 이성의 크기는 작지만 그것이 발휘하는 힘과 그것이 지닌 가치는 다른 모든 것을 훨씬 능가한다. 인간은 바로 이 최고의 것이라고 할 수 있다. 무엇보다도 이성이 인간인 것이다. 아리스토텔레스는 이성의 지배를 다음과 같이 역설한다.

> 국가나 다른 조직체에서 가장 중요한 부분이 바로 그 국가나 조직체이듯이, 인간에게서도 마찬가지다. 그래서 이 부분을 사랑하고 만족시키는 사람이 가장 '자신을 사랑하는 사람(philautos)'이다. 우리는 자제력 있는 사람과 없는 사람도 **이성**(nous)이[1] 그 사람을 지배하느냐 그렇지 않느냐에 따라 말하는데, 이는 이성이 바로 그 사람 자신이라고 생각되기 때문이다. 그리고 무엇보다도 이성에 따른 행위가 스스로 자발적으로 행한 행위라 생각된다. 따라서 이 이성이 인간의 자아라는 점, 특히 그렇다는 점, 그리고 훌륭한 사람은 무엇보다도 이 부분을 사랑한다는 점은 분명하다.[2]

아리스토텔레스에 따르면, 인간은 타고난 본성과 습관과 이성을 통해 훌륭한 사람이 된다. 동물들은 대개는 자연 본성대로 살고, 더러는 익숙한 습관에 따라 살기도 한다. 그러나 인간은 **이성**(logos)에 의해서도 살아간다. 신 외에 인간만이 이성을 갖고 있기 때문이다. 인간은 더 낫겠다 싶으면, 본성(본능)이나 습관을 따르지 않고 이성에 따라 행동한다.[3] 그리고 지나침과 모자람이 없는 중용의 미덕은 바로 이성에 의해 규정된다.

> 자제력이 있는 사람과 이성적인 **헤아림**(logismos)에 머무는 사람은 같은

> 사람인 것으로 생각되고, 자제력이 없는 사람과 이성적인 헤아림에서 벗어나는 사람도 같은 사람인 것으로 생각된다. 그리고 자제력이 없는 사람은 자신이 하는 행위가 나쁘다는 것을 알면서도 감정(pathos)[4] 때문에 그것을 하는 데 반해, 자제력이 있는 사람은 자신의 욕망들이 나쁘다는 것을 알면 **이성(logos)** 때문에 그것들을 따르지 않는다.[5]

인간 존재는 이중의 본성을 지닌다. 근세 철학자 스피노자의 《윤리학》 4권과 5권의 제목('인간의 노예 또는 감정의 힘'과 '이성의 지배 또는 인간의 자유')에 나타나 있듯이, 인간은 감정(또는 정념, affectus)의 힘에 휘둘리면 노예가 되고, 이성(intellectus)의 지배를 통해 자기통제가 이루어지면 자유롭다. 비이성적인 감각, 감정, 욕구가 지배하면 자기통제력을 상실하기 쉽다. 그리고 통제력을 잃으면 능동적인, 자율적인 존재가 되기보다는 수동적인, 타율적인 존재가 된다. 물론 이성을 사용하는 것은 쉽지 않고, 많은 노력을 요구한다. 악기 연주나 체력 단련이 많은 시간과 노력을 요구하듯, 이성과 이를 통한 덕성의 단련도 많은 시간과 노력을 요구하는 것이다. 이성은 인간의 사유(생각), 언어(말), 실천(행동)의 영역에서 비이성적인 혼의 저항에 맞서 습관을 통해 가능한 한 완전한 형태로 획득되어야 한다. 그리고 이 습관(ethos)은 성격(ēthos)을 만든다. 한 마리의 제비가 봄을 만드는 것은 아니다.

3. '언어', '논리'로서의 로고스: 논리학의 영역

윤리학의 영역에서 논리학, 언어의 영역으로 가보자. 그리스어 'logos'는 언어의 영역에서 '말', '낱말', '연설', '대화', '이야기', '산문', '연설',

'논의' 등을 뜻한다. 이로부터 더 나아가 논리학의 영역에서는 '정의', '개념', '명제', '추론', '논증', '증명', '논쟁', '생각', '견해', '주장', '근거' 등을 뜻한다. 말은 생각과 느낌을 표현하고 전달하고 교환하는 소통의 도구다. 그리고 논증은 이성 능력을 통한 말의 검증 작업이다. 그리스어 'logon didonai(로고스를 준다)'라는 말은 '해명하다', '설명하다', '입증하다'라는 뜻이다. 그리고 합리적인 설명은 이야기나 소문, 의견, 감각 등과 구분된다. 아리스토텔레스는 실생활에서 **합리적인 설명(logos)**을 벗어나 있는 것을 우연의 산물로 본다.

> 우연은 **합리적인 설명을 벗어난(para logon)** 좋은 것들의 원인이다. 예를 들어, 다른 형제들은 못생겼는데 하나만 잘생긴 경우, 또는 다른 사람들은 보물을 보지 못했는데 한 사람만 그것을 찾은 경우, 또는 옆 사람만 화살에 맞고 이 사람은 맞지 않은 경우, 늘 오던 사람은 오지 않고 딱 한 번 온 사람들만 죽은 경우가 그렇다. 이러한 것들은 모두 행운인 것들로 생각된다.[6]

진리는 한 사람의 견해를 무비판적으로 수용하는 것이 아니라 이성 능력을 가진 주체들의 상호 주관적인 협업(dia-legesthai, '대화하다', '소통하다')을 통해 검증의 절차를 거쳐 확립된다(특히 플라톤에서 그렇다). 이성 능력, 논리적인 사고 능력, 추리 능력을 통해서야 자신과 세계를 질서 있게 설명하고 토론할 조건이 갖춰진다. 그리고 다른 사람들과의 토론의 경우 그들도 우리처럼 이성의 주체인 것으로 간주된다.

아리스토텔레스는 여러 저술에서 인간의 특성을 다양한 방식으로 규정한다. 인간 존재는 구체적으로 몸집, 생김새, 신체 구조, 기관, 감각, 생식, 성장, 수명 등 다양한 생물학적인 측면에서도 여타 동물들과 구분되면서도 그것들과는 다른 차이점이 있다. 그것은 바로 인간이 **언어(logos)**를 가졌다는 점이다. 이를 통해 다양한 공동체의 형성이 가능하다고 아리스토텔레스는 설명한다.

> 인간만이 동물들 중 **언어(또는 이성, logos)**를 가졌다. (말이 아닌) 단순한 목소리는 괴로움과 즐거움을 나타낸다. 그렇기 때문에 다른 동물들도 그것을 가졌다. 왜냐하면 동물의 본성은 괴로운 것과 즐거운 것에 대한 감각을 갖고 이것을 서로에게 알리는 데까지 이르렀기 때문이다. 그러나 언어는 무엇이 이롭고 무엇이 해로운지, 따라서 무엇이 옳고 무엇이 그른지를 밝히도록 되어 있다. 선과 악, 옳음과 그름 등에 대한 인지는 여타 동물들과 달리 인간에게만 있는 점이다. 그리고 이런 것들의 공유를 통해 가정과 국가가 성립한다.[7]

위 인용문에서 보듯, 인간은 언어를 통해 감정의 전달뿐만 아니라, 도덕적인 개념들(선악, 시비 등)을 분간할 수 있다. 이러한 개념들의 공유는 가정에서 시작하여 국가에 이르기까지 다양한 공동체의 필수 전제 조건이 된다. 아리스토텔레스는 《연설술(수사학)》에서도 연설술의 유용성을 다음과 같이 정당화하면서 언어의 수단적 측면을 언급한다.

> 몸(sōma)으로 자신을 도울 수 없는 것은 수치스러우면서도 말(logos)로써 도울 수 없는 것은 수치스럽지 않다면 이상할 것이다. 몸을 부리는 것보다 말이 더 인간에게 고유하다.[8]

여기에서 'logos'는 '말(언어)'뿐만 아니라 '이성'의 뜻까지 포함되어 있다고 볼 수 있다. 아리스토텔레스는 대중 연설의 기술, 즉 연설술이 인간의 언어 능력 및 이성 능력의 도움을 받아 진리와 정의를 관철하는 데 유용할 수 있다고 강조한다.

4. '이성 능력'으로서의 로고스: 인식론의 영역

그리스어 'logos'는 인식의 영역에서 '사유 능력', '추리 능력', '직관 능력', 한마디로 '이성 능력'을 뜻한다. 흔히 "인간은 이성적 동물(animal rationale)이다"라는 고전적 정의는 아리스토텔레스로 귀속된다. 그의 규정에 따르면 인간은 로고스를 가진 동물이다. 이 말은 칸트가 제대로 지적했듯이 "인간은 이성 능력을 가진 동물(animal rationabile)이다"라는 뜻이다. 아리스토텔레스는 이로써 인간의 사유 능력을 다른 동물과 구분되는 인간의 본질로 부각시킨다. '이성 능력을 가짐'은 인간의 종차(differentia specifica), 즉 인간이 여타 동물과 본질적으로 다른 점인 것이다. 그리고 앞의 정의는 '이성적인/합리적인 선택을 하는 능력이 있다'는 뜻이지, 이 능력을 실제로 발휘하여 항상 '이성적인 선택을 한다'는 뜻은 아니다. 이성 능력은 잠재적으로 우리 안에 있다. 그래서 철학자들은 이성 능력의 올바른 발휘를 촉구하는 것이다.

그리스 철학의 전통에서 이성 능력을 가진 존재(logikon)는 신과 인간뿐이다. 아리스토텔레스는 피타고라스의 철학에 관한 저술에서 피타고라스주의자들이 다음의 구분을 자신들의 최대 비밀 중 하나인 것으로 보존했다고 언급한다. "이성적인 생명체(logikon zōion)로 셋이, 즉 신, 인간, 그리고 피타고라스 같은 존재가 있다."[9]

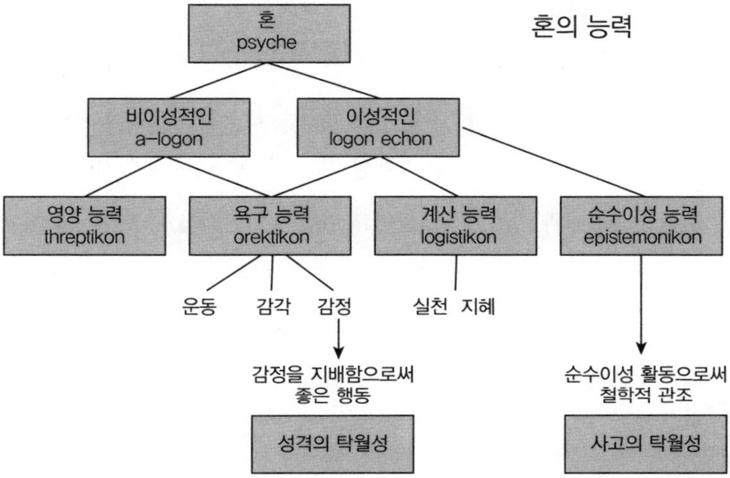

〈그림 3〉

인간에게 속한 특성들은 많다. 인간은 계산, 숙고, 추리, 직관 등의 사유 능력과 더불어 영양 섭취, 감각, 기억, 운동, 욕구 능력 등 동식물적인 능력을 갖췄다. 아리스토텔레스는 이런 능력들을 살아 있는 생명체의 특징인 혼으로 설명한다. 그리고 인간의 혼은 《니코마코스 윤리학》 1권 13장의 구분에 바탕을 둔 〈그림 3〉에서 보듯, 크게 비이성적인 부분과 이성적인 부분으로 나뉜다.

아리스토텔레스는 《정치학》에서 아이들의 몸과 혼을 교육할 때 그 순서를 어떻게 할 것인지에 관한 논의를 하면서도 〈그림 3〉과 같은 구분을 한다.

> 혼과 몸이 둘이듯, 혼도 두 부분, 즉 이성을 갖지 못한 부분(alogon)과 이성을 가진 부분(logon echon)이고, 이 둘의 상태(hexis)는[10] 각각 욕구

(orexis)와 **이성(nous)**임을 우리는 본다. 그리고 몸이 혼보다 먼저 생겨나듯, 혼에서도 **이성(logos)**을 갖지 못한 부분이 이성을 가진 부분보다 먼저 생겨난다. 이 점은 분명하다. 왜냐하면 충동(또는 氣, thymos)과 바람(boulēsis)과 욕망(epithymia)은 태어날 때 이미 아이들에게 있지만, **헤아림(계산, logismos)**과 이성은[11] 그들이 자라면서 자연스럽게 생긴다. 그렇기 때문에 몸을 돌보는 일이 혼을 돌보는 일에 앞서야 하고, 그다음에 욕구를 돌보는 일이 이성을 돌보는 일에 앞서야 한다. 하지만 욕구를 돌보는 일은 이성을 위한 것이어야 하고, 몸을 돌보는 일은 혼을 위한 것이어야 한다.[12]

이성의 능력(logon echon, dianoumenon, nous)도 다시 둘로 나뉜다. '헤아리는 부분(계산, 숙고 능력, logistikon)'과 '학문적 인식의 부분(순수이성 능력, epistēmonikon)'이다. 이는《영혼에 관하여》3권 10장[13]에서 '실천에 관련된 이성(praktikos nous)'과 '이론에 관련된 이성(theōrētikos nous)'으로 구분되는데, 칸트가 구분한 실천이성, 이론이성과 형식적으로는 똑같다. 앞의 부분은 우리에게 달려 있는 것, 성격적 탁월성의 영역에 속한 것에 관계한다. 그리고 이 부분의 과제는 올바른 결정을 내리는 일이고, 이 부분의 탁월한 상태는 실천적 지혜 또는 **현명함(phronēsis)**이다. 현명함은 이성을 갖춘 혼의 두 부분 중 **의견(doxa)**에 관계된 부분에 속한다.

혼에는 이성을 가진 부분이 둘 있는데, 현명함은 그중 하나, 즉 **의견(doxa)을 형성하는 부분(doxastikon)**의 탁월성이다. 의견도 현명함도 모두 다르게 있을 수 있는 것들에 관련하기 때문이다. 다른 한편, 현명함이 단순히 이성을 갖춘 상태인 것만은 아니다. 단순히 이성을 갖춘 상태에는 망각이 있지만, 현명함에는 망각이 없다는 사실이 그 증거다.[14]

이성을 가진 것 중 뒤의 부분은 우리에게 달려 있지 않은 것들, 즉 우리 마음대로 할 수 없는 것들에 관계한다. 그것들과 그 원리들이 불변이고 필연적이고 영원하기 때문이다. 이 부분의 과제는 **이론적인 진리**(epistēmē)를 인식하는 일이고, 이 부분의 탁월한 상태는 이론적 지혜 또는 철학적 **지혜**(sophia)다. 그리고 이 지혜는 혼의 최고 부분의 탁월성이며 이성이라 불리기도 하고 신적인 이성과도 유사하다.

이성(nous)에 따라 활동하며 이것을 보살피는 사람이, 최선의 상태에 있으며 신들에게 가장 사랑을 받는 것 같다. 만일, 사람들이 그렇게 생각하듯, 신들이 인간사에 관심을 가진다면, 신들이 가장 좋고 가장 그들을 닮은 것(이성이 바로 이것일 것이다)에 기뻐할 것이라는 점은 이치에 맞을 것이기 때문이다. 또 신들이 무엇보다 이성을 사랑하고 존중하는 사람들을 신들에게 사랑스러운 것들을 돌보며 올바르게 고귀하게 행위하는 사람들로 생각해서 보답을 할 것이라는 점도 이치에 맞을 것이다. 그런데 이 모든 것이 **지혜로운 사람**(sophos)에게 가장 많이 있다는 것은 명백하다. 따라서 그는 신들에게 가장 사랑을 받는다. 이 사람은 아마도 가장 **행복**(eudaimōn)하기도 할 것이다.[15]

그런 한에서 그는 신적이거나, 적어도 인간들 중 가장 신을 닮은 사람이다. 그리고 지혜는 가장 영예로운 것들에 관해 **학문적 인식**(epistēmē)과 **직관**(**좁은 의미의 nous**)이 합쳐진 것이다. 여기에서 학문적 인식은 논리적으로 증명될 수 있는 것에 관계하고, 직관[16]은 증명의 원리들을 파악한다.

> 그렇다면 앞서 말한 것에서 분명한 것은, **지혜**(sophia)는 본성상 가장 귀중한 것들에 관한 학문적 **인식**(epistēmē)과 **직관적 이성**(nous)이라는 점이다. 그렇기 때문에 아낙사고라스와 탈레스 등이 자신들에게 이로운 것들을 모르는 것을 보고, 사람들은 그들이 (이론적으로) '지혜로운 자(sophos)'일 뿐, (실생활에서) '현명한 자(phronimos)'이지는 않다고 말한다. 또 사람들은 그들이 비범하고 놀라운 것들, 어렵고 **신적인 것들**(theia)을 알고 있기는 하지만, 그들이 추구하는 것이 인간과 관련된 좋은 것들이 아닌 까닭에 쓸모는 없다고 말한다.[17]

위의 인용문에서 신적인 것들은 지상의 것들보다 고귀한 재료로 구성된 천체들과 가장 고귀하고 가장 좋은 존재인 신(theos)을 뜻한다. 여기에서 아리스토텔레스는 그리스 전통의 다신론적 신관을 거부하며 하나의 신을 주장한다. 하지만 그의 신은 플라톤의 창조주와 달리 세계의 생성에 능동적으로 개입하지는 않는다. 그의 신은 순수하게 사유존재이기에, 우주와 자연은 스스로는 변화하지 않으면서 다른 모든 존재의 변화의 원인인 존재, 즉 부동의 원동자인 신에 애인(erōmenon)처럼 매달려 있다. 그리고 이성은 이런 신처럼 가장 좋고 고귀한 것이기에 명령을 내리지 않고서 현명함을 지배한다.

5. '법칙'으로서의 로고스: 존재론의 영역

그리스어 'logos'는 그 밖에 '수학적인 비례 또는 비율'을 뜻하기도 한다. 이와 관련된 동사형 'logizesthai'는 '세다', '헤아리다', '계산하다'를 뜻한다. 수와 세계의 질서에 존재하는 법칙(비례)은 '셈'의 결과물이다. 키케로는 이 의미를 염두에 두고 'logos'를 'ratio'로 옮겼다.

흔히 '무리수를 둔다'는 말을 한다. 무리수(無理數, ir-rational number)는 공통의 측정 단위(1)가 없는 수를 말한다. 이는 그리스어 'a-sym-metron(함께-잴 수-없는 것)'으로 표현된다. "직각이등변삼각형에서 빗변과 나머지 변은 공통의 단위인 1로 측정될 수 없다." 아리스토텔레스는 이런 명제를 수학에서 절대적 진리인 사례로, "…… 측정될 수 있다"는 절대적 허위인 사례로 종종 인용한다.

고대에서 'logos'는 인간, 신에게 인식능력으로서 귀속될 뿐만 아니라 '합리성', '비례 또는 비율'의 뜻으로 세계에도 귀속된다. '세계'를 뜻하는 그리스어 'kosmos'에는 이미 수적인 비율로 정돈된 질서의 개념이 들어 있다. 이 질서는 자연 현상의 조화와 규칙성에서 드러나고, 제대로 된 국가 체제에서 그 모습을 드러낸다. 그래서 'logos'는 법이

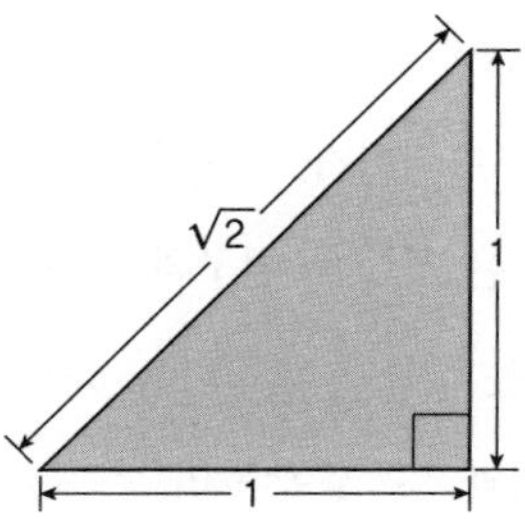

〈그림 4〉

기도 하다.

> **법**(nomos)이 지배하기를 요구하는 자는 **신**(theos)과 **이성**(nous)이 지배하기를 요구하고, 인간이 지배하기를 요구하는 자는 거기에 야수적인 요소를 또한 덧붙이는 것으로 생각된다. 욕망은 야수적인 것이고 충동(격정, thymos)은 통치자들과 아주 훌륭한 인간들조차도 일그러지게 하기 때문이다. 바로 그렇기 때문에 법은 욕구에서 벗어난 이성이다.[18]

일찍이 헤라클레이토스는 우주의 생성에 내재한 질서의 법칙을 로고스로 표현했다. '이성에 따르라'는 말은 곧 '비이성적인 감정에 따르지 말라'는 뜻과 더불어 그러한 무질서, 불규칙이나 불합리인 것에 따르지 말고, '질서, 법칙, 합리적인 것에 따르라'는 뜻을 내포한다. 이는 일시적인 것, 변하는 것, 특수한 것, 멋대로인 것, 무의미한 것이 아니라, 지속적인 것, 변하지 않는 것, 보편적인 것, 통제된 것, 유의미한 것으로 방향을 설정하라는 말과도 같다.

존재의 영역에서, 각기 다른 대상들이 인간 혼의 능력에 대응한다.

> 우리는 앞서 혼이 두 부분, 즉 이성을 가진 부분과 비이성적인 부분이라고 말했다. 이제 이성을 가진 부분도 같은 방식으로 나눠야 한다. 이성을 가진 부분도 둘이라고 가정하자. 그중 하나는 우리가 그로써 '그 원리들이 다르게 있을 수 없는 것들'을 연구하는 것이고, 다른 하나는 그로써 '다르게도 있을 수 있는 것들'을 연구하는 것이다. 앎이 자신이 관계하는 대상과의 어떤 유사성과 친족성에 따라 성립한다면, 종류가 다른 대상들에 대해서는 혼의 부분들 중에서도 종류가 다르면서 각각의 대상에 적합

하게끔 되어 있는 부분이 대응하기 때문이다.[19]

아리스토텔레스의 스승이었던 플라톤도 방법적으로 내용적으로 차이가 있지만, 비슷한 방식으로 두 가지 인식능력(dynamis), 즉 (1) 감각에 바탕을 둔 의견(doxa)의 능력, (2) 이성에 바탕을 둔 앎(epistēmē)의 능력을 구분하고, 이 능력들 각각에 다른 존재 영역, 즉 감각 대상들의 영역과 이데아들의 영역을 설정한다.[20]

더 나아가, 플라톤은 〈선분의 비유〉에서, 인식의 단계와 대상의 단계를 〈그림 5〉와 같이 네 단계로 세분하기도 한다.

이러한 존재(einai)-사유(noein)-언어(legein)의 대응 관계는 플라톤, 아리스토텔레스뿐만 아니라 그 전에 헤라클레이토스와 파르메니데스에게서도 전제되어 있는 고대 그리스철학의 전통이다. 이들의 철학에 따르면, 인간은 그의 언어와 사유가 세계의 보편적인 법칙인 로고스와 일치하는 정도만큼 진리를 파악한다. 그리고 여기에서 최초의 것으로서의 로고스는 내 바깥의 이성(객관 이성)으로서 세계 질서의 원리다. 마지막으로, 세계의 합리성과 연결시켜 인간을 '이성적 존재'로 정의내리는 전통은 3세기 플라톤주의자 포르피리오스에게 수용되고, 이는 스콜라철학을 거쳐 근세로 이어진다.

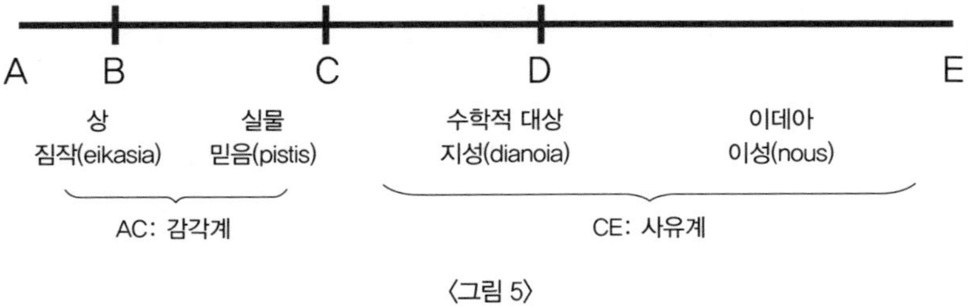

〈그림 5〉

더 읽어볼 책

'이성'과 관련된 아리스토텔레스의 논의는 인식론과 윤리학의 영역에서 주로 이루어져 있다. 먼저 인식론의 영역에서는《영혼에 관하여》3권 3~8장에, 이성의 능력이 인간을 중심으로 감각·상상·운동 등의 능력과 대조되고 설명되어 있다. 순수사유 존재로서의 신의 이성 능력과 그 성격은《형이상학》12권 7장과 9장에 짤막하게 언급되어 있다. 그리고 윤리학의 영역에서는 실천이성과 관련하여《니코마코스 윤리학》6권 전체에 상세하게 논의되어 있다.

4장

스피노자
욕망의 힘, 이성의 역량

진태원(성공회대학교 민주자료관 연구교수)

1. 상상과 욕망의 철학자 스피노자

17세기 네덜란드의 철학자 베네딕투스 데 스피노자는 서양의 어떤 철학자보다 이성의 철학자라는 명칭이 어울리는 철학자라고 할 수 있다.

그는 신을 파악 불가능하다고 간주한 데카르트와 달리 우리의 이성으로 신의 본질을 파악할 수 있다고 생각했다. 이는 《윤리학》 1부 정의 4에 나오는 '속성'에 대한 정의에서부터 분명히 표현된다. "나는 실체의 본질을 구성한다고 지성이 지각하는 것을 속성으로 이해한다."[1] 속성은 실체의 본질을 구성하는 것인데, 지성 또는 이성은 이러한 속성을 지각할 수 있다. 따라서 신은 인간에게 불가해한 본질을 지니고 있지 않으며, 인간의 이성적 능력을 초월한 신비한 존재가 아니다. 또한 스피노자는 인간은 목적론적 편견을 비롯한 숱한 편견과 가상에 사로잡혀 있는 존재이지만, 이러한 무지와 미망에도 불구하고 "오직 도형의 본질 및 특성에만 관심을 기울이는 수학이 인간들에게 진리의 다른 규준을 보여주었다"[2]라고 생각했다. 따라서 그는 "수학 이외에도 인간들이 이러한 공통의 편견들을 깨닫고 실재들에 대한 참된 인식으로 나아가도록 인도할 수 있는 다른 원인들"이 존재한다고 믿었으며, 실로 그의 《윤리학》은 사물에 대한 참된 인식 및 인간의 욕망과 정서에 대한 적합한 인식을 통해 우리가 지복 또는 자유를 얻을 수 있다는 것을 보여주기 위해 저술된 책이다. 따라서 그는 서양 근대 철학에서 이른바 합리론 철학의 대표자로 불리며, 때로는 '절대적 합리주의자'[프랑스 철학사가인 마르샬 게루(Martial Gueroult)의 표현에 따르면]라고까지 평가받는다.[3]

하지만 다른 한편으로 본다면, 스피노자만큼 이성의 무기력에 대해 날카롭게 통찰한 철학자도 드물다. 이는 무엇보다도 그가 인간이 얼마나 욕망과 정서의 힘에 사로잡혀 있는 존재자인지 철저하게 파헤친 인물이기 때문이다. 이에 대한 스피노자의 인식을 잘 보여주는 것이 《윤리학》 4부 정리 17의 주석에 나오는 다음과 같은 말이다.

> 나는 이로써 사람들이 왜 참된 이성보다 의견에 더 동요되는지, 왜 좋음과 나쁨에 대한 참된 인식이 마음을 움직이면서도 자주 온갖 종류의 욕심(libidinis)에 굴복하는지 그 이유를 보여주었다고 믿는다. 이로부터 시인의 다음과 같은 시구가 생겨나게 되었다. "나는 더 좋은 것을 보면서도, 더 나쁜 것을 행하게 되네."(오비디우스, 《변신》 7권 20~21절) 또한 《전도서》의 다음 구절 역시 같은 점을 염두에 두고 있는 것으로 보인다. "(지혜가 많으면 번뇌도 많으니) 지식을 더하는 자는 근심을 더하느니라."(《전도

서》 1장 18절)[4]

곧 스피노자에 따르면, 대부분의 사람들은 이성적으로는 이것이 올바르다는 것을 깨달으면서도 실제로는 그것과 정반대되는 것, 곧 이런저런 욕망에 사로잡혀서 이성이 파악한 것과 정반대되는 것을 행하는 일이 허다한 것이다. 담배가 몸에 해롭다는 것을 알면서도 담배를 끊지 못하는 사람이 얼마나 많은가? 살을 빼야겠다고 굳게 마음먹지만, 기름지고 맛있는 음식의 유혹에 우리는 얼마나 쉽게 굴복하는가? 빠듯한 살림살이에 절약해야 한다고 생각하지만, 각종 현란한 광고 영상과 문구 앞에 우리는 얼마나 무기력한가?

따라서 이성의 역량에 대한 진정한 시금석은 이성이 사변적 성찰의 대상에 대하여 얼마나 정확하게 인식할 수 있느냐가 아니라, 합리적 이성과 무관하게 우리를 이리저리 유혹하고 이끌어가는 상상과 욕망의 힘을 이성이 얼마나 정확히 인식하고 조절할 수 있느냐 하는 것이다. 실로 《윤리학》 3부에서 5부에 이르는 인간학과 심리학, 윤리학에 관한 논의에서 스피노자가 보여주려고 한 것이 바로 이 점이다. 이성은 과연 인간의 욕망과 정서, 상상의 힘을 이겨낼 수 있을까?

2. 상상에서 벗어나기?

우선 상상의 문제에서 출발해보자. 스피노자는 《윤리학》 2부 정리 40의 두 번째 주석에서 인간 인식의 세 가지 유형을 구별한다.[5] 1종의 인식을 스피노자는 '상상(imaginatio)'이라고 부른다. 상상은 보편 통념(notio universalis)을 형성하는 두 가지 방식으로 이루어진다. 하나는 "감각들을 통해 우리에게 잘려지고 혼란스러운 방식"으로 형성되는데, 스피노자는 이를 "무작위적인 경험에 의한 인식"이라고 부른다. 우리는 감각기관을 통해 경험한 대로 그 대상에 대한 일정한 표상을 갖게 되는데, 동일한 대상이라 하더라도 감각의 방식이나 강도, 지각한 사람의 체질이나 조건 등에 따라 전혀 다른 표상을 갖는 경우가 많다. 장님들이 코끼리의 어떤 부위를 만졌느냐에 따라 코끼리가 인식되는 방식이 서로 달라진다는 것은 장님들에게만 해당하는 것은 아니다. 스피노자는 '정상적인' 사람들의 일차적 지각 방식인 상상적 인식에서 이와 유사한 일이 일어난다고 주장한다.

> 가령 인간의 서 있는 자세를 더 자주 놀라움과 함께 바라본 사람들은 **인간**이라는 단어를 직립 동물로 이해하게 될 것이다. 하지만 다른 어떤 것을 바라보는 데 익숙해져 있는 사람들은 인간에 대해 다른 공통 이미지를 형성하게 될 것이다. 가령 인간은 웃을 수 있는 동물이라든지 아니면 털이 없는 두 발 동물이라든지 또는 이성적인 동물이라든지 하는 것이 예가 될 것이다. 그리고 다른 것에 대해서도 마찬가지로 각자는 자신의 신체의 성향에 따라(pro dispositione sui corporis) 실재들에 대한 보편적인 이미지를 형성하게 될 것이다.[6]

또 다른 것은 '기호'를 통해 보편 통념을 형성하는 방식이다. 가령 모래 위에 있는 말 발자국을 보고 병사는 말에 대한 생각을 떠올리고 그 뒤에는 기사에 대한 생각을, 또 그다음에는 전쟁을 떠올리는 반면, 농부는 말에 대한 생각에서 쟁기에 대한 생각으로, 다시 밭에 대한 생각으로 연상 작용을 진행하게 된다. "이처럼 각각의 사람들이 각자의 습성이 신체 안에 있는 실재들의 이미지들을 질서 지어놓은 대로 하나의 생각에서 다른 생각을 떠올리게"[7] 되는 것이 바로 기호를 통해 보편 통념을 형성하는 방식이다.

2종의 인식은 '이성(ratio)'이라고 불리는 것이다. "우리가 실재의 특성들에 대해 공통 통념들(notiones communes) 및 적합한 관념들을 갖고 있다는 점으로부터" 형성되는 이성적 인식을 통해 우리는 첫 번째 유형의 인식에서 벗어나 사물에 대한 객관적이고 실재적인 인식을 얻을 수 있다. 수학이 제공해주는 인식이 대표적이지만, 스피노자는 수학 이외에도 인간이 다른 진리를 획득할 수 있다고 보았다. 이처럼 무지와 편견에서 벗어나 사물을 참되게 인식할 수 있는 토대를 제공해주는 것이 바로 2종의 인식으로서의 이성이다.

3종의 인식은 '직관적 지식(scientia intuitiva)'으로, 스피노자에 따르면 이 인식은 "신의 어떤 속성들의 형상적 본질에 대한 적합한 관념으로부터 실재들의 본질에 대한 적합한 인식으로 나아가는" 인식이다. 스피노자는 《윤리학》 5부 정리 25 이하에 가서 본격적으로 세 번째 유형의 인식을 다룬다.[8]

이처럼 인간 인식을 세 가지 유형으로 분류한 뒤, 스피노자는 이를 다시 규범적으로 분류한다. 그에 따르면 "1종의 인식은 거짓의 유일한 원인이며, 2종과 3종의 인식은 필연적으로 참되다."[9] 따라서 스피노자가 "1종의 인식이 아니라, 2종과 3종의 인식이 우리에게 참과 거짓을 구별할 수 있도록 가르쳐준다"[10]라고 말하는 것은 자연스러운 귀결이다. 스피노자 자신의 용어법에 따르면 1종의 인식에는 부적합한(inadaequatus) 관념들이 속하며, 2종과 3종의 인식에는 적합한(adaequatus) 관념들이 속한다.

더욱이 2종과 3종의 인식은 인식론적 측면에서만 가치가 있는 것이 아니다. 스피노자에 따르면 "정신의 최고선은 신에 대한 인식이며, 정신의 최고의 덕은 신을 인식하는 것이다."[11] 그런데 "정신의 최고의 노력 및 최고의 덕은 3종의 인식에 따라 실재들을 이해하는 것이다."[12] 아울러 "3종의 인식에 따라 실재들을 인식하려는 코나투스(conatus) 또는 욕망은 1종의 인식에서는 생겨날 수 없지만, 2종의 인식에서는 분명히 생겨날 수 있다."[13] 따라서 우리는 2종과 3종의 인식을 통해 생겨나는 적합한 관념들 덕분에 최고의 덕을 성취하고 "구원 또는 지복 또는 자유"[14]를 얻을 수 있다고 생각해볼 수 있다.

이렇게 본다면, 스피노자가 그의 대표작인 《윤리학》에서 보여주려는 것은 부적합한 인식을 산출하는 1종의 인식인 상상에서 벗어나, 필연적으로 참된 인식을 제시해주는 2종과 3종의 인식을 획득하고, 이를 기반으로 구원 또는 지복 내지 자유를 달성하는 길이라고 말할 수 있다. 이런 관점에 따르면 1종의 인식으로서의 상상은 우리의 '태생적 무지'로 인해 갖게 되는 인식이며, 자유를 얻기 위해서는 **상상과 단절하는 것**이 필수적이다.

이러한 관점은 스피노자의 미완성 초기 저술인 《지성교정론》에서 뚜렷하게 나타난다. 익명의 1인칭 화자(話者)는 첫머리에서 자신이 철학의 여정에 이르게 된 과정을 서술한다.

> 통상적인 삶에서 일어나는 모든 일이 헛되고 부질없음을 경험이 나에게 가르쳐준 이후, 그리고 나를 두려워하게 하고 내가 두려워하곤 했던 모든 것이 …… 그 자체로는 좋거나 나쁠 것이 없음을 알고 난 이후, 나는 참된 좋음이 있는지 찾아보기로 마침내 결심했다.[15]

"참된 것이면서 전달 가능한" 것이고, "일단 발견하고 얻기만 하면 연속적이면서 최고인 기쁨을 영원히 맛보게 해줄" 이 좋음은 "부, 명예, 성적 쾌락"과 같이 보통 사람들이 가장 좋은 것이라고 간주하는 것과 아무런 관계가 없다. 부, 명예, 성적 쾌락과 같은 것들은 사람들에게 지속적이고 참된 기쁨과 행복을 주지 못하며, 좋은 목적을 달성하기 위한 **도구로서는** 유용성이 있다고 해도 그것 자체로 추구될 경우에는 오히려 슬픔과 불행만을 가져다준다. 이처럼 최고의 기쁨을 영원히 향유하려면 우선 "지성이 사물들을 오류 없이 쉽게, 그리고 최상으로 이해하도록 지성을 치유하고, 처음에 할 수 있는 만큼 지성을 정화하는"[16] 것이 필요하다.

하지만 문제는 과연 '**사람들**'이 부적합한 인식으로서의 상상에서 '벗어날 **수 있는가**' 하는 것이다. 또는 '사람들'이 과연 이러한 길을 '**따르고자 할** 것인가' 여부다. 탁월한 지혜를 갖춘 철학자, 더욱이 지식을 출세와 명예의 도구적 수단으로 삼지 않고,[17] 철학적 인식과 삶의 일치를 모범적으로 구현했던 스피노자와 같은 철학자에게는 이런 일이 가능할지도 모르겠다. 하지만 스피노자가 때로는 우중(愚衆, vulgus)이라고 부르고 때로는 무지자(ignarus)라고 부르는 이들, 사실 **거의 모든 사람이 포함되는** 이들의 경우는 어떤가? 만약 이들을 제외한 채 '철학자'나 '현자(sapiens)'에게만 상상 및 정서에서 벗어나 적합한 인식과 지복에 이르는 길이 가능하다면, 스피노자는 아마도 고귀한 철학자일지는 몰라도[18] 민주주의적인 철학자라고 할 수는 없을 것이다. 그는 엘리트주의적인 또는 귀족적인 철학자일 것이다.

하지만 이제는 국내에도 잘 알려져 있듯이, 스피노자는 《신학정치론》(1670)이나 《정치론》(1676년에 집필을 시작했지만 미완성으로 남은 작품)

같은 정치학 저술을 남긴 정치학자이기도 하며, 많은 스피노자 연구자가 지적하듯이, 정치학은 그의 사상의 주변적이거나 부차적인 부분이 아니라 핵심을 구성한다.[19] 더욱이 스피노자는 민주주의를 "가장 자연적인(maxime naturale)" 정체[20]로 또는 "완전하게 절대적인 정체(omnino absolutum imperium)"[21]로 평가하고 있다. 따라서 스피노자를 현자와 무지자, 또는 철학자와 우중의 이분법에 기초한 엘리트주의 철학자로 간주하는 것은 그의 사상의 기본 경향과 어울리지 않는다.

그런데 스피노자 정치학의 근본 특징 중 하나는 상상과 정서를 정치의 중심에 놓는다는 점이다. 스피노자는 홉스, 로크, 루소와 같은 근대 정치학의 주류 이론가들과 달리 사회계약론의 관점에서 국가의 형성 및 정당성의 문제를 다루지 않는다.[22] 그는 《신학정치론》에서는 《성서》에 나오는 모세의 히브리 신정국가 건설의 이야기("사실보다는 의견(opinione magis quam re)"[23]에 속하는 이야기)를 역사적 사회계약, 곧 국가 건설의 표본으로 제시하며, 《정치론》에서는 "국가의 권리 또는 주권자의 권리는 자연의 권리와 다르지 않으며, 각 개인의 역량이 아니라 마치 하나의 정신에 의해 인도되는 대중의 역량(potentia multitudinis)으로 규정"[24]되며, "대중은 이성의 인도가 아니라 어떤 공통의 정서에 의해 자연적으로 합치하게 된다"[25]라고 말하고 있다. 따라서 상상과 정서가 없는 사회적·정치적 삶이란 불가능하며, '상상에서 벗어나는 것'은 인간에게는 불가능한 일이라고 할 수 있다.

3. 인식과 삶의 자연적 조건으로서의 상상

이는 스피노자의 인식론이나 윤리에 관한 피상적 주장과 달리, 스피노자에게 상상이라는 것은 단순히 부정적이고 병리적인 현상을 지칭하는 것이 아님을 시사해준다. 그리고 사회적·정치적 삶이 상상과 정서 없이는 불가능하다면, 우리가 스피노자를 인간이나 사회를 혐오하는 엘리트주의자로 간주하지 않는 한,[26] 스피노자의 상상 개념을 달리 파악해야 함을 말해준다.

사실 《신학정치론》이나 《정치론》 같은 정치학 저술만이 아니라 《윤리학》에서도 스피노자는 상상에 관해 이와는 사뭇 다른 입장을 제시한다. 이를 가장 간명하면서도 심오하게 파악했던 사람은 프랑스의 마르크스주의 철학자였던 루이 알튀세르였다. 그는 유고로 출간된 한 강의록에서 스피노자의 상상 개념과 관련하여 매우 의미심장한 지적을 한 바 있다.

> [스피노자에서] 상상계는 데카르트에서처럼 심리학적 범주로 인식되지 않고, 세계가 그것을 통해 사고되는 범주로 인식된다. 스피노자에게 상상계는 더 이상 심리학적 기능이 아니며, 헤겔식의 의미에서 한 요소, 곧 심리학적 기능들이 그 속에 삽입되어 있는, 이 범주들이 그로부터 구성되는 하나의 전체다. …… 상상은 마음의 직능(faculté), 심리학적 주체의 한 직능이 아니며, 하나의 세계다.[27]

알튀세르의 지적은 두 가지 요점으로 이루어져 있다. 첫째, 스피노자에게 상상은 심리학적 범주 내지 마음의 직능이 아니라는 것이며, 둘째, 상상은 하나의 세계라는 것이다.

직능 개념은 플라톤에서 데카르트에 이르기까지, 또한 그 이후 현대 철학에 이르기까지 심리철학의 핵심 개념 중 하나였다. 직능 개념은 우리의 영혼 내지 정신이 몇 가지 기관 내지 부분으로 이루어져 있으며, 각각의 부분은 한 가지 전문적인 심리적 활동(욕망, 상상 내지 감각, 의지, 이성 등)을 수행한다는 관점을 함축한다. 반면 스피노자는 정신이 이러한 직능들로 이루어져 있다는 관점을 거부하며, 직능이라는 것의 실재성 자체를 인정하지 않는다. "정신 안에는 어떠한 절대적인 이해하기(인식하기, intelligendi)와 욕망하기, 사랑하기 등의 직능도 존재하지 않는다. 이로부터 이러한 직능들 및 이와 유사한 직능들은 순전히 허구이든가 아니면 우리가 보통 특수한 것들로부터 형성해내는 형이상학적인 존재자들 또는 보편자들에 불과하다는 점이 따라 나온다."[28] 따라서 알튀세가 지적한 것처럼 상상 또한 직능이라고 할 수 없다.

그렇다면 상상은 어떤 것일까? 알튀세르의 통찰력이 돋보이는 곳이 이곳인데, 그가 주장하듯이 스피노자의 상상 개념은 단순한 심리학적 범주나 직능이 아니라, 생활세계 내지 세계라고 할 수 있다. 곧 상상은 인간이 **자연 안에서 그 자연과 (상대적인) 거리를 두고 인간적인 삶을 영위하는 장 자체**다.[29] 이를 가장 잘 보여주는 것이 《윤리학》 2부 정리 35의 주석에 나오는 태양의 사례다.

> 태양을 바라볼 때 우리는 태양이 우리로부터 200걸음 정도 떨어져 있다고 상상하는데, 이것의 오류는 단순히 이러한 상상에 있는 게 아니라, 이처럼 상상하는 동안 우리가 그것의 실제 거리를 알지 못하고 우리가 이렇게 상상하는 원인도 알지 못한다는 사실에 있다. 왜냐하면 비록 나중에 태양이 지구 지름의 600배 이상이나 우리에게서 떨어져 있다는 것을 알게 되더라도, 우리는 계속 태양이 우리와 가까이 있다고 상상할 것이기 때문이다. 우리가 태양을 그처럼 가까이 있는 것으로 상상하는 것은

우리가 그것의 실제 거리를 모르기 때문이 아니라, 우리 신체 자체가 태양에 의해 변용되는 한에서 우리 신체의 변용이 태양의 본질을 함축하기 때문이다.[30]

스피노자는 상상과 오류를 구별한다. 오류는 상상한다는 사실 그 자체에서 생겨나는 게 아니라, 상상을 통해 제시되는 표상을 참된 것으로 간주하는 것이다. 곧 우리가 서산에 기우는 태양이 마치 200걸음 정도밖에 떨어져 있지 않은 둥근 모양의 물체라고 상상할 때, 이러한 지각 그 자체가 오류를 뜻하는 것은 아니다. 우리가 태양을 그런 식으로 표상하는 것은 우리의 시각 구조에서 비롯된 필연적 결과이기 때문이다. 오류는 이러한 상상적 지각을 지구와 태양의 거리에 대한 **참된 표상이라고 간주하는 것**이다. 더 나아가 스피노자에 따르면, 우리가 지구와 태양 사이의 참된 거리를 인식한다고 해도 우리가 태양을 이처럼 지각하는 방식 자체는 변하지 않는다. 우리는 태양이 아주 멀리 떨어져 있다는 것을 이성을 통해 인식한다고 해도 여전히 그것이 200걸음 정도 떨어져 있는 것처럼 지각하게 되는 것이다. 따라서 상상은 단순한 인식론적 참·거짓의 문제를 넘어서 우리의 **인식의 조건 그 자체**, 더 나아가 **삶의 조건 자체**를 구성하는 것이라고 할 수 있다.

인식의 조건이자 삶의 조건으로서의 상상은 참된 관념을 얻는다고 해도 사라지지 않는다. 더욱이 스피노자에 따르면 상상 자체는 병리적인 것이 아니라 오히려 미덕 또는 힘(virtus)[31]이다.

나는 정신의 상상은 그 자체로 고려될(in se spectatas) 경우에는 어떤 오류도 포함하지 않는다는 점, 또는 정신이 잘못을 범한다면 이는 정신이 상상하기 때문에 벌어지는 일이 아니라 오직 정신이 현존하는 것으로 상상하는 것들의 실존을 배제하는 어떤 관념을 정신이 결여하고 있다고 간주되기(consideratur) 때문에 벌어지는 일이라는 점을 여러분이 주목해주기 바란다. 왜냐하면 만약 정신이 실존하지 않는 것들이 현존한다고 상상하면서 동시에 이것들이 사실은 실존하지 않는다는 점을 알고 있다면, 정신은 이러한 상상의 역량을 악덕이 아니라 자신의 본성의 미덕으로 돌릴 것이라는 점이 확실하기 때문이다.[32]

따라서 상상은 그 자체로 제거되거나 될 수 있는 한 축소되어야 할 어떤 것이 아니라 인식의 자연적인 조건이며, 적절하게 통제되고 활용되면 인식의 중요한 역량으로 작용할 수 있는 것이다.[33]

4. 인간의 본질로서의 욕망

스피노자는 《윤리학》 3부 정리 7에서 인간을 포함한 모든 유한한 사물의 본질을 코나투스(conatus)로 규정한다. "자신의 존재 속에서 존속하려고 하는 각각의 실재의 이러한 코나투스는 각각의 실재의 현행적 본질과 다른 것이 아니다."[34] '노력하다', '애쓰다'라는 뜻을 가진 라틴어 동사 '코노르(connor)'에서 파생된 코나투스라는 개념은 어떤 것을 추구하려고 애쓰는 것 내지 '노력'을 뜻한다. 따라서 코나투스는 어떤 목적이나 대상을 전제로 하는 작용이다. 스피노자가 유한한 사물의 본질을 코나투스로 규정했을 때, 그것의 대상 내지 목적은 바로 존재의 존속, 곧 생존이다.[35] 인간의 경우 이러한 코나투스는 '욕구(appetitus)' 내지 '욕망(cupiditas)'으로 표현되며, 이것이 스피노자에게는 인간의 본질을 이룬다.

> 코나투스가 정신과 신체에 함께 관계할 때 욕구라 불린다. 그러므로 이러한 욕구는 그 본성으로부터 필연적으로 인간의 보존을 증진시키는 것들이 따라 나오는 인간의 본질 자체다. …… 욕망은 욕구에 대한 의식이 욕구에 포함된 것으로 정의될 수 있다.[36]

스피노자는 아리스토텔레스주의적 전통과 달리 인간을 '말하는 동물' 내지 '이성적 동물'로 규정하지 않으며, 데카르트처럼 본성상 서로 상이한 신체와 정신의 연합(union)이라고 이해하지도 않는다. 스피노자가 욕망을 인간의 본질로 규정하는 것은 몇 가지 중요한 의미가 있다.

첫째, 코나투스, 곧 존재의 보존으로서의 욕망을 이미 주어져 있는 확정된 본질의 보존으로서 이해해서는 안 된다. 스피노자는 《윤리학》 3부 부록인 〈정서들에 대한 정의〉에서 욕망 개념에 대해 좀 더 상세하게 해명한다.[37] 그에 따르면 욕망은 "그것의 주어진 여하한(quacunque) 변용으로부터 어떤 것을 하도록 규정되는 것으로 인식되는 한에서 인간의 본질 자체"를 의미한다. 꽤 복잡한 이 정의의 논점은, 욕망은 이미 정해져 있는 어떤 본질의 단순한 보존을 뜻하는 것이 아니라, "그것의 주어진 여하한 변용으로부터 어떤 것을 하도록 규정되는 것"을 가리킨다는 점이다. 다시 말하면 인간의 본질은 그것의 모든 변용, 곧 주어져 있는 본질의 이러저러한 상태에 따라 가변적으로 변화하는 것이며, 인간은 인간 본질의 다양한 표현으로서 이러한 변용들에 따라 어떤 것을 하도록 규정되어 있다. 따라서 인간의 본질로서 욕망은 때로는 술에 대한 욕망으로 나타나기도 하고, 명예에 대한 욕망으로 표현되기도 하며, 이런저런 성적 욕망으로 나타나기도 한다. 또는 영원한 좋음에 대한 지적 욕망으로 나타날 때도 있다. 더 나아가 동일한 한 인간 내에서 욕망은 이러한 다양한 변용들 사이의 갈등으로 나타나기도 한다. 이런 의미에서 진정한 행복과 능동성을 추구하는 길은 다양한 변용들 사이의 선택과 조절의 노력이라고 할 수 있다.

둘째, 더 나아가 욕망을 인간의 본질로 규정하는 것은 정신과 신체의 관계를 위계적이거나 대립적인 관계로 파악하지 않게 해준다. 스피노자는 플라톤에서 데카르트에 이르는 유구한 서양철학의 전통과 달리 정신이나 영혼을 신체보다 우월한 것으로 놓지 않는다. 또한 신체의 역량이 강할수록 정신의 역량이 약화된다거나 반대로 정신의 역량이 강해질수록 신체의 역량이 약해진다고 생각하지 않는다. 반대로 그는 정신의 역량이 강할수록 신체의 역량도 강해지며(그 역도 마찬가지다), 정신이나 신체가 능동적일수록 그에 비례하여 신체나 정신도 능동적이라고 생각한다.[38] 이것은 스피노자가 **정신과 신체에 함께 관계하는** 코나투스로서의 욕망을 인간의 본질로 정의한 데서 비롯하는 결과다. 정신과 신체는 사유와 연장이라는 상이한 속성에 속하는 양태들이지만, 양자는 모두 동일한 코나투스 내지 욕구의 표현인 것이다.

셋째, 더 나아가 욕망을 인간의 본질로 규정하는 것은 **이성과 욕망, 이성과 정서(affectus) 사이에도 위계 관계나 대립 관계가 성립하지 않음**을 함축한다. 우리는 보통 이성과 욕망 내지 정서를 서로 상반된 것으로 간주하는 경향이 있으며, 이성이 강하면 욕망이 약해지고 반대로 욕망이 강해지면 이성이 약해진다고 생각하곤 한다. 이렇게 되면 이성적인 삶을 살아가기 위해서는 욕망이나 정서를 억제하거나 심지어 제거하는 것이 필요하다는 결론이 따라 나오게 된다. 이것은 《윤리학》 3부 〈서문〉이나 5부 〈서문〉에서 스피노자가 강력하게 비판하고 있듯이, 인간의 본성에 대한 적합한 이해가 아닐뿐더러 윤리적인 삶을 위한 바람직한 관점도 아니다.[39] 어떤 의미에서 본다면 《윤리학》에서 스피노자가 가장 중요한 비판 대상으로 설정하는 관점은 바로 이것이라고 할 수도 있다.

5. 정서와 이성

스피노자는 정서를 "신체의 행위 역량을 증대시키거나 감소시키고 촉진하거나 억제하는 신체의 변용들임과 동시에 이러한 변용들의 관념들"[40]로 정의하면서, 인간의 모든 정서는 욕망, 기쁨(laettitia), 슬픔(tristitia)이라는 세 가지 기본 정서에서 파생된다고 간주한다.[41]

정서는 사유 속성에 속하는 관념의 한 종류이지만, 인지적 기능에 따라 정의되는 일반적 관념과 달리 신체와 정신의 **역량의 증대 및 감소**를 나타낸다. 그리고 변용은 외부 물체가 우리의 신체에 작용을 미쳐 생겨난 신체적 상태를 가리키는 반면[스피노자는 이것을 이미지(imago)라고 부르기도 한다], 정서는 변용되는 사물의 존재 역량의 증대나 감소, 그리고 더 나아가 **수동성에서 능동성으로의 이행**과 결부되어 있는 개념이다. 스피노자는 기쁨이라는 정서를 "더 작은 완전성에서 더 커다란 완전성으로의 인간의 이행"[42]으로 정의하며, 반대로 슬픔은 "더 커다란 완전성에서 더 작은 완전성으로의 인간의 이행"[43]으로 정의한다.

정서에 대한 스피노자의 논점을 간략하게 예시해본다면 이렇게 말할 수 있다. 스피노자에게서 인간의 모든 인식은 외부 물체가 인간의 신체를 변용하는 데서 출발한다. 이러한 변용(affectio)으로 인해 우리 신체에 생기는 흔적이 바로 이미지(imago)이며, 변용 작용과 **동시에** 우리의 정신에서는 이 변용에 대한 사고로서의 상상(imaginatio)이 이루어지는데, 이는 신체에 생긴 물질적 흔적으로서 이미지에 대한 관념이다. 이 관점에 따르면 우리의 최초 인식은 수동적인 것이다. 우리가 눈을 뜨고 있는 한 우리 눈의 망막에는 외부 물체들의 이미지가 생기며 그와 동시에 우리의 정신은 이 이미지에 대해 지각한다(곧 상상한다). 우리의 청각을 자극하는 소리는 청각 이미지를 만들어내고 우리의 정신은 이 소리에 대해 지각한다. 시각과 청각만이 아니라 다른 감각에 대해서도 마찬가지로 말할 수 있다. 이렇게 외부 물체들이 우리의 시각, 청각, 촉각을 자극하여 이미지들을 남기는 것과 동시에 우리의 정신은 그 이미지들에 대한 관념들을 형성한다.

그런데 우리 신체를 변용한 이 물체는 대개의 경우 우리에게 이로운 것이거나 아니면 해로운 것이다. 가령 채집과 수렵 생활을 하던 원시인이 산속에서 우연히 맛본 맛있는 산딸기는 그에게 기쁨을 줄 것이며, 그의 존재 역량을 증대시킬 것이다. 하지만 그 뒤 다른 곳에서 마주친 비슷한 모양의 산딸기, 하지만 이번에는 독을 품고 있는 산딸기는 그에게 꽤 큰 슬픔을 안겨주고, 따라서 그의 존재 역량을 감소시킬 것이다. 이 원시인은 전자처럼 자신에게 기쁨을 주는 대상을 사랑하게 될 것이며, 후자처럼 슬픔을 주는 대상은 미워하게 될 것이다.[44]

더 나아가 동일한 대상도 사람에 따라 다른 정서를 안겨줄 수 있다. 가령 많은 이가 닭고기를 좋아하고 그것을 먹으면서 기쁨을 느끼지만, 필자처럼 어렸을 때 동네에서 닭 잡는 광경을 보고 트라우마가 생긴 사람에게는 그것이 적지 않은 두려움과 혐오의 대상이다. 또한 같은 대상이 동일한 사람에게 다른 정서를 안겨줄 수 있다. 배고플 때 먹는 음식은 더없이 맛있고 기쁨을 주지만, 이미 배가 부른 상태에서도 계속 그것을 먹어야 한다면 그것은 오히려 괴로움을 안겨주며 우리의 미움의 대상이 될 것이다.[45] 한때 나에게 큰 기쁨을 주는 사랑의 대상이었던 연인이 나를 버리고 다른 사람과 새로운 사랑에 빠진다면, 그 연인은 나에게 깊은 슬픔과 시기심, 분노를 일으킬 것이다.[46]

그리고 우리가 어떤 대상(들)에 대한 정서에 강하게 사로잡힐수록 우리가 그 대상에 대해 정확하게 인식하는 것은 어려워질 수밖에 없다. 우리가 "더 좋은 것을 보면서도 더 나쁜 것을 행하게 되는" 이유도 여기에서 찾을 수 있다. 따라서 정서의 힘은 사변적인 작용으로서의 이성을 통해 통제되거나 변화될 수 있는 것이 아니다. 이로부터 다음과 같이 정서에 관한 일반 원리가 도출된다. "정서는, 억제되는 그 정서와 상반되고 그것보다 더 강한 다른 정서가 아니고서는 억제될 수도 제거될 수도 없다."[47] 그렇다면 욕망과 정서의 힘을 통제하거나 변화시키기 위해서는 **이성 자체가 욕망과 정서의 힘으로 변화되어야 한다**고 말할 수 있다.

6. 욕망의 탈구축

스피노자는 우리가 어떤 특정 대상에 대해 일정한 정서적 관계에 사로잡히는 현상을 '놀람(admiratio)' 개념으로 설명한다. "놀람은 어떤 실재에 대한 상상으로, 여기서 정신은 고착된다. 왜냐하면 독특한 상상은 다른 것들과 아무런 연관도 맺고 있지 않기 때문이다"(정리 52와 그 주석을 보라).[48]

우리는 어떤 대상을 우리 '신체의 변용의 질서와 연관'[49]에 따라 수동적으로 지각하며, 이 대상이 우리에게 이로운가 해로운가에 따라 이 대상에 대해 일정한 정서를 경험한다. 그런데 어떤 대상이 우리를 보통의 대상보다 더 강렬하게 변용하고, 따라서 우리에게 더 강한 정서를 산출하면, 우리는 이 대상과 특별한 관계를 맺는다. 그 대상은 우리에게 너무나 멋지고 사랑스러운 누군가일 수 있고, 아니면 너무나 사악하고 혐오스러운 것일 수도 있으며, 아니면 너무나 경악스럽고 공포스러운 경험, 심리학에서 '외상(外傷, trauma)'이라고 부르는 경험을 낳는 대상일 수도 있다.

이처럼 어떤 대상이 여느 대상과 달리 우리에게 강렬한 변용과 정서를 산출할 때, 우리는 그 대상을 '놀람'으로 바라보게 된다. 그리고 놀람의 관계를 맺는 대상에 대해 우리는 전적으로 수동적인 위치에 놓인다. **그 대상만이** 우리에게 기쁨과 사랑을 줄 수 있고, **그 대상만이** 우리에게 슬픔과 혐오의 대상이 되며, **그 대상만이** 우리의 공포와 두려움의 대상이 되는 것이다. 어떤 대상이 예외적이고 특별할수록 우리는 그 대상에 종속적이게 되고 그 대상에 사로잡힌다. 여기에서는 합리적 인식이나 삶의 영위가 불가능해진다. 가수나 영화배우 같은 연예인에게 사로잡힌 청소년들, 특정한 정치가에게 병적으로 열광하거나 그를 숭배하는 사람들, 종교 지도자를 신처럼 떠받드는 사람들, 심지어 어떤 사물이나 사치품에 사로잡힌 사람들……. '놀람'의 메커니즘은 오늘날 우리 주위에서도 흔하게 살펴볼 수 있으며, 실로 스피노자는 그가 '우중'이나 '무지자'라고 부르는 사람들 대부분의 삶을 이러한 놀람의 메커니즘에 사로잡힌 삶이라고 보았다.

그렇다면 이러한 놀람의 관계에서 어떻게 벗어날 수 있는가? 스피노자에게 인간의 삶은 사회적 삶이며, 역으로 인간의 사회적 관계는 상상과 정서적 역동성으로 점철된 관계라고 할 수 있기 때문에, 이 문제를 더 정확히 살펴보기 위해서는 《윤리학》만이 아니라 《신학정치론》이나 《정치론》 같은 저작을 함께 살펴볼 필요가 있다. 하지만 이 글에서 이를 모두 고찰하기는 불가능하기 때문에, 결론 삼아 《윤리학》 5부 전반부에서 스피노자가 제시하는 놀람의 메커니즘에 사로잡힌 욕망의 탈구축 전략만을 간략히 살펴보자.

스피노자가 제시하는 전략은 두 가지다. 첫째, 우리에게 해로운 효과를 산출하는 **수동적인 정서들과 그것들의 원인을 분리시키는 것**이다. 다시 말해 우리에게 이러저러한 정서들을 낳는 대상을 다른 대상과 분리하여 고찰하는 대신, 그것을 다른 존재자들과의 필연적인 연관 관계 속에서 고찰하는 것이 필요하다. 이것은 우리에게 예외적이고 특별한 대상을 말하자면 **평범화**하는 것이다. 이것이 어떻게 가능한가? 특정한 대상에 대한 정서적 집착이 우리의 수동성의 주요 원인이기 때문에, 특정한 한 대상이나 어떤 대상의 특정한 한 가지 성질만을 지각하는 게 아니라 동시에 여러 대상을 지각하거나 한 대상의 여러 성질을 지각함으로써(《윤리학》 2부 정리 29의 따름정리와 주석에서 스피노자는 이것을 '내적 지각'이라고 부른 바 있다), 이 특정한 대상이 우리를 포함한 다른 대상과 맺고 있는 **필연적 연관**을 파악하게 되면, 이 대상이 우리에 대해 산출했던 정서적 고착을 줄일 수 있다.

> 이러한 인식, 곧 실재들이 필연적이라는 인식이 독특한 실재들에 더 많이 적용될수록 우리는 더 판명하고 더 생생하게 상상하게 되며, 정서들에 대한 정신의 역량은 더 커진다. 이는 경험이 입증한다. 실제로 우리는

> 어떤 좋은 것의 상실에 의해 생겨난 슬픔은 그것을 잃은 사람이 그것은 어떤 식으로도 보존할 수 없었다는 것을 고려하게 되자마자 완화된다는 것을 안다.[50]

두 번째 전략은 상상을 통해 **정서를 다른 원인과 결합하는 것**이다. 상상의 능력은 **정서와 그 원인을 분리하여** 어떤 특정한 대상만이 우리에게 이런저런 정서를 가져다줄 수 있는 것은 아니라는 점을 인식할 수 있게 해준다. 이는 어떤 특정한 대상이나 성질이 우리에게 행사하는 정서적 영향력을 줄여줄 뿐만 아니라, 그 정서에 대해 다른 원인들을 결합시킬 수 있는 가능성을 열어놓는다.

> 정신이 정서 그 자체와 함께 고려하는 다양하고 상이한 원인들과 연결되는 정서는 단 하나의 원인이나 더 적은 수의 원인들과 연결되어 있는 동일한 크기를 지닌 다른 정서보다 덜 해로울 뿐만 아니라 우리를 덜 수동적이게 만들고, 각각의 원인에 대해 우리가 덜 변용되도록 해준다.[51]

더 나아가 이렇게 원인들이 서로 연결되면 우리는 각각의 개별적인 정서들에 대해 더 많은 힘을 가질 수 있게 되며, 5부 정리 10에서 말하듯이, 이는 결국 우리가 **정서들의 새로운 인과관계**를 형성할 수 있게 해준다. "우리가 우리의 본성과 상반된 정서들에 의해 갈등을 겪지 않는 한에서 우리는 지성의 방향을 따르는 질서에 의해 신체의 변용들을 질서 짓고 연관시킬 수 있는 능력을 갖게 된다."[52] 이처럼 어떤 특정한 외부 대상이나 그 대상이 지닌 특정한 성질들이 우리에게 산출하는 정서의 힘에 좌우되지 않고 지성의 방향을 따르는 질서에 따라 우리의 신체의 변용들을 질서 짓게 되면, 우리는 나쁜 정서에 의해 쉽게 변용되지 않을 수 있다.

"지성의 방향을 따르는 질서"에 따라 신체의 변용들을 질서 짓고 이를 통해 나쁜 정서들의 영향력을 제어하는 일은, 5부 정리 10의 주석이 보여주듯이 "올바른 삶의 규칙"을 정립하고 각각의 상황에서 이러한 규칙들에 따라 사고하고 처신하는 일과 다르지 않다.[53]

예컨대 누가 우리에게 부당한 피해를 입혔을 경우, 이러한 규칙들이 설정되어 있지 않다면 그러한 공격에 대해 즉각적으로 분노하고 똑같은 수단으로 보복을 가하려고 하겠지만, 올바른 삶의 규칙은 우리에게 이러한 보복이 낳을 수 있는 또 다른 보복이나 다른 불이익을 고려하게끔 유도한다. 그리하여 우리는 정서들에 따라 순간적으로 대응하지 않고, 참된 이익을 고려하여 더 합리적이고 올바르게 처신할 수 있게 된다. 이처럼 지성의 방향을 따르도록 정서들을 질서 짓는 것은, **우리 자신이 정서들에 대한 일종의 적합한 원인이 된다는 것**을 의미한다. 그리고 이로써 우리는 수동성에서 능동성으로 나아갈 수 있는 기반을 마련할 수 있다.

더 읽어볼 책

진태원 외. 2001. 〈베네딕투스 데 스피노자〉. 한국근대철학회 엮음. 《서양근대철학》. 서울: 창비.

스피노자 철학, 특히 그의 《윤리학》을 전반적으로 이해하는 데 도움이 될 만한 글이다.

발리바르, 에티엔. 2014. 《스피노자와 정치》. 진태원 옮김. 서울: 그린비.

스피노자 정치철학에 대한 탁월한 개론서로는 에티엔 발리바르의 《스피노자와 정치》 가운데 1부를 권하고 싶다.

마트롱, 알렉상드르. 2008. 《스피노자 철학에서 개인과 공동체》. 김문수·김은주 옮김. 서울: 그린비.

스피노자 정치학과 《윤리학》에서 정서론의 특성에 대한 훌륭한 논의로는 알렉상드르 마트롱의 《스피노자 철학에서 개인과 공동체》 가운데 2부와 3부를 참조할 수 있다.

5장

칸트
두 얼굴의 이성, 이론이성과 실천이성

박정하(성균관대학교 학부대학 교수)

1. 근대 이성을 완성하다

칸트는 근대 계몽주의의 완성자라 평가받는 철학자다. 근대의 가장 중요한 특징 중 하나는 각 개인을 주체로 확립했다는 점이다. 흔히 중세의 신중심주의에서 근대의 인간중심주의로 넘어왔다고 말하는데, 틀린 말은 아니다. 그런데 이때 '인간'은 개인을 가리킨다는 점이 중요하다. 서양 고대도, 특히 그리스의 사상도 인간중심주의라고 할 수 있다. 여기서 인간은 사회에서 독립된, 사회 이전에 더 근원적으로 존재하는 개인이 아니라, 사회에 의해서 비로소 자기 정체성을 부여받는 공동체적 인간이다. 폴리스라는 도시국가 안에서 사회적 역할과 지위를 부여받음으로써만 개인은 개인으로서의 의미를 갖고 충족적인 삶을 유지할 수 있다. 폴리스에서는 좋은 인간이기 이전에 좋은 시민으로 존재하는 것이 중요하다. 그래서 흔히 '정치적 동물' 혹은 '사회적 동물'로 번역하는 아리스토텔레스의 유명한 명제는 정확한 의미를 따지자면 '인간은 폴리스적 동물이다'라는 뜻이다.

그러나 근대의 인간은 이러한 공동체적 인간, 즉 공동체 속에서 의미와 정체성을 부여받는 인간이 아니다. 오히려 개인으로서 원자적 인간이 먼저 있고, 사회는 개인들의 자유로운 계약에 의해 성립된다. 사회에 의미를 부여하는 것은 바로 개인이다. '사회계약론'이라 부르는 근대의 주류 사회철학 이론이 이런 생각을 대변한다.

그렇다면 개인이 주체가 된다는 것은 무슨 의미인가? 근대 주체의 모습을 칸트는 〈계몽이란 무엇인가〉라는 글에서 잘 보여주고 있다.

> 계몽이란 우리가 스스로 책임져야 할 미성년의 상태로부터 벗어나는 것을 말한다. 미성년의 상태란 다른 사람의 지도 없이는 자신의 이성을 사용할 수 없는 상태를 일컫는다. 이런 미성년 상태의 원인이 [신체적이거나 환경적인 요인 등으로 인하여] 이성의 결핍 자체에 있을 경우에는 물론 그렇지 않겠지만, 다른 사람의 지도 없이도 스스로 자신의 이성을 사용하고자 하는 결단과 용기의 결핍에 있을 경우에는 그에 대한 책임을 마땅히 스스로 져야 하는 것이다. 그러므로 계몽의 표어로 우리는 이렇게 주장할 수 있다. 즉, '과감하고 지혜롭고자 하라! 너 자신의 이성을 사용할 용기를 가져라!'라고.[1]

이처럼 어떤 권위나 힘의 강제도 받지 않고 스스로 자신의 이성을 사용하는 것이 바로 자율적인 근대 주체의 모습이다. 결국 주체를 주체이게끔 만드는 실질적 내용은 바로 이성인 것이다. 자신의 이성을 스스로 사용할 수 있을 때 주체가 될 수 있지만, 그렇지 못하면 주체 역할을 할 수 없다. 따라서 각 개인을 주체로 확립했다는 것은 각 개인이 바로 이렇게 자율적으로 이성을 사용할 능력을 가진 존재임을 확립했다는 의미다.

데카르트를 근대성(modernity)의 아버지로 평가하는 이유도 바로 인간이면 누구나 다 이성을 가지고 있고, 이를 스스로 사용할 능력이 있다고 보았기 때문이다. 데카르트는 《방법서설》이라는 책의 본문을 다음과 같은 구절로 시작한다.

> 양식(良識, good sense)은 세상에서 가장 공평하게 분배되어 있는 것이다. 누구나 그것을 충분히 지니고 있다고 생각하므로, 다른 모든 일에 있어서는 만족할 줄 모르는 사람들도 자기가 가지고 있는 이상으로 양식을 가지고 싶어 하지는 않으니 말이다. 이 점에 있어서 모든 사람이 잘못 생각하고 있다고 볼 수는 없다. 오히려 이것은 잘 판단하고, 참된 것을 거짓된 것으로부터 가려내는 능력, 바로 양식 혹은 이성이라 일컬어지는 것이 모든 사람에게 있어서 나면서부터 평등함을 보여주는 것이다.[2]

이것이 바로 주체의 확립을 선언하는 부분으로 해석될 수 있다. 인간이면 누구나 다 양식을 가지고 이를 기초로 사고할 수 있다는 것, 이 사실은 오늘날에는 너무도 당연시되고 있다. 우리는 오늘날 '상식(common sense)'이라는 말을 자주 쓴다. 상식이라는 개념은 바로 인간이면 누구나 다 가지고 있는 양식을 가리키는 개념이다. 이 개념은 지금이야 일상화되었지만 근대 전체를 떠받드는 중요한 토대 중 하나다. 중세까지는 인간이면 누구나 다 양식이 있다고 생각하지 않았다. 중세

신분제를 정당화하는 토대 중 하나가 인간은 날 때부터 능력을 다르게 타고나기 때문에 다르게 대우받아야 한다는 생각이다. 봉건귀족 계급은 이성을 갖추고 양식을 타고난 계급이기에 지적인 활동을 할 수 있고 올바른 판단력을 갖추고 있다. 그러나 농노 계급은 이성을 갖추지 못한, 따라서 양식을 갖추지 못한 계급이기에 배워도 소용없고, 봉건귀족의 지도와 지배를 받아야 하는 계급으로 규정된다. 이처럼 양식 여부에 따라서 신분을 나누던 시대의 끝자락에서 데카르트는 혁명적 선언을 한 것이다. "인간이면 누구나 다 양식을 갖추고 있다"라고. 이는 중세 신분제에 대해 마지막 진혼곡을 울리는 선언으로 해석될 수 있기에, 그를 근대의 아버지로 평가한다. 칸트는 이렇게 시작된 근대적 이성의 모습을 완성시킨 사람이라고 할 수 있다.

2. 이성의 핵심 기능은 비판이다

양식으로 일컬어지는 이성은 구체적으로 어떤 능력을 말하는 것인가? 서양철학에서 이성은 한 가지 기능이나 성격으로만 규정되지는 않는다. 최소한 네 가지 정도로 분류될 수 있다. 보편적 이성, 직관적 이성, 비판적 이성, 도구적 이성이 바로 그것이다.

보편적 이성은 세계의 보편적 원리를 가리키는 이성 개념이다. 자연 속에서 일어나는 생성과 변화는 무질서한 것이 아니라, 봄·여름·가을·겨울의 계절 변화처럼 질서 있고 조화 있는 것이다. 이것은 바로 세계의 모든 변화에 질서와 조화를 주는 원리가 있기 때문이다. 바로 이러한 원리를 헤라클레이토스를 비롯한 이후의 많은 철학자가 이성이라고 생각했다. 이러한 보편적 이성은 자연만이 아니라 인간 정신과 사회의 원리이기도 하다. 인간 정신이 세계를 파악하는 학문 활동도 정신과 세계가 모두 보편적 이성이라는 같은 원리에 근거하고 있어서 서로 만날 수 있기 때문에 가능하다. 그래서 보편적 이성은 학문 활동의 기초가 된다.

직관적 이성은 대상의 본질을 한꺼번에 직접 파악할 수 있는 이성을 가리킨다. 감각으로도 알 수 없고 논리적으로도 규명할 수 없는 어떤 궁극적인 것에 직접 접근하고 파악할 수 있는 특수한 종류의 지적인 통찰력을 가리킨다. 플라톤에게서 이데아를 파악하는 이성은 바로 직관적 이성이다.

비판적 이성은 근대 계몽주의에 의하여 본격적으로 확립된 이성이다. 어느 편이 더 쓸모 있는지를 계산하는 것이 아니라, 어느 편이 더 옳은지를 판가름하여 불의와 거짓에 저항하는 이성을 가리킨다. 계몽주의 시대에 비판적 이성은 봉건주의와 권위주의적 교회에 대항해서 사회를 이성적 구조로 변혁하려는 혁명적 이성으로 나타났다.

도구적 이성은 과학기술이 발전한 근대 이후 현대 자본주의 사회를 지배하는 이성 개념이다. 기술적 이성, 혹은 계산적 이성이라고도 부른다. 주어진 목적을 수행하기 위해 대상을 분석·종합해 파악하고, 이를 기초로 필요한 도구와 수단을 만드는 능력을 가리킨다. 기술자의 작업 과정, 기업가의 경영 활동 등이 모두 도구적 이성에 의한 것이다.

근대의 자율적 주체가 가지는 이성도 이런 네 측면을 모두 가지지만, 칸트가 가장 중요하게 부각한 이성은 바로 비판적 이성이었다. 계몽주의가 등장하는 근대 초는 칸트의 표현을 빌리면 '비판의 시대'였다.

현대는 진정한 의미에서 비판의 시대이며, 모든 것은 이런 비판에 붙여져야 한다. 종교는 그 신성함을 내세우고 입법은 그 위엄을 내세워서 보통 비판을 면하려고 한다. 그러나 그러한 경우에 이들은 자신들에 대한 응분의 의혹을 불러일으키게 되어 순전한 존경을 요구할 수 없게 되는 것이다. 이성이 이 순전한 존경심을 바치는 것은 오직 이성의 공명정대한 검토를 견디어낼 때뿐이다.[3]

비판적 이성은 한편으로는 권위와 힘이 지배하던 시대에서 기존 권위에 의해 진리로 강변되는 것들을 하나하나 검토하여 무엇이 옳은 것인지를 따지는 이론적 활동으로, 다른 한편으로는 인간의 존엄성이 절대적으로 인정받는 사회를 만들어가려는 실천적 활동으로 나타나게 된다. 이러한 이성을 확립하고 정당화했기 때문에 칸트는 근대 이성의 완성자로 인정받고 있다.

3. 이론이성과 실천이성: 이성은 두 개인가?

칸트가 쓴 책 중 가장 유명한 것은 보통 '삼비판서'라고 부르는 《순수이성 비판》, 《실천이성 비판》, 《판단력 비판》이다. 책 제목에 모두 붙어 있는 '비판'이라는 말이 바로 이성의 주된 능력이 비판임을 잘 보여주고 있다. 그런데 여기에 '순수이성'과 '실천이성', 이렇게 두 개의 이성이 등장해서 칸트가 이성을 둘로 나눈 것인지 궁금해진다. 둘은 다른 것인지 같은 것인지, 같다면 왜 이름을 달리 쓰는지 등이 궁금해지는 상황이다. 결론적으로 말해 두 이성은 같은 것이다. 그렇다면 왜 이렇게 이름을 둘로 나누어 달리 부를까? 하나의 이성이 서로 다른 관심에서 서로 다른 영역에서 사용되면서 역할이 달라지기 때문에 다른 이름으로 부르는 것이다.

역할이 어떻게 달라질까? 이성은 이론적으로 사용될 수도 있고 실천적으로 사용될 수도 있다. 대상을 파악하고 세계에 대한 앎을 얻고자 하는 이론의 영역에서 이성을 사용할 때에는 우리가 앎을 얻기 전에 경험에 앞서 우리에게 주어져 있어서, 이 앎을 가능하게 하는 어떤 원리, 즉 '선험적 원리'를 이성이 제공해준다. 반면에 실천의 영역에서 이성을 사용할 때에는 행위의 궁극적 목적을 이루기 위해 노력한다. 그래서 이성은 우리의 의지를 규정하는 것을 목적으로 삼는다. 의지란 무엇일까? 앎이 이미 있는 것을 아는 활동이라면 의지는 아직 없는 무엇인가를 원하는 능력이며, 원하는 것을 얻기 위해 행위하게 하는 능력이다. 결국 실천이성은 우리의 의지가 삶의 궁극적 목적, 예를 들면 선과 같은 것을 추구하도록 규정하는 능력이다. 달리 말해 이성을 실천적으로 사용한다는 것은 우리 의지가 선만을 추구하도록 이성을 통해 규제하고 인도하는 것을 말한다.

이처럼 하나의 이성이 한편으로는 우리 앎의 가장 근본적 틀과 원리를 제공해주고, 다른 한편으로는 우리 의지가 선을 추구하도록 규정해주는 전혀 다른 두 역할을 하기 때문에, 이런 이성의 두 기능을 서로 다른 방식으로 탐구할 수밖에 없다. 바로 첫째 과제를 《순수이성 비판》에서 탐구했고, 《실천이성 비판》에서는 둘째 과제를 탐구한 것이다. 이성이 하는 서로 다른 역할을 하나씩 구체적으로 살펴보자.

4. 이성의 이론적 사용: 《순수이성 비판》의 이론이성

칸트는 《순수이성 비판》에서 이전의 철학을 반성하고, 나아가 새롭게 움트는 과학에 대한 신뢰를 기초로 지식(앎)이 무엇인가를 탐구하여 새로운 철학의 기초를 확립하고자 했다. 중세 철학의 중심에 있었던 형이상학은 크게 일반 형이상학과 특수 형이상학으로 나뉜다. 일반 형이상학은 사물을 탐구하되 개별 사물의 특성을 중시하는 것이 아니라 사물을 단지 있는 것으로만 탐구하는 것, 즉 있는 것의 있음, 즉 존재 방식 자체를 탐구하는 것이다. 특수 형이상학은 있는 것 중에서 특별한 것, 즉 자연 세계를 넘어서 있는 것, 예를 들면 영혼이나 신이나 세계를 탐구하는 학문이다. 특히 이전의 형이상학에서 이러한 특수한 대상에 대한 지식은 근거도 제대로 검토되지 않은 채 독단적으로 인정된 것이 대부분이었다. 그래서 칸트는 이전 형이상학의 지식을 비판하고 새로운 형이상학을 추구하기 위해 지식의 조건, 의미 있는 앎의 조건 자체를 반성해보고자 했다.

형이상학은 인간으로서는 피할 수 없는 것이다. 주어진 경험 세계에 만족하지 않고 그 근거를 찾고 캐묻는 것이 우리의 본성이기 때문이다. 그러다 보면 영혼, 세계, 신 같은 문제에 부딪힐 수밖에 없다. 그런데 이러한 문제를 탐구하는 형이상학이 중세에는 최고의 학문으로 칭송되었지만 근대에 와서는 혼란에 빠졌다. 정반대의 주장이 제기되어도 어느 것이 진리인지 확인할 방법이 없고, 그러다 보니 근거 없이 공론만 일삼게 되고, 급기야 우리가 과연 참된 지식을 얻을 수 있는가에 대한 회의도 만만찮게 제기된 것이다. 감각 경험을 기초로 하여 형이상학을 다시 확립해보려 했던 존 로크의 노력이 단기간 희망을 보이기도 했다. 그러나 감각 경험에만 기초할 경우, 이전 형이상학이 공허하고 문제가 많다는 것을 비판하기에는 상당 정도 효과적이지만 새로운 형이상학의 기초를 다지기에는 역부족이라는 것이 드러났다. 그래서 칸트는 《순수이성 비판》에서, 신이 존재하는지 존재하지 않는지, 세계는 시간적·공간적으로 유한한지 무한한지 같은 형이상학의 주장들이 옳은지 그른지를 따지기 이전에, 과연 그러한 문제가 우리 인간에 의해 대답될 수 있는 문제인지, 그런 문제에 대해 의미 있는 이론적 앎과 지식이 성립할 수 있는지를 먼저 검토해보려고 했다. 왜냐하면 우리가 이론적으로 본래 대답할 수 없는 것을 가지고 대답을 찾고자 했던 것인지도 모르기 때문이다. 그리하여 형이상학의 문제를 탐구하는 우리의 사고 능력, 즉 '이성'을 검토하여 이성의 한계가 어디까지인지 확인해보려고 했다. 이런 의미에서 《순수이성 비판》은 형이상학을 튼튼하게 성립시킬 수 있는 주춧돌을 마련하기 위해 우리의 인식능력, 다시 말해 이성의 이론적 능력 자체를 비판해본 작업이었다.

그런데 이성을 비판적으로 검토하려면 형이상학의 문제와 관련짓기 이전에 이론적 지식 일반에 대해 접근해 참된 지식이 어떤 것이며 그런 지식의 조건이 무엇인지를 살펴보아야 했다. 그래야만 이를 기준으로 이전 형이상학의 지식을 평가해보고 새로운 형이상학이 나아갈 방향을 정할 수 있기 때문이다. 그래서 칸트는 참된 지식의 모델로 과학적 지식을 선택했다. 과학적 지식은 이성이 작용해 얻어진 결과이고, 이성이 일구어낸 재산 목록이기 때문이다. 그리고 참된 지식으로서의 과학적 지식의 성격을 한마디로 '선험적 종합판단'이라고 표현했다.

'선험적'이라는 것은 개개인의 특수한 경험에 앞서 있다는 말이다. 개개인의 특수한 경험은 다 다르고 우연적이다. 사람마다 다르고 그때그때 다른 지식이 참된 지식이 되기는 어렵다. 그러므로 이런 한계를 뛰어넘어 누구에게나 언제나 변함없이 똑같으려면, 즉 보편타당하며 필연적일 수 있으려면 선험적이어야 한다. '종합판단'이라는 것은 새로운 정보를 주는 판단을 말한다. 예를 들어 "이 총각은 남자다"라고 해보자. 이 주장은 새로운 정보를 주지 않아 공허하다. 총각이라는 말에는 이미 남자라는 의미가 포함되어 있어서 굳이 이렇게 말하지 않아도 총각임을 알면 남자라는 것은 당연히 알 수 있기 때문이다. 이런 판단을 '분석판단'이라고 한다. 주어인 '총각'을 분석하면 '남자'라는 술어가 이미 포함되어 있기 때문이다. 반면 "이 총각은 똑똑하다"라는 주장을 보자. 이 경우에는 '총각'이라는 주어 속에 '똑똑하다'라는 술어가 포함되어 있지 않다. 즉, 총각이라고 해서 항상 똑똑하다는 보장은 없다. 실제로 이 총각이 똑똑한지 아닌지 확인해보아야 한다. 따라서 이 주장은 '이 총각'에 대해서 새로운 정보를 알려주는 주장인데, 이런 주장이 바로 '종합판단'이다. 주어에 새로운 정보를 종합해(덧붙여) 준다는 의미로 붙인 이름이다.

칸트가 보기에 참된 지식의 모델인 과학적 지식은 전형적인 선험적 종합판단이다. 예를 들어 "지구가 태양을 돈다"라는 주장을 보자. 이것은 사람에 따라, 시대와 장소에 따라 달라지지 않는 보편타당하고 필연적인 주장이다. 거기다가 경험적으로 확인할 수 있는 주장이기 때문에 지구에 대한 의미 있는 정보를 담고 있는 주장이다. 그래서 칸트는 참된 지식의 모델인 "선험적 종합판단이 어떻게 가능한가?" 하는 질문을 던지고 이에 대한 대답을 찾는 과정에서 참된 지식의 조건을 찾고자 했다. 물론 이런 조건이 확인되면 그 조건을 기초로 새로운 형이상학을 확립하고자 한 것이 궁극의 목적이었다.

선험적 종합판단의 조건에 대한 탐구 과정에서 칸트는 우리의 앎과 지식이 경험에서 비롯되는 것이기는 하지만 경험만으로 성립되지 않음을 밝힌다. 간략히 말하면, 우선 우리의 앎이 성립하려면 우리의 시각이든지 촉각이든지 밖으로부터 자극하는 것과 그것을 받아들이는 작용이 있어야 한다. 즉, 사물 자체가 우리의 감성을 자극해야 한다. 그러나 우리는 감각할 때 그 내용이 무엇이건 주어지는 것을 공간적으로 서로 곁하여, 시간적으로 서로 잇달아 받아들인다. 그래서 시간과 공간은 우리의 감각을 산출하는 감성의 틀, 감성의 형식이다. 그리고 그것은 경험에 앞서 우리에게 갖추어져 있는 선험적 형식이다. 그래서 주어진 자극으로부터 감각 자료를 성립시킨다. 그런데 감각 자료는 아직 자료일 따름이고 정리가 된 상태가 아니기 때문에 무엇을 인식한 것인지 정확하지 않다. 이런 감각 자료들을 결합하여 '무엇'이라고 분명하게 정립하는 것은 바로 우리 이성, 구체적으로는 지성의 작용이다. 그리고 이 작용은 범주라는 선험적 개념을 통해 이루어진다. 예를 들면 우리는 대상의 수를 헤아릴 때 하나 아니면 여럿이라고 인식한다. 혹은 여럿이면서 하나, 즉 전체라고 인식한다. 어떤 감각이 들어오건 어떤 내용에 대해서건 우리는 하나 아니면 여럿 혹은 전체라는 세 가지 방식 외에 다른 방식으로 사물의 수를 헤아릴 수 없다. 왜냐하면 우리가 대상의 수를 헤아릴 때는 이 세 가지 방식 중 하나만 사용할 수 있기 때문이다. 이때 하나, 여럿, 전체라는 것은 우리가 경험에 앞서서 가지고 있는 선험적 개념이며 이것이 바로 범주다. 이런 범주가 우리 지성의 형식, 틀로 작용하여 감성 속에 들어온 아직 혼란스러운 감각 자료를 여러 각도에서 정리하여 '그것이 무엇이다'라는 앎이 성립하게 된다. 이렇게 주어진 감각에서 그것이 어떤 대상인지 정해주는 범주가 모두 12개임을 《순수이성 비판》에서 밝혔다.

중요한 것은 범주의 개수보다는, 참된 지식이 성립하려면 경험만으로는 부족하고 우리 이성의 선험적 요소가 투입되어야 한다는 점이다. 앞서 말했듯이 참된 지식은 보편타당하고 필연적이어야 한다. 그런데 경험만으로는 이런 지식이 나올 수 없다. 우리는 경험에서 귀납적 방법을 통해 일반적 지식을 얻는다. 그러나 귀납은 항상 확률적인 것이기 때문에 100퍼센트를 확보하지 못한다. 따라서 이미 우리가 확보한 참된 지식인 과학적 지식은 경험만으로 성립된 것이 아니다. 경험에 주어지지 않은 우리 이성의 선험적 요소, 선험적 원리가 참된 지식의 성립에 한 요소로서 작용한 것이다. 이런 이성의 선험적 원리는 이성 자체가 보편적이다 보니 인간이면 누구나 보편적으로 갖게 된다. 결국 참된 지식의 모델인 과학적 지식은 감각 경험과 우리 이성의 선험적 원리가 합쳐져서 성립된 합작품이다. 경험과 이성 이 둘이 모두 참된 지식의 토대인 것이다. 따라서 이 둘 중 하나만 내세웠던 경험론과 합리론은 한 측면만 보았기에 모두 오류를 범한 것이다.

칸트는 이론적 인식이 성립하기 위해서는 감각이 먼저 필요하며 여기에 우리 이성의 선험적 원리가 능동적으로 적용되어야 한다는 것을 밝혔다. 이에 따를 때 이전 형이상학의 주된 탐구 대상이었던 영혼, 세계, 신은 이론적 지식의 대상이 아니다. 이들은 감각 세계를 초월한 것이라서 그에 대한 감각 경험이 불가능하기 때문이다. 그렇다면 이들은 폐기되어야 할 것인가? 칸트는 이런 대상들이 이론적으로는 의미 없는 것이지만 실천적으로는 의미 있고 중요한 것이라고 생각하며, 그 의미를 이성의 실천적 사용을 통해 밝히려고 했다.

5. 이성의 실천적 사용: 《실천이성 비판》의 실천이성

1) 인간은 자유로운 존재

《순수이성 비판》에서 칸트는 '선험적 종합판단이 어떻게 가능한가'라는 물음을 던졌다. 복잡한 논의였지만 그에 대한 대답을 간단히 정리하면, 우리 이성의 선험적 원리들이 경험을 통해서 주어진 것을 정리하고 정돈하여 참된 지식이 성립한다는 것이었다. 그렇다면 이와 비교해서 《실천이성 비판》의 과제는 무엇일까? 어떻게 실천이성이 의지를 규정하여 우리로 하여금 의무를 지키게 할 수 있는지를 설명하는 것이다. 달리 말해 실천이성이 어떻게 우리로 하여금 자기에게 불리하더라도 지킬 것은 무조건 지키는 도덕적 존재가 될 수 있게 하는가를 설명하는 것이다.

나에게 불리하면 지키지 않는 것, 즉 자기 이익을 챙기는 이기심이 자연의 일부로서 동물의 한 종인 사람의 자연적 본성일 것인데, 어떻게 도덕이 성립할까? 여기서 자유의 문제가 핵심 개념으로 부각된다. 자연적 본성이 나를 지배하려고 할 때 거기에서 벗어날 수 있는 능력, 즉 자유가 있어야 도덕이 성립할 것이다. 결국 이렇게 자연의 질서를 넘어설 수 있는 자유의 존재를 인정하느냐 마느냐에서 《순수이성 비판》과 《실천이성 비판》이 달라지는 갈림길이 시작된다.

이론의 영역을 다루었던 《순수이성 비판》에서는 우리가 경험하는 것은 우리에게 인식된 것, 즉 현상이다. 물론 이 현상은 우리가 상상한 것이 아니므로 허구는 아니다. 하지만 우리 감각에 자극을 준 사물 자체가 무엇인지 우리로서는 알 수 없는 것이 사실이다. 왜냐하면 앞서 말했듯이 우리 경험은 이미 이성의 틀을 통해서 정리된 것이기 때문이다. 그리고 사물 자체는 우리 감각을 자극하긴 했지만 우리가 감각을 통해 완전히 알 수 있는 존재는 아니므로 감성을 넘어서는 것이다. 그러므로 사물 자체에 대해서 이러쿵저러쿵하는 것은 모두 의미 없는 말이 된다. 오직 우리 감각을 통해 들어와서 이성의 틀을 통해 정리된 것만 우리가 알 수 있는, 의미 있는 것이기 때문이다.

그러나 실천의 영역을 다루는 《실천이성 비판》에서는 상황이 달라진다. 우리 감각에 들어오지 않는 것, 자연의 필연적 법칙을 넘어서 있는 것도 모두 인정하기 때문이다. 대표적으로 앞서 언급했듯 실천이성은 자유를 인정한다. 아니 인정해야만 한다. 이론이성의 영역에서는 자유를 한번 생각하고 가정해볼 수는 있지만 자연 속에서 성립하는 것으로 인정할 수는 없다. 자유를 인정하면 참된 지식이 추구하는 필연성을 확보할 수 없기 때문이다. 그러나 실천의 영역에서 자유는 적극적으로 인정된다. 예를 들어보자. 감각 경험에만 의존해보면 자연은 오직 원인-결과의 질서에 의해 빈틈없이 꽉 짜여 있다. 모든 것은 원인을 가진다. 원인 없는 결과는 없다. 말라리아모기에게 물렸기 때문에 말라리아에 걸린 것이다. 아버지가 있다 보니 아들이 있게 되는 것이다. 모기에 물리지 않고 말라리아에 걸린다든지, 아버지 없이 아들이 있을 수는 없다. "콩 심은 데 콩 나고 팥 심은 데 팥 난다"라는 우리 속담은 자연의 필연적 인과관계를 잘 표현하고 있다. 여기에는 예외가 있을 수 없다. 그런데 자유는 이런 원인-결과의 질서를 벗어나는 것이다. 자유는 '마음대로'다. 그러므로 팥을 심었는데 팥이 안 나오고 제 '마음대로' 콩이 나오게 한다면 자유가 있는 것이다. 이론의 영역에서는 자연법칙을 파괴하는 이런 자유를 인정하지 않았다. 그러나 우리의 행위, 특히 도덕적 행위의 영역에서는 자유가 존재하며, 인정할 수밖에 없다. 그러므로 실천이성은 자유를 적극적으로 인정한다. 우리가 이런 자유를 누리고 있는 것이 사실이기 때문이다.

우리의 의지와 욕망도 어떤 의미에서는 하나의 원인이다. 행동을 일으키기 때문이다. 그런데 보통은 행동을 일으키는 의지가 이기적인 본능이거나 구체적인 결과를 얻으려는 실용적인 의지다. 어떤 경우든 나한테 유리한 쪽으로 행동을 하려고 한다. 열심히 공부하겠다는 의지가 있으면 잠도 이기며 밤새 공부한다. 그런데 왜 열심히 공부하려고 할까? 대부분 그게 나한테 이익이 된다고 판단하기 때문이다. 착하게 살겠다는 의지가 있으면 그때그때의 유혹을 물리치고 착한 행동을 하게 한다. 그러나 이 경우도 남에게 잘 보이기 위해 착하게 살겠다고 생각했다면 그것은 순수한 의지가 아니다. 그러나 착하게 사는 것이 무조건적인 의무이고 인간의 도리라고 생각하여 착하게 살겠다고 생각한다면 진정한 의지다. 그리고 이것은 자기 이익을 따지거나 좋은 결과를 생각하는 일반적인 경향에서 벗어난 것이기 때문에 스스로 자신의 삶을 결정한 자유로운 의지다. 이처럼 자유는 우리가 도덕적으로 살기 위한 가장 근본적인 힘이며, 그런 의미에서 자연적 차원과는 다른 예지적 차원의 원인이라고 할 수 있다. 《실천이성 비판》에서는 그렇기 때문에 《순수이성 비판》에서 인정하지 않았던 자유가 가장 핵심적인 주제로 등장한다.

2) 의무의 윤리학

우리는 자유로운 주체이기에 욕망에 일방적으로 지배당하지 않고 마땅히 지켜야 할 의무를 지키는 도덕적 존재가 될 수 있다. 물론 실제로 항상 도덕적으로 행위하지는 못하더라도 의지만은 자유롭게 의무를 수행하고자 하기에, 잘못 행위하면 양심의 가책을 느낀다. 그래서 칸트는 행위에 도덕적 가치를 부여하는 것은 결과가 아니라 동기임을 강조했다. 경험주의 성향이 강하던 당시 철학자들은 동기는 내면적인 것이라 관찰할 수 없기 때문에 판단 근거가 될 수 없다고 보았다. 행위의 결과만이 관찰해서 검증할 수 있으므로 판단 근거로서 자격이 있다고 생각했다. 그런데 왜 칸트는 이런 생각에 반기를 들었을까?

예를 들어보자. 버스에서 노인이 타니 청년이 자리를 양보한 다음 경우를 비교해보자. 우선 청년 1은 노인 공경이 의무라는 생각에 바로 자리를 양보했다. 청년 2는 노인이 서 있고 자기가 앉아 있는 게 불편해서 마음의 평안을 얻기 위해 양보했다. 청년 3은 여자 친구와 데이트 중이었는데, 자신이 노인을 공경하는 멋진 남자임을 보여주어 여자 친구의 호감을 얻기 위해 자리를 양보했다. 청년 4는 소매치기인데 마침 그 시간에 범죄를 저지르기 위해 일어났고 노인이 그 자리에 앉았다. 이 네 경우는 관찰한 결과만 보면 노인에게 자리를 양보한 동일한 행위로 평가될 것이다. 그런데 과연 이 네 행위를 동일하게 평가하는 것이 타당할까? 말도 안 된다는 생각이 들 것이다. 결국 동기를 고려하지 않으면 네 행위의 차이가 드러날 수 없고, 그래서 칸트는 행위에 대한 평가에서 동기가 핵심이라고 주장하는 것이다.

칸트는 그 행위가 오직 옳기 때문에 행하려는 선의지를 따를 때 도덕적 행위가 될 수 있다고 보고 '의무에 일치하는 행위'와 '의무로부터 나온 행위'를 구분한 다음, 후자만이 도덕적 행위라고 본다. 위의 사례에서 청년 1만 의무로부터 나온 행위이고 나머지는 의무에 일치하는 행위일 따름이다. 다른 예를 들어보면, 같은 자선 행위라 하더라도 내 마음이 편해지기 위해서 한 자선은 의무에 일치하는 행위이긴 하지만 진정한 도덕적 행위라고 볼 수 없다. 오직 자선이 옳기 때문에 했을 경우만 의무로부터 나온 행위이기 때문에 도덕적 행위로 볼 수 있다.

그렇다면 무엇이 의무일까? 결과를 따지지 않고 마땅히 지켜야 할 도덕법칙을 따르는 것이다. 한 번 더 질문해보자. 도덕법칙은 무엇일까? 칸트에 따르면 우리는 보통 원칙을 세워 행위한다. "거짓말하지 않는다"라는 원칙을 가지고 있으면, 중대한 실수를 했더라도 솔직하게 잘못을 인정하고 용서를 구할 것이다. "상대의 고통을 덜어주는 거짓말은 해도 된다"라는 원칙을 가지고 있으면 상대의 문제점이 무엇인지 솔직하게 얘기하지 않고 그냥 덮어줄 것이다. "내게 불리하면 거짓말 해도 된다"라는 원칙을 가지고 있으면 거짓말을 밥 먹듯 하게 될 것이다. 그런데 이런 원칙은 준칙과 실천 법칙으로 나눌 수 있다. 준칙은 주관적 원칙이고 실천 법칙은 객관적 원칙이다.

어떤 원칙이 주관적이라는 것은 무슨 뜻일까? 최소한 나에게는 옳은 것으로 인정된다는 뜻이다. 남이 어떻게 생각하건 상관없이, 또 남에게도 적용될 수 있는지 아닌지는 모르지만, 최소한 나 스스로에게만은 꼭 지켜야 된다고 정해놓았다는 것이다. 반면에 어떤 원칙이 나에게만이 아니라 모든 사람에게 다 적용되어야 한다고 생각되면 그 원칙은 객관적인 것이고 실천 법칙이 된다. 예를 들어보자. "아침 6시에 꼭 일어나야 한다"라는 원칙은 준칙이다. 이유가 어떠하든 내가 스스로 정해놓은 것이기 때문에, 남은 몰라도 나만은 꼭 지켜야 할 원칙이다. 그러나 실천 법칙은 아니다. 세상 모든 사람에게 아침 6시에 꼭 일어나라고 강요할 마땅한 근거를 찾기 어렵기 때문이다. 이와 같이 준칙에는 행위자가 자신의 조건, 특성, 욕망에 맞추어 정한 원칙들이 포함된다. 반면에 실천 법칙은 인간이라면 누구에게나 다 적용해도 올바른 것이라서 누구나 마땅히 지켜야 할 객관적 원칙이다. 그렇기 때문에 각자가 자신의 경험에 근거해서 세운 원칙은 준칙에 머무를 수밖에 없지만, 각자가 가진 서로 다른 경험을 초월해서 오직 이성에 근거해서 세운 원칙은 실천 법칙이 될 수 있다. 칸트가 말하는 도덕법칙은 바로 이런 실천 법칙을 가리킨다.

칸트에 따르면 도덕법칙은 정언명령의 형태를 가질 수밖에 없다. 정언명령이란 무조건 지켜야 할 명령이라는 뜻이다. 명령에는 두 가지가 있다. 조건에 동의할 경우에 따를 명령과 조건 없이, 즉 무조건 따를 명령이 있다. 칸트는 전자를 가언명령, 후자를 정언명령이라 부른다. 가언명령은 '만일~'이라는 조건이 붙은 명령이다. 다시 말해 어떤 결과를 얻으려면 어떻게 행위해야 하는지를 정해주는 명령이기 때문에 그 결과를 얻기 원하는 사람에게만 적용된다. 예를 들어 "칭찬을 받으려면 착하게 행위하라"라는 명령은 칭찬받는 결과를 얻고자 하는 사람에게만 적용되는 명령이다. 칭찬받기 싫은 사람은 따를 필요가 없다. 반면에 정언명령은 결과와 상관없이 무조건 지켜야 하는 명령이다. 예를 들어 "어느 경우에도 착하게 행위해야 한다"라고 하면 정언명령이 된다.

왜 정언명령만이 도덕법칙이 될 수 있을까? 그것은 어떤 명령이 법칙이 되기 위해서는 보편성과 필연성을 가져야 하기 때문이다. 보편적이라는 말은 언제나 누구에게나 성립한다는 뜻이다. 시대와 장소에 상관없이, 개인의 특성에 상관없이 항상 성립하는 것이다. 필연적이라는 말은 무조건 반드시 성립한다는 뜻이다. 그런데 가언명령은 이런 보편성과 필연성을 가질 수 없다. 예를 들어 "늙어서 가난하게 살지 않으려면 젊어서 열심히 일하고 절약하라"라는 명령은 우리에게 중요한 가르침을 준다. 이 경우 사람들이 조건에 해당하는 상황, 즉 늙어서 가난하게 살지 않기를 실제로 원한다는 것이 전제되어 있다. 그런데 실제 그러한 상황을 원하는지 아닌지는 사람에 따라 다를 수 있으며, 각자의 판단과 의지에 맡겨질 수밖에 없다. 모든 사람이 반드시 그 상황을 원한다는 보장이 없기 때문에 보편적이고 필연적일 수 없다. 사람에 따라서는 다른 상황을 원할 수도 있다. 즉, 자신이 번 돈 외에 다른 재정적 도움이 있을 것이라 예상하거나 기대할 수도 있고, 또는 장차 어떤 어려움에 처하건 근근이 꾸려갈 수 있으리라고 생각할 수도 있으며, 심지어 아예 늙지 않기를 바랄 수도 있다. 만일 이런 상황들을 원하는 사람이 있다면, 그 사람에게는 젊어서 일하고 절약해야 한다는 것이 보편적·필연적 명령으로서 역할을 할 수 없다. 이 명령은 무조건 지키라고 요구할 힘을 잃게 되는 것이다. 결국 도덕법칙은 보편성과 필연성을 가져야 하기 때문에 개개인의 특수하고 우연한 욕망에 기초할 수는 없고 보편적인 것을 추구하는 이성에 기초할 수밖에 없다.

그렇다면 정언명령에는 구체적으로 어떤 것이 있을까? 칸트는 구체적 사례를 제시하지는 않지만 도덕법칙이 되기 위해 갖춰야 할 자격을 일반적인 정언명령의 형식으로 표현한다. 우선 도덕법칙이 되려면 보편화할 수 있어야 한다. 누구에게나 무조건 지키라고 요구할 수 있어야 도덕법칙이기 때문이다. 그래서 칸트는 "너의 의지의 준칙이 항상 동시에 보편적 법칙 수립의 원리로서 타당할 수 있도록, 그렇게 행위하라"라는 것을 정언명령으로 제시한다. 이는 도덕이 개인의 이해관계나 관심을 넘어서 보편적 관점에 서는 것임을 주장하는 것이다. 다음으로 칸트는 "인간을 목적으로 대우하고, 단지 수단으로서만 대우하지는 말라"라는 것을 또 하나의 정언명령으로 제시한다. 다른 사람의 존엄성과 권리를 해치지 않는 원칙만이 도덕법칙이 될 수 있다는 것이다. 여기서 중요한 것은 "단지 수단으로서만"이라는 표현이다. 사람들이 서로 수단으로 대하는 경우는 있을 수밖에 없다. 회사의 사장에게 사원들은 사업을 잘 운영하기 위한 수단의 성격을 가진다. 그러나 회사 운영의 수단으로만 생각해서 인격을 무시해서는 안 되고, 사원이기 이전에 존엄성과 권리를 가진 인격적 존재로 대우해야 한다는 것이다. 결국 인권을 해치는 명령은 도덕법칙이 될 수 없음을 주장한다.

이런 도덕법칙은 어디에서 온 것일까? 종교가 지배하던 시대에는 도덕법칙을 신이 준 것이라든지, 아니면 초자연적인 것이라고 보는 입장이 강했다. 그러나 칸트는 도덕법칙을 인간의 이성에 기초한 것으로 본다. 인간은 한편으로는 자연의 지배를 받는 동물이지만, 다른 한편으로는 자연의 법칙을 넘어설 수 있는 자유를 가진 존재다. 자유는 인간에게 자연적 본능과 욕망을 이겨내고 의무를 지킬 수 있는 힘을 준다. 자유의 힘을 통해 인간은 도덕의 세계를 추구할 수 있다. 그래서 도덕법칙의 원천은 바로 인간의 이성이다. 인간의 이성은 그 자체로 실천적이며 도덕법칙을 부여하는 힘이 있다. 이를 칸트는 실천이성이라 부르는 것이다. 그렇기 때문에 도덕법칙은 자율적인 것이다. 인간 이성이 스스로에게 부여했기 때문이다. 우리의 도덕적 의지는 외부에서 강요한 법칙을 억지로 지키는 것이 아니라 스스로 부여한 도덕법칙을 의무라고 여기고 자발적으로 지킨다. 할 수 없이 타율적으로 도덕법칙이나 의무를 지키는 것은 정말로 책임 있는 자세가 아니며, 설사 도덕법칙을 지켰다고 하더라도 진정으로 도덕적인 태도는 아니라는 것이 칸트의 생각이다. 인간은 자유로운 존재이기 때문에 자기 스스로, 달리 말해 자율적으로 도덕법칙을 지킬 때 정말 인간다운 존재가 될 수 있다. 그렇다면 우리는 이런 도덕법칙을 어떻게 알 수 있을까? 칸트는 우리가 다른 어떤 것의 도움을 받지 않고 직접 이런 법칙을 알고 있다고 생각한다. 우리가 일상적으로 도덕법칙에 따라 행위하려고 노력하고 있는 것이 부인할 수 없는 사실이라는 것이다. 거짓말하지 말라는 것을 도덕법칙으로 의식하기 때문에 거짓말하지 않으려고 노력하고, 거짓말하면서도 양심의 가책을 느낀다. 그래서 그는 우리가 이렇게 도덕법칙을 알고 있는 것은 "이성의 사실"이라고 표현한다.

6. 실천이성의 우위

이렇게 이성의 두 가지 사용과 기능을 구별하고 나면, 과연 둘 중 어떤 것이 더 우선적인가 하는 물음을 제기할 수 있다. 어느 것이 더 우선적이냐는 물음은 달리 말하면 둘 중 어느 것이 다른 것을 결정하고 지배하는가 하는 물음이다. 어느 쪽이 우선적인지 따질 수 있는 구체적인 방법은 어느 쪽 관심 속에 다른 쪽이 포함되는지를 보는 것, 즉 어느 쪽이 더 궁극적인 관심인지 확인해보는 것이다. 칸트는 실천이성이 더 우위에 있다고 분명하게 주장한다. 만일 실천이성이 감정과 정서에 영향을 받으며 행복이라는 감성적인 원리 아래에서 욕망 충족에만 관심을 가진다면 실천이성의 우위를 말하기 어려울 것이다. 우리의 행위도 모두 자연의 원인-결과 법칙으로 설명할 수 있기 때문이다. 그러나 실천이성이 이런 정서적인 행복과는 별개로 활동할 수 있고 경험에 앞선 어떤 선험적 원리에 따라 작용할 수 있다면 사정은 달라진다. 이럴 경우에는 어떤 주장이 이론이성의 관점에서는 충분히 확립되지 않는다 하더라도 받아들이고 인정하려고 해야 할 것이다. 바로 자유라는 것이 자연에서 원인-결과의 연쇄만을 인정하는 이론이성 관점에서는 인정하기 어려운 것이지만, 우리 도덕적 행위의 독자적 원리로 실천이성에 의해 확립될 수 있는 것이라면 이론이성도 자유를 또 다른 차원의, 또 다른 종류의 원인으로 받아들이고 인정해야 한다. 이렇게 이론이성의 관심에 종속되어 그 속에 머무르지 않고 실천적 관점에서 확장될 수 있다는 것은 실천이성의 관심이 더 우선적이라는 것을 뜻하며, 우위에 대한 앞의 정의를 따를 때 실천이성의 우위를 보여주는 증거가 된다.

칸트는 '코페르니쿠스적 전환'을 통해 이론적으로는 인간을 세계의 중심에 위치시켰다. 이는 물리적 의미에서가 아니라, 인식주체로서의 인간이 갖는 선험적인 작용에 의해 대상 세계가 인간 이성이 가진 보편적 형식(시간, 공간, 범주)에 의존한다는 점에서다. 이론이성이 '자연의 입법자'로서 감각에 주어진 자료를 바탕으로 인간에게 의미 있는 자연을 구성해낸다. 그러나 이론이성의 능동성(activity)은 주어진 세계를 다른 세계로 변화시킬 수는 없다. 그런 의미에서 이론이성은 '실천 없는 자발성'이라고 할 수 있다.

그러나 실천이성은 한 걸음 더 나아간다. 자연은 보편적인 인과법칙에 따르는 순전히 기계적인 체계다. 그러나 인간은 자신 속에서 도덕적 의무로 구성된 하나의 이성적 체계를 발견한다. 이런 내적 체계를 통해 인간은 자연을 초월하는 힘을 가지게 되며, 또한 자연을 자신의 의지에 복종시킨다. 인간은 자연을 인식할 수 있는 이론이성만이 아니라, 자신이 부여한 목적이 자연 속에서 실현되기를 요구하고 세계가 그 목적에 따라 변화되기를 요구하는 실천이성을 가진다. 실천의 영역에서 이성은 행위의 원리로서, 주어진 자연에 도덕적 목적과 관심에 따라 새로운 질서를 부여하는 '실천으로서의 자발성'이 된다. 이로서 인간은 진정한 의미에서 주체가 되는 것이다. 이런 점에서 칸트는 인간을 주체로 확립시키고 그 토대를 닦은 대표적인 철학자로 평가된다.

더 읽어볼 책

칸트, 임마누엘. 2009.《실천이성 비판》. 백종현 옮김. 아카넷.

칸트의 삼비판서 중에서 분량이나 내용 면에서 비교적 쉽게 접근할 수 있는 책이면서, 칸트 자신의 입장을 고려할 때 칸트의 핵심 사상이 담겨 있다는 점에서 직접 읽어볼 만한 책이다.

칸트, 임마누엘. 2002.《별이 총총한 하늘 아래 약동하는 자유: 칸트와 함께 인간을 읽는다》. 손동현 옮김. 이학사.

칸트의 여러 원전으로부터 지식/학문, 도덕, 종교, 예술, 정치/역사, 인간이라는 여섯 가지 주제에 대한 핵심 내용을 담고 있다. 일반 독자들이 비교적 쉽게 읽을 수 있는 평이한 글들을 발췌하여 칸트 철학의 전 체계를 조망할 수 있도록 재구성하여 엮은 책이다.

칸트, 임마누엘. 2017.《칸트의 인간》. 박필배 옮김. 현북스.

칸트의 원문 중에 인간과 관련된 글들을 가려내어, 지적 인간, 도덕적 인간, 문화적 인간으로 크게 세 부분으로 나누어 구성한 책이다. 각 부분도 여러 개의 주요 주제로 나눈 다음, 각 주제에 대해서 칸트의 여러 원문이 제시되어 있으므로, 다양한 주제에 대한 칸트의 생각을 살펴볼 수 있는 책이다.

가이어, 만프레드. 2004.《칸트평전》. 김광명 옮김. 미다스북스.

칸트의 사후 200주기를 기념하여 출판된 평전으로 칸트 삶의 전체 모습을 생생하게 그려낸 책이다. 칸트의 생활사와 그의 중요한 저술을 연결시키고 시대적 흐름과도 결합시켜 칸트의 비판철학이 어떠한 기반 위에서 구축되었는지를 면밀히 검토함으로써 단순한 전기가 아니라 사상적 전기를 보여주고 있다.

백종현. 2018.《인간이란 무엇인가》. 아카넷.

'인간이란 무엇인가'에 답하고 있는 칸트 삼비판서의 핵심 내용을 일반 독자가 이해할 수 있도록 일목요연하게 정리한 책이다. 삼비판서 각각에 접근하기 전에 칸트 철학의 전모를 파악하면서 전체를 이해하기 위해 꼭 읽어야 할 책이다.

최인숙. 2005.《칸트》. 살림.

칸트 철학의 핵심 내용을 가장 간략하게 정리한 책이다. 칸트 철학이 어떤 문제를 다루고 있는지를 알고자 하는 사람에게 필요한 입문서다.

백종현. 2017.《칸트와 헤겔의 철학: 시대와의 대화》. 아카넷.

독일 계몽주의-이상주의 시대의 칸트와 헤겔이 그들의 시대가 철학자에게 요구한 바에 어떻게 응했는가에 초점을 맞춰 두 철학자의 사상을 살펴보는 책이다. 칸트와 헤겔 철학 전체의 핵심 주장이 정리되어 있으며, 나아가 칸트와 헤겔의 관계를 이해하는 데에도 도움이 되는 책이다.

6장

헤겔
이성의 진보로서의 역사

정대성(연세대학교 근대한국학연구소 HK 교수)

1. 현대와 반이성주의

현대사회는 이성에 대한 냉소와 비판으로 가득하다. 서양의 근대 초에 이성의 이름으로 신앙이 단죄되었듯이 지금은 비이성의 이름으로, 예컨대 심미적 사유나 의지의 이름으로 이성이 단죄된다. 심미성이 느낌이나 이미지를 강조하고, 의지가 결단이나 생산성을 강조한다면 이성은 합리성과 필연성, 혹은 개념적 파악을 강조한다.

'느낌'은 일반적으로 이유나 근거를 알 수 없는 상황을 지시한다. "내 느낌은 그래"라는 말은 사태의 분명한 이유를 댈 수 없을 때 사용한다. 이런 말을 하는 사람은 자신의 의중을 드러내기는 하지만, 자기 자신도 상대방도 그 이유를 몰라 답답해할 수 있다. 느낌은 이렇듯 필연성과 합리성이 결여된 상태를 지시한다. 이에 반해 '믿음(신앙)'은 사건의 배후나 원인을 필연성의 관점에서 설명하기는 하지만 합리적으로, 즉 이성적으로 설명할 수 없는 상황을 지시한다. 사건이나 사태의 배후에 우리가 통제할 수 없는 어떤 힘이나 권위가 작동하고 있다는 것을 지시할 때 믿음(신앙)이라는 용어를 쓴다. 신에 대한 믿음인 신앙은 설명이 필요한 어떤 사건이 나에게는 우연적으로 보이지만 신의 관점에서 보면 필연적이라는 의미, 따라서 그 일의 배후에 신의 의지가 작용하고 있다는 것을 함의한다. 그런데 대상을 필연성의 관점에서 설명하는 이 믿음은 그런 점에서 대상을 우리에게 합리적으로 설명하진 않는다.

믿음이나 느낌은 이성의 관점에서 보면 대상에 대한 명확하지 않은, 헤겔식으로 표현하면 '개념적이지 않은' 인식 작용이다. 그런 대상은 우리의 앎의 영역 밖에 놓여 있으며, 사유하는 주체에게 불투명하게 놓여 있다. 하지만 우리가 대상을 이성적으로 파악한다는 것은 대상을 필연성의 관점에서뿐 아니라 합리적으로도 파악한다는 것을 의미한다. 앎[knowledge(영), wissen(독)]은 그 앎의 대상이 우연적인 것이 아니라 그렇게 발생하게 한 원인이나 근거 혹은 이유가 있음을 전제한다. 독일어로 '근거'를 나타내는 'grund'는 영어로 '이유'를 나타내는 'reason'으로 번역되며, 이것은 다시 '이성'을 의미하기도 한다는 사실을 기억하자. 말하자면 존재하는 모든 것은 그 근거로부터 왔으며, 즉 이유가 있으며, 그런 점에서 존재의 배후에는 이성이 있다. "만물은 변한다"라고 말한 고대의 헤라클레이토스가 변화하는 만물의 배후에 '로고스(이성)'가 있다고 한 주장과 존재하는 모든 것은 충분한 이유 혹은 근거가 있다고 말한 근대 라이프니츠의 '충족이유율'은 그런 이성적 태도를 표현하는 고전적 예다.

그런 점에서 존재하는 모든 것에는 근거가 있다는 말은 존재하는 모든 것이 이성의 발현이라는 의미기도 하고, 동시에 존재하는 모든 것은 우리의 이성에 자신을 드러낼 수 있다는 것, 이성에 의해 모든 것은 파악될 수 있다는 것을 의미하기도 한다. 인간이 무엇을 안다는 것은 단순히 정보를 수집한다는 것이 아니라 탐구 대상을 필연성과 합리성의 관점에서, 즉 그 근거로부터 파악한다는 것이다. 말하자면 앎은 이성의 작용이다. 인간 정신의 역사는 앎의 진보의 역사, 이성의 성장의 역사라고 해도 될 것이다.

그런데 오늘날 적어도 철학의 영역에서 이성에 대한 광범위한 불신이 지배한다. 과학주의의 폐해에 대한 반작용으로 이해할 수 있을 이런 비합리주의의 경향은 사실 철학의 역사에서 다양한 옷을 입으며 꾸준히 등장해왔다.

이 글은 우리 시대를 특징짓는 비합리주의에 대한 대안으로 헤겔 철학에서의 이성의 의미를 살필 것이다. 헤겔 철학에서의 이성 개념의 의미를 명백히 하기 위해 전통 철학에서 사용된 이성의 의미와 비합리주의자들에 대한 헤겔의 태도, 그리고 그의 이성 개념의 특징 등을 살피고자 한다.

2. 이성의 활동으로서의 철학과 그 정점의 계몽주의

철학은 애초에 합리성과 필연성을 추구하는 이성의 활동을 전제하며 출발했다. 예컨대 최초의 철학자에 속하는 피타고라스가 자신이 수행하는 지식 활동을 '필로소피아(philosophia, 철학)'라고 불렀을 때, 그는 이미 이러한 인식을 바탕으로 하고 있었다. 이 말은 어원적으로 사랑(philos)과 지혜 혹은 지식(sophia)의 합성어로서 '지혜를 사랑함', '알고

자 함’ 등을 의미한다. 피타고라스는 이 지적인 활동을 신적 존재들의 작용의 결과로 모든 것을 설명하는 신화적 인식 방식과 구별했다. 알고자 함은 대상의 운동에 파묻히는 것이 아니라 대상의 운동을 그 근거로부터 파악하고 이해하는 것을 의미하며, 대상이 그렇게 파악되었을 경우 우리는 대상에 내맡겨지는 수동적 존재가 아니라 대상을 통제하는 적극적 존재, 즉 자유로운 존재가 된다는 것을 함의한다.

대상을 아는 것과 그렇지 않은 것은 행위 주체의 행위 양식을 바꾼다. 예컨대 우리가 대중교통을 이용하여 어떤 곳에 처음으로 갈 때와 항상 다니던 길을 갈 때를 생각해보자. 처음으로 갈 때 우리는 불안하여 창밖과 노선표를 꾸준히 보게 되지만, 항상 다니던 길은 그 노선을 알기에 편안하게 잠을 청하며 갈 수 있다. 이런 점에서 자유는 자연이나 우연에서 주어지는 것이 아니라, (인식의 관점에서 말하자면) 주어진 세계에 대한 필연성을 인식할 때 얻게 된다. 앎은 우리에게 자유를 준다. 스피노자가 자유란 방임이나 방종에서 성립하는 것이 아니라 “필연성의 인식”이라고 한 이유가 여기에 있다.

대상을 그 필연성과 합리성에서 인식하고자 하는 것이 철학의 출발이자 역사였는데, 근대는 이러한 생각을 좀 더 의식적으로 천명하기 시작했다. 그래서 사람들은 근대를 ‘인간 해방의 기획’이 수행된 시기라고 말한다. 이 근대의 기획은 인간을 권위와 자연의 통제에서 벗어나 스스로 자신의 삶을 이끌어가게 한다는 것, 즉 이성적 통찰에 인간 자신의 삶을 맡김으로써 자유를 인간성의 핵심으로 삼겠다는 의지를 드러낸 것이다. 따라서 이성과 자유는 근대성을 특징짓는 핵심 개념에 속한다.

17세기 후반에 등장한 아이작 뉴턴의 물리학 체계는 자연에 더 이상 숨겨진 비밀이 없다고 믿게 할 정도로 인간 지식의 진보와 자신감을 가져왔고, 자연은 더 이상 두려움의 대상이 아니라 인간에 의해 통제될 수 있는 대상이 되었다. 이로써 인간은 자연에 대한 두려움에서 해방되었고, 이성적 사유의 중요성은 심화되었다.

18세기를 특징짓는 계몽(enlightenment)은 이러한 흐름을 극단으로 끌고 간다. '빛을 비춤', '밝게 함'이라는 어원적 의미를 갖는 계몽은 대상을 이성에 기초하여 설명함으로써 어두움과 미몽에서 벗어나고자 한 인간 해방 운동이다. 계몽주의는 계몽의 수준을 자연 대상에 대한 탐구에 그치지 않고 심리 현상이나 사회 현상 등을 포함한, 존재하는 모든 것의 진리성이나 정당성의 최종적 판단자로 두어야 한다는 지적 운동으로서, 중세의 신이 우주에서 차지하던 위치를 이성이 넘겨받아야 한다는 이성주의의 정점이다. 계몽의 철학자인 칸트는 이런 생각을 잘 보여준다. "종교는 그 신성함 때문에, 입법은 그 존엄함 때문에 보통 비판을 면하고자 한다. 그러나 그럴 때 종교와 입법은 당연히 자신들에 대한 혐의를 불러일으키는 한편, 꾸밈없는 존경을 요구할 수 없을 것이다. 이성은 오직 자신의 자유롭고 공명한 검토를 견뎌낼 수 있는 것에 대해서만 꾸밈없는 존경을 승인한다."[1] 근대, 특히 계몽의 시기는 철학의 이름으로, 혹은 이성의 이름으로 진행되어오던 학문의 역사의 핵심을 의식적으로 선언하고 그에 따르고자 했던 시기라고 할 수 있다.

3. 계몽의 이성의 한계와 반(反)이성주의

이성의 활동으로서의 전통적인 학문 활동은 계몽에서 정점에 이른다. 그런데 이성을 통한 인간 해방이라는 계몽의 낙관주의는 오늘날 특히 포스트주의에 의해 '죽은 개' 취급을 받고 있다. 앎이란 대상의 그 필연성을 합리적 관점에서 밝히는 것, 좀 더 구체적으로는 대상의 규칙이나 질서를 밝히는 것으로서, 있는 그대로의 대상을 무질서로 인식하여 가만두지 못하는 일종의 강박적 특성을 가졌다는 것이 계몽에 대한 비판의 핵심이다. 질서, 규칙 등을 추구하는 앎의 세계는 결국 앎의 영역으로 들어오지 않는 것을 앎의 체계로 강제하거나 체계에서 배제하는 폭력적 활동에 불과하다는 것이다.

근대에 이런 비판적 운동의 최초 포문을 연 지적 혹은 예술적 운동은 이성보다 개성과 감성을 강조하는 19세기의 낭만주의다. 이 운동은 이미 계몽에 의해 그 정점에 이른 이성의 담론에 어떤 문제가 있게 되었음을 시사한다. 계몽의 이성을 비판하기 시작한 사람들, 예컨대 하만이나 헤르더와 같은 '질풍노도'의 사상가들은 계몽의 이성이 인간을 얼마나 분열적이고 파편적으로 만들어내는지를 보여주는 작업, 즉 계몽과 이성의 한계를 보여주는 작업을 했다. 이들이 보는 이성은 무엇일까?

이른바 '계몽의 이성'이라고 할 수 있는 근대의 이성은 인식과 앎의 '객관성'을 추구한다. 즉, 대상을 객관적으로 파악할 때 그것이 곧 이성적 앎이라는 태도다. 우리는 이것을 대상의 '객체화(객관화, objectification)'라고 한다. 이때 객체화(객관화)한다는 것은 누구나 동의할 수 있는 방식으로 대상을 기술한다는 것이다. 예를 들어 누가 어떤 방에 들어가 "방이 덥다"라고 말을 한다면, 이 방을 느끼는 사람마다 서로 다른 진술이 가능하므로 이러한 진술은 방이라는 이 대상에 대한 주관적 진술이지 객관적 진술이라 말할 수 없다. 이 방에 대한 객관적 진술은 예컨대 "이 방의 온도는 섭씨 32도다"라고 말해야 한다. 이것이 바로 대상을 객관적으로 파악한 것, 즉 대상의 객체화다. 이로써 대상은 객체(object)가 된다. 근대의 과학에 영향을 받은 계몽의 이성은 존재하는 모든 것을 객체화함으로써 자신의 이상에 도달하고자 했다. 따라서 객체화라는 말은 양화, 수학화 혹은 물리학화의 방식으로 대상을 가치중립적으로 표현한다는 말과 다르지 않다.

문제는 존재하는 모든 것이 그렇게 수학적·물리학적으로 서술될 수 있는가의 문제다. 예컨대 인간의 본성(자연)이나 심리 현상, 사회 현상 혹은 인문 현상 등 객체화하기 힘든 가치 내재적 대상을 계몽의 방식으로 서술할 수 있는가? 계몽의 윤리학이라 불리는 공리주의는 그렇게 할 수 있다고 했다. 공리주의의 창시자인 벤담은 인간이 느끼는 모든 쾌락이나 불쾌를 수치화할 수 있다(혹은 수치화해야 한다)고 한다. 행위자의 행위 선택의 기준은 더 많은 쾌락을 산출하는 것이다. 예컨대 정부가 어떤 정책을 실현하고자 할 때 그 정책이 만들어내는 쾌의 양에서 불쾌의 양을 뺐을 때 다른 정책 수단보다 그 값이 가장 큰 것인지를 시뮬레이션 해봐야 한다. "최대다수의 최대 행복"이라는 공리주의의 원칙은 가치 내재적이라 여겨졌던 쾌를 가치중립적인 숫자로 표기할 수 있다는 전제에서 가능한 말이다. 또한 계몽 시기의 학자 애덤 스미스는 무질서를 상징하는 시장이 사실은 수학적 질서에 따라서 움직인다는 사실을 증명해 보였다. 계몽의 이런 객체화 작용은 자연 현상, 심리 현상, 사회 현상, 인문 현상 등 설명을 필요로 하는 모든 대상에 적용된다. 따라서 자연스럽게 계몽의 방식은 인간에게서 가치성·목적성 등, 이른바 정신성을 탈취하는 결과로 나아갔으며, 이후 마르크스의 '소외' 이론과 루카치의 '사물화' 이론 등을 만들어내는 원인이 되었다.

낭만주의는 계몽의 이런 이성 중심의 사유를 감성이나 자연, 혹은 예술적 감수성의 이름으로 극복하고자 하는데, 예컨대 합리적·수학적 필연성 대신 아이러니가 대상을 기술하는 핵심 방식이 된다. 합리적 필연성이 대상들의 운동의 인과성을 밝히는 것에서 완성된다면 아이러니의 기술 방식은 존재하는 모든 것을 공허하게 만드는 기법이다. 그런 대상들을 모두 공허하게 하는 자아만이 유일하게 안정된 자리를 차지하고서 유희하게 되며, 이로써 자아는 자유롭게 된다고 한다(낭만주의자 프리드리히 슐레겔).[2] 현대의 이성에 대한 주된 비판, 반합리주의적 혹은 비합리주의적 경향은 낭만주의에 뿌리를 두는 경우가 많다. 예컨대 데리다는 논리학이 아니라 수사학이 언어 행위의 본질을 이룬다고 함으로써 논리적 사유가 아니라 문학적 상상력에 최우선성을 부여한다.

4. 계몽과 낭만에 대한 헤겔의 대응

헤겔은 계몽과 낭만이 서로 자기주장을 하던 시기에 활동한 근대의 마지막 철학자다. 이 두 운동을 깊이 인지하고 있었던 헤겔은 양자의 종합을 좀 더 큰 이성의 이름으로 수행한다. 헤겔이 이성적 사유를 강조하는 모든 운동에 비판을 가하는 현대의 반합리주의 경향의 주된 표적이 되는 이유는 여기에 있다. 헤겔이 비록 자연과 비이성적인 것을 포괄하는 심원한 철학 체계를 기획하긴 하지만, 결국 이성 중심의 사유를 더 극단으로까지 몰고 갔다는 인식이 그 비판에 내재한다. 헤겔은 시기마다 이성을 서술하는 방식에서 차이를 드러내기는 하지만, 초창기 일부를 제외하고는 이성주의에서 벗어난 적이 없다. 이성에 대한 핵심 사고 역시 적어도 예나 시기(1801~1807)부터 올곧게 유지된다.

따라서 이 글은 그의 특정 시기, 특정 작품에 등장하는 이성 개념들의 차이를 보는 것이 아니라, 일관되게 유지되는 그의 이성관을 살피는 것에 한정할 것이다.

헤겔이 이미 낭만주의의 반이성적 혹은 비이성적 경향을 통렬하게 비판했다는 점은 오늘날 반합리주의자와는 다른 노선에 서 있음을 분명하게 드러낸다. 그는 자신의 《미학 강의》에서 슐레겔의 아이러니를 다음과 같이 비판한다.

> [낭만주의적] 아이러니의 부정성의 가장 가까운 형태는 모든 사물적인 것과 인륜적인 것, 그리고 내용 풍부한 것 등을 공허한 것으로, 모든 객체와 현실적으로 통용되는 것 등을 아무것도 아닌 것으로 드러낸다. 자아가 이와 같은 입각점에 머물러 있는 한 자신의 주체성을 제외하고 모든 것이 자신에게 전적으로 아무 의미도 없고 공허한 것으로 머문다. 그러나 이를 통해 이 주체성 자체도 속이 비어 있고, 아무것도 아니며, 그저 공허한 자가 된다.[3]

헤겔에 따르면 새로운 세계로 나아가기 위한 동력으로서의 부정성이 존재의 운동의 본질을 이루기는 하지만, 낭만주의적 부정성의 한 형태인 슐레겔의 아이러니는 결국 공허로 끝나고 만다는 것이다. 이에 반해 참다운 부정성은 새로운 진리로 이끄는 것이어야 한다. 자신의 무지를 가장하면서 상대의 무지를 역으로 폭로함으로써 그 상대로 하여금 스스로 무지를 깨닫게 하는 소크라테스적 아이러니의 부정성은 새로운 세계로 나아가는 계기가 되지만, 슐레겔의 낭만주의적 아이러니는 영원히 부정만을 수행하는 가운데 자유를 느끼는, 그런 점에서 공허 속에 빠진 부정에 불과하다는 것이다.

또한 헤겔은 자신의 동료였던 낭만주의적 관념론자 셸링의 자연철학을 "모든 소가 검게 보이는 밤"[4]과 같이 어두운 철학으로 묘사함으로써 낭만주의의 비학문적 태도, 비이성적 태도를 문제 삼는다. '밤' 혹은 '어두움'이라는 표현은 계몽이 스스로를 빛으로 표현하는 것과 대조되는 것으로, 무지와 몽매를 의미한다. 이성이 아니라 감성과 감정을 강조하는, 따라서 인간의 학문적 활동과 이성의 작용을 부정하거나 과소평가하는 낭만주의는 소의 각 부분을 정확히 확인할 수 없을 뿐 아니라 다른 사물들과도 구별할 수 없는 밤과 같은 몽매의 상태를 지시한다는 것이다. 이러한 진술은 낭만주의가 철학의 이름으로 오랫동안 추구해온 인류의 학문 활동, 사물을 그 근거에서부터 탐구하고자 하는 활동을 전면 부정하고 있다는 것을 함의한다.

낭만주의적 태도에 대한 헤겔의 태도는 비판을 넘어 분노로 나아간다. 이성이 아니라 자연성을 이용하는 낭만주의적 민족주의 계열의 지식인들에 의해 주도되던 해방운동에 대해 헤겔은 "천박한 자들의 감각"이라고 비난한다. 1817년 바르트부르크 축제에서 학생들의 민족의식과 감정을 선동하며 모든 법체계를 무시하게 했던 프리스(Jakob Friedrich Fries)에 대해 헤겔은 그가 이성에 의해 구축된 권리 체계를 한갓 "마음과 우정과 열정의 죽탕"으로 해체하고자 하고, "사유하는 개념들에 의해 인도된 이성의 통찰과 인식의 노고를 전적으로 무시한다"[5]라고 강도 높게 비판한다. 그러면서 그는 괴테의 《파우스트》의 문구를 각색하여 인용하면서, 이성 혹은 지성과 그 결과물인 학문을 경멸하는 활동에 대해 다음과 같이 비난한다.

인간의 최고의 재능인 / 지성과 학문을 경멸해보라!

이는 당신 자신을 악마에게 내주는 꼴, / 당신은 결국 파멸하고 말 것이다.[6]

민족성·감성·열정 등을 강조하는 낭만주의에 대해 헤겔이 그의 원숙한 사유에서도 이와 같이 비판적인 태도를 취하고 있음을 명백히 확인할 수 있음에도 불구하고, 수많은 헤겔 연구자들은 20세기 독일의 민족주의적·국가주의적 경향의 한 뿌리를 헤겔에게서 찾으려고 해왔다. 이처럼 이성을 강조하는 그의 학문적 태도를 민족주의적으로 매도해서는 안 되는 이유들은 그의 책 전체를 관통하고 있다. 그의 국가 이론과 법에 대한 해명 등은 철저하게 이성법적 전통, 즉 보편적 세계 질서의 관점에서 이해되어야 하지 결코 민족주의적인 방식으로 이해되어서는 안 된다.

헤겔은 이성과 이에 기초한 학문 활동 및 법체계 등을 인간의 인간성을 보여주는 최고의 능력이자 활동이라 봄으로써 당대의 반합리주의, 비합리주의와 철저하게 대결했다. 그렇다고 해서 그가 계몽의 이성을 그대로 받아들인 것은 아니다. 그는 계몽의 이성이 갖는 억압적 성격을 알고 있었다. 계몽의 이성은 대상(gegenstand)을 모두 객체(objekt)로 대하며, 따라서 이성은 스스로 주체가 된다는 점을 이미 살펴보았다. 계몽의 이성은 이렇듯 주체-객체의 분리라는 인식론적 구조에서 출발하며, 나아가 주체에 의한 객체의 지배라는 지배 패러다임에 갇혀 있다. 헤겔은 계몽의 이성에 이미 지배 패러다임이 작동하고 있음을 알고 있었으며, 따라서 계몽의 계몽을 통해, 혹은 이성의 확장을 통해 근대의 해방의 기획을 계속 수행하고자 한다. 그 이성을 그의 저작에서는 '화해하는 이성', '사변적 이성', 혹은 '정신으로서의 이성' 등으로 부른다. 말하자면 그는 이성의 확장을 통해 철학이 추구해온 대상에 대한 개념적 파악을 지속하고자 한다.

5. 주객 분리의 이성에서 화해하는 이성으로

헤겔은 계몽의 이성 중심과 낭만의 반이성주의를 좀 더 포괄적인 관점에서 종합하고자 한다. 그는 계몽과 낭만이 동전의 양면과도 같으며, 양자는 주객 분리에 기초한 계몽적 이성만을 이성이라고 본다는 점에서 다르지 않다고 한다. 그리고 나아가 계몽적 사유와 낭만적 사유의 분열이 사실은 시대의 분열을 의미한다고 진단함으로써 좀 더 큰 이성 아래에서 이 분열을 치유하고자 한다.[7]

그런데 분열로 등장하는 현실도 사실은 그 나름대로 이성의 반영이며, 이성은 특정한 방식으로 자신을 현실로 표현한다. 《법철학》 서문의 유명한 한 구절 "현실적인 것은 이성적이고, 이성적인 것은 현실적이다"라는 말은 이를 반영한다. 분열된 현실 역시 이성적이고, 동시에 이성이 분열된 현실을 통합해야 한다는 의미를 내포한다. 비록 현실이, 그리고 이를 반영하는 철학이 특정한 방식으로 분열되어 한편으로는 형식적·추상적 합리주의(계몽주의)가, 다른 한편으로는 비합리주의(낭만주의)가 시대의 모습으로 등장하는 경우라 하더라도 그 안에는 이성이 작동하고 있음을 천명한 것이다.

이 분열은 더 깊은 근원으로 들어감으로써 화해에 이를 수 있다. 근원, 즉 근거이자 이유로 들어간다는 것은 다시 이성적 활동이다. 근거, 이유(reason)라는 말이 이성(reason)이라는 말과 같음을 다시 상기할 필요가 있다. 그런 점에서 사유의 분열, 시대의 분열은 이성의 자기 분열이라 할 수 있다. 즉, 이성과 감성, 혹은 이성과 반이성의 분열은 이성의 자기 분열을 의미하며, 결국 또다시 이성을 통해서만 극복될 수 있다는 것을 의미한다. "이성이란 진리를 결과로서 이루어내는 것인 동시에 결과와 그의 생성과의 대립을 지양하는 것이기도 하다."[8] 헤겔의 이러한 생각은 헤겔이 근거와 이유로 후퇴함으로써 사태를 근원적으로 설명하고자 하는 전통적 이성관에 머물러 있음을 보여준다.

헤겔은 이런 분열을 이성의 자기 분열로 아는 것, 즉 이성의 자기 인식을 정신의 도야의 정점에 둔다. 인간의 정신, 특히 앎의 영역은 꾸준히 성장해왔으며, 그런 만큼 인간이 통제할 수 있는 영역도 넓어졌다. 헤겔은 인간의 정신이 감각적 확신으로부터 이성의 자기 인식에 이르기까지, 즉 절대지에 이르기까지 성장해왔음을 보여준다. 이것은 이성의 자기실현과 다른 말이 아니다. 이성과 자유가 서로 다른 말이 아닌 헤겔에게서 이성의 자기실현은 곧 자유의 신장과 동일하다.

헤겔 철학의 과제는 바로 이 화해하는 이성, 정신으로서의 이성을 통해 분리되어 있던 문화 세계를 통합하고자 하며 나아가 분열된 시대를 통일로 가져오고자 한다. "철학의 과제는 존재하는 것을 개념적으로 파악하는 것이다. 왜냐하면 존재하는 것은 이성이기 때문이다."[9]

1) 오성과 이성의 구분

헤겔은 이미 청년기에 계몽의 이성의 한계를 알고 있었다. 헤겔이 분열을 화해시키고 종합하기 위해 우선적으로 수행하는 작업은 계몽의 이성, 즉 모든 것을 객체화하는 이성을 추상적 이성, 혹은 칸트의 용어로 오성(verstand)으로 규정하고, 이를 이성의 한 계기로 삼는 것에서 시작한다. 계몽의 이성으로서의 오성이 객체화하는 인식능력임을 말한 바 있다. 현대 자연과학의 객체화의 방식은 대상에서 모든 목적성이나 내적 가치를 배제하고 오로지 수학적·양적 특성만을 드러냄으로써 대상을 양화, 따라서 유한화한다. 양적인 것으로 기술될 수 없는 가치 지향적이라는 점에서, 인간은 자연의 여타 생명체들처럼 물질적 필요를 충족하며 살아가긴 하지만, 동시에 무한성에 참여하는 존재로 평가되었다. 하지만 계몽은 인간의 내면까지도 양화하고 가치들을 탈각함으로써 인간을 순수한 유한자로 만들었다.

인간이 가치 지향적이며 그래서 무한성과 연결되어 있다는 사실은 인간이 계몽의 이런 이성에 만족할 수 없다는 것을 함의한다. 모든 것을 유한화하는 계몽이 낭만주의의 저항을 부를 수밖에 없도록 계몽의 이성에 내재되어 있다. 물론 낭만주의는 그런 분열의 다른 측면만을 추구한다는 점에서 계몽주의의 데칼코마니에 다름 아니다. 헤겔이 계몽적 이성주의의 대표자인 칸트뿐 아니라 반이성주의의 대표자인 야코비를 편협한 자들로 동시에 비판한 이유가 바로 여기에 있다.[10]

칸트에게서 사물의 객관성은 오성의 범주와 감성의 직관을 통해서만, 즉 유한한 주체에 의해서만 보장된다. 주체는 현상으로서의 세계의 창조자이며, 이 세계는 선험적 주체에 의해서만 구성된다. 따라서 세계는 선험적 주체의 산물이며, 주체의 자기 관계에 의해 산출된다. 말하자면 칸트의 철학에서 객체는 주체에게 단순히 "주관적인 주체-객체"[11]일 뿐이며 대상 인식은 결국 주체의 자기 인식에 지나지 않는다.

칸트와 반대편에 서 있는 야코비는 오성의 우선성이나 존재의 이성적 파악 가능성을 부정한다. 대상, 무엇보다 절대자를 오성의 저편에 둠으로써 존재와 오성, 객체와 주체의 화해를 불가능하게 만들었다.

이런 이유로 헤겔은 칸트에게서는 "유한자만을 생각하는 이성"[12][12] 이 작동한다면, 야코비에게서는 "영원자를 생각할 수 없는"[13][13] 이성이라는 주제가 관통한다고 한다. 말하자면 이 둘은 동일한 구조를 가지고 있다고 진단한다.

헤겔에 따르면, 유한자와 무한자의 절대적인 대립에서 출발하는 계몽의 칸트 철학과 낭만의 야코비 철학이 그저 시대의 분열을 반영하고 있을 뿐이다. 헤겔은 이런 분열의 문화를 '반성 문화'라고 일컫는다. 원래 광학 용어로서 '비춰 봄', '반사' 등을 의미하는 '반성(reflexion)' 개념은 일상어로 '자기를 비춰 봄'으로, 나아가 '자기 인식'이라는 철학적 의미로 의미의 확장이 일어난다.[14] 하지만 헤겔은 사물의 외면을 뚫고 내면까지 통찰하는 사변(spekulation)과 달리 반성을 겉만 비추고 마는, 즉 사물에서 외피만을 숙고하고 마는 열등한 인식능력으로 간주한다. 그런 점에서 반성은 오성의 다른 이름이다. 반성의 주체는 사물에서 사물성만을 보는, 즉 사물을 유한하게 표현하는 능력이다.

헤겔이 반성 문화를 "천박한 오성의 문화"로 간주하는 이유는 여기에 있다. 물론 그에게 반성철학이나 오성철학은 이 이름을 자기 철학에 부여하는 계몽주의에만 해당되는 것이 아니라 그 이름을 거부하는 비이성주의 철학에도 적용된다. 왜냐하면 양자는 주객 분리라는 동일한 구조를 가지고 있으며, 그저 서로 다른 한 부분을 붙잡고 있는 분리의 철학들이기 때문이다. "이러한 철학들에서 반성의 문화가 체계로 고양된 것 이외에 다른 어떤 것도 볼 수 없다. 스스로 보편자의 사유로까지 고양되는 저속한 인간 오성의 문화. 무한한 개념을 …… 절대적인 사유를 위해 취하며, 영원자에 대한 여타의 직관과 무한한 개념을 서로 분리시켜 방치하는 천박한 인간 오성의 문화."[15]

2) 분열은 철학의 욕구

헤겔은 이미 그의 초기 저서 《차이》에서 문제 해결의 실마리를 제시한다. '철학의 욕구'라는 제목을 단 단락에서 그는 다음과 같이 말한다. "분열은 철학의 욕구의 원천이다." 조금 뒤에서 그는 다음과 같이 말한다. "확고하게 된 그런 대립들을 지양하는 것이 이성의 유일한 관심사다."[16] 이 문제를 좀 더 깊이 가져가면 헤겔이 이성을 분열과 위기를 치료하기 위한 방편으로 삼고 있음을 확인할 수 있다. 헤겔에 따르면, 분리는 역사적으로, 그리고 철학적으로 정신과 물질, 영혼과 육체, 신앙과 지식, 자유와 필연성, 이성과 감성, 지성과 자연 등의 분리의 형식으로 나타난다. 헤겔 시대에는 이 대립의 극단적 형태는 주체와 객체의 엄격한 분리로 나타나며,[17] 오늘의 용어로 말하자면 분화가 발생하고 이 분화된 영역들이 독자성을 갖는 것으로 고착된다.[18] 이때 헤겔이 위대한 점은, 이 분화를 심미적 사유가 아니라 철저히 고전적인 방식으로, 다시 이성으로 이 문제를 해결하고자 한다는 것이다.

헤겔이 주목을 받는 이유는 그가 분열을 추상적·이론적으로 부정하는 것이 아니라 가능한 한 포괄적으로 헤집고 들어가 실제적으로 지양하고자 한다는 점이다. 앞서 인용한 말에 이어 그가 하는 말은 만년까지 이어지는 자신의 이성 개념의 모형을 보여준다.

> 이러한 이성의 관심사는 이성이 대립과 제약에 맞서기라도 하는 듯한 의미를 갖는 것이 아니다. 왜냐하면 필연적 분리는 영원히 대립하면서 자신을 형성하는 삶의 한 요소이며, 총체성은 최고의 생동성을 유지하는 가운데 최고의 분리로부터의 재산출을 통해서만 가능하기 때문이다. 반대로 이성은 오성을 통한 분리의 절대적 고착화에 대항하며, 게다가 절

대적 대립조차도 이성으로부터 나온다면 더욱 그러하다.[19]

이 문장은 전체의 발전을 위한 대립과 제약의 필연성 및 이성을 통한 새로운 총체성으로의 지양을 강조한다. 문제가 되는 것은 분열을 과정의 한 측면으로 보지 않고 고착시키는 것이다. 헤겔은 자기 시대 위기의 본질을 "완전히 분리된 특수한 영역들"을 각각 고착화시키고 이를 옹호한다는 점이다. 말하자면 계몽의 이성의 문제점은 분리를 고착화시키고, 더 이상의 근거로 나아가려는 이성의 충동을 제거한다는 점이며, 낭만은 어떤 대립으로도 나아가려 하지 않는다는 점이다. 따라서 그 시대는 이성의 시대가 아니라 오성의 시대임이 드러난다. 그리고 이러한 분열을 지양하는 것이 이성의 유일한 관심사다.[20]

헤겔은 《법철학》에서 분열의 지양이라는 이 업무를 좀 더 구체적으로 현실의 차원에서 개진한다. 그는 여기서 주체만이 아니라 객체 역시 이성 형태임을 분명히 한다. 말하자면 객체는 이성의 처분만을 받는 수동적 존재가 아니라 그 자체 하나의 이성체로 간주되어야 함을 말한다. 헤겔이 인륜체(가족, 시민사회, 국가)를 객관 정신의 이름으로 다루는 이유는 그것이 자연처럼 한갓 수동적인 존재가 아니라 자신의 의지를 관철하는 주체이기도 하기 때문이며, 그것이 객관적(객체적)인 이유는 한편으로 구체적 사물처럼 외면성을 갖기 때문이다.

객체의 이성적 특성에 대한 헤겔의 강조는 주체와 객체의 상호작용을 구체화하기 위한 예비 작업이다. 주체들이 자유롭게 동의할 수 있는 그러한 객체만이 참된 형태로 간주될 수 있으며, 객체를 헤치고 나아갈 수 있는 주체만이 자신의 개념에 합당하다. 헤겔이 국가를 이성체라고 해서 국가의 규율에 무조건 복종해야 한다는 국가주의자로 비쳐서는 안 되는 이유다. 주체와 객체, 개인과 전체 사이에 존재하는 거대한 대립의 긴장으로부터 이러한 상호 동일화를 통해서야 비로소 현재의 분열이 극복될 수 있다는 것을, 새로운 총체성에 이를 수 있다는 것을 의미한다. 철학적 이념에서야 비로소 이 양자는 의식적으로 동일화된다.[21]

상이한 것들을 전체의 한 계기로 파악하고, 이를 통해 통일과 동일성에 도달하는 것, 그리고 이로부터 다시 무너져 내리는 것이 이성의 본성이다. 말하자면 이성은 분열의 계기이자 동시에 그런 통합과 화해의 힘이다.

> 이성적 통찰은 실체적인 것을 이성적으로 파악해야 하고 이 실체적인 것에서 주체적 자유를 유지해야 한다고 요청하는 사람들에게, 그리고 이 주체적 자유를 소유하면서도 특수하고 우연적인 것에 떨어지는 것이 아니라 즉자 대자적으로 존재하는 것에 거하는 사람들에게 철학이 제공하는 화해이다.[22]

헤겔의 이러한 구상은 전통적인 이성 개념에 대한 헤겔식 변주다. 어떤 대상에 대해서도, 그것이 분열이라는 현상이라 할지라도 더 깊은 근원으로, 즉 근거와 이유로 들어가 그 대상을 필연성과 합리성의 관점에서 해명하고자 하는 것, 혹은 그 분열을 치유하고자 하는 것이 바로 전통적인 이성의 본질이기 때문이다. "동일한 것이 스스로를 다르게 형성해간다"[23]라는 헤겔의 진술은 화해의 가능성, 즉 총체성으로의, 이성의 재획득으로의 새로운 이행의 가능성이 처음부터 내재해 있음을 내포한다.

6. 전통적 이성 개념의 완성

오성이 가져오는 개념적 규정은 발전을 위한 필수적 조건일 뿐 아니라 동력이기도 하다. 왜냐하면 극단으로 치달은 오성의 긴장은 오성이 자신의 규정을 변증법적으로 넘어서는 데로 이끌기 때문이다. "규정된, 그리고 추상적인 개념은 유한자를 자기 안에서 자극하여 변증법적인 것으로 정립시키는, 이와 더불어 이성의 현상의 시작을 만들어내는 정열적 형식이다."[24] 이는 다음을 의미한다. 현실적인 개념적 노고를 할 준비가 되어 있고, 또 그럴 수 있는 그런 오성은 스스로 이성의 형식으로 넘어간다. 오성은 자신이 마비된 곳에서만 스스로 고착한 것에 고요히 머물러 있다. 그런 다음 외견상 평화의 상태, 실제로는 안정화된 차이와 외떨어진 분리의 영역이라는 위기 상태가 들어온다. 그런 상태는 오성이 스스로를 넘어서서 이성의 수행으로 이행하기 위해 새로운 역동성을 필요로 한다. 비록 이성이 목적이긴 하지만 거기에서 이끌어가는 방법은 오성의 변증법적 역동성이다.

분리를 넘어서는 것이 이성의 고유한 관심사라고 하는 헤겔의 사유는 이성에 대한 고전적 태도의 반복이다. 말하자면 고전적 이성관은 이성이란 어떤 현상에 대해서도 그 근거로부터 추적하는 능력인데, 헤겔은 바로 이러한 이성관을 의식적으로 드러내고 있다. 궁극적 차이들만을 보는 것은 그저 오성적 시선이지 아직 이성적 시선은 아니다. 이성은 그런 차이(분화)들에 붙박여 있는 곳에서 지배적이며, 그런 차이들이 심화될 뿐 아니라 극복되고 지양되는 곳에서 지배적인 힘이다. 헤겔에 따르면, 분열과 다수성을 극복하는 정도에 따라서 비로소 현실적 이성을 말할 수 있게 된다.

철학의 근원적 희망을 품고 있는 이러한 이성관은 다른 옷을 입고 여전히 통용되고 있고 유효하다. 방임과 억압이 아니라 언제나 더 깊은 곳에서 그 근거와 원인을 찾음으로써 새로운 통일, 혹은 화해를 시도하고자 하는 전통적 이성 개념은 오늘날 심각한 도전에 직면했지만, 도대체 해결을 필요로 하는 문제에 대해 이성적 처방이 아닌 어떤 해방이 가능할 것인가라는 물음을 꾸준히 제시하고 있으며, 헤겔의 변증법적 시도는 가장 유력한 대답으로 제출될 수 있을 것이다.

더 읽어볼 책

헤겔, 게오르크 빌헬름 프리드리히. 2005. 《정신현상학 1, 2》. 임석진 옮김. 한길사.

헤겔은 이 책에서 특유의 변증법적 사유논리로 인간과 신, 그리고 자연을 포함한 존재 전체의 본질 규명을 위한 궁극의 경지를 아우르는 초인간적인 고투의 결실을 보여준다.

헤겔, 게오르크 빌헬름 프리드리히. 2020. 《법철학》. 서정혁 옮김. 지식을만드는 지식.

헌법의 바람직한 모습을 논하고 통일된 공동체를 지향하는 문제의식을 드러낸다. 무미건조해 보이는 법을 논하면서도 논리학에 기초해 인간 권리의 서사를 펼쳐 보인다.

테일러, 찰스. 2014. 《헤겔》. 정대성 옮김. 그린비.

현존하는 최고의 정치철학자 중 한 명인 찰스 테일러가 집필한 헤겔 연구서이다. 청년기 헤겔의 형성 과정에서 정신현상학, 논리학, 정치철학, 역사철학, 미학, 종교철학, 철학사 등에 이르기까지 헤겔 사상의 전 분야를 상세히 해명한다.

7장

호르크하이머
이성 비판과 가부장의 자의식

이순예(홍익대학교 독어독문학과 교수)

1. 가부장이면서 비판적인

독일 남부 대도시 슈투트가르트 북부 지역에 위치한 주펜하우젠(Zuffenhausen)구에서 1895년 2월 14일 태어난 막스 호르크하이머의 사상을 소개하면서 나는 그의 생애에 결정적인 영향을 미친 요인으로 '가부장 의식'을 꼽는 데 조금의 주저함도 느끼지 않는다. 19세기 말 성공한 유대계 기업가 집안의 외아들로 태어났다는 이른바 '출신 성분'은 그의 인격 형성에서 결정적인 전제 조건이었다. 그는 이 '조건'에서 한 치도 어긋남이 없는 삶을 살았다. 그리고 그 '부자유'를 지적 성실성의 토대로 삼았다. 호르크하이머에게서 부자유와 성실함은 가부장과 지식인의 유례없는 결합체로 응결되었다. 그래서 20세기 파국의 문명사를 거스르며 살아야 하는 운명을 기꺼이 감당할 수 있었다. 운명을 직시하면서 난국을 정면으로 돌파했고, 결국 인류 지성사에 프랑크푸르트학파(Frankfurter Schule)라는 커다란 '사건'을 불러들였다.

부친에 의해 일찍이 인생의 행로가 짜여 있었다. 학업도 채 마치기 전에 그는 아버지 공장에서 견습공으로 사회생활을 시작해야 했다. 하지만 가업을 물려받기 위한 수업의 일환으로 시행된 친구 프리드리히 폴록과의 여행 중 철학과 문학을 접하고 지식인의 삶으로 궤도를 수정한 호르크하이머가 자본가요 기업 관리자의 입장에서 자본주의가 풀어내는 삶의 엄혹함을 '조망'하고만 있을 수 없었음은 당연지사였다. 그는 피고용인들의 참혹한 현실에 감정이입을 하고 책임감을 느꼈으며 평생 사회정의에 대해 고민했다. 이 책임감과 정의감이 전통적인 가부장 의식을 호르크하이머 인격의 핵심부에 위치시켰고, 태생의 조건이었던 '가부장 의식'은 제2차세계대전을 통과하는 혼란기에 유대계 지식인들의 학문 공동체를 명실상부한 '학파'로 꾸려가는 데 절대적인 위력을 발휘한다. 호르크하이머는 '비판 이론'의 산실인 독일 프랑크푸르트학파의 실질적인 수장이었다.

호르크하이머의 삶은 독일 교양 시민의 전형을 보여준다. 태생의 '조건'을 삶의 근간으로 받아들이지만, 그 근간을 발판으로 역사적 보편의 요청에 응답하면서 '반성 사유'를 통해 자신의 존재를 상대화시키는 삶을 꾸렸다. 부친과의 갈등은 당연한 통과의례에 해당했다. 맨손으로 시작해 여러 개의 방직공장을 소유한 기업가가 되고 바이에른주의 상업고문관 지위에까지 오른 아버지가 외아들에게 가업을 물려주려는 의도로 그에 합당한 교육 프로그램을 시행한 것은 당연한 일이라고 하겠다. 하지만 개화 유대인으로 독일 사회에 통합되는 과정이 독일애국주의자로 귀착된 모리츠 호르크하이머와 달리 아들 막스는 인간 삶의 조건을 천착하는 지식인의 길을 갔다. 세계대전이 불러일으킨 역사의 참상이 직접적인 계기로 작용했고, 생존을 위한 노동을 면제받은 기업가의 아들이라는 신분이 그런 선택의 실현 가능성을 열어주었다.

좋은 입지 조건 덕택에 거의 7,500년 전부터 사람들이 거주한 흔적이 발견된다고 알려진, 호르크하이머의 고향 주펜하우젠은 호화 스포츠 자동차 포르셰(Porsche)사가 본사를 둔 고도 산업 지역이다. 2009년 포르셰 자동차 박물관이 들어설 만큼 자본주의 경영의 과실을 직접 향유할 가능성이 큰 곳이지만, 동시에 그늘도 깊은 곳으로[2015년 11월 6일자 슈투트가르트 지방신문(Stuttgarter Zeitung)에 따르면, 주펜하우젠의 실업자 비율은 10퍼센트에 이르러 슈투트가르트 지역 평균인 6.8퍼센트를 크게 상회한다], 이런 사정은 호르크하이머가 유년을 보낸 20세기 초에도 심각했다고 한다. 폴록을 통해 10대 후반에 쇼펜하우어의 저작들을 접하고 철학과 문학에 깊이 경도되기도 했지만, 어린 시절 고향에서 가난한 사람들의 일상을 직접 눈으로 보면서 자란 그는 마르크스주의에서 핵심을 이루는 '사회적 모순' 개념을 생생하게 추체험할 수 있었다. 이것이 노동자와 빈민의 비참한 현실에 깊이 개입하는 이론적 작업을 추진하게 된 사회적 배경이라고 할 수 있다. 실제로 그가 이끈 프랑크푸르트대학 부설 사회조사연구소(Institut für Sozialforschung)는 마르크스주의의 '모순' 개념이 후기 자본주의 사회에서도 유효한 내포를 지녔음을 논증하는 성과를 거둔다.

제1차세계대전은 참전 군인으로 직접 겪고 제2차세계대전은 망명객으로 살아낸 후, 전후 고도성장기와 동서 체제 경쟁 시기를 모두 통과하면서 20세기 후반까지 생존했지만, 그의 삶에는 오늘날의 관점에서 요약해도 특기할 만한 전환점이 뚜렷이 드러나지 않는다. 1930년대에서 1940년대에 이르는 유대인 박해 시절을 망명자 신분으로 지내면서도 크게 궁핍하지 않은 삶을 꾸릴 수 있었던 것은 성공한 아버지로부터 물려받은 기업가적 자질 덕택이라고 할 수 있다. 호르크하이머는 히틀러의 집권이 가시화되기 훨씬 이전부터 연구소 자산을 스위스 등 독일 밖 지역으로 이전하는 수완을 발휘했다. 이론적으로도 크게 획을 긋고 방향을 바꾸는 식의 전환 역시 찾아볼 수 없다. 마르크스주의를 수용한 이론가가 1930년대에 프롤레타리아 계급 혁명의 전망을 한때 유지했다가 나치 집권과 세계대전 경험으로 계급 혁명의 전망을 포기하게 됨은 일반적인 추세에 해당한다.

프랑크푸르트학파 소속 구성원들은 하나같이 뚜렷한 개성의 소유자들이었지만, 앞에서 말한 '사회적 모순'의 구조적 내재화라는 관점을 공유했고, 호르크하이머도 마찬가지였다. 앞으로 살펴볼 저서 《도구적 이성 비판》은 그가 망명 시절 아도르노와 공동으로 《계몽의 변증법》을 쓴 후 독자적으로 자신의 생각을 정리한 것인데, 아도르노의 '미시적이고 주관주의적인' 편향에 비해 '객관적이고 보편 지향적인' 편향을 훨씬 많이 노정한다는 점에서 호르크하이머의 진정한 면모를 보여주는 저술이다. 그에게서 우리는 체계 비판적이면서도 객관적인 이론의 가능성을 볼 수 있다. 가부장의 책임감이 사회정의를 실현하는 연구소 활동으로 수렴되면서 다양한 개성을 지닌 연구소 구성원들과 함께 '더 나은 사회를 위한 사유'를 객관적으로 공유할 가능성을 추구했던 것이다.

지식과 경험의 '축적'은 기존 학계의 폐쇄성을 돌파하기는커녕 현존하는 모순의 은폐 혹은 확대재생산에 기여할 뿐임을 밝히는 저서 《전통 이론과 비판 이론》은 이미 1937년에 출판된 터였다. 여기에서 프랑크푸르트학파의 이론을 요약하는 개념으로 '비판 이론'이 거론되었고, 이 책이 선언한 '더 나은 사회를 위한 이론' 테제 역시 학파의 공유 과제가 되었다. '프랑크푸르트학파'라는 명칭은 구성원들의 활동 근거지인 연구소 소재지의 도시 이름에 따라 외부 사람들이 그렇게 부르다가 학파의 이름으로 굳어진 것이다.

2. 펠릭스 바일과 함께 독립적인 연구 집단의 조직화를 실현하다

프랑크푸르트학파의 가장 두드러진 특징은 유대계 지식인들의 모임이었다는 사실이다. 그런데 유대 혈통을 타고난 그들이 독일 교양 시민의 전형을 명실공히 구현하는 삶을 살았다는 점에서 이 학파는 혈통의 동질성 이상의 독특성을 보여준다. 히틀러가 집권한 직후부터 그들은 모두 대학에서 추방되고 순전히 살아남기 위해 외국으로 망명해야 했다. 그런데 정작 전쟁이 끝난 후 고전 독일 철학과 문학을 폄훼의 불명예로부터 구출하고 망각의 위기를 헤쳐 다시 학문의 전당에 불러낸 사람들이 바로 그들 추방되었던 유대계 지식인들이었다. 과거 청산의 일환으로 인문학 전통마저 나치즘에 횡령당한 부분을 크게 확대해서 보는 경향이 독일의 문화 지형을 지배하던 때였다. 이런 일반적인 분위기에서 상대적으로 자유로울 수 있었던 '뼈아픈' 실존적 공간을 그들은 지식인의 자의식으로 민첩하게 활용했다. 나치즘 등장 이후 그 누구도 진지하게 연구하지 않은 고전 철학의 전통을 유대인들이 연구했다는 사실은 독일 교양 시민의 '보편 지향'에 대해 새로운 생각거리를 제공한다.

프랑크푸르트학파는 박해받은 이들이 보편을 지향하는 연구 의지를 현실적으로 관철시켰다는 측면에서 진정 '역사적 사건'에 해당한다. 그리고 그 사건을 가능하게 한 것은 당연히 경제적 독립이었다. 이 지점에서 교양 시민의 '예외성'이 다시 한번 주목을 받게 되는바, 막대한 유산을 물려받은 프랑크푸르트대학의 경영학 박사 펠릭스 바일이 마르크스주의를 연구하는 기관을 대학 부설 연구소로 세우겠다는 뜻을 품고 주도면밀하게 추진한 결과 1924년 사회조사연구소를 발족시킨 것이다.

펠릭스 바일의 부친 역시 자수성가한 유대인으로 곡물 무역업에 종사하여 세계적인 곡물상이 된 사람이었다. 15세에 만하임에서 도제로 일하다가 아르헨티나로 건너간 부친 헤르만 바일은 한때 세계 곡물 무역의 3분의 1을 관장하는 규모의 회사를 이끈 경험을 살려 제1차세계대전 중에는 독일제국의 황제 빌헬름 2세에게 해군이 시도한 잠수함(U-Boot) 편성과 관련하여 자문을 했다고 한다. 현대적인 통계 방식이 등장하기 이전, 곡물 수요와 경기변동을 기억하고 예측하는 비상한 능력에 힘입은 성공이었다. 부에노스아이레스에서 태어난 아들을 9세가 되자 독일로 보내 인문계 고등학교로 진학시킨 부친은 그 자신도 학문과 문화의 열혈 후원자였다.

아들 펠릭스는 1918년 11월에서 1919년 8월까지 지속된 독일 11월 혁명 시기에 프랑크푸르트 지역에서 직접 총기를 들고 참여한 마르크스주의자였고, 독일 공산당(KPD) 주변의 지식인들과도 교류했지만 당에는 가입하지 않은 채 비판적 지식인으로 남았다. 그의 꿈은 독일 대학에 체계적으로 마르크스주의를 연구하는 기관을 설립하는 것이었다. 모친의 유산으로 연구소 건물을 짓고 부친의 재산으로 연구소 인력을 초빙하는 기금을 조성하여 연구소를 정식 출범시켰다. 1922년 연구소 설립 문서에 "단순한 학제 간 연구가 아니라 마르크스주의가 주도하는 연구"를 수행할 것을 명시하고 잠시 운영진의 일원으로 활동했지만, 연구소 운영에 직접 관여하지는 않았다. 이 특이한 경력의 억만장자 상속자를 프랑크푸르트대학 세미나에서 만난 호르크하이머는 사회철학 교수가 된 1930년 10월, 칼 그륀베르크를 이어 연구소 소장에 취임한다. 연구소의 연구 과제에서 처음 계획했던 노동운동에 대한 체계적 연구와 전통적 주제들은 급변하는 세계정세와 더불어 차츰 시의성을 잃게 된다. 문명사 전반을 성찰하기 위한 이성 비판 패러다임이 새로운 연구 경향을 이끌었는데, 이런 방향으로 발전할 것이라는 예상은 설립 단계에서 할 수 없던 일이었다. 펠릭스 바일은 마르크스주의를 연구하는 기관을 잘 꾸리다가 독일에 혁명정부가 들어서면 헌납할 생각을 했다고 한다.

대부호의 헌납으로 기금을 확보하는 한편, 프랑크푸르트시가 소속된 헤센 정부로부터 대학 부설 연구소로 정식 인가를 받은 사회조사연구소의 위상은 대단히 독특한 측면이 있다. 호르크하이머는 해외로 이전시킨 연구소 자금을 기반으로 히틀러 집권기에도 연구원들을 계속 결속시켜 탄압 기간을 견뎌냈다. 파리에 남아 적나라한 생존 위기와 싸우며 지내던 베냐민과도 기관지 《사회조사연구》를 통해 연구소와 호흡을 맞출 수 있도록 했다. 가장 큰 성과로 치자면 아도르노와 공동으로 《계몽의 변증법》이라는 세기의 저작을 완성시킨 일이었다. 물론 오랜 망명 생활 중에 소속 연구원들이 뿔뿔이 흩어지고 연구소 자금도 대규모로 축소되었지만, 출범 당시의 독립성을 계속 유지하다가 종전 후 다시 프랑크푸르트로 돌아온다. 미국에서 연구소와 분리된 연구원들은 미국 대학에 교수로 초빙되었고, 마르쿠제처럼 종전 후에도 미국 대학에 남은 경우도 있었다.

3. 주관적 이성과 객관적 이성

아도르노와 함께 《계몽의 변증법》을 쓴 프랑크푸르트학파의 수장 호르크하이머에 대한 우리의 관심은 대체로 여기에서 더 나가지 못하는 것 같다. 《부정변증법》과 《미학 이론》을 쓴 아도르노가 미학자로서 비판 이론을 대변하는 듯 수용되면서 정작 학파의 수장으로서 집필에 참여한 호르크하이머가 이론적으로 어떤 기여를 했는지에 대해서는 특별히 주목하지 않았다. 그 까닭을 따져보면 무엇보다도 프랑크푸르트학파의 비판 이론을 우리가 문화 연구에 한정하여 수용했기 때문이라는 사실이 부각된다. 이러한 협소한 이해가 한국 인문학이 보편적 전망으로 나아가는 길을 방해했다. 무척 유감스러운 일이 아닐 수 없다.

이성 개념 자체를 불구화시킨 지난 시기의 빗나간 연구들에 많은 책임을 물어야만 한다고 생각한다. '더 나은 사회를 위한 사유'를 계획적으로 지속시킬 수 있기 위하여 그 암담한 시기에 고군분투한 비판 이론의 이론가들이 《계몽의 변증법》을 쓰면서 이성을 신화 차원으로 전락시킬 리 만무함은 '변증법적' 사유를 하는 사람이라면 당연 사항으로 받아들여야 할 전제다. 그럼에도 우리는 "이성은 신화다"라는 언설을 비판 이론의 핵심 개념으로 치환하는 담론을 관리했고, 이 관성은 지나치게 오래 지속되었다. 이러한 견지에서 나는 호르크하이머의 《도구적 이성 비판》이 한국의 지적 공론장에서 매우 큰 시의성을 지닌다고 생각한다. 그 자신이 수장으로 이끈 프랑크푸르트학파의 비판 이론에 대한 계몽의 텍스트로 가장 적합하기 때문이다.

이 책에서 호르크하이머는 '계몽의 변증법' 테제를 제출한 공저《계몽의 변증법》을 '이성 비판'의 관점에서 새롭게 풀어내고 있다. 아도르노와 같이 쓴 책에서는 '변증법적 전복'의 메커니즘을 밝히는 데 심혈을 기울이면서 계몽을 통해 인류 역사가 '진보'한다는 통념과 달리 그 전복의 메커니즘이 갈수록 폭압적이고 총체적인 양상을 띰을 고발하는 데 초점이 맞추어져 있다.[1] 반면《도구적 이성 비판》은 이성 개념에 내포된 오용 가능성을 추적하면서, 이 오용 가능성을 한층 충족시키는 현대 문명의 조건[2]을 연구한 결과물이다. 인류의 희망이 "인본주의자들이 그 희망을 처음으로 공식화했던 때보다 오늘날에 더 실현되기 어려워"[3] 보이게 된 내막을 파헤치고 공저에서 내세운 테제를 좀 더 "선명하게 하려는 의도"[4]를 가지고 쓴 이 책은 인간이 이성을 사용하는 방식을 비판적으로, 즉 '가능성의 조건'에 따라 고찰한다. 호르크하이머의 이성 비판은 주관적 이성과 객관적 이성으로 인간의 이성 사용 방식이 나뉜다는 통찰로 귀결되었다. 포스트모더니즘은 이성의 폐해를 고발하고 교정한다는 미명하에 '주관적 이성'의 절대화로 치달았지만, 인간에게는 자기 보존을 위해 분석 능력을 활용하는 이성의 주관적 사용 능력만 심겨 있는 것이 아니다. 오히려 "개인적 의식 안에뿐만 아니라, 객관적 세계 속에도 있는 하나의 힘으로서 이성의 현존을 주장"[5]하는 정반대의 관점, 즉 객관적 이성 개념이 인류의 역사에서 더 오랫동안 지배적이었다.

단순화의 위험을 무릅쓰고 이 텍스트의 주장을 요약하는 글을 지금 쓰는 나는 위험 부담을 최소화하기 위해 요약의 방향을 정했다. 앞에서 밝힌 대로 "이성은 신화다"라는 언설이 비판 이론의 개념을 곡해시킨다는 관점을 견지하는 것이다. 한국 사회에서 이성 비판 개념이 엉뚱한 맥락으로 옮겨가는 까닭은 아마도 18세기 유럽 계몽주의 시기에 일었던 이성의 형식화 과정을 추체험하기 어려운 문화적 여건 탓일 것이다. 하지만 한국 사회 역시 경제적 압축 성장만큼이나 이성 및 계몽 개념의 패러다임 변화 역시 압축적으로 겪었다고 할 수 있으므로, 이제는 이성 개념을 올바로 일으켜 세우는 일이 가능하다고 생각한다.

고대와 중세에도 중요성이 덜하지 않았던 이성 개념이 오늘날의 우리에게 새삼 돌아봐야 할 개념의 위상에 오른 것은 18세기라고 할 수 있다. 왜냐하면 이 시기에 이르러 이성 개념이 '더 나은 삶'을 추구하는 인간의 의지와 직접적으로 결부되었기 때문이다. 인간의 정신 능력으로 주변 세계를 '해명'하는 계몽은 비의적인 상징체계에 갇혀 있던 세계를 탈주술화했고,[6] 그 과정에서 이성 자체는 형식화되는 결과가 발생했다. 탈주술화로 자연에 대한 인간의 처분권은 비약적으로 발전했지만, 이성의 형식화는 18세기에 이미 계몽을 수행하는 인간에게 간단하지 않은 문제를 안겨주었다. 독일 인문학은 대체로 이 복잡한 과정을 3단계로 요약 설명한다. 18세기 계몽주의는 초기 합리주의적 분석 단계에서 이미 한계에 직면해 분석과 '전통적인' 계시의 합치를 표방하는 중기로 넘어갔다가 끝내 개념으로는 진리에 이를 수 없다는 후기 계몽주의 운동으로 넘어갔다는 것이다. 이 후기계몽주의 단계(1770~1790)를 일명 질풍노도 운동이라고 한다.

이 파괴적인 청년운동에 놀란 유럽인들이 곧 자기를 추슬러 고전 관념론 단계로 진입했다는 것이 독일 인문학자들이 제공하는 설명인데, 유럽에서 가장 뜨거운 화두인 종교 문제에 대입하여 설명하면 다음과 같다. 초기 합리주의적 단계의 계몽주의자들은 낙관적인 전망을 가지고 미신 타파 운동에 전념할 수 있었다. 그들은 '천사는 인간이 볼 수 없는 존재'이므로 거짓된 미신에 빠지지 말라는 분석적 설명으로 우매한 신민들을 계몽했다. 하지만 분석적 계몽이 계속 될수록 사람들은 볼 수 없는 것을 어떻게 믿을 수 있는가라고 반문했고, 중기의 행복한 계몽주의자들은 '볼 수 없는 하늘나라의 실재를 믿는 것이 신앙'이라는 중재안을 내놓았다. 개념적 해명과 신적 계시의 화해를 구현한 이 중기 계몽주의 시기(대략 1750년대)에 유럽인들은 아직 낙관주의를 견지할 수 있었다.

하지만 곧 '볼 수 없는 것은 믿을 수 없다'는 불가지론이 모두의 마음을 점령할 만한 위력을 행사하게 되었는데, 이 과정을 개념의 자기 발전 과정으로 파악하는 것은 '계몽' 개념 자체에 대한 미숙한 이해의 소치일 뿐이다. 계몽의 이념이 실현되지 않은 현실이 개념 자체에 대한 불신으로 터져 나왔다고 보아야 하기 때문이다. 우리는 반드시 개념과 현실의 관계에 주목해야 한다. 지금까지 못 보던 것을 보고 설명하면 더 나은 삶이 도래할 줄 믿었는데, 현실은 그렇지 못했던 것이다.

이렇듯 테제 '계몽의 변증법'은 이미 18세기에 한차례 인류를 강타한 사건이었다. 이 난국을 돌파하는 과정은 지역마다 편차가 있었다. 프랑스에서는 시가지에 단두대를 설치하고 한계를 돌파하려는 혁명이 일어난 반면 독일에서는 눈에 보이지 않는 세계의 존재도 의식 활동에 포함시키는 방식으로 한계를 돌파하려는 철학적 노력으로 결실을 보았다. 19세기로 넘어가는 시기에 이웃한 나라 프랑스와 독일은 이처럼 매우 다른 경로를 통과했다.[7]

이처럼 3단계로 요약한 이성의 자기 이해 방식은 문명사에서 거듭 동일한 패턴으로 모습을 드러낸다. 호르크하이머는 이 맥락을 이성의

형식화 과정에서 비롯된 주관적 이성의 월권으로 설명한다.[8]

> 오늘날 이성의 위기는 일정한 단계에 이른 사유가 그 같은 절대적 객관성 일반을 개념화할 수 있는 능력을 상실했다는 사실에서 혹은 절대적 객관성을 허상으로 몰아붙이기 시작했다는 사실에서 근본적으로 비롯된다. 이러한 과정은 점차 모든 합리적 개념의 객관적 내용에까지 확대되었다. 결국 어떤 특정한 실체도 더 이상 그 자체로는 이성적인 것으로 보이지 않게 되었다. 내용 없이 공허해진 모든 기본 개념들은 단순히 형식적인 껍데기가 되어버렸다. 이성은 주관화되면서 또한 형식화되었다.[9]

호르크하이머가 책 제목으로 사용한 '도구적 이성' 개념은 포스트모더니즘에 의한 '주관적 이성'의 절대화에 빗댈 수 있다. 주관적 이성이 개인의 세계 해석 차원에 머물지 않고 차츰 개인의 '자기 보존'을 일종의 '목적'의 위상으로 끌어올리는 월권을 자행했기 때문이다. 이러한 경향이 파국의 시초다. 주관적 이성 역시 '이성'인 이상 합리적인 목적을 추구하는 분석 활동이라는 명분을 내세우기는 한다. 그래서 개인의 생존을 위한 전제 조건으로 '공동체 유지'를 목적으로 설정하고 세계의 실체로 향하는 듯 제스처를 취하기는 했다. 그런데 주관적 이성의 목적 설정이 제스처 이상이 되지 못한 이유는 공동체를 '전체'라는 개념에 대입시킨 후 그 객관적 실체를 부정했다는 점에 기인한다. 그래서 결국은 '개인의 자기 보존'이 '공동체의 존립'과 양립할 수 없는 상태를 초래하고 만 것이다. 21세기 우리는 인류 공통의 존재 기반이 파괴된 상황을 맞이하고 있다. 어느 누구도 개인의 생존 가능성인 '공동체'를 돌본다는 언설을 철회하지 않는데도 말이다.

4. 자유주의와 파시즘을 넘어서

21세기 우리에게 주어진 과제는 그리 호락호락하지 않다. 호르크하이머도 뚜렷한 결론은 내리지 않고 있다. 단지 이성을 덮친 질병의 "본질을 통찰하는"[10] 방법밖에 없음을 명시하면서 "이성의 최초의 기원 이래로 진리를 발견하려는 이성의 고유한 의도는 좌절되었다"[11]라는 고백과 함께 다음과 같은 제안으로 책을 마무리하고 있을 따름이다.

> 우리가 계몽과 지적 진보를 사악한 힘들, 악마와 운명의 여신, 맹목적인 운명이라는 미신으로부터 인간을 자유롭게 하는 것, 간단히 말해 두려움으로부터의 해방으로 이해한다면, 오늘날 이성이라고 불리는 것에 대한 고발은 이성이 수행할 수 있는 가장 커다란 공헌이 될 것이다.[12]

'이성이라고 불리는 것에 대한 고발'은 호르크하이머의 경우, 철두철미 비판 정신으로 시행된다. 그의 서술에 따르면, 문명사가 오늘날의 인류에게 주는 가르침은 명백하다. 파국은 항상 주관적 이성과 객관적 이성이 어느 한쪽의 일방적인 승리로 귀결되었을 때 발생했다. 주관적 이성으로 이성의 형식화가 진행되어온 과정을 의심쩍은 시선으로 고찰하는 호르크하이머 역시 그 과정이 이성에 내재된 불가피한 경향일 뿐 아니라 역사상 새로 등장한 중요한 요인임을 인정한다.[13] 그렇다면 호르크하이머의 논의를 주관적 이성과 객관적 이성의 새로운 관계 설정 문제로 이해할 수 있지 않을까? 이러한 한계상황에서 아도르노라면 '예술'이 구현하는 이성 내용으로 새로운 비율의 실체를 추적하겠지만, 호르크하이머는 책의 말미에 "미메시스적 충동을 해방시키는" 언어를 언급하는 이상으로 나아가지 않는다.[14] 그의 관심은 좀 더 현실적인 사회문제로 향한다. 민주주의와 이성 비판을 연결시키는 것이다.

이 문제는 이미 공저 《계몽의 변증법》에서 천착된 바 있다. 호메로스의 서사시 《오뒤세이아》의 주인공 오뒤세우스를 자본주의 문명의 자유주의 단계에서 살아남아야 하는 개인으로 '해석'한 첫 번째 보론과 사드 후작의 소설 《쥘리에트, 혹은 악덕의 번영》에 나오는 여주인공을 자유주의 단계의 목적인 '살아남기'가 아니라 계산적 합리성의 승리를 맛보는 것이 목적인 파시즘 단계의 주체로 해석하는 것이다. 일반적인 이해와 달리 파시즘과 자유주의가 이분법적으로 구분되지 않고 주관적 이성이 객관적 이성을 점진적으로 잠식해가는 과정으로 설명함으로써 그들은 이성 비판의 백미를 보여준 바 있다. 그렇다면 이성의 내부 구조가 밝혀진 시대를 사는 우리에게 남겨진 가능성은 어떤 것일까?

이 물음에 대하여도 당면한 현실과 관련된 이성 비판의 결론을 적용하는 수준에서 마무리할 수밖에 없을 것이다. 공동체 유지와 개인의 자기 보존이 주관적 이성에 의해 유리되어버린 시점에서 계속 주관적 이성의 우위를 견지할 수는 없기 때문이다. 이런 문제의 복합체를 호르크하이머는 다음과 같이 표현한다.

> 합리적 토대를 상실한 민주주의 원칙은 이른바 국민의 이익 관심에 전적으로 의존하고 있다. 여기서 국민의 관심은 맹목적이거나 지나치게 의식된 경제적 위력이 작용한 것이다. 국민의 관심은 결코 전제정치를 막을 수 있는 그 어떤 보장도 하지 않는다. 예를 들어 자유 시장경제체제 시기

에 많은 사람들은 인권의 개념에 기초를 둔 제도들을 정부를 통제하고 평화를 유지하기에 좋은 장치로 받아들였다. 그러나 상황이 변해 막강한 힘을 가진 경제 단체들이 독재를 세우거나 다수의 지배를 폐지하는 것이 유용하다고 생각한다면, 그들의 행위에 맞서 이성으로 정당화된 그 어떤 반론도 제기할 수 없다. …… 일단 민주주의의 철학적 토대가 무너지게 되면, 독재가 나쁜 것이라는 확신은 단지 독재의 수익자가 아닌 사람들에게만 합리적으로 타당한 것이다. 이 확신이 그것의 반대로 전환되는 것을 막을 수 있는 그 어떤 이론도 없다.[15]

더 읽어볼 책

호르크하이머, 막스. 2013. 《도구적 이성 비판》. 박구용 옮김. 문예출판사.

호르크하이머 사상의 진면목을 알고 싶다면 이 책을 읽어보는 것이 가장 좋다. 프랑크푸르트학파가 아직 그 이름으로 불리기 이전, 학파의 구성원들을 주변에 모으고 이념적 기초를 다져나가는 과정에서 결정적인 역할을 했던 호르크하이머는 독일에 히틀러 정권이 들어선 이후에는 학파의 물질적 존립을 책임지는 '가부장'의 역할을 떠맡았다. 전후 독일로 다시 귀환한 후로는 학파의 이념을 발전시키는 일은 아도르노에게 맡기고 자신은 나치 잔당과 극좌파의 공격에 맞서 학파가 계속 성장할 수 있도록 정치의 최전선에 나섰다. 환상적인 역할 분담이었다.

아도르노, 테오도어·발터 벤야민. 2018. 《아도르노·벤야민 편지: 1928~1940》. 이순예 옮김. 길.

두 사상가의 개인적인 친분과 아울러 제2차세계대전 발발 시기 독일 비판적 지식인들의 내면세계를 엿볼 수 있는 이 편지 모음에는 '프랑크푸르트학파' 내부 구성원들의 지적 지향과 인품에 대한 실감 나는 기록들이 들어 있다. 학파를 둘러싼 역사적·사상적 짜임 관계를 서술한 역자 후기를 참고하면 좋겠다.

아도르노, 테오도어·막스 호르크하이머. 2012. 《계몽의 변증법》. 김유동 옮김. 문학과지성사.

이 책은 미국 망명 시절, 두 사상가가 아도르노의 부인 그레텔과 학파의 금고지기 프리드리히 폴록과 함께 모여 세부 주제를 놓고 토론한 내용을 그레텔이 받아 적어 정서하면 그 정리본을 가지고 다시 토론을 벌인 후 또 그레텔이 정리하는 방식으로 수차례에 걸친 토론과 교정 과정을 통해 나온 결과물이다. 공동 작업임은 분명하지만 두 저자가 책임교정을 맡은 부분은 나뉘어 있다고 한다. 일반적으로 책의 첫 장인 〈계몽의 개념〉은 호르크하이머가, 〈오뒤세우스 혹은 계몽의 신화〉 부분은 아도르노가, 그리고 그다음 논문 〈쥘리에트, 혹은 계몽과 도덕〉은 호르크하이머가 책임교정을 맡았다고 전해진다.

8장

하버마스
기능주의적 이성 비판과 의사소통적 이성 옹호

강병호(서울과학기술대학교 기초교육학부 강사)

1. 도구적 이성과 기능주의적 이성

하버마스는 자신의 이성 비판을 '기능주의적 이성 비판'으로 부른다. 기능주의적 이성 비판은 하버마스보다 한 세대 앞선 이론가인 호르크하이머와 아도르노가 이름 붙였던 도구적 이성 비판과 어떻게 다른 것일까? 기능주의적 이성, 도구적 이성. 이름만 보면 이 둘은 어딘가 비슷할 것 같다. 비슷한 사태를 지칭하는 것일 수도 있는데, 굳이 다른 이름을 붙였다면 그것은 무슨 이유 때문일까?

《계몽의 변증법》을 쓸 당시 망명 중에 있던 호르크하이머와 아도르노는 자본주의의 파시즘적 형태인 나치즘, 억압적 지배 수단이 된 마르크스주의로서의 스탈린주의, 효과적 대중 동원 및 지배 수단이 되어버린 미국의 대중문화에 직면하여 인류의 미래에 대한 암울한 전망에

휩싸여 있었다. 이런 암울한 역사적 배경은 그들의 현실 진단이 단지 자본주의 체제에 대한 분석과 비판에 머물지 않고, 이 모든 문제를 아우를 수 있는 기원으로 인류사적으로 거슬러 올라가도록 부추겼다. 그들이 그렇게 멀리 거슬러 올라가 찾은 문제의 근원이 이성의 도구적 성격이다.

이성은 본래 스스로 숙고하여 목적을 세우고, 그 목적을 효율적으로 달성할 수 있는 수단을 찾는 능력이다. 그런데 생존이 절박한 상황에서는 자기 보전이 거의 절대적 목적으로 주어진다. 이런 상황에서는 어떤 목적이 바람직하고 정당한지에 대한 숙고는 설 자리가 없다. 자기 보전이라는 목적 달성을 위해 효율적 수단을 찾는 것이 최우선의 과제가 된다. 이런 경향은 자연을 법칙에 따라 움직이고, 수학적으로 계산·예측·통제할 수 있는 한낱 물질로 보는 세계관이 전면화된 근대에 들어서, 그리고 이윤의 극대화라는 목표 아래 모든 것이 조직되는 자본주의 사회에서 돌이킬 수 없을 정도로 강화된다. 이제는 외부 자연만이 아니라 사람도 목표 달성의 효율성이라는 기준에 의해 평가된다. 세이렌의 유혹에 맞서기 위해서 밀랍으로 자신의 귀를 막고 돛대에 스스로를 묶는 오뒤세우스에게서 상징되는 것처럼, 자기 보존을 위해 외부 대상을 지배하려 했던 인간의 노력은, 이제 귀를 막고 스스로를 묶는, 스스로에 대한 억압과 통제라는 역설로 귀결되는 듯하다. 목적 자체의 타당성에 대해서는 성찰하지 못하고 그저 주어진 목적의 실현을 위한 효과적 수단만을 계산할 줄 아는 도구적 이성의 맹목성이 인류를 총체적으로 관리된 사회로 이끌고 있으며, 이것이 나치즘, 스탈린주의, 문화 산업을 관통하는 맹목성의 뿌리라는 것이다.

호르크하이머가 '이성의 쇠퇴'라고도 부른 도구적 이성의 비대화와 전면화를 호르크하이머와 아도르노는 더 이상 돌이킬 수 없는 흐름으로 비관적으로 전망하는데, 이성에 대한 이런 암울하고 급진적인 비판을 현실의 문제에 주의를 환기시키기 위한 수사학적 과장으로 여긴다면 그것은 큰 문제가 되지 않을 것이다. 그러나 이것을 전략적으로 과장된 수사가 아니라 진지한 이론적 진술로 제시한다면 사정이 달라진다. 그렇게 되면 그 진술의 학문적·이론적 지위가 문제가 된다. 이성이 전면적으로 도구화되었다면 그런 이성에 대한 비판은 어디로부터 어떻게 가능한 것일까? 도구적 이성에 대한 비판이 가능하려면 효율성 계산으로 축소되지 않은 이성이 있어야 할 것이다. 도구적 성격을 하나의 계기로 갖고 있긴 하겠지만 거기로 쪼그라들지 않은 **포괄적** 이성 말이다. 실제로 이성이 효율적 수단 찾기라는 능력 이외에 다른 모든 능력을 잃어버려서가 아니라, 포괄적 이성 개념을 생각해낼 수 없었던 이론적 빈곤함 때문에 호르크하이머와 아도르노는 도구적 이성의 전면화라는, 이론적으로 막다른 골목에 빠질 수밖에 없었던 것은 아닐까? 그래서 하버마스에게는 이성 비판만큼 중요한 것이 포괄적 이성 개념의 구상이다. 하버마스는 이 포괄적 이성을 '의사소통적 이성'이라고 부른다.

하버마스가 자신의 이성 비판을 '도구적 이성 비판'과 구분해서 '기능주의적 이성 비판'이라고 이름 붙인 데에는 이런 문제의식이 자리 잡고 있다. '도구적 이성'이라는 말은 이미 이성의 한 계기를 가리키는 것이 아니라 이성 자체를 특징짓는 표현으로 굳어졌으며, 그래서 포괄적인 이성 개념을 구상하는 데 방해가 된다. 하버마스가 추구하는 것은 이성에 대한 전면적 부정이 아니라 의사소통적 이성이라는 포괄적 이성 개념으로부터 수행되는, 이성의 일면적 사용에 대한 비판이다.

하버마스가 자신의 이성 비판을 '기능주의적 이성 비판'으로 부르면서 도구적 이성 비판과 구별하는 또 하나의 이유가 있다. 그것은 이성의 쇠퇴를 가져오는 위험이 어디에서 오느냐에 대한 진단의 차이다. 아도르노와 호르크하이머에 따르면 그것은 이성의 도구적 성격이 전면화되었기 때문이다. 그들의 유사 인류학적·인간학적 사변에 따르면 이것은 인간학적 조건상 필연적인 과정이었다. 다시 말해서 그들에게는 이성의 도구적 성격 자체가 문제인 것이다. 의사소통적 이성이라는 포괄적 이성 개념에서 보자면 사태가 달리 보인다. 이성의 도구적 성격은 그 자체로 문제가 될 것이 없다. 그것은 포괄적 이성의 정당하고 유용한 **하나의** 계기다. 비판되어야 할 것은 그런 계기 자체가 아니라, 하나의 계기인 이성의 도구적 측면이 지나치게 비대해져서 이성의 다른 측면들을 잠식하게 될 때다. 이런 사태를 하버마스는 사회 이론적으로 포착해낸다. 그것이 바로 체계(system)에 의한 생활세계의 식민지화라는 현상이며, 이렇게 체계의 논리에 종속되어버린 이성이 기능주의적 이성이다.

사회는 물질적으로도 문화적으로도 재생산되어야 한다. 사회는 전자의 관점에서 보자면 권력과 화폐에 의해 조절되는 기능적 연결 관계이고, 후자의 관점에서 보자면 행위자의 상호 이해[1]와 합의에 의존하는 생활세계다. 포괄적 이성은 사회를 이렇게 생활세계이자 동시에 체계로 파악한다. 나아가 체계는 합리화된 생활세계로부터 유래하고 여전히 거기에 정박되어 있어, 생활세계의 정상적인 재생산 없이는 체계도 제대로 작동할 수 없다. 기능주의적 이성은 이런 사회를 기능적 연관으로만, 즉 체계로만 보는 외눈박이다. 그것은 자신이 의존하고 있는 생활세계의 상호 이해와 합의라는 고유 논리를 보지 못하고, 사회 전체를 화폐와 권력의 논리에 의해 조절되는 기능 체계로 일면적으로 파악한다. 이렇게 생활세계의 논리를 체계의 기능적 효율성 논리가 일방적으로 대체해버리는 현대사회의 문제적 경향을 '**생활세계의 식민지화**'라고 하며, 이런 문제의식에서 하버마스는 자신의 이성 비판에 '기능주의적 이성 비판'이라는 이름을 부여했다.

지금까지 살펴본 것처럼 하버마스의 기능주의적 이성 비판을 이해하기 위해서는 의사소통적 이성이라는 포괄적 이성 개념을 이해하는 것이 필수적이고 결정적이다. 그의 사회 진단과 비판을 깊게 이해하기 위해서도 그렇다. 지금까지 하버마스의 의사소통행위이론을 개괄적으로 소개하는 글들은 주로 사회 이론적 측면에 초점을 맞춰왔다. 이 글은 의사소통적 합리성[2]이라는 포괄적 합리성 개념을 일상의 예를 활용하여 가능한 한 쉽게 중점적으로 설명하고자 한다.

2. 합리성이란 무엇일까? 형식적 합리성 개념: 근거 제시 가능성

합리적이라거나 비합리적이라는 말은 우리가 일상생활에서 자주 쓰는 어휘에 속한다. 우리는 어떤 사람의 말이나 행동이나 결정, 나아가 그런 말과 행동을 하는 사람을 합리적이라거나 비합리적이라고 판단한다. 우리의 이런 일상 경험으로부터 합리성이라는 개념의 의미를 좀 더 정확히 규정해보자. 합리성이란 어떻게 규정될 수 있을까? 합리적이라는 것은 도대체 무엇일까?

예로 삼기 위해 질문을 던져보자. 결혼하는 것은 합리적인가, 비합리적인가? 자녀를 갖는 것은? 대다수의 사람들이 이 둘 다 합리적일 수도 있고 그렇지 않을 수도 있고, 각 개인이 알아서 결정할 문제라고 생각할 것이다. 그렇다면 300년 전 유교적 조선 시대에는 어떠했을까? 결혼은 당시에도 그렇게 열린 문제였을까? 우리가 갖고 있는 정보에 따르면 당시에 결혼은, 이런 물음 자체가 성립하지 않을 정도로 당연히 합리적인 것이고, 결혼하지 않는 것은 말도 안 되는 것이었다. 자녀를 갖는 문제도 그랬다. 같은 문제인데, 300년 전에는 당연히 합리적인 것으로 여겨졌던 것이 오늘날에는 이럴 수도 있고 저럴 수도 있는 것으로 받아들여진다.

왜 그럴까? 알다시피 당시에는 유교가 바람직한 삶의 모습에 대한 사람들의 생각을 장악하고 있었다. 추구해야 할 삶에 대한 구속력 있는 구체적인 예와 모범을 제시했다. 강한 구속력과 구체성을 갖춘 세계관과 신념 체계를 공통의 배경으로 해서 결혼·출산의 문제가 판단되었고 따라서 분명한 답이 나왔다. 그러나 현대사회에는 사람들의 생각을 그렇게 강하게, 그리고 구체적으로 인도해주는 공동의 세계관이 존재하지 않는다. 바람직한 삶에 대해 사람들의 생각이 다르고, 그런 삶의 구체적인 모습에 대해서는 의견이 더 다양하다. 이런 시대에는 결혼, 출산과 같은 삶의 구체적인 문제들이 미리 **내용적으로** 결정될 수 없다. 다시 말해서 조선 시대같이 대다수의 사람들이 공통의 세계관을 강하게 공유하는 사회에서는 합리성이 내용적으로 규정될 수 있었다. 그러나 그런 공통의 배경을 전제할 수 없는 현대에는 합리적인 것과 비합리적인 것이 그렇게 쉽게 '내용적으로' 결정될 수 없다.

그렇다면 현대에는 무엇이 합리적이고 무엇이 비합리적인 것인지 도무지 판단될 수 없는 것일까? 그렇지는 않을 것 같은 것이, 우리는 일상생활 속에서 합리적이라거나 비합리적이라는 판단을 지속적으로 내리고 있고, 거기에 대해 토론하고, 때로는 합의에 이르고 있기 때문이다. 결혼과 출산의 합리성을 미리 결정할 수는 없지만, 개인의 구체적인 사정을 함께 고려하면 오늘날에도 우리는 충분히 거기에 대해서 합리적인 판단을 내릴 수 있다. 그렇다면 현대에는 합리성을 규정할 수 있을까?

근대 이전에는 전통과 공유된 세계관이 합리성을 내용적으로 규정했다면, 현대에는 합리성이 **형식적으로** 규정된다. 구체적인 문제에 대해서 그것의 합리성이 내용적으로 미리 규정될 수는 없다. 그러나 좋은 근거에 의해서 뒷받침될 수 없는 결정과 행동은 이미 합리성을 결여하고 있다.[3] 마찬가지로 자신의 결정과 행동에 대해서 이유를 설명할 수 없는, 혹은 말도 안 되는 이유를 대는 사람은 비합리적이다. 이렇게 현대사회에서는 합리성이 형식적으로 규정된다. 합리적인 것은 그것의 내용과는 일단 별개로 좋은 근거를 갖춘 것이다. 합리적인 사람은 자신의 판단과 행동에 대해서 적절한 이유를 제시할 수 있는 사람이다.

이렇게 현대사회에서 합리성은 내용이 아니라 형식 혹은 절차적인 면에서 **근거 제시 가능성**이라고 정의될 수 있다.[4] 그러나 합리성에 대한 이런 규정은 아직 너무 추상적이다. 근거 제시 가능성이라는 형식적 조건을 만족시키면서 그리고 여전히 형식적 차원에 머물면서도, 서로 구분될 수 있는 합리성 유형들이 있다(형식적 차원에서도 합리성 유형이 구분될 수 있는데, 그런 차이를 무시하고 그저 근거 제시 가능성만을 합리성에 대한 규정으로 제시한다면 그것은 충분한 설명이 아닐 것이다).

3. 포괄적 합리성으로서 의사소통적 합리성

근거 제시 가능성이라는 기본 조건을 만족시키면서 서로 구분되는 합리성 유형들이 있다면, 그런 합리성 유형들은 어떻게 구분될 수 있을까? 합리적인 것은 근거에 의해 뒷받침되는 것이다. 좀 더 정확히 표현하면 '적절한' 근거에 의해 뒷받침되는 것이다. 무엇이 적절한 근거이고, 무엇은 적절하지 않은 것일까? 합리성에 대한 규정이 공허해지지 않으려면, 형식적인 차원에 머무르면서도 근거의 적설성에 대한 기준을 제시할 수 있어야 한다. 그리고 그 기준이 여럿이라면 그 기준에 맞춰 합리성을 유형화할 수 있다. 하버마스에 따르면, 우리는 네 가지 합리성 개념을 구분할 수 있다.

1) 인지적-도구적 목적 합리성과 진리 및 효율성

우리는 어떤 경우에 합리적·비합리적이라는 말을 사용하는가? 다시 한번 일상생활에서 예를 가져오자. 쉽게 떠오르는 것이 여러 가지를 고려하며 신중하게 물건을 사려는 경우다. 이사를 했고 소파를 하나 구입하려 한다. 적절한 크기와 적당한 가격의, 그러면서도 가능한 한 품질과 디자인이 좋은 물건을 찾기 위해 여러 시간 인터넷을 뒤지고, 여러 상품의 가격과 품질을 비교한다. 그 결과로 합리적 소비를 했다는 뿌듯한 마음이 들 때도 있고, 잘못 판단했다는 후회가 들 수도 있다. 이때 '합리적' 소비란 구체적으로 무엇을 의미할까? 이런 행위 상황에서는 일단 추구되는 분명한 목적이 있다. 그리고 그 목적을 달성하기 위한 여러 가능성 중에서 가장 적절한 수단을 찾는다. 이때 합리적이라는 말은 주어진 목적을 달성하기 위해서 적절한, 효율적인 수단을 선택했다는 것이다. 앞의 예에서 목적은 집을 안락하게 꾸미는 것이고, 좀 더 구체적으로는 그런 목적에 적합한 소파를 구입하는 것이다. 이를 위해 선택할 수 있는 여러 소파 중에서 가장 적당한 것을 선택한다. 이때 '적당함'의 기준이 되는 것이 우리가 흔히 말하는 가성비, 다시 말해서 효율성이다. 목적이 주어지면 그 목적의 실현을 위해 가장 효과적인 수단을 찾는 유형의 합리성이 **목적 합리성**이다. 목적 합리성의 기준이 되는 것은 **효율성**이다.

효율성을 성취하기 위해선 관련된 정보와 지식이 있어야 하고, 이 정보와 지식이 사실에 부합해야 한다. 다시 말해서 효율성으로 구현되는 목적 합리성은 참인 정보, 즉 **진리**에 기반해서만 실현될 수 있다. 이런 의미에서 목적 합리성은 두 측면에서 측정될 수 있다. 하나는 앞에서 말한 도구적 측면이다. 목적을 이루기 위한 수단, 도구로서 효율적인가 하는 것이다. 다른 하나는 인지적 측면이다. 여기서는 관련된 정보와 지식이 참인지 거짓인지, 다시 말해서 진리성이 중요하다. 그리고 효율성은 관련 정보의 진리성에 기초한다는 점에서 이 둘은 내적으로 연결되어 있다.

목적 합리성의 실현을 추구하는 행위를 **목적 합리적** 혹은 **목적 지향적 행위**라고 한다.[5] 목적 합리적 행위 개념에서 중요한 것은 목적의 달성, 즉 성공이다. 호르크하이머가 '도구적 이성'이라고 했을 때 염두에 두고 있는 합리성이 바로 이런 목적-수단 관계의 목적 합리성이다. 여기서 관심의 초점이 되는 것은 목적 자체의 바람직함, 정당성 같은 것이 아니라, 참인 지식에 기초해 효율적 수단을 찾아 주어진 목적 달성에 성공하는 것이다.

목적 합리성의 실현을 추구하는 목적 지향적 행위는 한 차원 더 확장될 수 있다. 앞의 예에서 우리가 목적을 이루기 위한 도구 및 수단으로 고려한 것은 상품, 물건이었다. 그런데 목적을 달성하기 위해서 단지 물건이나 외부 자연만이 아니라 다른 사람을 고려에 넣어야 하는 경우가 흔하다. 사회생활에서 상대방의 반응과 결정은 나의 목표 달성에 큰 영향을 미치는 중요한 요소다. 누구에게 사기를 친다고 해보자. 목적은 사기를 쳐서 얻고자 하는 경제적 이득이다. 사기꾼은 상대방에게 거짓 정보를 주고 원하는 반응과 대답을 이끌어내려 한다. 이를 위해서는 상대방에 대해서 어느 정도 알고 있어야 하고, 원하는 반응을 유발할 수 있는 효과적인 수단을 투입해야 한다. 이때 수단은 거짓 정보, 거짓말일 수 있고, 연출한 눈물일 수 있고, 협박과 위협 혹은 경제적 이득에 대한 약속일 수 있다. 이렇게 목적 지향적으로 행위하면서 물건이나 외부 사태만이 아니라, 나와 마찬가지로 목적 지향적으로 행동하는 다른 행위자를 고려해야 할 때, 이런 경우의 목적 합리적 행위를 **'전략적' 행위**라고 부른다.[6] 전략적 행위가 망설임 없이 추구되고 장려되는 대표적인 경우가 게임이다. 게임 참여자의 목적은 이기는 것이다. 이기기 위해서는 게임 규칙을 잘 이용하면서 동시에 상대방의 결정을 예측하고 고려해야 한다. 이런 전략적 행위에서는 다른 사람이 고려되긴 하지만 사물과 질적으로 다른 존재로 고려되는 것은 아니다. 다른 사람도 목적 달성을 위해서 계산에 넣어야 하는 환경의 일부로 여겨질 뿐이다. 외부 대상이나 자연처럼 환경의 일부이긴 한데, 지능을 갖고 있고 마찬가지로 전략적 고려를 하기 때문에 계산해야 할 것이 많은 복잡한 대상일 뿐이다. 이런 의미에서 다른 사람을 상대하는 전략적 행위자도, 자연이나 사물의 세계 속에서 효율적 목적 달성을 추구하는 목적 지향적 행위자와 마찬가지로 고독한 행위자다.

2) 도덕적-실천적 합리성과 정당성

우리가 일상생활에서 합리성 개념을 사용하는 또 다른 대표적인 상황은 규범 혹은 권위의 정당성이 문제가 될 때다. 교사나 교수가 어떤 사안에 대해서 설명을 했는데, 학생이 그 설명에 대해 의문을 제기했다고 하자. 교수는 질문에 답하지는 않고 권위주의적으로 그 학생의 태도를 문제 삼으며, 예의·버릇·가정교육 운운하며 화를 냈다. 그 강의가 끝난 후 학생들은 그 교수의 행동이 비합리적이었다고 생각할 것이다. 이때 합리성, 비합리성은 구체적으로 무슨 의미일까? 여러 측면에서 이 교수의 반응을 따져볼 수 있다. 첫째, 그 상황에서 문제가 되는 것은 전달된 지식의 진리 여부인데, 갑자기 맥락을 바꿔 학생의 태도와 예의를 문제 삼는 것이 적절했나? 둘째, 교수가 문제 삼은 그 학생의 태도가 정말 문제가 있었나? 나아가 학생의 태도가 현실에 존재하는 예의 규범에 어긋난다고 할 때, 현실의 그 규범이 정말 정당한 것인가? 예를 들어 권위주의적 관계를 옹호하거나 성차별적이지는 않은가?

일상생활에서 이와 유사한 상황은 드물지 않다. 그리고 우리는 이런 상황에서 관련자들의 행위와 태도를 합리적이다, 비합리적이다 판단한다. 일상생활에 뿌리내리고 있는 합리성 개념에 따르자면, 목적 달성의 효율성만이 아니라 사람들 사이의 상호작용을 규제하는 규범적 **정당성**도 합리성의 한 측면을 이루고 있는 것이다. 목적의 효과적 달성과 이와 관련된 정보와 지식의 진리성을 주제로 한 인지적-도구적 목적 합리성에 대비하여, 사람들이 맺는 상호 관계의 정당성을 **도덕적-실천적 합리성**이라고 부른다.

사람들 사이의 정당한 상호 관계는 서로가 정당하다고 인정하는 규범에 따라 성립할 것이므로, 정당성, 즉 도덕적-실천적 합리성을 중심으로 이루어지는 행동은 **규범 규제적 행위**이다. '규범 규제적'이라고 해서 규범을 준수하는 행위만을 의미하는 것은 아니다. 규범의 정당성을 중심으로 한 행위는 모두 규범 규제적 행위 유형에 속하며, 따라서 규범을 준수하는 행위만이 아니라 규범을 위반하는 행위도 규범 규제적 행위의 일부분이다. 정당한 규범은 다른 사람으로부터도 정당성을 인정받는 규범이므로, 규범의 정당성이 문제가 되는 규범 규제적 행위에서는 타자의 자발적인 정당성 인정이 중요하다. 따라서 여기서 타자는 더 이상 나의 목적을 달성하기 위해 고려되는 환경의 일부가 아니다. 다시 말해서 상호관계의 정당성에 관심을 두고 행동하는 사람은 더 이상 고독한 행위자가 아니라 타자와 가치와 규범을 공유하는 **사회집단의 구성원**이다. 이 구성원들은 공유하고 있는 가치와 규범에 각자가 자신의 행위를 맞출 것으로 서로 기대하고, 이것이 일반화되면 어떤 상황에서는 어떻게 행동하고 어떻게 행동하지 않을 것이라는 **일반화된 행위 기대**가 존재한다. 한 사회에서 서로에 대한 행위 기대가 일반적 수준에서 성립해 있다면, 그 사회 구성원들은 서로에게 특정 상황에서 특정한 행동을 기대할 권리가 있다. 이런 상황과 행동에 대해 우리는 합리성 판단을 내리며, 이런 규범적 맥락에서 합리성의 기준이 되는 것은 정당성이다.

3) 미학적-표출적 합리성과 진실성

현대사회에서 합리성에 대해 말할 때 사회 이론적 중요성을 갖는 또 하나의 맥락은 **자기 재현**이다. 사람들은 특정 목적을 이루기 위해 협력하거나, 공통의 규범에 따라 서로의 행위를 조율할 뿐만 아니라, 자신의 생각과 의도, 소망과 감정을 적절히 전달하고 이해받고자 한다. 이때 '적절하다'는 것은 자신의 의도와 감정을 이해받을 수 있는 방식으로 진실하게 전달하는 것이다. 이렇게 내면의 **진실한** 표현과 전달을 주제로 한 합리성을 **표출적 합리성**이라고 한다.

표출적 합리성과 관련된 행위가 **극적(劇的) 행위**인데, 여기서 '(연)극적'이라는 표현을 오해하지 않아야 한다. 보통은 '연극적'을 '진심과 다르게 꾸며낸'으로 이해하기 쉽다. 그러나 여기서 '(연)극적'이란 '내면의 상태에 상응하는 행위 양식에 따라서' 정도를 의미한다. 배우가 슬픈 감정을 연기한다고 해보자. 어떻게 슬픔을 표현할 수 있을까? 그는 우울한 표정 혹은 눈물같이 슬픔을 품은 사람이 보여주는 일반적 행위 '양식'에 맞춰 연기해야 한다. 표출적 합리성을 구현하는 행위가 '극적' 행위라고 하는 것은 바로 이런 의미에서 일반화된 행위 양식에 따른다는 뜻이다.

이런 점에서 사회적 행위로서 자신의 내면을 진실하게 보여준다는 것은 자신의 감정과 의도에만 충실하다는 의미에서의 '자발적 자기표현'과 다르다. 합리적 자기 재현에서 중요한 것은 자신의 내면을 다른 사람들이 이해할 수 있는 방식으로 전달하는 것이다. 감정이나 소망, 의도와 생각 등은 각 개인이 고유하게 접근할 수 있는 내적 영역이긴 하지만, 그것을 표현하는 데에는 사회적으로 통용되는 적합한 표현 양식이 있다. 자신의 내면을 진실하게 전달하고자 하는 사람은 그런 표현 양식을 적절하게 활용해야 하고, 이런 측면에서 우리는 '합리성'에 대해 말할 수 있다.

다른 한편 우리는 다른 사람의 마음을 직접 들여다볼 수는 없으며, 그 사람이 보여주는 행동과 표현을 통해 유추할 수 있을 뿐이다. 이런 의미에서 각 개인은 자신의 내면에 대해 특권적 접근권을 갖고 있다고 할 수 있다. 그러나 그렇다고 해서 자신의 내면은 자신만 알 수 있다는 것은 아니다. 한 사람이 주장하는 내면 상태와 그의 행위 사이에 **일관성**이 없을 때 사람들은 그의 내면 표현의 진실성을 의심할 수 있다.

4) 포괄적 합리성으로서의 의사소통적 합리성

앞에서 일상 경험에서 출발해 합리성 개념이 사용되는, 사회 이론적으로 중요한 세 가지 맥락을 살펴보았다. 탈전통화된 현대사회에서 합리성이란 목적-수단적 맥락에서는 효율성으로, 도덕적-실천적 맥락에서는 정당성으로, 내면의 적절한 표현이라는 맥락에서는 진실성으로 구현된다. 그렇다면 의사소통적 합리성이란 무엇일까? 그것은 앞서 소개한 세 가지 합리성과 나란히 있는 또 하나의 합리성일까?

하버마스는 의사소통적 합리성을 포괄적 합리성이라고 부르는데, 이 '포괄적'이라는 말을 해명하는 것에서 시작해보자. 이때 **'포괄적'**이라는 말은 그것이 진리성, 정당성, 진실성을 모두 포함하고 있다는 말이다. 의사소통적 합리성은 이 세 가지 합리성을 단지 포함하고 있을 뿐만 아니라 이 셋 사이에 적절한 **균형**과 조화가 이루어진 합리성이다.[7] 이런 의미에서 의사소통적 합리성은 위의 세 합리성과 나란히 서 있는 합리성이 아니라, 세 합리성의 적절한 균형에 의해 성취되는 합리성이고,[8] 이런 의미에서 **포괄적** 합리성이다. 여기서 '적절한 균형'이 의미하는 것은 세 합리성이 모두 3분의 1씩 구현되어 있다는 것이 아니다. 어떤 비율이 적절한가 하는 것은 맥락에 따라 달라진다. 맥락에 따라 보통 세 합리성 중 하나가 주제화되며, 나머지 두 합리성은 배경으로 남게 된다. 그러나 배경으로 남는다는 것이 잊히거나 관계없어진다는 것은 아니다. 그렇게 된다면 포괄성이 상실될 것이고, 그것은 의사소통적 합리성이 아니라 다른 합리성 계기들을 놓쳐버린 개별 합리성 중 하나가 될 것이다. 맥락에 따라 하나의 합리성이 전면에 부각되지만, 나머지 두 합리성도 그 맥락의 합리성을 구현하는 유의미한 요소로 남아 있다. 배경으로 물러나 있는 합리성은 보통 이미 충족된 것으로 여겨지고, 주제로 부각된 합리성에 초점이 맞춰진다. 그러나 이미 충족된 것으로 여겨져서 제쳐두었던 합리성이 사실은 그렇지 않은 것으로 밝혀지면, 지금까지의 구도는 흔들리고 다시 협의와 상호 이해가 필요해진다.

목적 지향적으로 행동하는 사람은 다른 사람을 목적 실현을 위한 환경의 일부로 본다. 타자는 좀 더 복잡한 사물일 뿐이다. 규범 규제적으로 행동하는 사람은 다른 사람을 공동의 규범을 통해 행위를 조정해야 할 상대로 여긴다. 극적 행위를 하는 사람에게 상대방은 자신의 내면 표현을 보고 이해하는 관객이다. 의사소통적으로 행위하는 사람에게 상대방은 우선적으로 주어진 상황을 협력하여 해석하는 **공동의 해석자**다. 주어진 상황이 어떤 상황인지, 지금 상황에서 중요한 것이 목적 달성인지, 아니면 정당한 상호 관계의 실현인지, 혹은 진실한 소통인지 공동으로 해석하여 합의에 이른다.[9] 나아가 목적 달성을 위해 어떤 수단을 사용할지, 어떤 규범이 바람직한 상호작용의 기준으로서 정당한지, 서로가 진실하게 상호작용에 참여하고 있는지를 함께 해석하고, **협의**와 **상호 이해**를 통해 서로의 행동을 조정한다.

앞의 교수와 학생의 갈등 상황을 예로 들어 지금까지의 설명을 가시화해보자. 이 갈등 상황에 의사소통적으로 접근하고자 하는 사람들은 일단 공동으로 이 상황을 해석·이해하고 문제를 해결하려는 자세를 가지고 있다. 강의실에서 이 상황은 어떤 맥락인가? 교수가 제공하는 지식의 진리성이 주제인 상황인가, 아니면 예의라는 교수와 학생 사이의 일반화된 행위 기대가 주요 주제인가? 보통의 경우라면 이 상황은 우선적으로 지식의 참, 거짓이 주제인 상황으로 여겨질 것이다. 그렇다면 이런 맥락에 어긋나게 학생의 태도와 예의를 전면에 부각시키는 것은 논점 이탈 같은 비합리적인 행동이 될 것이다.

그런데 앞에서 말했듯이, 의사소통적 합리성은 포괄적 합리성으로서 하나의 합리성이 주제로서 부각될 때에도 나머지 두 합리성은 항상 유의미한 연관 속에 남아 있다. 이것은 두 가지를 의미한다. 하나는 주제화된 하나의 합리성에 대한 동의는 동시에 암묵적으로 두 가지 다른 합리성에 대한 동의를 포함한다는 것이다. 배후에 있던 합리성에 대한 암묵적 동의가 성립하지 않을 경우(혹은 깨질 경우) 주제화된 합리성에 대한 합의도 위태롭게 된다. 다른 하나는 상황의 맥락은 달라질 수 있다는 것이다. 참, 거짓이 문제가 되는 맥락으로 해석된 상황이 새로운 사실의 발견이나 좋은 근거에 의해 뒷받침되는 새로운 해석에 의해 규범의 정당성이나 행위자의 진실성이 주제화되는 맥락으로 새롭게 자리매김될 수 있다.

편의상 앞의 교수와 학생의 갈등 상황을 계속 예로 들어보자. 관련자들이 의사소통적 태도를 갖고 공동의 해석을 통해 이 상황이 진리가 주제화된 맥락이라는 합의에 이르렀다고 해보자. 그럼에도 교수는 자신의 설명에 의문을 제기한 학생의 진실성을 믿을 수가 없다(그 학생이 평소 강의에 임한 태도를 볼 때 그 학생의 목적은 진리 추구가 아니라 자신에게 도발 혹은 망신 주기였다고 교수는 믿고 있다). 이렇게 되면 진리성 맥락에 위치한다는 이 상황에 대한 해석과 합의도 어려워진다. 다른 한편 그 학생이 교수의 설명에 대해 의문을 제기하면서 경멸 섞인 제스처와 표현을 사용했다고 해보자. 이것이 사실로 밝혀지면 지금까지 참, 거짓을 중심으로 해석됐던 상황이, 교수와 학생 사이의 정당한 행위 기대가 부각되는 상황으로 재해석될 수 있다. 이렇게 의사소통적 합리성에서는 하나의 합리성이 주제로서 부각되기는 하지만 세 가지 합리성이 모두 동시에 유의미한 연관 속에 남아 있다.

의사소통적 합리성의 또 하나의 중요한 특징은 **성찰성**이다. 의사소통 행위 참여자는 상대방을 공동의 해석자로 여기며 상호 이해를 추구하기 때문에 일차적으로 문제 상황과 **직접** 관계하지 **않는다**. 그는 그 상황에 대한 자신의 해석을 일차적으로 공동 해석자에게 제시한다. 이렇게 자신의 해석과 판단을 형성할 때 이미 그것이 상대방에 의해 긍정되거나 비판될 수 있는 가능성을 염두에 둔다는 의미에서 의사소통적 행위는 본질적으로 성찰적이다.

마지막으로 하버마스가 목적 합리성을 구현하는 목적론적(혹은 목적 지향적) 행위와 의사소통적 행위를 구분한 데서 생기는 오해를 지적하고자 한다. 많은 사람들은 이런 구별로부터 의사소통적 행위는 어떤 목적도 추구하지 않는 행위, 그저 의사소통만 하는 행위로 오해한다. 그러나 목적 합리성과 의사소통적 합리성이 정면으로 대립하는 것이 아니라 전자가 후자의 부분 요소이듯이, 목적 지향적 행위도 의사소통 행위에 대칭적으로 대립하는 행위가 아니다. 하버마스가 강조하듯이 "의사소통행위 모델은 행위를 의사소통과 동일시하지 않는다. …… 행위를 조정하기 위해 상호 이해를 도모할 때 행위자들은 각자 특정한 목적을 추구하는 것이다. 그런 한에서 목적론적 구조는 **모든** 행위 개념의 근저에 있다"[10] 모든 행위는 특정 목적을 추구한다. 중요한 것은 목적 달성을 하려할 때 행위자들 간에 이루어지는 **'행위 조정 방식'**이다. 배타적으로 목적 합리성만을 좇는 행위에서는 상대방을 환경의 일부로 보고 당근과 채찍을 통한 전략적 행위 조정을 추구한다. 정당성만을 염두에 두면 공동의 것으로 상정된 규범과 권위가 행위 조정을 위한 유일한 자원이 된다. 진실성만을 강조하는 사람은 행위의 의도나 행위자의 내면의 진실성에만 호소할 것이다. 의사소통적 행위자는 합리성의 세 계기 모두에 상황에 맞는 균형 잡힌 비중을 부여하면서 협동적 해석을 통해 서로의 상호작용을 조정한다.

이와 관련된 하버마스 이론에 대한 끈질긴 오해는, 의사소통행위이론은 앉아서 말만 하자는, 사회문제와 갈등이 그렇게 다 풀릴 수 있다고 믿는 순진한 이론이라는 것이다. 하버마스의 이론이 갈등과 투쟁을 강조하는 이론보다 사회를 조화롭게 보는 것은 사실이다. 그러나 의사소통행위이론을 말로만 하자는 이론으로 해석하는 것은 의사소통행위에 대한 무지와 오해다. 의사소통행위는 기본적으로 상대방에 대해서 타당성 주장을 제기하는 행위로 볼 수 있는데, 이때 타당성 주장을 "발화로 하든 발화 외의 수단으로 하든" 그것은 중요한 것이 아니다.[11] 하버마스는 강조한다. "타당성 주장은 의사소통적 발언에만 포함되어 있는 것이 아니다."[12] "일상적 의사소통의 현실에서 발언들이 대부분 명시적으로 언어적 형태를 갖지 않거나, 종종 아예 발화로 표현되지 않는다"는 것을 하버마스는 잘 알고 있다.[13] 물론 언어적 논증의 형식에서 타당성 주장에 대한 검토가 가장 엄밀하게 이뤄질 수 있으며, 이런 의미에서 토의와 논증이 의사소통행위의 전형적인 모델이다. 그러나 그것은 타당성 주장과 이에 대한 비판적 검토라는 논증 이론적 차원에서만 그런 것이다. 사회 이론적 차원에서 보자면 공론장에서의 주장, 시위와 집회, 파업, 시민 불복종 운동 모두 타당성 주장을 제기하는 의사소통행위 시도다.

5) 성공 지향적 태도와 상호 이해 지향적 태도

사회적 행위는 앞서 살펴본 것처럼 주제화하는 합리성에 따라 네 종류로 구분되지만, '행위 **태도**'를 기준해서는 크게 두 종류, 자세히는 세 종류로 구분될 수 있다. 일단 우리는 일반적 행위 태도를 두 가지로 나눌 수 있다. **성공 지향적** 태도와 **(상호) 이해 지향적** 태도. 이해 지향적 태도에서 수행되는 행위가 의사소통적 행위다. 성공 지향적 태도에서 행해지는 행위는 그것이 다른 행위자를 포함하느냐, 그렇지 않느냐에 따라 사회적 행위와 비사회적 행위로 구분된다. 성공 지향적 태도에 의해 인도되는 비사회적 행위는 **도구적** 행위이고, 사회적 행위는 **전략적** 행위다. 그러므로 사회적 차원에서 대립하는 행위 유형은 **전략적** 행위와 **의사소통적** 행위다.

목적 지향적 행위는 물론이고 규범 규제적 행위와 극적 행위도 성공 지향적 태도에서 전략적 행위로 수행될 수 있다. 규범의 정당성에 대한 진지한 관심에서가 아니라 자신의 목적 달성에 유리하기 때문에 특정 규범을 전략적으로 내세울 수 있으며, 목적을 이루기 위해서 흔히 내면의 진실한 표현으로 간주되는 눈물을 전략적으로 투입할 수도 있다. 이와 달리 의사소통적 행위는 성공 지향적 태도에서 행해질 수 없다. 의사소통적 행위에서 목적의 달성보다 중요한 것은 서로간의 협의와 상호 이해라는 과정이기 때문이다.

행위 태도의 측면에서 사회적 행위를 전략적 행위와 의사소통적 행위로 대비시킬 수 있다는 것은 행위 이론을 넘어 사회 이론 차원에서도 중요하다. 사회는 존속하기 위해서 재생산되어야 하는데, 인간의 사회는 두 측면에서, 즉 **물질적**으로도 **문화적**으로도 재생산되어야 한다. 사회의 물질적 재생산을 가능하게 하는 것은 **체계**, 즉 경제와 행정 영역이다. 이 영역에서는 성공 지향적인 전략적 행위가 필요하고 용인된다. 사회가 일정 수준 이상으로 분화되어 복잡해지면 전략적 행위들이 비언어적 매체인 화폐와 권력을 통해 조정되며 사회를 물질적으로 재생산한다. 사회의 문화적 재생산이 이루어지는 곳은 전통의 계승과 발전, 사회화와 교육, 유대 관계의 형성이 이루어지는 **생활세계**다. 이 영역의 재생산은 본질적으로 상호 이해에 기초한 의사소통적 행위를 통해서만 가능하다. 사회는 이원적으로, 즉 체계이면서 동시에 생활세계로 파악되어야 하고, 사회가 기능적 문제 없이, 또 사회적 병리 현상 없이 유지되고 재생산되기 위해서는 이 두 영역 각각의 고유한 작동 논리가 인정되어야 한다.

그런데 효율성과 이윤 극대화를 최상의 목적으로 추구하는 자본주의적 사회에서는 성공 지향적 태도가 자신의 고유한 영역을 넘어 상호 이해라는 고유 논리에 따라 재생산되는 생활세계로까지 파고든다. 하버마스의 의사소통행위이론은 사회 전체를 기능적 연관으로만 파악하는 기능주의적 이성의 이런 월권과 생활세계의 형해화에 맞서려는 노력이다. 의사소통적 이성이라는 포괄적 이성 개념을 통해 근대의 해방적 잠재력을 깨우고 생활세계의 논리와 힘을 활성화하려는 노력이다.[14]

더 읽어볼 책

하버마스, 위르겐. 2006.《의사소통행위이론》. 장춘익 옮김. 나남출판.

하버마스의 주저로, 의사소통적 이성 개념이 체계적으로 발전·옹호되고, 그에 기초하여 체계와 생활세계라는 이원적 사회 이론이 펼쳐진다. 그런 만큼 분량이 많고 어렵다. 이 글은 이 책의 1권 1장의 핵심 내용을 중점적으로 소개한 것이다.

하버마스, 위르겐. 2018.《사실성과 타당성》. 박영도 옮김. 나남출판.

《의사소통행위이론》에서 발전시킨 의사소통 행위 이론을 민주주의 정치 이론과 법 이론에 적용한 것이다. 이 책 1장 2절은 의사소통 행위 이론에 대해 매우 유익한 압축적 설명을 담고 있다.

장춘익. 1994. 〈하버마스: 비판적 사회 이론의 정립과 정치적 실천의 회복을 위한 노력〉.《사회비평》 제11권.

하버마스의 의사소통 행위 이론이 출현하는 사회적 배경과 이론적 맥락을 소개하고, 의사소통적 합리성 개념을 설명하고 있다.

장춘익. 1996. 〈하버마스의 근대성 이론: 진보적 실천의 가능성과 한계에 관한 모색〉.《하버마스의 사상》. 나남출판.

의사소통적 이성이라는 개념이 근대에 이르는 역사 발전 과정 속에서 어떻게 분화되고 발전되어 왔는지, 의사소통적 이성이 부분적으로 구현된 근대 문화가 어떤 규범적·실천적 함축을 갖는지를 설명하고 있다. 의사소통 행위 이론은 철학, 행위·사회·역사·문화 이론의 요소를 가진 스케일이 큰 이론인데, 그런 이론 요소들 간의 관계에 대한 조감을 갖는 데도 큰 도움이 된다.

장춘익. 2018. 〈포괄적 합리성과 사회 비판: 하버마스의 《의사소통행위이론》 읽기〉. 《고전 강연 4: 근대정신과 비판》. 민음사.

'열린 연단'의 고전 강연 시리즈의 하나로서, 하버마스의 주저 《의사소통행위이론》 전체를 압축적으로 소개, 설명한다. 압축적인 만큼 쉽지는 않지만, 이 방대한 저작을 짧고 알차게 개괄하는 좋은 글이다. 강연으로 들을 수도 있다(http://openlectures.naver.com/contents?contentsId=79147&rid=2890).

박영도. 2011. 《비판의 변증법: 성찰적 비판문법과 그 역사》. 새물결.

하버마스의 이론을 그 앞의 이론적 맥락 속에서 해명하는 수준 높은 연구서다.

강병호. 2020. 〈생활세계와 체계. 하버마스의 이단계 사회이론과 그에 대한 비판에 대한 재고찰〉. 《철학》. 144집.

생활세계와 체계라는 하버마스의 이단계 사회 이론에 대해 그동안 이론적 차원에서, 그리고 실천 전략과 관련해서 제기된 대표적인 비판들과 그에 대한 하버마스의 해명과 수정을 검토하고 있다.

제이, 마틴. 2021(1973). 《변증법적 상상력》. 노명우 옮김. 도서출판 동녘.

1923년부터 1950년에 이르기까지 프랑크푸르트학파의 형성 과정과 이 학파 1세대 이론가들의 작업에 대한 좋은 안내서이다.

9장

가다머
이성과 감성의 지평융합으로서의 이해

박남희(희망철학연구소 소장)

1. 우리는 과연 이성적인가

데카르트가 "나는 생각한다. 고로 존재한다(cogito, ergo sum)"라고 언명한 이후 서양 사람들은 스스로를 사유하는 이성적 존재로 여기는 데 주저하지 않았다. 그러나 20세기, 인류 역사상 가장 참혹한 전쟁을 겪으며 사람들은 이러한 주장에 의문을 제기한다. 과연 사람은 이성적인가. 그리고 이성이 무엇이기에 6,000만 명이 넘는 사람들을 희생시킨 전쟁을 감행할 수 있었는지를 물으며 사람들은 자신들이 진정 이성적 존재인가를 회의하기 시작했다. 이들 중에 한 사람이 독일의 현대 철학자 한스 게오르크 가다머다.

가다머는 유년 시절을 전쟁의 최대 격전지였던 브레슬라우(Breslau)에서 지낸 탓에 그 누구보다도 전쟁의 참상과 폐해를 잘 알고 있었다.

그렇기 때문에 전쟁을 야기하는 모든 것에 대해 저항하며 고심하던 가다머는 이를 가능하게 하는 더 근본적인 원인을 찾아 철학의 길로 들어선다. 고향 마르부르크(Marburg)로 가서 그곳 대학 철학과에 입학한 가다머는 이성의 절대성을 강조하는 헤겔 철학과 전쟁과의 연관성을 주의 깊게 살피며 칸트에게로 다시 돌아가 헤겔 철학이 가지는 문제점을 극복하고자 한 신칸트학파에 이끌린다.

신칸트학파는 이성의 역할을 비판하는 일에서 찾았던 칸트를 넘어 고대 문헌으로까지 논의를 소급해가는데, 가다머는 바로 이러한 신칸트학파의 문헌학적인 연구 방법에 의거하여 인간 이성이 가지는 의미와 그 변화에 대해 치밀하게 탐구하기 시작한다. 다시 말해 사람이 이성적이지 않거나 혹은 이성이 왜곡되지 않고서는 도저히 그러할 수 없다고 생각한 가다머는 실제로 이성이 함의하는 의미가 무엇인지, 지금은 어떤 의미로 이성을 사용하는지, 그리고 그렇게 말해지게 된 까닭은 무엇인지를 밝혀내기 위해 고대로까지 거슬러 올라간다. 그래서 헤겔에서 칸트를 넘어 데카르트는 물론 중세 철학자들, 특히 토마스 아퀴나스와 아우구스티누스, 그리고 에크하르트와 플로티노스를 지나, 고대의 아리스토텔레스와 플라톤, 그리고 소크라테스에게로 역으로 추적해간다. 그리고 가다머는 여기에서 그치지 않고 다시 자연 시대 철학자 파르메니데스와 헤라클레이토스 등에게로까지 파고들며 본래 이성의 의미가 무엇인지를 밝혀낸다. 그리고 이러한 이성이 시대의 변화 속에서 어떻게 달리 말해지며 오늘에 이르게 되었는지를 규명해 보인다.

가다머는 오늘날 이성의 의미는 사물의 이치, 또는 이치 자체라는 그리스어 'logos'가 라틴어 'ratio'로 번역되는 과정에서 '작용하게 하는 것'과 '작용되는 것'으로 구별되고, 이것이 다시 영어 'reason'과 프랑스어 'raison'으로 번역되면서 인간의 '속성' 내지는 '합리성'이라는 매우 협소한 의미가 되었다고 한다. 가다머는 본래 사유하는 일과 사는 일은 분리될 수 없는 하나로, 이성의 참된 의미는 구체적인 삶의 한가운데에서 늘 달리 자기를 실현해가는 사유의 운동이라고 한다. 다시 말해 이성은 근대의 도구적 이성처럼 무엇으로 고착되거나 정형화된 어떤 것이 아니라 마주하는 모든 것을 하나로 하면서 무엇이 최선인가를 물으며 늘 달리 존재를 생성해가는 이해의 운동이라는 것이다. 그런데 이러한 이성이 매우 협소한 의미로 왜곡되면서 불행한 사태를 가져왔다며, 가다머는 이성의 본래적 의미를 이해로 달리 구하는 것이다.

가다머에 따르면, 근대의 이성은 구체적인 삶의 현실성을 배제하고 이론화되고 추상화된 동일성의 논리를 객관성과 합리성이라는 미명하에 시간과 공간을 넘어선 진리로 언표하면서 모든 것을 대상화하고 재단해간다. 이를 통해 모든 것을 수치화하고 평균화하며 일반화해나가는 도구화된 이성은 한편으로는 물질의 풍요와 편리성을 제공하는 과학의 발전을 가져오기도 하지만, 다른 한편으로는 존재하는 것들의 차이성을 지워나감으로써 모든 것을 사물화해가는 경향이 있다.

과학의 발전에 따라 물질적 풍요와 편리성에 매료된 사람들은 삶의 모든 영역에 과학적 방법을 구현하고자 각각의 차이성과 고유성을 지우고 동일성의 논리에 따라 모든 것을 규격화해간다. 그리고 이에 따라 비교·평가·차별을 하면서 효율성과 성과라는 명목하에 사람들을 경쟁·분리·소외·배제시켜나간다. 사람은 이제 더 이상 존엄성을 가진 고유한 존재가 아니라 얼마든지 다른 것으로 대치될 수 있는 하나의 사물이 되고 만다. 이때 사람은 전인적인 인격으로서가 아니라 다른 것을 위한 수단과 방법으로 전락된다. 목적이 아닌 수단과 방법이

된 사람들은 함부로 다루어지기 마련이다. 전쟁은 이러한 생명 경시 현상이 만연됨으로써 초래된 자연스러운 귀결이라며 가다머는 전쟁의 근본 원인을 다름 아닌 도구화된 이성에서 찾는 것이다.

그렇기 때문에 도구화된 이성이 아닌 참된 이성의 의미와 이에 근거한 인간 존재를 새롭게 해명하고자 하는 가다머는 '이성'이 아닌 '이해(verstehen)'로 본래적 이성이 추구하고자 하는 문제를 새롭게 논하며, 인간을 늘 달리 새롭게 자기를 실현해가는 존재로 이야기한다. 이는 분리하고 나누고 구별하던 태도에서 모든 것을 있는 그대로 목도하고자 하는 사유의 일대 전환이라 하겠다.

2. 이성인가, 이해인가

그렇다면 가다머의 이해는 기존의 이성의 의미와 어떻게 같고 다른가. 가다머는 이성의 문제를 두 가지 측면에서 전개해간다. 그중 하나는 근대의 도구화된 이성은 본래 이성의 의미와 차이가 있다는 것이고, 다른 하나는 이성은 시대마다 달리 말해진다는 사실이다. 이에 근거하여 가다머는 이성의 참다운 의미를 어떤 '것'으로서가 아니라 늘 달리 새롭게 존재를 실현해가는 '운동'으로 이야기한다. 마치 사물이 존재하듯이 그렇게 어떤 무엇으로 존재하는 '실재성(realität)'의 차원에서가 아니라, 있는 그대로를 바라보는 삶의 '현사실성(faktizität)'의 차원에서 가다머는 이성을 달리 구하는 것이다. 추상화하고 이론화하는 자연과학적 방법이 아닌 구체적인 삶의 한가운데에서 일어나고 있는 '사태 자체(zu den sachen selbst)'를 직시하며 가다머는 모든 것을 하나로 융합하면서 달리 존재를 생성해 나오는 '이해의 운동(bewegung des verstehens)'을 참다운 이성으로 논하는 것이다.

늘 달리 이해하며 있는 이 이성의 운동이야말로 참다운 이성, 즉 진리라 하는 가다머는 근대의 도구적 이성에 이끌린 자연과학적 방법을 진리로 여기는 모든 태도에 문제를 제기한다. 이는 자연을 관찰 대상으로 삼기 시작하면서 사유하는 주체와 그것의 대상으로서의 객체를 나누어보고, 그리고 모든 것을 사유하는 주체에 의해 일방적으로 파악 가능한 것으로 여기는 그동안의 학문 태도에 대한 전적인 거부다. 즉, 인간에 의해 일방적으로 인식 가능하다고 여겨진 세계는 인간 이성에 의해 수치화되고 계량화되고 일반화되면서 객관성과 보편성이라는 이름하에 시간과 공간을 넘어선 진리로 자처한다. 그리고 이에 준하여 질서를 부여하고, 체계를 세우며, 그 체계에 따른 우열을 논하고, 그 우열에 근거하여 모든 것을 서열화해가는 특징이 있다. 이러한 태도는 사물로부터 분리시켜 세계를 초월해 있는 비물질적 존재로서 영혼을 상정하기 시작한 이래로, 내재적이냐 초월적이냐, 그리고 실체적이냐 실증적이냐, 선험적이냐 하는 문제만 달리할 뿐, 어느 한쪽에 의해서 일방적으로 이끌린다는 점은 크게 다르지 않다. 다시 말해 사물 안에 사물과 같이 있는 사물의 법칙으로서의 'logos'가 고대에서 영혼과 물질로 나누어진 이후, 중세에서는 초월자와 피조물로, 그리고 근대에서는 다시 정신과 물질로 바뀌었을 뿐, 정신에 의해 일방적으로 이끌리는 물질이라는 면에서는 크게 다르지 않다며 가다머는 오래된 서구의 전통적 사유 방식에 문제제기를 하는 것이다.

그렇기 때문에 고대로까지 치밀하게 파고든 가다머는 헤라클레이토스의 늘 변화하며 있는 진리와 로고스의 관계를 고찰하면서, 플라톤의 영혼이 육신 안에서 가장 올바름으로 자신을 정위시키려는 적합성

(gemessenheit), 현실의 구체적인 삶 안에서 중용을 꾀하는 아리스토텔레스의 실천지(pronesis), 그리고 '사유와 존재의 동일성'을 꾀한 데카르트는 물론, 새로움을 낳아가는 헤겔의 변증법적 운동을 비판·종합하고 달리하면서 이성이 아닌 '이해'로 사유와 존재의 하나 됨을 구하는 것이다. 단순히 분별하고 판단하고 비판하기 이전에, 모든 것과 같이 하나로 하며 순간순간 무엇이 최선인가를 물으며 있는 사람의 이성 활동을 가다머는 가장 적절함으로 자신을 만들어 나오는 존재 생성으로서의 이해의 운동이라고 부른다. 분별하고 나뉘기 전에 모든 것을 같이 하나로 하며 있는 이 이해의 운동이야말로 가다머는 참다운 이성, 즉 진리라 하는 것이다. 가다머는 이처럼 이성의 본래 의미를 분절되고 구별되고 분리된 '도구적 이성'이 아니라, 도구적 이성이 구별하고 분리시킨 오성과 감성까지도 함께 하나로 하며 있는 '이해'에서 이성의 참다움을 구한다. 그런 의미에서 이해는 근대의 도구적 이성과는 '다른', 그러나 본래 이성과는 '같은' 의미를 가진다고 할 수 있다. 다시 말해 이해는 이성의 다른 표현이라 하겠다.

이와 같이 도구적 이성에 의해 매도된 방법적 진리 개념을 불식시키고, 이해를 통해 본래 진리가 가지는 힘을 회복하고자 하는 가다머는 진리란 인간의 어느 한 부분에 의해서 제한되거나 구체적 삶과 유리되어 따로 있는 것이 아니라, 삶의 한가운데에서 내게 마주하는 모든 것을 하나로 융합, 실현해가는 일이라 한다. 다시 말해 근대의 도구적 이성에 의한 방법적 진리를 폐기하고 우리의 삶과 구체적인 관계를 맺으면서도 인간의 모든 것을 다 포괄하는 '이해'야말로 참된 진리라 하는 것이다.

그런 의미에서 이제 진리란 고정적이고 실체적인 것이 아니라 사람마다 자신이 처해 있는 상황과 더불어 늘 끊임없이 달리 새롭게 이해하며 해석하며 자기로 실현(vollziehen)해가는 일이다. 일정한 시간과 공간이라는 구체적 현실을 살아가는 유한한 인간은 전체가 아닌 부분만을 알 수 있기에 늘 달리 자기를 무한히 실현해간다. 그럼에도 근대는 진지한 자기 성찰의 부재로 부분을 전체로 오인하면서 이성을 모든 것을 완벽하고 완전하게 파악 가능한 능력으로 여긴다. 우리가 고백해야 하는 것은 우리의 한계를 넘어선 절대적 진리가 아니라 우리의 유한성이다. 유한하기에 우리는 모든 것을 다 알 수 없고, 다만 마주하는 모든 것을 하나로 이해하며 무한히 운동해갈 뿐이다. 한데 근대는 유한성을 절대성으로, 부분을 전체로 잘못 인식하며 이 위에서 과학기술문명을 발달시킴으로써 결국 전쟁이라는 비극적 상황을 맞았다고 가다머는 비판한다. 그렇기 때문에 도구적 이성이 아닌 모든 것을 하나로 융합하며 늘 달리 새로움 앞으로 나오는 이해의 운동을 진리로 새롭게 주창하는 가다머는 진리가 부재하고 방법이 진리로 자처하는 사회, 즉 진리와 방법이 전도된 사회는 결국 모든 것을 수단화하므로 사람을 아무렇지도 않게 살생하는 참혹한 전쟁에 이르게 되었다고 비판한다. 그리하여 그는 '방법'이 아닌 '진리'를 '실재성'이 아닌 '현사실성'의 차원에서 '실체'가 아닌 '운동'으로, 근대의 도구적 '이성'이 아닌 '이해'로 구하는 것이다.

이때 이해는 무엇을 알고 모르고, 또는 의견을 수렴하고 수렴하지 못하고 하는 것이 아니라, 마주하는 모든 것을 하나로 하며 늘 달리 존재를 실현해가는 사유의 운동이다. 사람은 모든 것을 다 아는 것이 아니라 자신이 처한 자리에서 마주하는 현실을 이해하는 만큼 살아가기 마련이라며 가다머는 사유와 존재를 분리하지 않고 하나 안에서의 일로 여긴다. 즉, 일정한 시간과 공간 안에서 살아가는 사람은 모든 것이 가능한 존재가 아니라 자기가 마주하는 만큼 이해하고, 이해하는 만큼 살아가는 존재라며, 이해를 방법이 아닌 존재의 한 방식으로 이야기한다.

이처럼 이해는 주관적 정신의 작용도, 객관적 실재에 대한 인식 작용도 아니며, 대상을 이해하고 이를 차후에 적용(applikation)하는 일도 아니다. 가다머가 말하는 이해는 모든 것을 하나로 적용(anwendung)하며 구체적 삶의 현실성으로 나오는 존재 생성의 운동이다. 그런 까닭에 이해는 곧 적용이며(verstehen ist hier immer schon anwenden), 동시에 이해는 해석인 것이다(verstehen ist immer auslegung). 이해와 적용은 모두 존재 실현(vollzug)을 위한 하나 안에서 이루어지는 일이다.

가다머는 이와 같이 이해를 무엇을 알고 모르고 하는 앎의 차원이 아니라, 그래서 좀 더 잘 알고 모르고 하는 것이 아니라, 이해는 자기가 이해한 만큼 이미 적용하며 해석하며 있는, 다시 말해 지금 이렇게 있음은 곧 내가 내 앞에 마주하는 현실의 모든 것을 이렇게 이해하며 적용하며 있는 것으로, 가다머는 사유와 삶을, 즉 그렇게 생각함이 곧 그렇게 사는 일이라는 이해와 존재의 동시성을 열어간다. 우리는 무엇을 알고 난 후에 이를 판단하고, 그러고 나서 수렴하여 자기로 있는 것이 아니라, 이해는 곧 모든 것을 하나로 적용하며 존재하는 해석의 일이기도 한 것이다.

3. 이성과 감성의 지평융합으로서의 이해

진리를 도구화된 이성에 의해 추론된, 화석화되고 고착화된 이론에서가 아니라, 구체적 살아 있는 삶의 현실 안에서 구하는 가다머는 주객을 분리하지 않고, 이 모두를 포괄할 수 있는 개념을 '이성'이라는 편협한 동일성에서가 아니라 모든 것을 하나로 하는 '이해'에서 구한다. 이해는 이성만이 아니라 감성만이 아니라 오성까지도 같이하는 전체성의 차원을 지시한다.

삶의 현사실성의 측면에서 보자면 사람은 정신만의, 신체만의 존재가 아닌, 모든 것을 같이 하나로 하며 특정한 시간과 공간 안에 거하는 구체적인 존재다. 일정한 시간과 공간이라는 제한성 안에서 자신을 둘러싼 모든 것과 영향을 주고받으며 살아가는 존재는 마주하는 모든 것을 하나로 융합하면서 자기를 달리 만들어가며 있다. 이러한 존재는 자기 원인과 책임을 자기 안에 가질 뿐만 아니라 자기의 한계를 알고 이를 넘어 무한을 향해 끊임없이 나아간다. 타율에 의해 일방적으로 이끌리는 것이 아니라 자신이 처한 자리에서, 마주하는 현실을 나름으로 이해하며 적용하고 해석하면서 늘 끊임없이 새롭게 자신을 실현해가는 것이다. 자신을 늘 새롭게 실현해가는 힘 있는 능동적 주체는 이성만이 아니라 감성만이 아니라 오성까지도 같이 하나로 하면서 살아가는 전인적인 존재다.

가다머는 도대체 무엇에 근거하여 우리는 이성과 오성과 감성을 구별하고 나누는가를 묻는다. 그리고 이는 단지 편의에 의한 것일 뿐, 실제 세계는 모든 것이 다 같이 하나로 있는 무차별의 세계라고 한다. 가다머는 이 무차별의 세계를 이해의 운동으로 이야기한다. 그에게 이해한다는 것은 어떤 사실을 인식하는 분리된 이성의 작용이 아니라 마주하는 모든 것을 하나로 적용하며 해석하며 자기로 존재하는 존재 생성의 운동이다. 자기가 있는 자리에서 마주하는 현실을 하나로 하며 자기를 실현해 나오는 존재 생성이란 나의 어떤 부분만의 문제가 아니라 나의 전체가 함께하는 일이다. 이때 전체라 함은 부분을 합한 전체나 결핍 없는 완전을 의미하는 것이 아니라, 아버지는 아버지대로 아들은 아들대로 그 자체로 온전하다는 의미에서 전체를 뜻한다. 가다머는 이를 자연과학적 전체와 구별하여 해석학적 전체성이라 부른다. 즉, 전체에서 분리된 부분이 아니라 부족하면 부족한 대로 마주하는 현실을 하나로 달리 이해하고 경험하고 적용하면서 자신을 만들어가며 있는 전체성을 말한다.

가다머는 이를 경험(erfahren)으로 이야기한다. 경험은 내가 어떤 대상을 직접적으로 체험(erleben)하는 것과 다르다. 체험이 내가 무엇을 직접적으로 했는가 아닌가를 이야기한다면, 경험은 그 일을 통해서 무엇이 발생하고 일어났는가 하는 '생기'의 차원을 가리킨다. 달리 말하면 우리는 경험을 하기 위해 체험을 하는 것이지, 체험을 한다고 반드시 경험이 일어나는 것은 아니다. 경험은 그 일에 참여하는 자만이 알 수 있는 신비한 세계로, 가다머는 이를 달리 지평융합(horizontverschmelzung)으로 이야기한다.

지평은 우리의 시선이 머무르는 곳으로, 사람은 자신보다 앞서 있는 지평과 지금 마주하고 있는 모든 지평을 하나로 이해하며 융합하며 적용하며 자신을 만들어간다. 우리는 무중력 상태가 아닌, 이미 어떤 상황 안에서 그것과 더불어 지금의 상황을 달리 이해하면서 존재한다. 다시 말해 사람은 아무것도 없는 백지상태에서가 아니라, 어찌할 수 없는 내게 앞서 있는 것들과 더불어 지금의 상황을 하나로 융합하면서 달리 이해(verstehen)하며 해석(auslegung)하고 적용(anwendung)하며 실현(vollzug)하며 있는 것이다. 이로부터 자유로운 사람은 아무도 없다며 가다머는 자신에 앞서 있는 선입견(vor-urteil)을 불식시켜야 할 것으로 여기지 아니하고 오히려 우리 삶에 여전히 영향을 끼치며 있는 한 축으로 여긴다. 그러한 면에서 가다머는 내게 앞서 있는 것들에 대한 권위(autorität)를 인정한다. 그렇다고 그것에 매이는 것이 아니라, 그것과 더불어 현재 마주하는 현실을 하나로 융합하며 새로움을 낳는다는 면에서 가다머는 이를 영향작용사(wirkungsgeschichte)라 부른다.

영향작용사란 내 삶에 영향을 끼치며 이어져 오는 것으로, 가다머는 이를 전승(überlieferung)이라 하기도 한다. 전승은 단순히 객관적 사실이 그대로 전해져 오는 전통(tradition)과 달리 그때그때마다 새롭게 이해되고 해석되면서 이어져 오는 것이다. 우리는 공통체의 공통 감각과 더불어 그때마다 달리 이해·적용·해석되어져 오는 전승과 더불어 지금 나의 상황을 하나로 지평융합 하면서 늘 달리 새롭게 자신을 만들어가는 것이다. 그러나 가다머는 전승과 전통을 구별하기는 하지만, 엄밀히 말해 모든 전통은 전승이라 한다. 세상에 완전히 객관적인 사실이란 있을 수 없듯이 전통 역시도 이전의 것이 그대로 전해지는 전통이란 있지 않다며 전통과 전승을 정도의 차이로 여기며 모든 전통은 실은 전승이라 하는 것이다.

자기에게 전해져 오는 전승과 더불어 마주하는 현실을 하나로 지평융합 하면서 자기가 이해한 만큼 자신을 늘 달리 무한히 생성해가는 사람은 각기 자기가 처한 자리에서, 각기 다른 전승과 더불어, 마주하는 현실의 다름 사이에서, 각기 달리 이해하며, 자신만의 존재성을 실현해간다. 그렇기 때문에 사람은 객관적 사실에 근거한 일반적인(allgemeinheit) 방법으로는 담을 수 없는 특별하고 고유한 존재다.

4. 이해를 추구하는 가다머의 해석학

가다머는 60세가 되던 해에 처음 발표한 처녀작이자 대표작인 《진리와 방법》(1960)에서 오랫동안 서양이 안고 있었던 고질적인 진리관, 즉 실체적이고 실증적인 진리관을 불식시키고 삶의 현사실성에 근거한 새로운 진리를 개진한다. 어떤 이론이나 체계로 나누고 분리하고 추상화하기 이전에 삶의 현실 안에 있는 그대로의 전체성에서 진리를 구하는 가다머는 늘 달리 자기를 새롭게 만들어나가는 이해의 운동을 진리로 이야기한다. 다시 말해 가다머는 시간과 공간을 초월해 있는 그 어떤 것을 절대시하는 형이상학이나 동일성의 논리에 따른 수단과 방법이 아니라 구체적인 삶의 현사실성에서 늘 달리 이해하고 해석하며 존재를 실현해가는 이해의 운동을 진리로 이야기한다. 따라서 가다머는 철학은 다름 아닌 진리를 구하는 학문인 까닭에 추상적 이론이 아닌 구체적 삶을 논하는 실천학이어야 하며, 실천학으로서 철학함은 곧 해석학이 되어야 한다고 한다.

해석학(hermeneutik)은 고대 그리스어의 동사 '헤르메네인(έρμηνείν)'과 그 파생어인 '헤르메네우스(έρμηνεύς)', 그리고 '헤르메네이아(ερμηνεία)'에서 유래되었다. 신의 사자인 헤르메스(Hermes)가 신들의 언어를 인간의 언어로 해석하는 일이라는 의미에서 초기의 해석학은 종교 텍스트를 좀 더 잘 이해하기 위한 수단과 방법으로 여겨졌다. 종교 텍스트를 이해하고 해석하는 방법을 일반 텍스트로 확장해간 사람이 슐라이어마허다. 딜타이는 이를 다시 삶의 구체적 현실로 확대하며 공동체의 합목적성에 따른 해석의 차이에 기인한 해석학을 철학의 개별 학문으로 정초시킨다. 그러나 이들이 특정한 종교에서 일반 문헌으로, 그리고 다시 삶의 현실적 문제로 해석의 대상을 확대해나가기는 했지만, 이해를 해석의 한 방법으로 다루고 있다는 면에서는 크게 다르지 않다.

이와 달리 이해를 해석의 한 방법으로서가 아니라 존재하는 일과 관련시켜나간 사람이 마르틴 하이데거다. 하이데거는 이해를 무엇을 이해하기 위한 방법이나 목적으로가 아니라 인간이 존재하는 한 방식으로 다룬다. 다시 말해 하이데거는 현상학적 인식 방법을 통해 사람을 구체적 시간과 공간 안에서 살아가는 세계-내-존재(in-welt-sein)로 새롭게 해명한다. 그리고 이를 현존재(dasein)라고 명명한다. 현존재는 자신이 속한 세계 안에서, 자기가 서 있는 자리에서, 세계를 달리 이해하며 자기로 있다. 이처럼 하이데거는 이해를 인식 방식이 아닌 존재하는 일과 연결시키며 이전과 달리 지금 여기에 현존하는 존재에 대해 이야기한다.

이는 인간을 일반적인 사람이 아닌 나와 너처럼 구체적인 시간과 공간 안에 살아가는 현존재로서의 개별적 존재를 해명하고자 하는 것으로서 우리의 사유 안에 시간과 공간의 차이에 따른 인식의 한계만이 아니라, 그로 인해 달리 살아가는 사람들의 차이를 목도하고자 하는 것이다. 그 때문에 하이데거는 칸트에 의한 주관적 인식론에 의거하지 않고 후설에 의해 새롭게 주창된 현상학에 의거하여 존재를 달리 해명한다. 다시 말해 계몽주의 해석학을 역사학파의 문제와 연결해 논증하며 이전과 다른 존재론적 해석학으로의 전환을 꾀하는 것이다. 그래서 우리는 그를 가리켜 현상학적 해석학자라 한다.

가다머는 바로 이러한 하이데거의 인간존재 해명에 근거하여 이해와 존재 생성을 하나로 연결시키며, 이해는 바로 존재 실현을 위한 일이라는 그만의 철학적 해석학을 주창하기에 이른다. 다시 말해 가다머는 하이데거의 세계-내-존재라는 현존재의 존재 구조를 이해와 존재의 동일성 안에서 단순히 자기 열림과 닫힘으로서가 아니라 자기가 마주한 모든 현실(actualität)을 같이 하나로 이해하고 적용하며 실현해가는 힘, 운동에 대해 이야기한다.

가다머는 이를 위해 아직도 우리 삶 안에서 면면히 이어져 오고 있는 정신과학의 흔적을 '교양(bildung)'과 '공통 감각(sensis communis)', 그리고 '판단력(urteilskraft)'과 '취미(geschmack)'에서 구한다. 그리고 이의 연장에서 종합판단을 이야기하는 칸트 미학으로 나아간 가다머는 다시 칸트 미학의 한계를 미적 의식의 주관화라고 비판하며 예술 경험에 의한 진리를 해석학적 진리로 새롭게 언명하는 것이다. 이해 안에서 하나로 자신을 만들며 나오는 존재 생성의 운동을 예술 경험에서의 진리 문제와 연결해가는 가다머는 예술이란 누구에 의해서 일방적으로 만들어지는 것이 아니라, 만듦이라는 일에 참여함으로 그것과 하나가 되는 것으로 이야기한다.

그런 까닭에 모든 것을 같이하면서 존재를 생성해 나오는 이해의 운동은 바로 예술에서의 진리 경험과 다르지 않다며 가다머는 이를 놀이(spiel)로 설명한다. 놀이는 내가 노는 것이 아니라 내가 놀이에 참여하는 것으로, 내가 놀이와 하나가 될 때만이 우리는 놀 수 있다. 내가 글을 쓰는 것이 아니라 글이 써지는 것이듯이, 주체는 내가 아니라 글이고 놀이다. 나는 글을 통해서 글과 더불어 글을 쓰면서 이전과 달리하며 있는 것이다. 진리도 예술도 마찬가지다. 예술도 진리도 어느 한쪽에 의해 일방적으로 행해지는 것이 아니라 두 관계 안에서, 다시 말해 진리가 말해지고, 예술이 행해질 때 비로소 예술도 진리도 있게 되는 것이다.

가다머는 이를 만남으로, 또 대화로 이야기하기도 한다. 만남은 내가 누구를 일방적으로 만나는 것이 아니라 서로 다른 두 사람이 함께 하는 것으로, 대화도 마찬가지다. 대화는 서로 다른 두 사람이 만나 나누는 이야기로, 말을 나누기 이전과 이후를 달리하는 것이다. 여기에 만남과 대화의 참된 의미가 있다. 주관과 객관 어느 한쪽에 의해 일방적으로 부려지는 것이 아니라 둘 사이의 관계 속에서 이전과 달리 새로움을 낳아가는 것, 그것이 대화이고 만남이며, 놀이이고 예술이고, 진리다.

이는 데카르트에 의해 분리된 정신과 물질이 칸트에 의해 주체와 대상으로 옷을 갈아입으면서 주체에 의해 일방적으로 부려짐으로 파생되는 문제에 대한 가다머의 비판이라 하겠다. 다시 말해 모든 것을 인간에 의해서, 이성에 의해서, 부려지고 다루어지고 관찰되고 행해지는 것들에 대한 가다머 나름의 반성이고 성찰이며 극복이다. 그렇기 때문에 가다머는 진위 여부를 묻거나, 더 나은 해석을 요구하는 것이 아니라, 다른 이해, 다른 해석이 다른 존재를 낳는다는 존재 생성을 문제시하며, 내가 배제된 추상화된 지식이 아닌, 각자 자기가 처한 상황에서 최선이 무엇인가를 물으며, 자기를 이전과 달리 새롭게 만들며 나오는 존재 생성의 일을 이해로, 그리고 해석학이라는 이름으로 구하는 것이다. 결코 무엇을 더 잘 알고자 하는 방법이나 기술, 이론과 관계하는 것이 아니라, 자신을 늘 달리 새롭게 만들어 나오는 만듦의 일을 가다머는 이해로, 운동으로, 실천학으로, 존재론으로, 해석학으로, 진리로, 철학으로 이야기하는 것이다. 이것은 결코 편향된 이성이나 추상화된 이성, 감정이 배제된 이성이 아니라, 이 모든 것을 하나로 하면서 있는 전체성의 차원에서 가다머는 진리를, 인간을, 이성을 구하는 것이다.

5. 가다머 해석학의 의미와 영향

이처럼 앞서 주어진 전승과 더불어 지금 나의 상황을 하나로 하면서 늘 달리 새롭게 만들어 나오는 바로 그 일이야말로 진리라며, 도구적 이성에 근거한 진리 개념을 벗어버리고 자기 한계를 인정하는 겸손한 자리에 서고자 하는 가다머의 철학은 어떤 실체적·실증적·절대적 진리를 상정하지 않고, 마주하는 현실과 더불어 늘 달리 새롭게 이해하며 적용하는 가운데 실현해 나오는 이해의 운동을 진리라 한다. 따라서 우리가 진리라고 말하는 모든 것은 하나의 해석이게 된다.

가다머의 이러한 주장은 《진리와 방법》이 출간되고 나서 반향과 비판이 이어진다. 가다머는 자신에게 쏟아지는 관심과 때로는 상대주의로, 때로는 보수주의로, 그리고 때로는 주관주의로 비판하는 부분에 대해 2판 서문에서 자신의 철학이 지향하는 바가 무엇이며 이를 위해 무엇을 문제 삼고 있는지를 아주 소상하게 밝힌다. 먼저 상대주의라는 비판에 대해 가다머는 자신은 실재성의 차원에서 논하는 것이 아니기에 상대주의라는 말은 적합하지 않다고 한다. 상대주의란 진리를 실재성의 차원에서 논할 때에 가능한 용어라며 자신은 진리를 결코 다른 이름으로 대치하려는 것이 아니라 그것을 그것이라고 말하기 이전에 그것이 그렇게 있는 바로 그것에 대해 논하는 것이라 한다. 다시 말해 실재성에서가 아니라 현사실성에서 진리를 논하는 것이기에 상대주의라는 말은 맞지 않다며 가다머는 진리의 상대주의라는 말에 반론을 제기한다.

또 보수주의라는 지적에 대해서도 가다머는 다음과 같이 말한다. 삶의 현사실성에 비추어 보면 우리는 자신보다 먼저 있는 것들에 일정한 영향을 받고 있는 것이 사실이고, 선입견과 전승은 단순히 과거로의 회귀가 아니라 이와 더불어 이를 넘어서 자신을 늘 달리 새롭게 실현해가는 일이라며 자신은 결코 보수주의자가 아니라고 한다.

그리고 세 번째 해석의 객관성과 관련하여 자신을 주관성으로 모는 것은 질문 자체가 근대의 도구적 이성에 준거한 질문이라고 가다머는 말한다. 그에 따르면 이해는 근대의 이성이 취하는 공통성으로서의 객관성보다 더 종합적이며 총체적이며 포괄적으로, 이것이야말로 훨씬 더 과학적이고 사실적이라고 한다. 왜냐하면 가다머는 자연과학의 방법을 배제하는 것이 아니라 그것과 더불어, 그리고 그것만이 아니라 모든 것을 같이하는 것이기에 근대의 추상화된 객관성보다 훨씬 더 많은 사실을 있는 그대로 보여주기 때문에 훨씬 더 객관적이고 과학적이라고 한다. 가다머는 이를 자연과학에서의 객관성과 구별하여 해석학적 객관성이라고 한다. 사람은 누구나 차이를 가지지만 그 차이가 누구에게나 있다는 면에서 보편적이라며 가다머는 이를 '해석학적 보편성'이라고 부르기도 한다.

해석학적 보편성은 차이를 배제한 동일성을 추론하는, 그래서 실재하는 것과는 구별되는 추상적 보편성(Allgemeinheit)이 아니라 구체적 현실 안에서 서로 다른 차이를 가진, 그러나 그러한 일이 우리 모두에게 있다는 의미에서 보편성(Univerzalität)이다. 가다머는 이를 통해 사람은 누구나 자기가 처한 상황에서 이해하며 적용하며 자신을 실현해가는 존재로, 근대의 도구적 이성에 의해 추론된 동일성만으로는 해명할 수 없는 차이를 가진 존재로 이야기한다. 그렇기에 자연과학적 방법에 의한 객관성으로는 사람을 알 수 없다며 가다머는 근대의 자연과학적 객관성에 의해서가 아니라 차이를 인정하는 해석학적 보편성에 의거하여 인간 해명을 새롭게 해가는 것이다.

그렇기 때문에 가다머의 해석학은 그동안 자연과학에 이끌려 사람을 이해하고 다루어온 모든 학문에 새로운 변화를 요구한다. 특히 교육, 의료, 행정, 문화, 예술, 언어, 상담, 사회, 공동체 등에 미치는 영향은 매우 지대하다. 특히 가다머의 이러한 철학을 위르겐 하버마스는 사회학의 차원에서 의사소통 이론으로 연결해가고, 자크 데리다는 차연으로 달리 확대하면서 포스트모던 사회를 열기도 한다. 그리고 리처드 로티는 다문화 상황 안에서의 차이를 구체적으로 논하기도 하고, 아도르노는 실재성의 차원에서 가다머와 논쟁을 벌이기도 한다. 또한 에마뉘엘 레비나스는 나와 다른 타자와의 관계를 확대해가고, 질 들뢰즈는 늘 달리 실현해가는 운동을 거시적 관점에서 우주론적 영역에까지 확대해나가기도 한다. 이들만이 아니라 그 밖에도 많은 사람에게 가다머의 해석학은 직간접적으로 많은 영향을 미치고 있는 것이 사실이다. 그런 의미에서 진정한 의미에서 평등과 자유의 의미를 새롭게 하면서 더불어 살아가야 하는 다문화 사회에서, 점점 기계화되어가는 기술 사회에서, 자본에 의해 일방적으로 부림당하는 자본주의 사회에서, 그리고 세계화라는 이름으로 재편해가는 현대사회에서, 인간다움이 무엇이며 어떻게 아름다운 삶과 사회를 살아가야 할 것인가에 대해 가다머는 지금도 여전히 우리에게 큰 울림을 주고 있다.

더 읽어볼 책

가다머, 한스 게오르크. 2012. 《진리와 방법》. 이길우·이선관·임호일·한동원·임홍배 옮김. 문학동네.

가다머의 사상이 가장 잘 드러난 책은 누가 뭐라 해도 그의 처녀작이자 대표작이기도 한 《진리와 방법》이다. 가다머는 이 책을 통해서 해석학을 철학 안에 우뚝 세우며 일약 세계적인 대철학자가 되었다. 1960년에 출간된 이 책은 우리나라에서는 2012년에야 출간될 만큼 내용이 방대하고 심오하다. 이 책은 모두 3부로 구성되어 있는데, 1부는 예술 경험에서 진리의 문제를 개진하고, 2부는 정신과학에서 해석학의 문제를, 그리고 3부는 언어의 문제를 다루고 있다.

가다머, 한스 게오르크. 2009. 《과학 시대의 이성》. 박남희 옮김. 책세상.

가다머의 해석학이 무엇이며, 그가 말하는 이성과 이해의 차이에 대해 좀 더 분명히 알고 싶다면 《과학 시대의 이성》을 읽어보는 것이 좋다. 이 책은 진정한 이성이 무엇이며 이성은 어떤 역할을 하는가에 대해 논한다. 또한 과학 시대에도 우리는 여전히 이성을 필요로 하는가에 대해 논한다. 가다머는 여기에서 철학은 실천학이며, 해석학이 되어야 하는 이유에 대해 설명한다.

철학아카데미. 《처음 읽는 독일 현대 철학》. 동녘. 2013.

가다머 철학에 대한 간략한 입문서를 원한다면 《처음 읽는 독일 현대 철학》의 가다머 편을 권한다. 필자가 가다머 철학의 핵심 내용을 간략하게 소개하고 있는 이 책은 가장 빨리 가다머를 전체적으로 이해할 수 있는 방편이 될 것이다.

원키, 조지아. 1999. 《가다머》. 이한우 옮김. 민음사.

가다머 철학에 대해 전반적으로 소개하는 책이다. 이 책은 가다머의 저서가 본격적으로 번역되어 읽히기 전에 우리 사회에 가다머를 처음 소개한 책이기도 하다.

코레트, 에머리히. 1985. 《해석학》. 신귀현 옮김. 종로서적; 푀겔러, 오토. 1993. 《해석학의 철학》. 박순영 옮김. 서광사; 그롱댕, 장. 2009. 《철학적 해석학 입문》. 최성환 옮김. 도서출판 한울.

해석학의 전반적인 흐름 속에 가다머의 해석학의 위치와 내용 평가를 다룬 책들이다.

하머마이스터, 카이. 2001. 《한스 게오르크 가다머》. 임호일 옮김. 한양대학교출판부.

가다머의 생애와 저술 등에 관하여 알고 싶다면 한양대학교출판부에서 출간한 《한스 게오르크 가다머》를, 그리고 가다머의 사상을 다양하게 접하고 싶다면 한국해석학회에서 발표되는 논문들을 참고한다면 좋을 것이다.

그 밖에도 그의 주저는 아니지만 현재 번역된 책으로는 위의 것들 외에 《철학자 가다머 현대의학을 말하다》, 《교육은 자기 교육이다》, 그리고 《고통》이라는 아주 작은 소책자가 있다.
가다머의 저술로는 그가 생전에 출간한 《선집 10권》이 있으나, 위의 책 외에는 아직 번역된 것이 없는 실정이다.

10장

사르트르
20세기의 마지막 거대 담론 주창자

변광배(한국외국어대학교 교수)

1. 구조적·역사적 인간학을 위하여

이 글의 주제는 장폴 사르트르의 후기(後期) 사상이 집대성된 《변증법적 이성 비판》[1]에 대한 입문적 해제다. 좀 더 구체적으로 그가 정립하고자 하는 '구조적·역사적 인간학(anthropologie structurelle et historique)'[2]의 얼개를 주로 이 저서의 몇몇 핵심 개념들을 중심으로 살펴보고자 한다.

사르트르의 사상은 제2차세계대전을 기점으로 전·후기로 나뉜다. "나는 인간을 이해하려는 정열을 가졌다(J'ai la passion de comprendre les hommes)."[3] 이런 포부를 가졌던 그는 세계대전 전에는 주로 '고립된 인간(homme isolé)', '역사의 수레바퀴를 돌리는 것'을 거부하는 인간에 대한 존재론적 해명에 집중한다. 《존재와 무》[4]로 대표되는 이 시기에 그는 3H로 불리는 헤겔, 후설, 하이데거의 사상을 비판적으로 수용하면서 이 저서의 부제(副題)[5]에서 볼 수 있는 '현상학적 존재론'의 정립을 시도한다.

하지만 사르트르의 관심은 제2차세계대전을 계기로 사회·역사적 지평에 선 인간, 곧 '구체적 인간(homme concret)'으로 옮겨간다. 그의 '인간을 이해하려는 정열'은 사회·역사적 지평으로 확대된다. 그 결과가 양적으로 《존재와 무》보다 두 배가량 더 많으면서도(1,400여 쪽) 미완으로 남아 있는 《변증법적 이성 비판》이다. 이 저서는 두 권으로 구성되어 있다. 1960년에 출간되었고, 〈방법의 문제(Questions de méthode)〉가 서론 격으로 앞에 붙어 있는 제1권에는 "실천적 총체들의 이론(Théorie des ensembles pratiques)"이라는 부제가 붙어 있다. 미완 상태로 사르트르의 사후에 유고집으로 출간된 제2권에는 "역사의 가지성(L'Intelligibilité de l'histoire)"이라는 부제가 붙어 있다.

이렇게 구성된 《변증법적 이성 비판》은 사르트르 연구자들도 쉽게 접근할 수 없는 저서다. 오랜 친구였던 아롱도 이 저서를 사르트르 철학의 '대전(summa, 大全)'으로 여기면서도 '바로크적(baroque)', '거의 괴물 같은(presque monstrueux)' 저서로 규정한다.[6] 이 저서를 '시로 쓴 철학' 혹은 기서(奇書)로 여기는 자들도 있다. 하지만 이 저서에 대한 이해 없이는 사르트르의 전체 사유의 윤곽을 제대로 그려낼 수 없다는 점은 분명하다.

실제로 《변증법적 이성 비판》에 대한 연구는 이 저서의 난해함과 복잡함으로 인해 그다지 활발하지 않다. 이 저서에 할애된 논문과 짧은 글들은 꽤 있다. 하지만 사르트르의 사회철학, 정치철학에서 강세를 보이는 미국에서도 카탈라노,[7] 데산,[8] 플린[9] 등의 연구가 있는 정도이고, 프랑스에서도 아롱, 레비스트로스[10] 등의 연구, 영국에서도 랭과 쿠퍼가 공저한 입문서[11] 등이 있는 정도다. 우리나라에서는 2009년에 이 저서가 번역되었지만,[12] 이 저서에 대한 관심은 극히 미미한 편이다.[13]

서구 철학사상 '이성과 반이성'의 유위변전을 여러 철학자들을 중심으로 다루고 있는 강좌의 일환으로 기획된 오늘 강의에서는 사르트르의 《변증법적 이성 비판》의 입문적 이해를 위해 이 저서의 제목에 포함된 '변증법적 이성', '비판', '실천적-타성태(le pratico-inerte)', '집렬체(série)', '융화집단(groupe en fusion)' 등의 개념을 간략하게 살펴보고자 한다.

2. 《변증법적 이성 비판》의 집필 배경

사르트르가 1960년에 출간된[14] 《변증법적 이성 비판》에 집중적으로 매달렸던 시기는 1957년 말에서 1960년 초 사이로 알려져 있다. 그로 인해 다음과 같은 궁금증이 생긴다. 그는 그 많은 분량의 글을 어떻게 3년여의 짧은 시기에 쓸 수 있었을까? 게다가 그가 이 시기에 했던 다른 활동을 고려하면 이 궁금증은 배가된다. 가령 1958년에 극작품 《알토나의 유폐자들(Les Séquestrés d'Altona)》이 공연되었다. 이 작품의 공연 시간은 세 시간이 넘는다. 보부아르의 증언이 있다. 그녀에 따르면, 사르트르는 각성제 코리드란(corydrane)을 남용하며 건강을 해치고, 시간과 죽음과 싸우면서 미친 듯이 《변증법적 이성 비판》을 써 내려갔다고 한다. 하지만 이런 증언만으로는 충분치 않다. 그보다는 오히려 그가 이 저서에서 그 자신의 20여 년 동안의 현실 참여를 압축시켜놓았다고 하는 편이 위의 궁금증에 대한 더 설득력 있는 해명이 아닌가 한다.

사르트르의 현실 참여는 제2차세계대전이 발발한 1939년으로 거슬러 올라간다. 전쟁에 동원되면서 그는 '개종(conversion)'을 한다. 그러면서 다음과 같은 발견과 경험을 하게 된다. '사회적 존재(un être social)'로서의 인간의 발견, '계급투쟁(lutte des classes)'의 발견과 '연대성(solidarité)'의 경험이 그것이다. 사회적 존재로서의 인간의 발견은 사회적·역사적 지평 위에 선 구체적 인간의 발견과 같은 것이다. 계급투쟁의 발견은 사르트르와 마르크스주의의 긴밀한 관계로 이어진다. 연대성의 경험과 관련해서는 제2차세계대전 당시 포로수용소에 갇혀 있을 때 그곳에서 공연했던 《바리오나 혹은 고통과 희망의 유희(Barionna ou le jeu de la douleur et de l'espoir)》를 통해 사르트르가 경험한 관객들과의 합일을 지적할 수 있다.[15]

1939년에 있었던 이와 같은 개종은 사르트르를 철저한 좌파 지식인으로 변모시킨다. 그가 프랑스 공산당(Parti Communiste Français: PCF)에 가입한 적은 없다. 계속 PCF의 비판적 '동반자(compagnon de route)'로 남는다. 그와 PCF의 관계가 늘 원만하지는 않았다. PCF는 특히 해방 이후 젊은이들의 우상으로 떠오른 그가 그들을 공산주의에서 멀어지게 한다는 이유로, 그를 맹렬하게 비난한다. 또한 그는 1948년에 미국과 구(舊)소련 사이에서 제3의 노선을 걷는 민주혁명연합(Rassemblement Démocratique et Révolutionnaire: RDR)을 결성하여 직접 정치에 뛰어들기도 한다. 1950년에는 구소련 내의 포로수용소에 대해 비판적 태도를 보이기도 한다.

이처럼 냉온탕을 오가던 사르트르와 PCF의 관계는 1950년에 발발한 한국전쟁, 1952년에 있었던 앙리 마르탱(Henri Martin) 사건,[16] 같은 해에 있었던 자크 뒤클로(Jacques Duclos) 체포 사건 이후 급속도로 가까워진다. 사르트르는 이 시기에 〈공산주의자들과 평화(Les communises et la paix)〉라는 글에서 "반(反)공산주의자는 개다. 나는 공산주의에서 빠져나가지 않을 것이다"라고 외치면서 '제2의 개종'을 선언한다.[17] 1954년에는 구소련을 방문하여 이 나라에서 비판의 자유가 완전하게 보장되었다는 인상을 받았다고 밝혀 파문을 일으키기도 한다.

사르트르가 공산주의와 밀월 관계를 유지하는 동안 그 유명한 '사르트르-카뮈' 논쟁과 '사르트르-메를로퐁티' 논쟁이 발생한다.[18] 1951년에 《반항인》을 출간하면서 '폭력'에 반대 입장을 보였던 카뮈와 더 나은 미래의 건설을 위해 현재에 자행되는 폭력을 정당화시키는 사르트르와 메를로퐁티의 입장이 충돌한다. 이른바 '진보적 폭력(violence progressive)'을 둘러싼 논쟁이다. 하지만 메를로퐁티는 한국전쟁을 계기로 구소련의 전체주의적 성격을 비난하면서 거기에 동조한 사르트르의 '과격 볼셰비키주의(ultra-bolchevisme)'를 비판하며 그와 갈라선다. 사르트르도 1956년의 헝가리 사태를 계기로 공산주의와의 밀월 관계를 청산하고, 1957년에는 〈스탈린의 망령(Le fantôme de Staline)〉이라는 글을 통해 공산주의와 멀어진다. 이후 그는 주로 제3세계의 사회주의 혁명에 관심을 갖는다.

어쨌든 이처럼 오랜 동안의 정치 참여로 진력이 나 있던 사르트르에게 폴란드의 한 잡지사가 '1957년의 실존주의 상황(Situation de l'existentialisme en 1957)'이라는 주제로 글을 써줄 것을 부탁한다. 1957년이 일이다. 이렇게 해서 그는 공산주의와의 관계를 되돌아볼 기회를 갖게 된다. 이 글이 〈방법의 문제〉의 모태가 된다. 그리고 이 글을 출발 삼아 그는 《변증법적 이성 비판》의 집필에 착수한다. 어쨌든 이 저서의 집필과 관련해서 한 가지 지적할 수 있는 점은, 그가 3년여의 짧은 기간에 그 많은 양의 글을 쓸 수 있었던 것은 꽤 오랫동안 지속된 정치 참여에 대한 경험, 부단한 시행착오, 그리고 특히 공산주의에 대한 철학적 반성과 성찰 등이 있었기 때문이라는 사실이다.

3. 변증법적 이성의 비판

1) '마르크스주의-실존주의' 결합

앞에서 사르트르의 평생의 기획이 '인간에 대한 이해'에 있다는 사실과 1939년의 개종 이후 이 기획은 존재론에서 인간학으로 확대된다는 사실을 지적했다. 물론 사르트르가 염두에 둔 인간학은 구조적·역사적 인간학이다. 이 인간학은 '종합적 인간학(anthropologie synthétique)'으로 불리기도 한다. 사르트르는 이 인간학을 칸트의 《프롤레고메나(Prolegomena to any Future Metaphysics)》(1783)의 제목을 패러디해 "미래의 모든 인간학에 대한 프롤레고메나(Prolégomènes à toute anthropologie future)"[19]로 규정하고 있다.

그런데 사르트르는 이 인간학의 정립 과정에서 마르크스주의, 그중에서도 '변증법적 유물론'보다는 '역사적 유물론'에 바탕을 둔 마르크스주의를 수용한다. 이와 같은 사실은 마르크스주의가 그의 동시대의 "뛰어넘을 수 없는(indépassable) 철학"[20]이라는 유명한 그의 선언에 잘 드러나 있다. 다만 그는 자신이 활동하던 시대에 마르크스주의가 경화(硬化)되어 제 기능을 발휘하지 못하고 있는 것으로 판단하고 있다. 그에 의하면 이른바 '의사(擬似)-마르크스주의자들(pseudo-marxistes)'의 무지와 게으름의 소치로 마르크스주의가 생명력을 잃었다는 것이다.

특히 엥겔스의 자연변증법(dialectique de la nature)에 대한 지나친 신뢰로 인해 마르크스주의에서 '인간'이 '사물'로 취급되고, 또 스탈린 치하의 구소련에서 볼 수 있듯이 마르크스주의가 교조화되어 독단에 빠져 있다는 것이다. 그러니까 마르크스주의가 구체적이고 생생한 현실에 대해 사고하고 성찰할 수 있는 동력을 상실했다는 것이 사르트르 주장이다. 요컨대 "마르크스주의가 정지해버렸다(le marxisme s'est arrêté)"[21]는 것이다.

이처럼 빈사 상태에 빠진 마르크스주의에 '신선한 피'를 수혈시켜 생기를 회복시키는 것, 이것이 바로 사르트르의 인간학의 핵심 과제 중 하나다. 그는 이 임무를 그 자신의 '실존주의(existentialisme)'에 맡긴다. 그에 따르면, 마르크스주의를 빈사 상태에 빠뜨린 주요 요인은 역사 형성의 주체인 인간들 각자의 개별성과 특수성에 대한 소홀이다. 그런데 사르트르 자신의 실존주의는 인간들 각자의 개별적 행위, 곧 개별적 기투(projet)—이것은 그의 인간학에서 '실천(praxis)'과 같은 것이다[22]—의 의미 파악에서 그 어떤 이론보다 큰 장점을 가지고 있다. 따라서 실존주의는 마르크스주의 내부에서 하나의 "독립된 영역(enclave)"[23]을 가질 수 있고, 그 영역으로부터 경화된 마르크스주의의 결점을 보완해줄 수 있다는 것이다. 물론 사르트르는 이 영역의 시효가 길지 않을 것으로 예측한다. 마르크스주의가 생기를 회복하면 실존주의는 그 존재 이유를 상실할 것이기 때문이다.[24]

이와 같은 문제의식에서 출발해서 사르트르는 〈방법의 문제〉에서 마르크스주의를 보완하기 위해 '매개(médiation)'의 필요성을 제기한다. 그리고 그 보조 학문으로 사회학(sociologie)과 특히 프로이트의 정신분석학(psychanalyse)의 유용성을 검토한다. 그 결과 사르트르는 "전진적·

후진적 방법(méthode progressive-régressive)"[25]을 제시한다. 이렇게 해서 그는 한 인간의 인격 형성에서 큰 비중을 차지하는 어린 시절과 가족과의 관계, 그가 성장하면서 정립하게 되는 여러 유형의 인간관계, 그가 실천의 과정에서 접하게 되는 객관적 여건(자연, 사회, 경제, 정치, 문화적 여건 등)에 대한 의미 부여와 그 극복을 위한 행동, 곧 기투 자체를 종합적으로 파악하고, 궁극적으로 이를 바탕으로 이 인간을 이해하고자 하는 것이다.

2) 변증법적 이성과 비판

만일 사르트르의 인간학에서 인간들 각자에 대한 이해만이 목표라면, 방금 살펴본 '전진적·후진적 방법'을 통해 이 목표에 도달할 수 있을 것이다. 아울러 이 인간의 '실천'을 지배하는 법칙 또는 논리를 종합적으로 파악할 수 있을 것이다. 사르트르는 최소한 그렇게 추론했을 것이다. 그런데 사르트르는 이처럼 인간의 실천을 지배하는 법칙 또는 논리를 '이성(raison)'으로 규정한다.[26] '이성'은 보통 '인간의 사유 활동을 총괄하는 능력'으로 이해된다. 그런데 이성이 가진 이와 같은 능력을 선천적이라고 본 칸트와는 달리 헤겔은 이 개념을 존재(Être)와 연결시켜 이해하려 한다. 하지만 그 과정에서 헤겔은 이성을 현실 일반, 곧 존재의 인식(Connaître)을 위한 개념으로 규정함으로써 지나치게 사변적이고 관념적인 이성 개념을 확립하고 만다. 하지만 사르트르는 헤겔의 이와 같은 이성 개념에서도 '존재'와 '인식'의 관계가 '변증법적'이라는 사실을 받아들이고 있는 것 같다.

한편 마르크스는 헤겔의 사유를 계승하면서 '존재'를 '인식'에 앞세운다. 다시 말해 '물질'을 '정신'보다, '존재'를 '사유'보다 우선시한다. 마르크스는 헤겔의 이성 개념을 비판하면서 정신에 외재적인 객관적 존재(가령 자연이나 사회)의 변화와 발전에 방점을 찍고 있다. 그러니까 마르크스는 이성을 객관적 존재를 인식으로 통합시키는 지나치게 사변적이고 관념적인 사유 활동으로 파악하는 것을 거부하고, 인간이 객관적 존재에 작용하는 활동, 곧 실천에 의해 발전해나가는 사유 활동으로 파악하고 있다. 물론 헤겔과 마찬가지로 마르크스 역시 이성을 결정하는 '존재'와 '인식'의 관계를 변증법적으로 보고 있다.

그런데 사르트르의 《변증법적 이성 비판》에서 볼 수 있는 '이성'은 헤겔과 마르크스의 견해를 종합하고 있는 것으로 보인다.

> 그 누구도—경험주의자들조차도—이성을 인간적 사고—어떤 사고이든 간에—의 단순한 배열로 부르지 않았다. 합리주의자는 이 배열이 존재의 질서를 재현하거나 구성해야 한다고 보았다. 그보다는 이성이란 인식과 존재 사이의 모종의 관계다.[27]

여기에서 사르트르가 제시하고 있는 "인식과 존재 사이의 모종의 관계(un certain rapport de la connaissance et de l'Être)"라는, '이성'에 대한 규정은 정확히 '존재'와 '인식', 즉 '물질'과 '정신' 혹은 '존재'와 '사유' 사이의 관계에 주목했던 헤겔과 마르크스의 그것과 다르지 않은 것으로 보인다. 다만 《변증법적 이성 비판》에서 사르트르는 마르크스주의의 효용성을 인정하고 자신의 실존주의를 통해 그 단점을 보완하려고 하기 때문에, 마르크스가 제시한 이성 개념에 더 충실한 것으로 보인다.

그런데 헤겔과 마르크스와 마찬가지로 사르트르 역시 '존재'와 '인식' 사이의 관계로 파악되는 '이성'을 이미 그 자체로 '변증법적

(dialectique)'인 것으로 본다. 그도 그럴 것이 인간의 실천은 다음과 같은 '이중의 왕복운동'과 무관하지 않기 때문이다. 우선 이 인간은 자신의 실천을 수행하는 과정에서 객관적 여건과 부딪혀 그것을 극복해야 하는 입장에 있다. 그다음으로 이 인간은 객관적 여건을 극복하는 과정에서 나타난 실천의 결과가 다시 기존의 객관적 여건과 합해져 재차 그의 실천을 제약하는 것을[28] 반복적으로 극복해야 하는 입장에 있다. 요컨대 인간의 실천을 지배하는 법칙 또는 논리로 이해되는 '이성'은 이미 '변증법적 이성'이라는 것이 사르트르의 주장이다.

사르트르는 또한 인간의 실천은 그 자체로 '총체적(totalisatrice)'이고, 따라서 이 실천의 이해의 과정은 그대로 '총체화(totalisation)'의 과정이라고 본다. 우선 이 인간은 객관적 여건을 극복하는 과정에서 부분적으로 관여하지 않는다. 《변증법적 이성 비판》에서 인간은 '욕구'의 주체, 곧 물질적 주체로 규정된다. 따라서 인간은 '비(非)존재(non-être)', 곧 '죽음'의 나락으로 떨어지지 않기 위해 그를 에워싸고 있는 물질세계와의 관계 속에서 자신의 욕구를 충족시켜야만 한다. 그런데 이 과정에서 문제가 되는 것은 이 인간의 전(全) 존재다.

또한 이 인간에게 때로는 유리하게, 또 때로는 불리하게 작용하는 그를 에워싸고 있는 물질세계 역시 이 인간과의 관계에 총체적으로 개입한다. 이처럼 《변증법적 이성 비판》에서 인간들 각자의 개별적 실천은 그대로 '총체화'의 과정이라고 할 수 있을 것이다. 그도 그럴 것이 실제로 모든 실천은 그 주체가 거기에 관여하는 모든 여건을 극복하고, 또 그가 제시하는 하나의 목적에 따라 이 조건들을 종합하고 통일시키기 때문이다. 그 결과 '총체화'의 과정이자 '총체적'인 인간의 개별적 실천을 지배하는 '이성'은 '변증법적'임과 동시에 '총체적'일 수밖에 없게 된다. 그러니까 '변증법적 이성'은 '총체적 이성' 또는 '종합적 이성'일 수밖에 없다.

그런데 사르트르가 《변증법적 이성 비판》에서 제시하는 과제 중 하나는 이처럼 개인 차원에서 유효할 수 있는 '변증법적 이성'을 '역사(Histoire)' 전체로 확대시킬 수 있는가의 여부다. 그러니까 개별적 실천과의 유비(analogie)를 통해 역사를 '하나의 과정(un processus)', '하나의 가지성(une intelligibilité), '하나의 진리(une Vérité)'를 가진 것으로 파악 가능하겠는가 하는 것이다. 다시 말해 역사는 이 역사 형성에 참여하는 수많은 개인들의 '총체화들(totalisations)', 따라서 그들 각자의 '진리들(vérités)', '역사들(histoires)' 전체를 아우르는 '하나의 유일한 총체화(une seule Totalisation)'를 이룰 수 있는가가 관건이다. 그리고 사르트르는 이와 같은 총체화를 파악할 수 있는 이성, 곧 '변증법적 이성'이 과연 있는가를 살펴보고자 한다. 그리고 이와 같은 이성이 자연과학에서 적용되는 '분석적 이성(raison alanytique)' 또는 '실증적 이성(raison positiviste)'과 같은 것인지를 검토하고자 한다.[29]

> 따라서 내가 이 연구에서 내세우는 목표는 자연과학에서의 실증주의적 이성이 인간학의 전개 과정에서 발견될 바로 그 이성인가를 밝혀보는 것이며, 혹은 인식과 인간에 의한 인간의 이해가 단지 특수한 방법론뿐만 아니라 새로운 이성, 즉 사고와 대상 사이의 새로운 관계를 품고 있는가를 밝혀보는 것이다. 그러니까 변증법적 이성이 있는가를 살펴보는 것이다.[30]

이처럼 '변증법적 이성'은 구조적·역사적 인간학의 정립 과정, 그러니까 인간에 대한 하나의 진리와 역사에 대한 하나의 진리를 파악하는 과정에서 그 존재 여부를 알게 되고, 또한 이 모든 과정의 끝에서야 비로소 그 모습을 제대로 파악할 수 있게 될 것이다.

바로 여기에서 '변증법적 이성'에 대한 '비판(critique)'의 의미가 드러난다. 실제로 사르트르는 역사에 대한 이해에서 '변증법적 이성'이 어느 정도까지 유효한지, 또 그 한계는 어디에 있는지, 곧 그것의 "유효성과 한계(la validité et des limites)"[31]를 검토하는 것을 《변증법적 이성 비판》의 주된 목표 중 하나로 설정하고 있다. 그런데 이와 같은 검토가 바로 '비판'의 의미에 해당한다. 이것은 정확히 칸트가 그의 3대 비판서인 《순수이성 비판》, 《실천이성 비판》, 《판단력 비판》에서 수행했던 작업과 유사한 것이다. 이처럼 《변증법적 이성 비판》에서도 '비판'은 '비난'이나 '헐뜯음'과는 아무런 상관이 없다.

3) 실천적 총체들: 집렬체와 융화집단

사르트르는 이처럼 자신의 인간학 정립을 위해 '변증법적 이성'의 도입과 적용의 가능성과 필요성을 지적한 뒤, 곧바로 이 문제에 답을 하기 위한 장도에 오른다. 특히 "실천적 총체들의 이론"이라는 부제가 붙어 있는 《변증법적 이성 비판》 제1권에서는 '실천적 유기체(organisme pratique)'의 자격으로 자신의 물질적 '욕구'를 충족시키기 위해 주위의 물질세계와 끝없는 긴장 관계를 맺는 한편, 그 과정에서 역사 형성에 기여하기도 하는 주체인 인간이, 우연히 그 물질세계에서 같이 살게 된 '다른 인간들'과 더불어 또 다른 역사 형성의 주체인 '군집(rassemblement)'을 어떻게 형성하는가, 그리고 이 군집의 유위변전은 어떻게 진행되는가를 탐구하고 있다. 그리고 이들 주체들에 의해 형성된 역사의 의미가 무엇인가, 그리고 그 의미는 과연 가지적인가(intelligible)의 여부—제2권의 부제가 "역사의 가지성"이다—를 묻고 있다.

사르트르는《변증법적 이성 비판》제1권에서 실천적 총체들의 일환으로 '집렬체(série)', '융화집단(groupe en fusion)', '서약집단(groupe assermenté)', '조직화된 집단(groupe organisé)', '제도화된 집단(groupe institutionnalisé)'에 대해 집중적으로 다루고 있다. 그에 따르면, 집렬체란 그 구성원들이 집단적 주체의 자격으로 실천을 도모할 때, 그들의 관계가 가공된 물질(matière ouvrée)—'기계(machine)'가 좋은 예인데—의 작용에 의해 '이타성(altérité)'에 의해 지배되고, 따라서 그들의 관계가 항상 대립적인 상태에 있는 그런 군집으로 간주된다. 하지만 이들은 자신들의 실천을 위협하는 이와 같은 집렬체라는 외재적 조건을 그 다음번의 실천에서 반드시 극복해야 하는 입장에 처하게 된다. 사르트르는 이처럼 이들 집렬체 구성원들이 내부적 대립의 격화로 인해 자신들의 삶이 피폐해져 더 이상 인간다운 삶을 누리기 어려운 상태가 되면—이 상태가 바로 계급투쟁에 의해 발생하는 '혁명'의 순간에 해당한다—단결하여 '융화집단'을 이루게 된다고 본다. 사르트르는 이 과정을 설명하기 위해《변증법적 이성 비판》에서는 1789년 프랑스 대혁명 당시 바스티유(Bastille) 감옥을 공격하는 파리 시민들의 모습을 보여주고 있다.

'융화집단' 구성원들의 관계는 '이타성'이 아니라 '완벽한 상호성(réciprocité parfaite)'에 의해 특징지어진다. 이것은 서로가 서로에 대해 주체로 작용한다는 것을 의미한다. 그러니까 이 융화집단의 세계는 '우리들(nous)'의 세계인 것이다. 하지만 문제는 이와 같은 융화집단은 그 구성원들이 함께 '행동하는 중에만', 다시 말해 집단적 실천이 행해지고 있는 동안에만 그 존재 이유를 가질 수 있을 뿐이라는 점이다. 따라서 이 융화집단은 지금의 단결 상태를 계속 유지하기 위해 자발적으로 필요한 조치를 강구하게 된다. 그것이 바로 '서약(serment)'이다.

'서약'은 '융화집단' 구성원들이 이 집단의 영속을 위해 이 집단의 이름으로 자신들의 자유를 자발적으로 구속하고, 또 나아가서는 배반자의 처벌을 요구하는 일종의 '폭력' 행위다. 사르트르는 이와 같은 서약에서 '강제적 힘(force coercitive)', 곧 '권력(pouvoir)'이 유래한다고 보고 있다. 여하튼 한 가지 분명한 사실은 이와 같은 서약을 통해 '융화집단'은 '서약집단'으로 변모하게 되고, 이 집단의 구성원들 사이의 관계는 이른바 '형제애-공포(Fraternité-Terreur)'에 의해 규정된다. 또한 '형제애-공포'는 '서약집단' 내부에서 최소한의 폭력으로 더 큰 폭력의 발생을 예방하는 방어적(préventif) 역할을 수행하기도 한다.

이렇게 규정된 '서약집단'은 그다음 단계에서 '조직화된 집단'으로 변모한다는 것이 사르트르의 주장이다. 그런데 이 '조직화된 집단'의 특징 중 하나는 '융화집단' 형성 시에 없애버리고자 했던 '이타성'을 다시 이 집단 내부로 도입한다는 것이다. 이는 이 집단의 효율적 관리와 운영을 위해 어쩔 수가 없는 것으로 여겨진다. 사르트르는 이와 같은 과정을 보여주기 위해 축구팀을 예로 들고 있다. 승리라는 공동의 최종 목표를 위해 축구팀에서는 선수들 각자의 능력을 극대화시켜야 할 것이다. 그러려면 당연히 선수들 각자가 자기 포지션에서 전문화되어 대체 불가능한 선수가 되어야 할 것이다. 그런데 이것은 정확히 인간들이 자신들의 필요에 의해 생산해낸 '가공된 물질'의 지배, 바꿔 말해 '실천적-타성태'의 지배하에 다시 들어가게 된다는 것을 의미한다. 그리고 사르트르에 따르면, '조직화된 집단'은 마지막 단계에서 '제도화된 집단'('국가'가 가장 좋은 예다)으로 변모하게 된다. 쉽게 짐작할 수 있는 일이지만, 국가와 같은 대규모의 집단에서 '이타성'은 극대화된다.

사르트르는 이처럼 개인의 실천에서 출발해서 군집의 형성과 변모의 과정을 '변증법적 이성'에 입각해 탐구하고 있다. 그 결과를 종합해 보면, 사르트르 자신이 기획했던 구조적·역사적 인간학은 결국 '집렬체'와 '융화집단'의 '재집단화와 경화의 끊임없는 이중운동(double mouvement perpétuel de regroupement et de pétrification)' 위에 정립된다는 사실을 확인할 수 있다. 또한 이 운동의 기저에는 '폭력'이 도사리고 있다는 사실 역시 알 수 있다. 그러니까 집렬체 내에서의 대립과 폭력, 이를 분쇄하기 위한 '융화집단'의 형성 계기가 되는 폭력[이는 '치유적 폭력(violence curative)' 또는 '초석적 폭력(violence fondatrice)'에 해당된다], '융화집단'의 존속을 위해 사용되는 '서약'에 공통된 '공포-폭력'(이는 '방어적 폭력'에 해당된다)을 중심으로 전개된다는 사실이 그것이다.

그런데 《변증법적 이성 비판》의 제1권에서 포착된 개인 또는 개인들의 실천을 토대로 형성된 '집렬체'에서 '융화집단'으로의 이행, 그리고 다시 이 '융화집단'에서 '집렬체'로의 이행—실제로 사르트르는 이 두 이행 과정 사이의 선후를 선험적으로 정하는 것은 불가능하다고 말하고 있다—의 파악을 끝으로 '변증법적 이성'은 이제 더 이상 작동할 수가 없게 된다. 왜냐하면 이 이성의 작동은 계속해서 '집렬체-융화집단' 혹은 '융화집단-집렬체'의 축을 따라 이루어지는 순환적 왕복운동 안에 갇힐 뿐이기 때문이다. 이와 같은 상황에서 우리가 던질 수 있는 질문은 바로 이와 같은 순환성을 '역사'가 형성되는 구체적인 상황 속에서 포착할 수 있는가의 여부가 될 것이다. 이것이 사르트르가 《변증법적 이성 비판》 제2권에서 제기하고 있는 문제다. 제2권의 핵심적 과제는 과연 '역사'라고 하는 '진행 중에 있는 총체화(totalisation en processus)'는 '가지적'인가의 문제로 귀착된다. 또한 '집렬체-융화집단' 혹은 '융화집단-집렬체'의 축을 따라 이루어지는 순환적 왕복운동은 결국 투쟁에 의해 이루어지기 때문에, 제2권의 주된 과제는 과연 이 투쟁은 가지적인가라는 질문과 표리 관계에 있다고 하겠다.

4. 인간의 주체성과 이성을 향하여

1,400여 쪽이 넘는 대작인 《변증법적 이성 비판》을 읽는 일은 결코 쉬운 일이 아니다. 나아가 이 저서의 내용을 간단하게 요약, 정리한다는 것은 더더욱 어려운 일이다. 그럼에도 불구하고 우리는 다음과 같은 질문에 답을 할 수 있어야 할 것 같다. 분량도 많고 난해하기로 소문난 이 저서를 읽어야 하는 이유는 어디에 있을까? 크게 다음의 네 가지 측면에서 그 이유를 찾을 수 있지 않을까 한다.

첫째, 사르트르 사유 체계 내의 연속성 문제와 종합적 이해의 측면이다. 실제로 《존재와 무》와 《변증법적 이성 비판》 사이에 이른바 '인식론적 단절(rupture épistémologique)'이 있는가 하는 문제가 제기되곤 한다. 이 문제에 대해 대다수의 연구자들은 단절보다는 연속성이 있다는 쪽으로 기운다. 그리고 그들은 그 연속성을 주로 '인간'에서 찾는다. 물론 그들은 사르트르의 관심이 제2차세계대전을 기점으로 개별적 인간에서 집단적 인간으로 이동했다는 것과 그의 관심사가 점차 개인의 실존에 대한 해명에서 사회와 역사를 형성하는 인간과 역사 자체의 해명으로 옮겨갔다는 것은 인정한다. 그럼에도 불구하고 그들은 이와 같은 관심의 이동에서도 인간의 '주체성', '개별적 기투', '자유' 등이 가진 의미는 변하지 않은 것으로 보고 있다. 또한 그런 만큼 사르트르의 전체 사유를 파악하려면 반드시 《변증법적 이성 비판》에 대한 이해가 필수적이라는 주장을 편다.

둘째, 서구에서 1970년대를 전후해 거세게 일어났던 이른바 '주체의 죽음' 또는 '인간의 죽음'을 둘러싼 논쟁과 관련된 측면이다. 방금 지적한 것처럼, 사르트르는 《변증법적 이성 비판》에서도 《존재와 무》에서와 마찬가지로 세계의 중심, 만물의 영장으로서의 인간의 지위를 확고하게 인정하고 있다. 하지만 《변증법적 이성 비판》에 이어 등장한 구조주의는 '주체의 죽음'을 선언하면서 급기야 사르트르의 주장을 폐기 처분하게 된다. 예컨대 구조조의를 대표하는 인류학자 레비스트로스는 《야생의 사고(La Pensée sauvage)》의 마지막 장(章)을 《변증법적 이성 비판》에 할애하고, 사르트르의 대부분의 주장을 통렬히 비판하고 있다. 물론 레비스트로스가 주창한 구조주의적 사유는 후일 다시 후기구조주의적 사유의 도전에 직면한다. 그 와중에 '주체의 소생' 또는 '귀환'의 문제가 재차 제기되고 있다. 이렇듯 1970년대를 기점으로 서구 인문학 분야에서 제기된 '인간'을 둘러싼 계속되는 논쟁을 잘 이해하려면 '20세기 최후의 주체주의자', '20세기 마지막 철학자', '20세기 마지막 거대 담론 주창자' 등의 칭호를 받고 있는 사르트르의 《변증법적 이성 비판》에 대한 이해가 필수적으로 요청된다 하겠다.

셋째, '총체성'에 대한 환상과 포기라는 측면이다. 헤겔, 마르크스, 루카치로 이어지는 "진리는 전체다"라는 명제로 요약되는 총체성의 신화는 《변증법적 이성 비판》에서도 여전히 유효하다. 그런 이유로 푸코는 사르트르는 "19세기 사람의 안목으로 20세기를 사유하려는 거창하고도 비통한 노력"을 하고 있다고 비판한다. 하지만 거대 담론의 유효성이 부정되고, 무한정 파편화된 영역들과 분열증적 주체들로 이루어진 세상에 대한 '총체적 지식'이 부정되는 오늘날과 같은 사회에서 '총체성'에 대한 신화를 다시 꿈꿀 수는 없는 것인가에 대한 향수다. 인간은 이제 자신과 그를 에워싸고 있는 세계에 대한 거시적·종합적·총체적 지식을 영원히 꿈꿀 수 없는 것일까?

넷째, 인류 최대의 적인 '폭력'과 관련된 측면이다. 폭력 현상은 인류의 가장 오래된 동반자다. 하지만 폭력은 인류가 가장 빨리 떨쳐버리고 싶은 동반자이기도 하다. 먼 과거에도 가까운 과거에도 폭력에 대한 전쟁이 수없이 선언되었지만, 폭력은 지금 이 순간에도 우리 주위에서 간단없이 자행되고 있다. 이런 점을 고려할 때 《변증법적 이성 비판》에서 폭력 발생의 원인과 그 현상, 그리고 그 해결책을 그 나름의 방식으로 다루고 있는 사르트르의 노력은 제대로 평가되어야 할 것이다.

더 읽어볼 책

레비스트로스, 클로드. 1997. 《야생의 사고》. 안정남 옮김. 한길사.

구조주의를 대표하는 저자는 이른바 '미개사회'와 '문명사회'의 외관적인 차이에도 불구하고 그 기저에는 비슷한 논리적 구조가 내재되어 있다는 전제에서 출발해서, 특히 자신들의 우월성을 주장하는 서구 문명사회들의 환상을 가차 없이 비판하고 있다. 이런 비판의 일환으로 사르트르의 변증법적 이성을 비판하는 이 책의 제9장 〈역사와 변증법〉을 더 읽어보길 권한다.

샤프, 아담. 1983. 《마르크스냐 싸르트르냐?》. 박성수 옮김. 인간사.

아담 샤프는 1950년대 중반에 폴란드에서 커다란 관심을 끌었던 실존주의 연구에 주목하면서 개인의 실존과 사회적 존재의 의미를 마르크스와 사르트르의 사유를 통해 설명하고 있다. 저자는 특히 사르트르가 왜 마르크스주의에 그 자신의 실존주의를 접목시키려고 했는가를 잘 보여주고 있다.

변광배. 2020. 《사르트르와 폭력》. 그린비.

사르트르의 철학과 문학작품에 나타난 폭력 현상을 분석한 책이다. 사르트르에게서 폭력 현상이 갖는 중요성에 주목하고, 폭력의 기원, 폭력의 정의, 폭력 현상 분석, 폭력에 대한 대안 모색으로 구성했다. 특히 폭력의 기원 문제를 다루면서 《변증법적 이성 비판》을 다루고 있는 부분을 참고하기 바란다.

2부

반이성적 사유의 가능성과 다양성

11장

니체
이성은 힘에의 의지의 도구다

박찬국(서울대학교 철학과 교수)

1. 이성 중심에서 의지 중심으로

니체가 평생에 걸쳐서 투쟁 대상으로 삼은 것은 플라톤적인 형이상학과 기독교를 규정하는 이성 중심적 이원론이다. 이러한 이원론에서는 인간은 이성과 감성으로 이루어진 존재로 간주되었다. 이 경우 감성은 신체와 감각뿐 아니라 소유욕과 명예욕과 같은 자기중심적인 욕망과 충동을 가리킨다. 이러한 감성은 이기적인 반면에 이성은 보편적인 선을 지향하는 것으로 간주되었다. 이러한 보편적인 선을 구현하기 위해서는 이성은 감각적인 욕망이나 충동뿐 아니라 소유욕이나 명예욕과 같은 욕망도 근절해야 하는 것으로 파악되었다. 이원론에서는 인간의 이성은 원래 보편적인 것인데 인간은 서로를 구별하는 신체를 통해서 이기적인 존재가 되었다고 본다. 따라서 이원론에서는 감각적인 욕망

뿐 아니라 이기적인 욕망은 모두 신체에서 비롯되는 것으로 본다.

이러한 이원론은 감각적이고 이기적인 욕망을 근절할 것을 요구하는 금욕주의를 주창하게 된다. 그러나 이러한 욕망은 근절하기가 거의 불가능한 자연적인 욕망이기에 인간은 결국 죄의식에 시달리게 되고 자신을 학대하게 된다. 이런 의미에서 니체는 플라톤적 형이상학과 기독교에 의해서 규정된 서양의 역사는 죄의식과 자기 학대로 점철된 병적인 역사로 보았다. 니체 철학의 주요한 목표는 이렇게 인간을 병들게 만드는 이성 중심적인 이원론을 극복하고 인간을 건강하게 만드는 비전을 제시하는 것이었다.

니체 이전에, 니체가 가장 큰 영향을 받았던 철학자인 쇼펜하우어가 이미 이성 중심적인 이원론에 반기를 들었다. 그러나 쇼펜하우어는 이성에 반해서 신체와 감성의 편을 들었다기보다는 이성과 신체와 감성을 의지가 이용하는 도구로 보았다. 쇼펜하우어는 의지 일원론의 입장을 취하면서 이성과 신체를 이러한 의지에서 파생된 것으로 보았다. 이러한 의지는 맹목적인 생존과 종족 보존에의 의지이며 향락과 즐거움에의 의지다. 인간은 맹목적으로 자신의 생존과 종족의 보존을 추구하며 향락과 즐거움을 추구하면서 이성과 신체를 자신을 관철하는 도구로 이용한다.

이런 의미에서 쇼펜하우어는 의지는 절름발이를 어깨에 메고 가는 힘센 장님이라고 말한다. 여기서 절름발이는 이성이다. 이성은 의지의 뜻을 실현하기 위한 수단을 생각해낼 수는 있지만 그러한 생각을 관철할 수 있는 힘을 갖지 못한다. 이 점에서 쇼펜하우어는 이성을 절름발이라고 말하고 있다. 이성이 강구해낸 수단을 관철할 수 있는 힘은 의지에서 비롯되지만, 의지 자체는 그러한 수단을 생각해내지는 못한다는 점에서 맹목적이다. 따라서 쇼펜하우어는 의지를 힘센 장님에 비유하고 있다.

예를 들어 우리가 어떤 아름다운 이성에게 반했을 때 의지는 이성에게 그 이성을 유혹할 수 있는 방법을 강구할 것을 명령한다. 이성은 이러한 명령에 복종하여 방법을 고안하게 된다. 우리가 아름다운 이성에게 혹하게 되는 것은 우리 내부에서 작용하고 있는 종족 보존에의 의지 때문이다. 이러한 의지가 우리로 하여금 어떤 이성을 아름답게 보도록 현혹하면서 그 이성과 성관계를 맺도록 우리를 몰아대는 것이다. 이성은 그러한 이성을 유혹할 수 있는 방법을 고안해내지만, 그러한 방법을 관철할 힘은 갖지 못한다. 그 이성이 우리에게 넘어올 때까지 그 방법을 관철하도록 우리를 몰아대는 것은 우리 내부의 종족 보존에의 의지다. 이런 의미에서 인간은 이성적 존재라기보다는 의지적 존재요 욕망의 존재다. 따라서 쇼펜하우어는 상대방을 설득하려면 상대방의 이성이 아니라 상대방의 이익, 욕망, 의지에 호소해야 한다고 말한다.

사실상 많은 사회에서 이루어지는 많은 합의는 그 합의가 이성적이기 때문이라기보다는 합의 당사자들의 이익에 맞아떨어지기 때문인 경우가 많다.

니체는 쇼펜하우어와 같이 의지 일원론을 주창하지만 의지의 본질을 파악하는 것과 관련해서는 전적으로 의견을 달리한다. 니체는 인간은 자신의 생존이나 종족 보존 혹은 즐거움이나 향락이 아니라 힘의 고양과 강화를 의지의 대상으로 삼는다고 본다. 이러한 의지를 니체는 힘에의 의지라고 부른다. 니체는 이렇게 말하고 있다.

힘의 마력(魔力). 필요도 욕망도 아니고 힘에 대한 사랑이야말로 인류의 수호신이다. 인간에게 모든 것을, 즉 건강, 음식, 주택, 오락을 줘봐라. 그들은 여전히 불행하고 불만스러워할 것이다. 왜냐하면 마력적인 존재가 기다리면서 채워지기를 원하고 있기 때문이다. 그들에게서 모든 것을 빼앗고 이 마력적인 존재를 만족시켜보라. 그러면 그들은 대부분 행복하게 된다. 인간과 마력적인 존재가 행복할 수 있는 최대한 정도까지.[1]

2. 정념들의 승화를 통한 힘에의 의지의 강화

니체는 힘에의 의지를 인간의 삶을 규정하는 가장 근본적인 것으로 보면서 선과 악이라는 개념과 행복이라는 개념도 새롭게 규정하려고 한다.

선이란 무엇인가? 그것은 힘의 감정을, 힘에의 의지를, 힘 자체를 고양시키는 모든 것이다. 악이란 무엇인가? 약함에서 비롯되는 모든 것을 말한다.[2]

전통적으로 선은 다른 사람들에게, 특히 곤경에 처한 사람들에게 도움을 주는 것으로 간주되었고, 악은 다른 사람에게 해를 끼치는 것으로 간주되었다. 그러나 니체는 선이란 우리의 힘을 고양시키는 데 도움이 되는 것이요, 악은 우리의 힘을 약화시키는 것이라고 보고 있다. 니체의 이러한 새로운 기준에 따르면 플라톤적인 형이상학과 기독교와 같은 이원론은 인간을 병들게 만들고 약하게 만든다는 점에서 악한 것이 되는 셈이다.

전통적인 선악 기준에 따르면 카이사르나 나폴레옹 같은 사람은 악한 인간들이다. 이들은 사람들에게 엄청난 고통을 야기하는 전쟁을 막기보다는 오히려 일으킴으로써 수많은 무고한 사람들의 목숨을 빼앗았기 때문이다. 그러나 니체는 카이사르나 나폴레옹과 같은 사람을 자신의 힘을 최대로 고양시키고 강화시킨 인간으로 본다. 또한 니체는 카이사르나 나폴레옹은 그렇게 자신의 힘을 최대로 고양시키고 강화시키면서 자신을 따르는 사람들의 힘도 고양시키고 강화시켰다고 본다. 카이사르나 나폴레옹을 따르는 사람들은 카이사르나 나폴레옹에게 감화되어 죽음을 두려워하지 않는 불굴의 용사로 고양되었다는 것이다.

니체는 앞서 본 것처럼 선과 악이라는 개념을 재정의하기도 하지만, 선과 악이라는 전통적인 가치 기준에 대해서 탁월함과 저열함이라는 새로운 가치 기준을 제시하기도 한다. 나폴레옹이나 카이사르는 전통적인 가치 기준에 비추어 볼 때 악한 인간이지만 그들이 탁월한 인간이라는 것은 사실이다. 그들은 남다른 자기통제력과 불굴의 용기와 지혜, 그리고 강력한 리더십을 가졌다.

니체가 이성 중심적인 이원론을 반대한다고 해서 욕망의 무분별한 분출을 찬성했다고 보아서는 안 된다. 힘에의 의지는 소유욕이나 명예욕, 그리고 남들을 압도하려는 호승심이나 지배욕과 같은 욕망 내지 정념을 통해서 표현된다. 힘에의 의지는 이러한 욕망이나 정념을 절도있게 구현하는 것을 통해서 강화된다.

이런 의미에서 니체는 자신을 지배할 줄 아는 자만이 다른 사람들도 지배할 수 있다고 보았다. 카이사르나 나폴레옹은 자신의 욕망이나 감정 등을 적절하게 통제할 힘을 가졌기 때문에 다른 사람들을 지배하는 힘도 가질 수 있었다. 이들은 명예욕이나 정복욕을 이원론처럼 근절하려고 하기보다는 그것들을 자기 고양과 자기 강화를 위한 발판으로 승화시켰다. 그들은 강한 명예욕과 정복욕을 가졌기에 남보다 더 큰 노력을 할 수 있었다. 그러나 그들은 그러한 욕망들을 적절하게 통제할 수도 있었기에 자신들에게 굴복한 적들에게도 관용을 베풀면서 포용하려고 했다. 이들은 적을 물리력으로 압도하는 것 못지않게 정신적으로까지 압도하면서 자신들의 힘을 최고도로 고양시키고 강화한 것이다.

니체는 성욕이나 다른 사람들을 압도하고 싶어 하는 호승심과 같은 정념들을 이원론이 주장하는 것처럼 근절하는 것에 의해서가 아니라 오히려 그것들을 승화시켜야 한다고 보았다. 미켈란젤로는 최고의 예술가가 되고 자신의 예술을 통해서 사람들을 압도하겠다는 강한 야망을 가졌기에 최고의 예술을 창조할 수 있었다. 그리고 많은 위대한 예술 작품은 이성의 관심과 호감을 끌려는 예술가들의 욕망에서 탄생했다. 이런 의미에서 니체는 명예욕이나 성욕을 창조적으로 승화시킬 것을 요구한다. 니체는 이렇게 말하고 있다.

> 일찍이 그대는 여러 가지 정열을 갖고 있었고 이 정열을 악이라고 불렀다. 그러나 이제는 오직 그대의 여러 덕만을 갖고 있을 뿐이다. 그런데 이 덕들은 그대의 정열로부터 자라난 것이다.
>
> ……
>
> 일찍이 그대는 지하실에 들개를 기르고 있었다. 그러나 결국 들개는 새로 변하고 귀여운 가희(歌姬)로 변했다.
>
> 그대는 그대의 독으로부터 향유를 빚어냈다.[3]

사람들은 일찍이 성욕이나 명예욕과 같은 정념들을 이원론에 입각하여 악이라고 불렀다. 그러나 이러한 정념들을 들개와 같은 것에서 사랑스러운 노래를 부르는 새와 같은 것으로 승화시킴으로써 그러한 정념들을 우리의 강화와 고양을 위한 발판으로, 즉 덕으로 만들어야 한다. 니체의 다음 인용문도 동일한 의미로 해석할 수 있다.

> 번개가 이미 해를 입히지 않는다는 것만으로는 나에게는 충분하지 않다. 나는 번개를 딴 곳으로 돌리고 싶지는 않다. 번개는 '나를' 위해 일하는 것을 배워야 한다.[4]

여기서 번개는 정념들을 상징하지만 이러한 정념들을 우리는 두려워하면서 근절하려고 할 것이 아니라 오히려 우리의 성장과 강화를 위한 발판으로 사용해야 한다는 것이다.

니체는 심지어 다른 인간이나 집단에 대한 적의도 상대방을 절멸시키려는 의지가 아니라 서로 간의 경쟁 속에서 서로의 성장을 도모하려는 의지로 승화시켜야 한다고 본다. 이를 니체는 적의의 정신화라고 부르고 있다.

> 이러한 정신화는 사람들이 적을 갖는다는 것의 가치를 깊이 파악함으로써, 요컨대 사람들이 과거에 행하고 생각했던 것과는 정반대로 행동하고 생각함으로써 가능하게 된다. 교회는 시대를 막론하고 자신의 적을 절멸시키려고 했다. 비도덕주의자들이자 반그리스도교인들인 우리는 교회의 존립을 우리에게 이로운 것으로 본다. …… 정치에서도 적의는 이제보다 정신적이 되었고, 훨씬 더 현명하고 훨씬 더 사려 깊고 훨씬 더 관

> 대하게 되었다. 거의 모든 정당이 반대 당이 힘을 상실하지 않는 것이 자신을 보존하는 데 유리하다는 사실을 파악하고 있다. 동일한 사실이 위대한 정치에 대해서도 타당하다. 이를테면 새로 건립되는 국가는 친구보다도 적을 더 필요로 한다. [다른 국가들과] 대립하는 가운데서만 그것은 자신을 필연적인 것으로 느끼게 되며 또한 대립하는 가운데서만 비로소 필연적인 것이 된다.[5]

전통적인 이원론은 성욕을 비롯한 인간들의 자연스러운 욕망이나 충동에 반하는 반자연적인 도덕을 설파했다. 이에 반해 니체는 성욕을 사랑으로 정신화하는 것처럼 모든 욕망과 충동을 정신화할 것을 요구하고 있다.

3. 우리 내면의 현자로서의 힘에의 의지

니체는 우리가 흔히 정신 내지 이성이라고 부르는 것도 사실은 힘에의 의지의 도구에 불과하다고 본다. 전통 철학에서 흔히 정신 내지 이성이라고 불리는 것을 니체는 작은 이성이라고 부르는 반면에, 힘에의 의지는 몸 내지 커다란 이성이라고도 부른다. 니체는 작은 이성은 커다란 이성인 힘에의 의지의 도구이자 장난감에 불과하다고 본다. 즉, 작은 이성이 고안해내는 여러 가지 이념이나 가치는 사실은 힘에의 의지가 자신을 고양시키기 위한 도구에 불과하다는 것이다.

> 나의 형제여, 그대가 '정신'이라고 부르는 그대의 작은 이성도 육체의 도구이고, 그대의 커다란 이성의 작은 도구이며, 그것의 장난감에 불과하다.[6]

니체는 플라톤적인 형이상학이나 기독교와 같은 이원론도 사실은 힘에의 의지가 자신을 강화시키기 위해서 만들어낸 도구와 같은 것으로 본다. 플라톤적인 형이상학이나 기독교와 같은 이원론을 신봉하는 사람들은 고통으로 가득 찬 이 차안을 넘어서 지복에 찬 피안이 있다고 믿는다. 그리고 이들은 감각적인 욕망들을 근절하게 되면 죽어서 피안에 갈 수 있다고 믿으면서 살아갈 힘을 얻는다. 이런 의미에서 이원론은 지상에서의 삶에 지치고 피로해진 힘에의 의지가 살아갈 힘을 얻기 위해서 만들어낸 도구라고 할 수 있다. 그러나 이원론은 삶에 지치고 피로해진 힘에의 의지에게 살아갈 힘을 주겠지만 그 대가로 인간으로 하여금 자신의 자연스러운 욕망을 근절할 것을 요구하면서 병적으로 만든다.

니체는 근대는 이러한 이원론을 믿지 않을 정도로 인간들이 성숙한 시대이며, 이러한 시대에 적합한 새로운 철학이 필요하다고 본다. 이러한 새로운 철학은 인간을 건강하게 만들면서도 힘을 고양시키고 강화시키는 철학이어야 한다.

니체는 힘에의 의지가 우리로 하여금 끊임없이 자신을 고양하고 강화하도록 몰아댄다고 본다. 예를 들어 니체는 우리의 정신은 낙타의 정신에서 사자의 정신으로, 사자의 정신에서 아이의 정신으로 나아간다고 본다. 우리의 정신이 어떤 하나의 단계에 머물지 못하고 다른 단계로 나아가는 것은 우리 내면의 심층에서 힘에의 의지가 우리를 끊임없이 몰아대기 때문이라는 것이다.

> 무엇이 무거운가? 인내력 있는 정신은 이렇게 묻고 낙타처럼 무릎을 꿇어 짐을 충분히 싣고자 한다.

……

인내력 있는 정신은 이와 같은 모든 무거운 짐을 짊어지고, 짐을 싣고 사막을 달리는 낙타처럼 정신의 사막을 달린다.[7]

낙타는 황량한 사막에서 아무런 불평도 없이 묵묵히 짐을 지고 나른다. 여기서 짐은 플라톤적인 형이상학이나 기독교와 같은 이원론적인 철학과 종교가 요구하는 여러 가지 의무와 계율을 가리킨다고 볼 수 있다. 이러한 의무와 계율은 우리의 자연스러운 욕망을 근절하라고 명령한다. 낙타의 정신은 명령을 절대적으로 옳은 것으로 생각하면서 묵묵히 따르는 정신을 가리킨다.

그러나 가장 쓸쓸한 사막에서 두 번째 변화가 일어난다. 여기에서 정신은 사자가 된다. 정신은 자유를 획득하고 정신의 사막을 지배하려고 한다.

……

그러나 사자의 정신은 "나는 바란다"고 말한다.

……

새로운 가치의 창조, 이것은 사자도 이루지 못한 일이다. 그러나 새로운 창조를 위한 자유의 획득, 이것은 사자의 힘이 할 수 있는 일이다.[8]

낙타의 정신으로 사는 어느 순간 우리는 그동안 아무런 의문 없이 짊어져 온 전통적인 가치와 의무에 대해서 회의를 품게 된다. 우리 자신을 고양하고 강화하고 싶은 힘에의 의지가 우리 내면의 근저에서 꿈틀거리면서 우리는 낙타로서의 삶에 대해서 염증을 느끼게 되는 것이다. 이와 함께 우리는 기존의 가치와 의무에 반항하는 사자의 정신이 된다. 사자의 정신은 자유를 원하며, "그대는 마땅히 하지 않으면 안 된다"라고 말하면서 우리를 구속하는 전통적인 가치와 의무를 거부하게 된다.

그러나 사자의 정신은 기존의 가치를 부정할 수 있을 뿐이지 새로운 가치는 창조할 수 없다. 사자의 정신은 기존의 가치를 부정하지만 삶의 새로운 의미를 찾지 못해 방황하는 정신을 상징한다고 할 수 있다. 그러나 우리는 이렇게 아무런 의미도 없이 사는 것을 견딜 수 없다. 사자의 정신은 우리를 이원론에서 벗어나게 하면서 우리가 자신의 힘을 고양하고 강화할 수 있는 자유의 공간을 열어주기는 하지만, 우리에게 삶의 방향을 제시할 수 없기 때문에 우리의 힘을 고양하고 강화시킬 수는 없다. 오히려 삶의 새로운 의미도 방향도 발견하지 못한 채 사는 것은 우리의 힘에의 의지를 저하시킬 수 있다. 따라서 사자의 정신은 아이의 정신으로 변화되어야 한다.

> 사자조차도 하지 못한 일로서 어린애가 할 수 있는 일이 있을까?
>
> ……
>
> 어린애는 순결이며 망각이고 하나의 새로운 출발, 하나의 유희, 스스로 돌아가는 수레바퀴, 최초의 운동, 신성한 긍정이다.[9]

아이의 정신은 고난과 고통을 포함하여 인생과 세계 전체를 긍정하는 강한 정신이다. 아이의 정신이야말로 힘에의 의지와 생명력이 가장 최고도로 고양된 상태라고 할 수 있다. 이렇게 강한 생명력을 가진 사람은 고난과 고통 때문에 좌절하지 않고 오히려 그것들을 자신의 강한 힘을 향유할 수 있는 기회로서 긍정한다. 아이의 정신은 낙타의 정신처럼 삶의 의미와 중심을 피안이나 반자연적인 도덕이나 가치에서 찾지 않으며, 또한 사자의 정신처럼 삶의 의미를 찾지 못해서 방황하지도 않는다. 그것은 자신의 욕망과 정념을 승화된 형태로 구현하면서 매 순간에서 삶의 중심과 충만한 의미를 발견한다.

니체는 우리 내면의 힘에의 의지가 우리를 낙타의 정신에서 사자의 정신으로, 그리고 사자의 정신에서 아이의 정신으로 나아가도록 끊임없이 몰아댄다고 말한다. 이런 맥락에서 니체는 이렇게 말하고 있다.

> 정녕, 나는 백 개의 영혼을 거치며, 그리고 백 개의 요람과 진통을 거치며 나의 길을 걸어왔다. 나는 이미 많은 작별을 겪었다. 나는 가슴을 찢는 듯한 마지막 순간들을 잘 알고 있다.
>
> 그러나 나의 창조적 의지, 나의 운명이 이것을 바란다.[10]

낙타의 정신에서 벗어나는 것에는 많은 고통이 수반된다. 그러나 이러한 고통에도 불구하고 우리는 과거의 요람과 과감하게 작별을 고해야 한다고 니체는 말하고 있다. 니체는 이렇게 우리로 하여금 기존의 삶과 작별을 고하면서 더 높은 삶의 단계를 구현하도록 몰아대는 힘에의 의지를 참된 '자기'라고도 부르고 있다.

> 감각과 정신은 도구이며 장난감이다. 감각과 정신의 배후에는 자기(das Selbst)가 있다. 자기도 감각의 눈으로 찾고 정신의 귀로 듣는다.
>
> 자기는 항상 듣고 찾는다. 그것은 비교하고 강요하고 정복하고 파괴한다. 그것은 지배하며 또한 자아의 지배자다.
>
> 그대의 사상과 감정의 배후에는, 나의 형제여, 강력한 명령자, 알려지

> 지 않은 현자가 있다. 그것이 자기다. 그것은 그대의 육체 속에 살고 있고, 그것은 그대의 육체다.[11]

니체는 이러한 힘에의 의지를 강한 명령자, 알려지지 않은 현자라고 부르고 있다. 니체는 자신의 삶 자체도 이러한 힘에의 의지의 부름과 명령에 따른 삶이었다고 보고 있다. 목사의 아들로 태어났던 니체는 어린 시절에는 독실한 기독교 신자였지만, 김나지움(중·고등학교 통합 과정)에 들어가 기독교가 인간을 병약하게 만드는 허구에 불과하다는 것을 깨닫자 과감하게 기독교를 버린다.

또한 니체는 스물넷의 나이에 바젤대학의 고전문헌학 교수가 되었지만, 얼마 지나지 않아 고전문헌학에 염증을 느끼게 된다. 고전문헌학은 고전을 연구할 뿐 사람들의 삶에 새로운 가치나 방향을 제시하는 것은 아니었기 때문이다. 니체는 사람들에게 창조적인 가치와 방향을 제시하는 철학을 하고 싶었다. 이 때문에 니체는 바젤대학에 철학을 가르칠 수 있도록 허락해줄 것을 청원했지만 대학 측에서는 받아들이지 않았다. 니체가 본격적으로 철학자의 길을 걷는 것을 가능하게 해준 것은 역설적이지만 그의 병이었다. 니체는 병 때문에 고전문헌학 교수직을 그만둘 수밖에 없었다. 또한 안질 때문에 책을 읽기 힘들었던 니체는 사색할 시간을 많이 가질 수밖에 없었고, 이와 함께 자연스럽게 철학자의 길로 접어들 수 있었다.

니체는 이런 의미에서 자신의 병도 자기 내면의 힘에의 의지가 자신을 더 높은 삶을 살도록 초래한 것이라고 보고 있다. 이런 의미에서 니체는 우리 내면에 현자가 살고 있다고 말하고 있는 것이다. 니체는 이러한 현자는 우리로 하여금 끊임없이 자신을 극복하도록 몰아댄다고 말하고 있으며, 이러한 자기 극복에는 끝이 없다고 본다.

> 가장 훌륭한 자에게도 구토를 일으키는 것이 있다. 그리고 가장 훌륭한 자도 초극되어야 할 그 무엇이다.[12]

4. 니체의 이성 비판이 갖는 의의

니체는 자신을 다이너마이트라고 불렀다. 자신은 서양을 2,500년에 걸쳐서 지배해온 플라톤적인 형이상학과 기독교를 파괴하려는 자라는 것이다. 그러나 니체는 비단 플라톤적인 형이상학과 기독교뿐 아니라 그것들의 영향 아래 있는 서양철학 전체와 서양 문화 전체를 파괴하려고 했다. 니체는 칸트의 철학이든 헤겔의 철학이든 마르크스의 철학이든 결국 기독교의 영향 아래 있다고 보았으며 현대의 민주주의와 사회주의 같은 정치적 이념도 모두 기독교의 영향 아래에 있다고 보았다.

니체는 근대의 계몽주의적 철학은 마르크스에게서 가장 전형적으로 나타나는 것이지만 기독교의 피안을 '모든 사람의 인권이 보장되는 사회'라든가 '최대 다수의 최대 행복이 보장되는 사회' 혹은 공산주의와 같은 미래의 유토피아로 옮겨놓은 것에 불과하다고 보았다. 차안과 피안의 이원론 대신에 현재와 미래의 이원론이 나타난다는 것이다. 이러한 현재와 미래의 이원론 역시 차안과 피안의 이원론과 마찬가지로 모든 고통과 갈등이 사라진 사회가 미래에는 가능하다고 주장하면서 현재의 삶에 지친 사람들을 위로하려고 한다.

그러나 니체는 모든 인간이 자신의 강한 힘을 느끼고 싶어 하는 힘에의 의지에 의해서 규정되어 있는 한, 인간들 사이의 투쟁과 갈등은 끝이 없다고 보았다. 이러한 힘에의 의지는 대부분의 경우 야만적인 방식으로 나타난다. 즉, 그것은 자신보다 약한 자들이나 집단을 괴롭히고 정복하며 심지어 노예로 만드는 방식으로 나타나는 것이다. 물론 니체가 힘에의 의지가 이렇게 야만적인 방식으로 나타나는 것을 그대로 긍정하는 것은 아니다. 니체는 힘에의 의지도 승화시켜야 한다고 본다. 즉, 그것은 최소한 자신과 대등한 상대와 대결하면서 그러한 대결을 통해서 서로를 강화하고 고양시키는 건강하면서도 우아한 힘에의 의지로 구현되어야 한다고 보는 것이다. 니체는 인간들 사이의 경쟁과 갈등은 끝이 없다고 보면서 그러한 경쟁과 갈등을 아름다운 것으로 승화시켜야 한다고 보는 것이다.

니체는 이러한 현실에서 사람들에게 요구되는 것은 피안의 천국이나 미래의 유토피아에 의지하면서 살아갈 힘을 추스르는 것이 아니라, 오히려 인간들 사이의 갈등과 투쟁, 그리고 이에 수반되는 온갖 고통과 고난에도 불구하고 현실을 의연히 긍정하는 강한 힘이라고 본다. 이렇게 강한 힘으로 넘치는 정신을 니체는 아이의 정신이라고 불렀으며, 이러한 아이의 정신은 현실을 그 모든 고통과 고난에도 불구하고 유희하듯이 밝게 살아간다. 심지어 아이의 정신은 자신의 강한 힘을 시험하고 즐기기 위해서 고통과 고난을 요구하기까지 한다.

서양철학의 주류를 형성하고 있는 이성 중심적인 이원론을 니체만큼 철저하게 파괴하려고 한 사람은 없었다. 니체가 파괴를 위한 파괴가 아니라 새로운 창조를 위해서 파괴를 행했음은 물론이다. 니체는 힘에의 의지라는 원리에 입각하여 우리가 실현해야 할 새로운 인간상과 문화를 제시하려고 했다. 니체는 우리 인간은 피안의 신에게 기도하거나 미래의 유토피아를 구현하기 위해서 심각하게 고뇌하고 투쟁하는 인간이 아니라, 오히려 이 현실을 밝게 긍정하면서 춤출 수 있는 인간이 되어야 한다고 보았다. 또한 문화 역시 우리 인간의 강하면서도 밝은 생명력을 촉발할 수 있는 건강한 문화가 되어야 한다고 보았다.

파괴자이자 창조자로서의 니체의 이러한 면모 때문에 철학자들뿐 아니라 많은 창조적인 예술가들이 니체의 사상에 매료되었다. 니체는 20세기 이후의 철학과 신학, 그리고 심리학과 같은 학문들의 지형도를 크게 바꿔놓았다. 니체는 독일의 대표적 실존철학자들인 카를 야스퍼스와 마르틴 하이데거, 프랑스의 장폴 사르트르와 알베르 카뮈, 자크 데리다, 미셸 푸코, 질 들뢰즈 등에게 지대한 영향을 끼쳤다. 니체는 기독교를 부정했음에도 불구하고 파울 틸리히 같은 신학자에게 큰 영감으로 작용했으며, 지그문트 프로이트, 알프레드 아들러, 카를 융과 같은 심리학자들도 니체에게서 깊은 영향을 받았다. 문학가들 중에서는 D. H. 로렌스, 버나드 쇼, 제임스 조이스, 윌리엄 버틀러 예이츠, 토마스 만, 헤르만 헤세, 라이너 마리아 릴케, 슈테판 게오르게, 앙드레 말로, 앙드레 지드 등에게 니체는 영감의 원천이 되었다.

다음은 헤르만 헤세의 〈단계〉라는 시의 일부인데, 여기에서도 우리는 니체 사상의 흔적을 쉽게 읽을 수 있다.

> 모든 꽃이 시들듯이
> 청춘이 나이에 굴하듯이
> 일생의 모든 시기와 지혜와 덕망도
> 그때그때에 꽃이 피는 것이며
> 영원히 계속될 수는 없다.
> 생의 외침을 들을 때마다 마음은

용감히 서러워하지 않고
새로이 다른 속박으로 들어가듯이
이별과 재출발의 각오를 해야 한다.
……
우리의 정신은 우리를 구속하려 하지 않고,
우리를 한 단계씩 높여주며 넓혀주려고 한다.
……[13]

이 시에서 헤세가 생의 외침이나 정신이라고 부르고 있는 것은, 니체가 말하는 힘에의 의지와 유사하다고 할 수 있다. 앞에서 본 것처럼 힘에의 의지 역시 우리로 하여금 자신을 끊임없이 고양하도록 우리를 몰아대면서 삶의 이전 단계와 과감하게 작별을 고할 것을 요구하는 것이다.

더 읽어볼 책

니체, 프리드리히. 2015. 《우상의 황혼》. 박찬국 옮김. 아카넷.

전통적인 이원론에 대한 비판과 정념의 승화에 대한 니체의 입장이 가장 상세하게 제시되고 있는 책은 《우상의 황혼》이라고 할 수 있다. 이 책에서 특히 〈소크라테스 문제〉, 〈자연에 반(反)하는 것으로서의 도덕〉에서 이원론에 대한 비판이 상세하게 행해지고 있으며, 또한 〈자연에 반(反)하는 것으로서의 도덕〉에서는 정념의 승화에 대한 니체의 견해가 상세하게 개진되고 있다.
《우상의 황혼》은 여러 번역본이 있지만, 그중 아카넷에서 출간된 박찬국 번역본을 읽을 것을 추천한다. 니체 전문가가 아니라면 니체의 책은 사실상 일반 독자들이 읽어나가기가 매우 어렵다. 니체는 일반 독자들이 철학이나 문화에 대한 상당한 지식을 가지고 있다고 전제하면서 책을 쓰고 있기 때문이다. 이 때문에 니체의 책에는 상세한 역주와 해제가 제공되어야만 한다. 《우상의 황혼》에 대한 국내의 번역서로는 박찬국 번역본이 거의 유일하게 상세한 역주와 해제를 제공하고 있다.

니체, 프리드리히. 2018. 《선악의 저편》. 박찬국 옮김. 아카넷.

힘에의 의지를 강하면서도 우아한 형태로 실현시킨 이상적인 인간상에 대한 니체의 견해를 좀 더 상세하게 알고 싶다면, 《선악을 넘어서》의 〈고귀함이란 무엇인가〉 부분을 읽어볼 것을 권한다.

니체, 프리드리히. 1999. 《차라투스트라는 이렇게 말했다》. 황문수 옮김. 문예출판사.

낙타의 정신에서 사자의 정신으로, 사자의 정신에서 아이의 정신으로 이행해가는 정신의 변화에 대한 원문은 《차라투스트라는 이렇게 말했다》 1부 〈세 가지 변화에 대하여〉에 있다. 번역본은 다른 번역본들에 비해서 역주가 비교적 많이 있는 황문수 번역본을 참고하기 바란다.

박찬국. 2018. 《사는 게 힘드냐고 니체가 물었다》. 21세기북스.

니체 사상 전반을 니체에 대한 문외한들도 알기 쉽게 소개한 책으로는 박찬국이 쓴 《사는 게 힘드냐고 니체가 물었다》를 권하고 싶다. 우리가 인생에서 가질 수 있는 10가지 질문에 대해서 니체가 답하는 식으로 니체 사상을 해설하고 있다. 특히 이 책은 '사랑의 투쟁'이라는 개념을 중심으로 하여 니체 사상을 해석하고 있다. 이 글에도 '사랑의 투쟁'이라는 개념이 등장하지만, 그 개념에 대해서 좀 더 상세한 것을 원하는 사람은 이 책을 참고하기 바란다. 또한 쇼펜하우어와 니체의 의지 개념 사이의 차이에 대해서 좀 더 상세한 것을 알고 싶은 사람은 이 책의 1장을 참고하기 바란다.

12장

바타유
이성의 성(城) 밖으로

김성하(경기연구원 연구위원)

1. 바타유가 허물고자 하는 이성의 성(城)

조르주 바타유(Georges Bataille)는 국내에서 아직 낯선 이름이다. 아직은 대중사회가 아닌 몇몇 지식인 혹은 그 주변의 사람들에게 알려져 있는 정도다. 프랑스 현대 철학 및 문학의 사상적 기반을 제공한 조르주 바타유는 기존 질서를 거부하고 과격하며 극단적인 탈선을 주장한 철학자 혹은 사상가 혹은 작가로 알려져 있다. 바타유(bataille)라는 단어가 프랑스어로 '전쟁'이라는 의미를 지닌다는 점을 고려하면, 조르주 바타유가 기존 질서와 전쟁을 치른 것이 어쩌면 피할 수 없는 그의 운명이었는지도 모른다.

1897년 9월 10일 프랑스 중부에 위치한 오베르뉴(Auvergne) 지방의 한 마을에서 태어난 바타유는 제1차세계대전을 겪으며 불구인 아버지를 남겨두고 어머니와 함께 외가로 피난을 간다. 여기에서 바타유는 독실한 가톨릭 신자로 장래 사제가 되기 위해 신학교를 다녔다. 기독교 신앙에 의존하며 강한 믿음을 지녔던 바타유는 독일군의 포격으로 폐허가 된 랭스의 노트르담 대성당을 바라보며, 〈랭스 대성당(Notre-Dame de Reims)〉(1918년 8월 집필된 것으로 추정)이라는 짧은 글을 쓴다. 이 글에서 바타유는 폐허가 된 성당을 눈앞에 두고 실망과 좌절에서 벗어나 노트르담을 재건하자는, 하느님에 대한 믿음과 희망에 대한 찬양을 그린다. 이 글만을 보자면 바타유가 기존 질서를 거부하며 과격한 탈선을 주장한다고 상상하기는 어렵다. 하지만 이후의 글은 탈선을 내용으로 하며 과격하고 폭력적이다. 그렇다면 왜 바타유는 기존 사회, 문화, 질서를 거부하고 극단적 탈선을 대표하는 사상가 혹은 작가로 평가받게 된 것일까?

무엇보다 바타유가 겪은 가장 큰 충격은 현실 세계와 기존 질서가 보여주는 이상 혹은 추상의 세계에서 오는 괴리감이었다. 하느님에 대한 믿음과 희망에 대한 찬양이 현실을 멀리한 채 그려지는 일종의 허구라고 느꼈기 때문이다. 바타유는 이러한 허구가 진실로 여겨지며 굳건히 기존 사회를 지탱할 수 있었던 것은 바로 인간이 가진 '이성(理性)' 때문이라고 본다. 바타유가 지적하는 '이성'은 다음과 같은 비유를 통해 생각해볼 수 있다. '이성'은 인간 사회의 많은 부분을 현실로부터 떨어뜨려 인간 이성이 제공하는 탄탄한 논리적 토대 위에 높은 성벽을 쌓고 그 안에서 이성의 추종자들을 보호하며 이성의 자식들을 키워낸다. 바타유는 이러한 이성의 성 안에 자신이 안주하고 있었음을 깨달은 순간, 이성이 쌓아놓은 높고 튼튼한 성벽을 깨부수고 성 밖으로 나올 수밖에 없었는데, 이는 성문은 결코 스스로 열리지 않는다는 것을 알았기 때문이다. 이성이 스스로 성문을 여는 순간 이성이 쌓아놓은 성벽이 더 이상 지탱될 수 없다는 것을 이성 스스로 알고 있기 때문이다. 그러니 바타유가 선택할 수 있는 것은 성안의 모든 논리와 질서를 거부하고 손에 망치를 든 채 성벽을 깨기 위해 모든 힘을 쏟는 것 외에 그 무엇도 없었다. 그러니 과격하고 폭력적이며 극단적인 탈선을 하지 않을 수 없는 것이다.

바타유가 찾은 첫 번째 이성의 자식은 누구였을지 생각해보자. 그것은 바로 '완벽함 혹은 완전성', 즉 '정형(forme)'이었다. 세상은 완전하며 그 어떤 결함도 지닐 수 없다는 인간의 상상 혹은 이상 혹은 착각을 진실이며 진리이며 심지어 현실이라고 믿게 만드는 것이 바로 이성이 범한 첫 번째 원죄인 것이다. 우선 바타유는 니체를 읽고 에스파냐의 투우 경기를 직접 보고 죽음을 목도하면서 하느님의 불완전성과 현실의 고통을 느꼈다. 전지전능한 하느님이 독일군의 포격으로 폐허가 된 노트르담 대성당을 재건하는 희망을 보장할 것이며, 인간은 그 희망을 버리지 말고 하느님에 대한 믿음의 성당을 더욱 튼튼하게 지어야 한다고 외쳤던 바타유가 한순간 무너진 계기였다. 왜냐하면 이성의 성 안에서 이성의 성 밖을 쳐다보지 못하고 있었던 자신을 발견했기 때문이다. 바타유에게 현실은 애써 부정하려 해도 할 수 없었던 고통, 죽음, 폭력, 방탕 등으로 얼룩져 있었다. 하지만 이성은 그 얼룩을 없앨 수 있다고, 없앴다고 외치며 높은 성벽을 쌓고 있었던 것이다. 그리고 이러한 이성의 성 안에서 현실의 결함은 순간적일 뿐이며 곧 완전함으로 채워질 수 있다는 이성의 말에 순종하는 추종자가 있었으니, 바로 데카르트가 탄생시킨 코기토(cogito)[1]였다.

바타유는 자신이 코기토라고 착각하고 있었다는 사실을 깨달았고,

그 순간 현실의 고통과 부족함을 그대로 간직한 채 살아 있는 인간으로서 자신을 되찾으려 한 것이다. 그에게 인간(l'homme)은 더 이상 '이성'의 추종자가 아니다. '이성'은 성벽을 쌓고 성문을 닫은 채, 병들고 아프며 고통과 결함을 지닌 채 죽음과 함께 살아갈 수밖에 없는 인간을 애써 외면한다. 그리고 이 모든 결함과 나약함으로부터 벗어나 이성의 힘에 의존하며 이성의 성 안에서만 인간이 존재할 수 있고 존재한다고 믿게 만든다. 하지만 바타유는 이성의 성 밖에서 진흙과 비바람에 흔들리고 아파하며 사랑의 감정을 그대로 드러내는 인간(l'homme)이고자 했던 것이다.

바타유는 코기토 외에 이성의 또 다른 추종자를 찾아 제거하려 했으니, 바로 헤겔로부터 나오는 '부정(négation)'과 '행위(action)'의 주인공으로서 인간(l'Homme)이다. 바타유는 강한 부정으로부터 존재의 당위성을 찾는 인간 역시 이성의 성 안에 갇혀 논리와 추상으로 무장된 허위의 인간으로 본다. 여기에 이성의 또 다른 자식이 내재해 있다. 바로 '대립(opposition)' 혹은 '반대(opposition)'다. 이것은 이원론을 정당화하며 이원론으로부터 극단적 대립과 이로부터 생성되는 '부정'에 근거한 '행위'를 통한 '합(synthèse)'이라는 정당성을 확보하는 논리적 근거다. 바타유는 이러한 '대립' 혹은 '반대'로 만들어진 왜곡된 현실을 거부한다. 그리고 '부정'에 기초한 '행위'로 형성된 현실의 허위를 부수고자 한다. 왜냐하면 바타유의 눈에 현실은 '부정'의 '부정'의 '부정'의 …… 끊임없는 부정이 있을 뿐이지 결코 이원론적 대립에서 시작되는 '부정의 행위'로부터 성취되는 궁극적인 결과 혹은 목적이 아니기 때문이다.

이성의 성 안에서 이성을 추종하는 인간은 그 어떤 고통과 난관도 힘들이지 않고 극복하는 '영웅'이며, 미리 계획된 목표를 성취만(실패를 모르고) 하는 인간이다. 그리고 이성의 또 다른 자식들로 '선(善)'과 '미(美)'가 있다. 이성의 성 안에서 '악(惡)'은 나쁜 것이며 제거해야 할 것이다. 오로지 '선'만 존재하며 존재할 가치가 있다. '미'도 마찬가지다. 따라서 '추(醜)'한 것은 인간에게 역겨움을 제공할 뿐이니 이 역시 제거하고 멀리해야 한다. 그래서 이들은 이성의 성으로부터 쫓겨나거나 추방될 수밖에 없다. 현실에서 만나는 수많은 악과 추는 그 정도에 상관없이 모조리 멀리해야 할 것들이다. 오로지 선과 미, 그것도 완벽하며 완전한 것으로서 선과 미만 존재해야 하고 존재한다. (현재 한국 사회에 유행처럼 확산되고 있는, 미인이 되기 위한 성형의 현장을 바타유가 살아서 보고 있다면 과연 뭐라 이야기할 수 있을까? 한국 사회는 불완전한 현실을 그대로 받아들이기보다는 '완벽함'을 위해, 모두 꿈과 이상 세계를 향해 이성의 성벽을, 마치 바벨탑을 쌓듯이, 더욱 높이 쌓고 있다고 하지 않았을까?)

이성의 성 안에서 이성의 추종자들과 자식들을 더욱 강건하게 연결시켜주며 성을 지키고 있는 두 근위병이 있으니, 바로 '동질성 혹은 통일성(l'homogénéité)'과 '동일화(l'identification)'다. 그리고 인간의 언어와 철학은 개인과 개인의 관계뿐만 아니라, 개인·사물·사건 등 모두에 관여하는 두 근위병의 총과 칼로써 이해되거나 활용되기 쉽다.

2. 이성의 성(城) 밖으로

1) 비정형

바타유는 1922년을 기점으로 급격한 사유의 변화를 보여준다. 앞서 언급했듯이, 니체의 《선과 악을 넘어서》와 에스파냐 투우 경기를 목도한 것이 계기였다. 투우사 마뉴엘 그라네로가 소의 뿔에 눈과 머리를 찔려 죽는 것을 보면서 바타유는 '죽음'과 '성(sexualité)'이 교차하는 순간을 경험했고, 이를 배경으로 1928년 그의 첫 번째 소설 《눈의 이야기(Histoire de l'œil)》를 펴낸다. 1924년을 전후해서 바타유는 사창가를 드나들며 러시아 룰렛 게임을 즐겨하고, 톨스토이를 읽었다. 그리고 1929~1930년 사이에 총 15호가 발간된 《도퀴멍(Documents)》에 바타유 특유의 사상적 기반이 될 수 있는 다수의 글을 발표했는데, 이 글들은 모두 바타유 전집 1권에 수록되어 있다.

바타유는 니체가 세계를 환상(illusion), 외양(apparence) 혹은 재현(représentation)이 아닌 인간의 감정들(affects)로 이해하는 것에 공감한 것 같다. 젊은 투우사의 끔찍한 죽음의 현장을 바라보면서 죽음의 순간 그 자체가 세계의 전부이며 현실 그 자체라는 것을 깨달은 것이다. 눈앞에 보이는 것을 있는 그대로 바라보고 그것에 매료되거나 그것으로부터 혼란스러워지는 그 자체가 현실이며 세계인 것이다. 바타유에게 현실 혹은 세계는 그 어떤 비유나 묘사로 꾸미고 재현될 필요가 없었다. 부족하고 결함투성이로서 세계 그 자체가 인간이 받아들이고 함께 호흡하는 현실이기 때문이다.

그래서 바타유에게 있어 세계는 더 이상 '완전한 것'을 필요로 하지 않는다. 세계는 울퉁불퉁 모나고 갈기갈기 찢긴 그 자체로서 불완전하기 때문이다. 이것은 〈비정형(Informe)〉[2]이라는 여섯 문장의 짧은 글을 통해 바타유가 외치고 싶었던 것이기도 하다. 바타유의 눈에, 철학은 이성이 만들어온 성과 성안의 추종자 및 자식들을 지키기 위해 철저하게 '세계에 형태를 부여'하는 임무를 완수해왔다. 그는 이러한 철학의 임무를 '세계에 수학의 외투를 입히는 것'으로 설명한다.[3] 바타유는 이 모든 것을 〈비정형〉의 마지막 한 문장으로 함축한다. "세계가 그 무엇도 닮지 않고 비정형(informe)일 뿐이라는 것을 받아들인다면, 이는 결국 세계가 거미나 침과 같은 것임을 인정하는 것과 다름없다."[4]

2) 악과 비천함

이성의 성 안에서 비천(卑賤, abjection)하고 악(惡, mal)한 것은 무시되거나 회피의 대상이 된다. 모든 것은 아름답고 선하며 정의로워야 하기 때문이다. 이성은 인간의 역사를 선과 정의, 그리고 아름다움으로 포장한다. 따라서 이성의 성 안에만 머물고 성 밖으로 나가지 않는다면 인간의 역사는 악하고 정의롭지 못하며 비천한 것들을 멀리하고 추방함으로써 그 의미와 가치가 드러난다고 보는 것이다. 하지만 바타유는 자신의 주변을 둘러보며 현실은 아름답고 선하며 정의로운 것만으로 채워져 있지 않다는 것을 확인한다. 그는 멋지고 아름다운 남녀 대신 샴쌍둥이를 언급하며 아름다운 꽃잎 대신 시들어가는 꽃잎과 썩어가는 줄기를 바라본다. 그리고 도살장의 절단된 뼈, 고깃덩어리와 피를 있는 그대로 받아들이자고 한다. 세계는 혹은 인간이 사는 세상은 이렇게 피와 폭력이 혼재되어 있는 그 자체로 받아들여질 때 현실이라고 불릴 수 있다는 것이다. 반면, 이성은 성안에서 세상을 꾸미고 가꾸며 포장하려고만 하기 때문에 이러한 것들을 멀리하고 배제하며 성 밖으로 추방시킨다고 본다.

그렇다고 바타유가 이성 자체를 부정하고 거부하는 것은 아니다. 다만 이성이 성벽을 쌓고 성 밖으로 나가려 하지 않는 것을 지적할 뿐이다. 성안에만 머물면서 성 밖에 있는 것들, 존재하는 것들을 멀리할 때 현실을 있는 그대로 바라보지 못하고 또한 받아들이지 못하며, 일부의 현실을 전체의 현실로 왜곡시킬 위험에 빠지기 때문이다. 이는 이성이 관념에 종속됨을 의미하는 것이다. 바타유는 이를 벗어나기 위해서 이성은 성안에만 머물지 말고 성 밖으로 나와 세상을 있는 그대로 만나야 한다고 제시한다. 그래서 피, 침, 가래 등 역겹고 추한 것들을 언급하는 것이다. 즉, 바타유는 성문을 닫고 성안에만 머무르는 폐쇄적인 이성을 거부하는 것이며, 성 밖으로 나와 현실을 있는 그대로 보고 받아들이는 열려 있는 이성을 요구하는 것이다.

이는 바타유가 하느님을 결코 부정하거나 거부하지 않는다는 점에서도 알 수 있다. 바타유가 거부하는 것은 폐쇄적인 이성에 의해 관념화되어 현실과 동떨어진 채 인간 혹은 세상을 있는 그대로 만나지 못하는 하느님이다. 유럽이 기독교 문명이라는 점을 고려한다면, 왜 바타유뿐만 아니라 많은 유럽의 철학자들이 하느님을 언급하는지 조금은 이해할 수 있을 것이다. 바타유 역시 기독교 문명에서 태어나고 자랐다. 따라서 하느님에 대한 잠재되어 있는 믿음을 버리기는 쉽지 않았을 것이다. 바타유는 제도화된 교회가 아닌, 성경에서 말하는 그대로의 하느님을 언급한다. "하느님은 악이 아니다. 즉, 선도 아니면서 악도 아니다."[5] 마찬가지로 이성 역시 선도 아니고 악도 아니다. 선과 악은 극단적인 대립 관계로 어느 하나만 선택되어야 하는 대상이 아니다. 선은 악으로부터, 악은 선으로부터 서로 얼기설기 주고받으며 뒤섞여 있는 진흙탕과 같은 곳이 현실이다. 그리고 이성은 이러한 현실에 발을 디뎌야 하는 것이지, 진흙탕에 발이 더러워지는 것을 두려워하거나 기피해서는 안 된다고 본다.

3) 다름

바타유는 성 밖에 있는 것만이 진리이며 현실을 대변한다고 주장하지는 않는다. 이성의 역사라고도 할 수 있는 인류의 역사가 쌓아온 성벽을 무너뜨리고 안과 밖이라는 대립적 구분을 허물고자 할 뿐이다. 그래서 바타유는 선과 악의 이분법적 대립보다는 선악의 뒤섞임을 강조한다. 이는 현실의 불완전하며 불안정한 상태를 그대로 받아들이는 것이다. 불안정한 현실은 순수한 관념이 제시하는 단일한 것으로 통일된 그 어떤 명료함도 보장하지 못한다. 달리 말하자면 서로 다른 불특정 다수로 얽혀 있는 불안정한 현실은 결코 똑같은 것일 수 없으며, 또한 단 하나로 집약될 수도 없기 때문이다.

안정성은 다른 요소 혹은 성질들의 균형 및 조화를 필요로 한다. 궁극적으로는 서로 다른 것들이 공통된 요소에 의해 하나로 통합되었을 때, 즉 다름(hétérogène 혹은 異質)이 제거되거나 다름이 드러나지 않았을 때 안정성은 빛을 발한다. 이는 안정성이 '동질성 혹은 통일성(l'homogénéité)'과 '동일화(l'identification)'를 전제로 함을 의미한다. 바타유가 자신의 글 〈비정형〉 마지막 문장에서 "세계는 가래(혹은 침)와 같은 그 어떤 것이다"라고 했을 때, '가래'는 현실의 불안정성을 대변하는 물질, 즉 재료(matière, 혹은 물질)로 이해된다. 가래는 세계라는 형태를 통하여 주어지는 '통일성'과 '동일화'를 파괴하는 역할을 한다. 왜냐하면 가래는 형태로 이해되기보다는 재료 혹은 물질로 먼저 다가오기 때문이다. 즉, 세계는 가래처럼 하나의 형태로 규정짓기 어려우며, 가래가 던져주는 끈적거림 등의 물질적 혹은 재료적 성질을 통해 다가오는 것이다. 여기서 바타유 사유의 독특함이 발견된다고 할 수 있다. 형태로 이해하는 것은 머리, 즉 이성의 역할인 반면, 재료는 감각, 즉 체험을 우선으로 한다는 특성을 바타유는 지적하고 있는 것이다. 그래서 바타유는 형태보다는 재료 혹은 물질을 강조한다.

예를 들어 '책상'이라고 하면 우선 떠오르는 것은 형태다. 물론 재료(나무 혹은 철 등)를 떠올릴 수도 있으나, 그것은 책상이라는 형태를 전제로 한 이후에 따라오는 부차적인 성격을 함축하고 있을 뿐이다. 즉, 책상의 형태가 주어지고 그 형태에 맞춰서 재료가 선택되는 것이다. 그리고 책상이라는 하나의 형태는 각기 다른 개별적 책상의 다름을 배제하고 책상으로서 공통된 하나의 틀을 제공한다. 그리고 책상이라는 통일된 형태로 다른 여러 재료의 책상들이 동일화(identification)되는 것이다. 이렇게 하나의 형태로 동일화되는 과정을 바타유는 '정신의 고양(l'élévation d'esprit)'[6]이라고 명명한다.

하지만 이러한 해석에서 재료 혹은 물질을 이해하는 것도 이성의 역할이 아닌가 하는 반문을 가질 수밖에 없다. 왜냐하면 나무, 철 등과 같은 재료 역시 이성, 즉 머리를 통해서 인지하기 때문이다. 개별적인 수많은 다양한 나무를 일일이 다르게 인식하기 전에 나무라는 공통된 속성으로 동일화시켜 인지하기 때문이다. 그래서 바타유는 이러한 동일화 과정을 밟는 물질 역시 이성의 역할을 통해 하나의 관념으로 변화될 수 있음을 시사한다. 결국 바타유는 형태와 물질(혹은 재료)의 이원론적 대립 관계를 거부하고 있으며, 형태와 물질이 상호 복합적으로 형성되어 있는 각기 다른 개별적 요소들의 다름을 오히려 주시하는 것이다. 다름은 통일성 혹은 동일화를 거부하고 다름 그 자체로 있어야 하는 것이다. 따라서 바타유가 궁극적으로 말하고자 하는 이성은 통일성 혹은 동일화를 거부하고 다름을 다름으로 보고 받아들이는 이성이다. 이것은 성벽을 허물고 성 밖과 안의 구분을 없애는 것을 의미한다.

이성의 성 안과 밖에 대한 구분을 바타유는 '위'와 '아래'라는 수직 구조로 설명한다. 그리고 바타유는 '아래(bas)'를 강조한다. 이렇듯 아래로의 운동을 강조하는 것은 이성이 성안에만 머물지 말고 성 밖으로 나올 것을 바라기 때문이다. 왜냐하면 이성은 성안에서 이성의 추종자와 자식들을 거느리고 끊임없이 '위'를 향하면서 성 밖으로, 즉 '아래'로 향하는 운동을 기피하고 있기 때문이다. 그래서 성벽이 허물어지면 안과 밖의, 즉 위와 아래의 왕복운동이 가능해질 것이다. 또한 이것은 성 밖에만 머무는, 혹은 아래에만 머무는 것도 피할 수 있다. 그럼으로써 위와 아래가, 안과 밖이 자연스레 뒤섞이는 현실을 있는 그대로 보고, 있는 그대로 받아들일 수 있게 되는 것이다.

4) 내적 경험

바타유는 이성 자체를 거부하고 부정하는 것이 아니라, 폐쇄적 이성에 빠져들어 삶의 현실이 왜곡되는 것을 경고하며, 나아가 폐쇄적 이성의 성 밖으로 나와 열린 이성이 될 것을 강렬하게 요구하고 있는 것이다. 바타유는 폐쇄적 이성과 열린 이성이라는 용어를 직접적으로 사용하지 않았다. 그 대신 그는 '내적 경험'이라는 용어를 통해 이를 간접적으로 암시하고 있다.

내적 경험은 우선 무엇보다 폐쇄적 이성이 스스로 모든 것이 되려고 하는 것과 달리, 모든 것이 되려고 하는 욕구를 포기하거나 그만두는 것으로부터 발생한다.[7] 여기서 모든 것이 되려고 한다는 것은 전지전능한 신과 같은 존재가 된다는 것을 의미하며, 모든 것의 주인이 되고자 함을 의미한다. 그리고 이러한 사고의 기저에는 이원론이 작동하고 있다. 즉, 중심과 주변, 주체와 대상, 이성과 감정, 낮과 밤, 자아와 타자 등의 구별이 있다. 그리고 이러한 구별에서 중심, 주체, 이성, 낮, 자아만이 모든 것이 될 수 있다는 것이다. 이들은 이성의 성 안에서 대립된 주변, 대상, 감정, 밤, 타자 등을 배제하며 이들을 성 밖으로 몰아내고 각자 스스로 폐쇄된 존재가 된다. 이들은 통합(l'union)을 자신들이 존재하는 전제이며 목적으로 삼는다. 이 통합은 앞서 언급한 통일성과 동일화의 또 다른 이름이다. 폐쇄적 존재는 자기 자신 안으로 모든 것을 가두며 자신 밖의 것들과 대화할 줄 모른다. 단지 자신 밖의 것들을 향해서 일방적으로 말을 전할 뿐이다. 그러니 상호 간의 소통은 일어나지 않는다. 폐쇄적 존재들에게 성 밖에 있는 주변, 대상, 감정, 밤, 타자의 존재는 중요하지 않다.

바타유가 말하는 내적 경험은 폐쇄적 존재가 이성의 성 밖으로 나와서 성 밖에 있는 것들과 소통하는 순간을 의미한다. 다시 말하자면 내적 경험의 순간은 폐쇄적 존재가 열린 존재로 탈바꿈하는 순간이다. 여기서 열린 존재란 대립적 관계에 있는 것들이 상호 관계로 전환되며 두 대립 요소가 무한의 관계로 빠져드는 시간과 공간에 발을 딛고 있는 존재다. 무한의 관계는 주체와 대상, 낮과 밤, 자아와 타자, 중심과 주변의 끊임없는 불규칙한 상호 관계에서 형성된다. 그리고 이러한 내적 경험의 순간은 지식 혹은 앎으로부터 벗어나는, 즉 지식 혹은 앎이 지워지는 황홀한 순간이다.[8]

바타유에게 이러한 내적 경험의 순간은 폐쇄된 존재로서 '자아라는 함정(piège du moi)'[9]에 빠져들지 않거나, 그 함정으로부터 벗어나는 순간이기도 하다. 이는 곧 폐쇄된 이성이 쌓아놓은 성벽을 허물고 성 밖으로 나옴을 의미한다. 그리고 성 밖으로 나온 폐쇄된 자아는 열린 자아라고 명명할 수 있으며, 이는 곧 '나 밖의(hors de moi)' 나를 의미한다. 즉, 폐쇄된 존재로서 '자아라는 함정'을 벗어나는 것이다. 중심이 주변을, 주체가 대상을, 낮이 밤을, 삶이 죽음을, 선이 악을, 희망이 절망을, 자아가 타자를 배제하고 분리하고 싶어 하는 폐쇄된 의미로서 지식 세계 속에서가 아닌, 중심과 주변, 주체와 대상, 낮과 밤, 삶과 죽음, 선과 악, 희망과 절망, 자아와 타자가 불규칙하며 불완전한 상태에서 서로 뒤섞이며 그로부터 드러나는 현실 속에서 만나는 경험을 의미한다.

3. 후대에 미친 영향

바타유의 사유 혹은 글이 프랑스 현대 철학, 문학 등에 미친 영향은 거의 절대적이라고 할 수 있다. 20세기 초반에서 중반까지 막대한 양의 글을 발표한 그는 프랑스 예술가, 문인, 철학자 등과 함께 자신의 사유와 글을 공유하며 토론함으로써 서로의 사유를 주고받았다. 특히 이들 중 한국 사회에 알려진 이들은 장폴 사르트르, 모리스 블랑쇼, 모리스 메를로퐁티, 앙드레 브르통 등이 있으며, 그 밖에 미셸 레리, 미셸 수리아, 피에르 클로소브스키 등이 있다. 또한 롤랑 바르트, 미셸 푸코, 에마뉘엘 레비나스, 자크 데리다, 장뤽 낭시, 조르주 디디위베르만, 쥘리아 크리스테바, 질 들뢰즈 등 프랑스 현대 철학자들의 사상적 기반을 제공하고 있다고 해도 과언이 아니다.

특히 이들 중 가장 많은 영향을 주고받은 사상가는 모리스 블랑쇼다. 바타유와 블랑쇼는 친구로서 줄곧 사상적 교류를 하고 서로의 글에 영향을 주고받았다. 블랑쇼의 '중성(neutre)' 개념은 바타유의 '비정형(informe)' 개념으로부터 영향을 많이 받았다고 볼 수 있다. 바타유와 블랑쇼 사유의 발전을 정리해본다면 다음과 같다. 먼저 1929~1930년 《도퀴멍》에 많은 글을 발표하며 바타유가 사유의 기반을 다진 제1시기를 '비정형'의 시기라고 본다면, 1940년대는 바타유의 '비정형'과 블랑쇼의 '중성' 사이의 사상적 교류가 이루어졌으며, 그리고 마지막 1958~1962년을 블랑쇼의 '중성' 개념이 모습을 드러낸 '중성'의 시기라고 볼 수 있다. 바타유는 1929년 〈비정형〉, 1941년 《마담 에드바르다(Madame Edwarda)》를, 1941년 블랑쇼는 첫 소설 《어둠의 토마(Thomas l'obscur)》를 발표했다. 1942년 《아미나답(Aminadab)》(블랑쇼), 1943년 《내적 경험》(바타유), 1944년 《유죄(Le coupable)》(바타유), 1948년 《저 높은 곳(Le Très-Haut)》(블랑쇼)과 《죽음의 정지(L'Arrêt de mort)》(블랑쇼), 1957년 《푸른 하늘(Le Bleu du ciel)》(바타유), 1958년 '중성'의 개념을 처음으로 설명하고 있는 〈낯선 것과 낯선 자(L'étrange et l'étranger)〉(블랑쇼)가 발표되었다.

그 밖에 바타유는 프랑스 현대 문학, 특히 글쓰기 혹은 작가 등에 대한 철학적 접근의 계기를 많이 제공한다. 바르트, 데리다 등이 이에 영향을 받았으며, '비천한 것(abjection)'에 대한 사유는 크리스테바의 '아브젝시옹(abjection)' 개념으로, '위'와 '아래'의 수직 대립 구조의 파괴와 이에 따른 불규칙하며 불완전한 상호 복합 관계에 대한 사유는 들뢰즈, 메를로퐁티 등의 사유 발전에, 또한 '공동체(communauté)'에 대한 사유는 블랑쇼 및 낭시의 사유에 영향을 미쳤다. 특히 미국의 현대미술사학자 로절린드 크라우스(Rosalind Krauss)는 1996년 프랑스 퐁피두센터에서 바타유의 '비정형' 개념을 기반으로 한 〈비정형: 사용 설명서(L'informe: mode d'emploi)〉 전시를 개최하고 동 제목의 전시 도록을 발간했다.

4. 바타유의 글과 전집

바타유의 글은 12권의 전집[10]으로 출간되어 있으며, 거의 모든 글이 폐쇄된 이성이 쌓아놓은 성벽을 허물고 성 밖으로 나와 열린 이성으로 탈바꿈하기를 비유 혹은 암시하는 내용이다. 물론 바타유는 열린 이성이라는 용어를 사용하지 않았으며 반이성이라는 용어 역시 사용하지 않았다. 바타유에게 이성은 폐쇄된 혹은 닫힌 이성에서 열린 이성으로, 폐쇄된 혹은 닫힌 존재에서 열린 존재로 향해야 하는 것이다. 그리고 이를 위해 닫힌 이성이 쌓아놓은 성벽을 허물고 성 밖으로 나와야 하기 때문에, 바타유의 주된 사유와 글은 성벽을 허무는 곳에 집중되어 있다. 그러다 보니 바타유의 글을 보면 과격하고 폭력적이며, 마치 이성을 전면 거부하고 이에 반하는 반이성을 주장하는 것처럼 보일 수도 있는 것이다. 하지만 이원론을 벗어나 두 요소 간의 대립적 성격을 지워버리고 두 요소 간의 다름을 있는 그대로 받아들여야 한다는 바타유 사유의 기반이 그의 글을 통해 드러난다. 이원론에 대한 근원적 물음은 《도퀴멍》에 실린 거의 모든 글(〈아카데믹한 말〉, 〈꽃의 언어〉, 〈인간 형상〉, 〈엄지발가락〉, 〈비정형〉 등)에서 직간접적으로 드러나고 있다.

그 밖에도 소설 혹은 이야기(récit)(《눈의 이야기》, 《마담 에드바르다》, 《푸른 하늘》 등)를 통해 이성의 성 밖의 혼란스럽고 비천하며 끔찍한 모습들을 그려낸다. 특히, 그의 글들은 삶과 죽음의 경계를 허물고 이성의 성 안에서 엄격하게 적용되는 규칙 혹은 관습 등을 어기며 극한의 상황을 넘어가는 내용으로 채워진다. 그리고 하느님, 인간, 존재에 대한 물음을 던진다. 《마담 에드바르다》에서 바타유는 "우리는 아무것도 모르며 밤의 한가운데에 있다"라고 말한다. 아무것도 모른다는 것이 지식을 거부하고 이성을 부정하는 반이성을 의미하는 것은 아니다. 주목해야 할 점은, 뒤이어 나오는 "밤의 한가운데에 있다"라는 문장이다. 이것은 현실에서 만나는 불확실, 두려움, 불확신 등에서 오는 지식의 완전함에 대한 과신을 경고하는 것이다.

그 밖에도 바타유는 《종교이론》, 《내적 경험》, 《니체에 대하여》, 《저주의 몫》, 《에로티즘》 등을 통하여 삶과 죽음, 자아와 타자, 낮과 밤, 의미와 무의미 등과 같은 이원론적 대립 관계를 보여주면서 그로부터 벗어날 것을 주장한다. 이는 바타유의 표현을 빌리자면, '위'와 '아래'의 위계적이며 대립적인 엄격한 구분에 의해 만들어진 수직적 위계 구조가 허물어지는 것을 의미한다. 그래서 '위'와 '아래'의 엄격한 구분이 없는, 즉 때로는 '위'와 '아래'가 구분이 되기도 하고 때로는 '위'와 '아래'가 뒤바뀌기도 하여 그 구분이 명확하지 않고 서로 뒤섞이는 상태를 그려낸다. 결국 바타유에게 이러한 상태는 폐쇄된 이성의 성벽이 허물어짐으로써 성의 안과 밖이 자유로이 어우러지는 열린 상태를 의미하며, 또한 동시에 열린 이성을 의미하는 것이다.

더 읽어볼 책

바타유, 조르주. 2017.《눈 이야기》. 이재형 옮김. 비채.

바타유의 첫 소설로서, 충격적·선정적·자극적·직설적 표현과 언어로 인간의 이성에 대한 근원적 질문을 하게 만드는 이야기다. 인간으로서, 특히 사회 구성원인 인간으로서 쉽사리 수용하기 어려운 광기 어린 성(性) 이야기로 평할 수도 있지만, 이성과 지성이 만드는 현실의 왜곡, 혹은 왜곡된 진실을 있는 그대로 드러내며 바타유가 보여주고자 하는 인간의 포장되지 않은 현실을 만나볼 수 있는 소설이며 철학적 사유를 요구하는 이야기다.

바타유, 조르주. 2015.《종교이론: 인간과 종교, 제사, 축제, 전쟁에 대한 성찰》. 이재형 옮김. 문예출판사.

바타유가 인간의 삶을 어떤 시각으로 바라보고 있는가를 알 수 있는 저서로서, 동물성에 대한 접근으로부터 사물, 그리고 인간, 신성의 세계로 이어간다. 수단 혹은 도구로써 인간이 어떻게 그 상황을 벗어날 수 있을까라는 근원적 질문을 던지면서, 전쟁과 축제의 비교, 신성의 세계와 속세의 이원론적 경계 허물기 등에 대해 서술한다. 특히 바타유의 금기, 폭력, 종교, 축제 등에 대한 사유를 따라갈 수 있다.

13장

메를로퐁티
이성의 신화에 대항하는 살적 이성

정지은(홍익대학교 교양교육원 조교수)

1. 이성의 신화에 대한 비판

실존주의의 시대가 있었다. 데카르트의 후예들이 각자 이성을 견주면서 서로 경쟁하고 교류하고, 그럼으로써 무언가를 창설하는 시대가 있었다. 이들은 철저한 평등 관계를 유지하면서 역사적 우연성을 의미적인 사건들로 만들었다. 전후 프랑스가 바로 그러한 시대였으며, 메를로퐁티, 사르트르, 아롱, 카뮈 등은 치열한 이념적 투쟁과 교류를 동시에 이어나갔다. 그런데 당시의 지식인들 사이에는 평등 관계가 성립되기에 좋은 조건들이 있었는데, 그것은 꽤 많은 사람들이 전쟁으로 인해 아버지를 일찍 여의었다는 점이다. 비록 상황에 의한 것이었을지라도 아버지들 혹은 아버지의 이름의 세례를 받지 않은 그들은 자유로운 사상을 견줄 수 있는 우정의 풍요로운 장을 펼칠 수 있었다.

이러한 특징들은 메를로퐁티의 사상에도 분명한 영향을 미치면서 발전했는데, 예를 들어 그가 데카르트의 순수 정신을 일종의 독단주의라고 비판할 때나 절대정신을 뺀 헤겔의 변증법적 운동을 지지할 때, 그는 확실히 수직적인 사유 방식을 문제 삼고 있다. 사정은 사르트르에게서도 마찬가지인데, 그가 후설의 초월론적 주체를 비판하면서 그러한 주체에게서 모든 내용을 제거한 에고, 오로지 무로서만 있는 에고를 논증할 때, 그는 자신의 현상학을 현상학의 아버지인 후설로부터 떼어내려 하고 있다.[1]

하지만 메를로퐁티에게서 수직성과 수평성의 이분법을 벗어나 이것들을 새로운 초월성 내지는 새로운 형이상학에서, 그리고 역사 속에서 재구성하려는 시도들은 좀 더 뚜렷하며, 특히 수평성에 대한 강조는 그의 후기 사상인 감각적 살의 존재론으로 이어진다. 살의 존재론은 자신의 신체를 세계 속에 뿌리내리고 있으면서, 보는 자이면서 보이는 것, 그리고 만지는 자이면서 만져지는 것으로서의 애매성을 자신의 실존적 상황으로 적극 받아들이면서 세계 및 타인과 관계를 맺는 '자기(soi)'들의 존재론이다. 이러한 관계 속에서 신체적 주체는 지배-피지배의 위치에 결코 있을 수 없다. 그런 점에서 메를로퐁티의 봄(vision)의 철학이 있다면, 이는 사르트르의 응시와는 정반대라고 할 수 있는데, 왜냐하면 사르트르는 봄-보임의 이중성이나 애매성을 수용할 수 없는 주체, 즉 죽이는 응시로 존재하거나 응시에 의해 얼어붙는 신체로 존재하는 주체, 둘 중 하나의 위치만을 점하는 주체를 강조하기 때문이다. 그런 점에서 사르트르는 그 누구보다 데카르트의 사유를 닮아 있다.

우선 메를로퐁티가 데카르트를 어떻게 반박하는지부터 살펴보자.

《눈과 정신(L'oeil et l'esprit)》의 3절은 다음의 문장으로 시작한다.

> 우리가 그러한 유령들을 착각 혹은 대상 없는 지각으로 만들면서 애매하지 않은 세계의 주변으로 쫓아낼 수만 있었다면, 모든 것이 우리의 철학에서 더욱 투명(limpide)할 텐데! 데카르트의 《굴절광학》은 그러한 시도다. 그것은 더 이상 가시적인 것과 교제하기를 원하지 않는 사고, 가시적인 것을 자기가 제공하는 모델에 따라 재구축하기로 결정한 사유의 성무일과서(bréviaire)다.[2]

데카르트는 본다는 것을 정신의 눈으로 본다는 것으로 이해했는데, 왜냐하면 애매하고 가변적인 사물들만을 제공하는 신체의 눈이 시각에 개입해서는 안 되기 때문이었다. 정신의 눈을 통해서만 우리는 정확하고 동일한 사물들과 이러한 사물들이 평온하게 놓이는 균질적 공간을 얻을 수 있고, 그로부터 과학을 시작할 수 있다. 데카르트는 봄과 공간을 관념화했고, 완벽하게 만들려고 시도했다. 하지만 데카르트는 그렇게 재현된 균질적 공간과 그 속에 있는 동일한 사물들을 논증하면서도 이것이 다가 아니라는 것을 알고 있었다. 즉, 그는 정신이 도달할 수 없는 영역인 신체와 결합된 영혼의 영역, 그러한 영혼이 경험하는 세계의 영역이 있다는 것을 알고 있었다.[3] 그는 세계의 애매성을 알고 있었고, 정신의 눈에 의해 재현된 세계에 앞서 존재하는 "~이 있음(il y a, there is)"의 세계의 심오함을 알고 있었다. 메를로퐁티에 따르면, 데카르트는 사유의 한계를 정할 줄 알았고 그러한 한계 너머의 초월성을 결코 삭제하지 않았다. 데카르트의 사유 주체는 유보 없이 이해되어서는 안 되는데, 왜냐하면 그가 아무리 신체의 영향을 받지 않는 정신의 영역을 더욱더 확고하게 정립했을지라도, 그만큼 더 신체와 결합된 영혼의 현상들을 깊게 탐구했기 때문이다. 이는 데카르트의 후기 사유들에서 영혼과 신체가 결합된 현상들이 철저하게 다뤄지고 있다는 것을 보면 알 수 있다.[4]

다만 메를로퐁티는 데카르트 철학에서의 독단론을 비판한다. 독단론은 인간의 정신이 진리를 인식할 수 있음을, 즉자적 사물을 인식할 수 있음을 주장한다. 데카르트의 독단론은 그의 후기 사유와는 다르게, 인간에게서 신체가 담당하는 부분을 의도적으로 망각한다. 신체를 망각한다는 것은, 메를로퐁티에 따르면 신체를 매개로 유사성을 얻는 타자들 및 감각적 세계를 고려하지 않는다는 것과 같다. 《눈과 정신》은 그러한 데카르트와의 진지한 대화라고 할 수 있다. 메를로퐁티는 이 대화를 통해서 데카르트를 비롯한 고전 철학에서의 형이상학과 다른 내용의 형이상학을, 데카르트를 잘못 인수한 현대 과학이 완전히 잃어버린 형이상학을 신체와 연루된 가시적인 것의 '깊이'에서 되찾으려고 한다.

메를로퐁티가 겨냥하는 절대적 이성의 두 번째 철학자는 헤겔이다. 그는 예술만이 아니라, 정치, 역사에 대한 사유가 녹아 있는 〈간접적인 언어와 침묵의 목소리들〉[5]에서, 미술의 역사와 관련해서 앙드레 말로가 채택하고 있는 헤겔주의적 역사관을 반박한다. 말로는 개개의 미술작품들이 표현 주체의 일관된 역사 속에서 자신의 자리를 갖는 박물관을 높게 평가한다. 표현의 주체는 헤겔의 절대정신에 비견할 만한 하나의 정신이며, 바로 이 표현의 정신이 미술의 역사를 구성한다. 메를로퐁티는 말로가 표현의 주체를 단번에 보편 정신으로 만들면서 마치 보편 정신의 지도 아래 회화의 역사가 진행되는 것처럼 생각하는 방식을 비판한다. 그가 보기에 박물관은 표현하는 생생한 개별 주체들을 하나의 정신 아래 포섭시키면서 죽은 역사를 만드는 장소다.

말로가 이해했듯이, 만일 헤겔주의적 역사관이 완결된 미래를 전제하고 그로부터 현재를 구성하는 것이라면, 이는 현재 이행되고 있는 움직임이나 삶의 방식을 무시하게 될 것이고 현재를 다만 미래를 위한 수단으로서만 생각할 것이다. 반면에 역사를 대상이나 목적으로 하지 않는 현재의 움직임, 완결된 말을 목적으로 하지 않는 말의 실행은 과거든 현재든 미래든 모든 인간을 평등하게 만든다. 화가들은 완결된 세계 그림을 이미 가지고 있는 게 아니다. 하지만 그들은 일단 신체를 가지고 세계 안에 발을 들여놓은 순간부터 그림을 그려야 하는 운명을 지닌다. 이 화가들은 모두 진행 중인 역사성 속에서 동등하게 자신의 행위들을 수행하고 있다. 메를로퐁티는 우선 헤겔의 역사관을 잘못 이해한 말로를 비판하고, 말로에 대한 비판을 통해서 표현의 주체는 정신에서 비롯되는 것이 아니며 살아 있는 고유한 신체와 세계의 조우 가운데 탄생하는 것임을 강조한다.

메를로퐁티는 헤겔의 사상을 목적론적으로 바꿔버린 역사관과 이에 대항하는 기독교를 동시에 비판하면서 역사를 재정의한다.

> 그처럼 이해된 역사는 …… 역사가 철학에 대해서 존재해야 하는 그런 역사로 돌아올 것이다. 그 자체로 절대적으로 명료한 '단순한 자연'으로서가 확실히 아니라, 정반대로 우리의 탐문과 경이의 장소로서 철학적 반성들의 중심으로 말이다. 열렬히 좋아하기 위해서건 증오하기 위해서건, 오늘날 사람들은 역사와 역사적 변증법을 외부적 역량처럼 이해한다. 따라서 역사와 우리 사이에서 선택을 해야 하며, 역사를 선택한다는

> 것은 신체와 영혼을 미래 인간의 도래에, 우리 자신이 그것의 스케치조차도 아닌 그런 인간의 도래에 바쳐야 한다는 것이다. 이것은 그러한 미래를 위해서 수단들에 대한 일체의 판단을, 효율성을 위해서 일체의 가치 판단을 포기해야 한다는 것이고, 또한 '자기 자신에 대한 자기 자신의 동의'를 포기해야 한다는 것이다. 그러한 우상-역사는 신에 대한 미개적 관념을 속세화한다. 그리고 당대의 논의들이 역사의 '수평적 초월성'이라고 불리는 것과 신의 '수직적 초월성'이라고 불리는 것 사이의 평행 상태로 기꺼이 돌아오는 것은 우연이 아니다.[6]

하지만 그는 기독교 정신을 대표하는 수직적 초월성과 완결된 역사관을 대표하는 수평적 초월성을 가르는 구분조차 이 구분이 일어날 때는 이미 옛것이 되었다고 말한다. 기독교적 신의 초월성은 더 이상 인간에게 수직적 예속 관계를 요구하지 않는다. 초월성은 인간 위에 있기보다는 차라리 인간적 상황의 애매성과 함께 있다. 마찬가지로 수평적 초월성은 헤겔의 역사관을 잘못 수용하는데, 왜냐하면 실제로 헤겔은 행위의 판단에 앞서 결과들이나 의도들을 고려하는 것을 금지하기 때문이다. 메를로퐁티에 따르면, 헤겔이 기획한 변증법적 역사는 내면이 자신을 외부로 만드는 것 혹은 우리 자신이 타인 안으로나 세계 안으로, 그리고 타인이 우리 안으로 들어오는 선회나 진로 변경에 의해, 간단히 말해서 행위에 의해 이루어진다.

따라서 역사성은 각자가 스스로 자신의 행동을 개시하면서 "자신의 흐름을 창조하고 자기 자신으로 회귀하는 걸음"으로 이루어진다. 이러한 행위의 의미는 행위 속에서 당장 가시적으로 드러나는 게 아니라 "점점 더 멀리서 자신과 일치하고 자신을 확증"하면서 나타난다. 그리고 나 자신의 행위의 보편적 의미는 나 혼자만으로 성립되는 것이 아니라 바로 앞에서 말했듯이, 타자와 나 사이에서, 세계 속의 나에게서 발견된다. 여기서 메를로퐁티는 헤겔의 역사관을 자기 방식으로 해석하듯이, 헤겔의 주인과 노예의 변증법을 자기 방식으로 재구성한다.

> 헤겔의 변증법이 100가지 방식으로 되돌아오는 중심 사실은 우리는 대자와 대타 사이에서, 우리 자신을 따르는 사유와 타인을 따르는 사유 사이에서 선택할 필요가 없지만, 표현의 순간 동안에는 내가 말을 건네는 타인과 나를 표현하는 내가 양보 없이 연결되어 있다는 것이다. …… 그들(타인들)은 정확히 내가 가치를 갖는 만큼 가치를 가지며, 나는 내가 그들에게 제공하는 모든 권력을 동시에 나에게 제공한다. 나는 내가 시도했던 무엇의 자격을 그 자체로서 가지고 있는 타자, 다시 말해 결국 나 자신에 의해 선택된 또래 타자의 판단에 나를 복종시킨다. 역사는 판관이다—하지만 [이 역사는] 한순간이나 한 세기의 권력으로서 역사가 아니라 국가와 시대의 한계 너머에서, 상황들을 고려했을 때, 가장 진실하고 가장 타당하게 우리가 행했고 말했던 것의 기입과 축적으로서의 역사[다].[7]

변증법과 생생한 역사가 이루어지는 장인 나와 타인 사이에서 중요한 것은 나와 타인들의 관계가 동등성을 바탕으로 하는, 모든 차이적 '나'들의 관계라는 점이다. 그렇게 해야지만 역사 속에서 혹은 역사를 구성하는 운동 속에서 "개별적인 것과 보편적인 것의 접합"이 획득된다.

메를로퐁티가 데카르트에 대해서 신중한 태도를 가졌듯이, 우리는 메를로퐁티에 대해 신중한 태도를 가져야 한다. 메를로퐁티의 철학이 신체의 철학이기 때문에 정신보다 신체를 우위에 놓을 것이며 이성보다는 반이성을 앞세울 것이라고 생각하기 쉬울 수 있다. 하지만 그의 철학을 이성이나 합리주의에 반대하는 반이성의 철학으로 삼는 것은 그의 철학을 잘못 해석하는 것이다. 그가 비판했던 것은 모든 것의 원인을 정립하려는 연역적 이성과 완결된 역사의 목적을 위해 현재를 수단으로 삼는 역사주의였다. 이것은 모두 독단론적 태도라고 볼 수 있는데, 그러한 태도 속에서 개별자와 보편자의 구분은 무의미해지고—개별자는 곧 보편자다—개별 역사는 단번에 전체 역사와 동일시된다. 그렇다면 그가 붙잡는 이성은 어떤 것일까? 그는 좀 더 확장된 이성으로 인간이 열리기를 원했으며, 그러기 위해서는 지각된 세계, 나와 타자들의 공존의 방식이 매우 중요했다.

2. 살적 존재 안에서의 주체성과 이성

메를로퐁티는 마르크스주의의 프롤레타리아 혁명을 바로 그러한 개별자가 보편자와 결합하는 행위였다고 생각했다. 각자 전혀 다른 생활세계에 살고 있던 도시 노동자와 농민과 계절노동자들은 지각된 세계를 경유해서 서로 합류한다. 다시 말해 구속된 삶을 살고 있으면서도 닫힌 세계 속에 살고 있었기 때문에 그러한 사실을 알지 못했던 저 세 부류의 인간들은 타인 및 타인의 세계에 대한 지각을 통해서 실존적 삶의 모순을 깨닫고 자유의 요청에 응답한다. 만일 그들이 혁명을 앞서 표상한다면, 그들은 공포로 말미암아 혁명으로까지 움직임을 가져가지 못했을 것이다. 러시아의 농민들과 계절노동자들은 도시 노동자의 움직임을 지각함으로써 이를테면 "삶은 이전과는 달라야 한다"라는 자각과 함께 스스로 움직이기 시작했다. 그렇게 메를로퐁티는 러시아 혁명의 움직임은 타인을 지각함으로써 일어난 각 개인의 실존의 장에서의 변화이자, 새로운 미래의 기투의 작용에서 유래한다고 본다.

그러나 이러한 개인의 움직임과 집단의 움직임의 결합, 개별성과 보편성의 결합은 프롤레타리아 계급이 정립되고 계급의식이 확립되자마자 물화되기 쉬워진다. 만일 그렇게 형성된 계급이 혁명의 목적과 대의가 처음부터 있었다고 다시 생각한다면 말이다. 그러한 입장에서는, 이론이 구체화되는 장, 우연성이 언제든지 개입할 수 있는 장, 요컨대 우연성을 의미 있는 것으로 만드는 개인의 실천적 지향은 은폐되고 오로지 목적론적이고 의도적인 지향만이 있을 것이다. 그런데 지각과 운동적 신체를 수반하는 지향은 의도적이거나 의지적인 지향과는 거리가 멀다. 전자의 지향이 메를로퐁티가 《지각의 현상학》에서 구분한 "작동하고 있는 지향성(intentionnalité opérante)"[8]이다.

세계와의 만남이나 타자들과의 만남과 크게 구분되지 않는 지향성, 그리하여 만남 자체가 움직임을 유발하는 지향성, 이것이 작동하고 있는 지향성이다. 그리고 이러한 지향성이 주체와 대상 혹은 주인과 노예보다 더 원초적인 나와 타자들과의 관계를 형성한다.

> 왜냐하면 주어진 것, 그것은 시간의 한 단편, 그리고 다른 시간의 단편, 한 개별적인 흐름, 그리고 다른 개별적인 흐름이 아니기 때문이다. 그것은 자기 자신에 의한 각각의 주체성의 되잡기(reprise), 자연의 일반성 안에서의 주체성들 서로에 의한 각각의 주체성의 되잡기, 상호 주관적인 하나의 삶과 하나의 세계의 정합성이다. …… 나는 내가 보는 모든 것이

> 고, 내가 나의 신체와 나의 역사적 상황에도 불구하고 하나의 상호 주관적 장인 것이 아니라 반대로 이 신체와 이 상황의 존재인 한에서, 그리고 나머지 모든 것이 그러한 신체와 상황을 가로질러 존재하는 한에서 하나의 상호 주관적 장이다.[9]

여기서 우리는 고전적인 의미에서의 이성과는 다른 종류의 이성을 발견할 수 있는데, 그것은 나와 타인들의 공존 가운데 만들어지는 이성이며 과거로 향하기보다는 미래로 향하고 있는 이성이다. 그것은 현재의 미결성이나 애매성을 이성에 대해서 불투명한 것으로 간주하는 게 아니라 자기 자신을 초월하기 위한 이성의 조건으로 본다. 사실상 모든 것을 처음부터 끝까지 지배하고 주관하는 이성이 있다면, 삶은 필요하지 않을 것이다. 메를로퐁티는 "라플라스의 성운은 우리의 뒤에, 우리의 기원에 있는 게 아니라 우리 앞에, 문화적 세계 속에 있다"라고 말함으로써 체험된 세계를 문화적인 의미의 세계로 만드는 이성이 늘 미래를 향해 있음을 비유적으로 말한다. 이것은 무슨 말일까? 이성은 애초부터 사회적 이성이며, 이것은 전제가 아니라 형성되는 것이라는 말이다.

인간이 이성을 활용한 모든 문화적 제도는 어쨌거나 두 사람 이상이 있어야만 만들어진다. 예컨대 언어가, 교회가, 정치가 그렇다. 이는 이성이 구체성을 확보하려면, 혹은 이성이 실천과 조우하려면 타자들이 필요하고 타자들이 공존하는 지각의 세계가 필요하다는 것을 말해준다. "각 의식은 다른 의식과의 관계 속에서 자신을 재발견하거나 자신을 상실하며", "사회적인 것의 완성은 상호 주체성, 개인들 간의 생생한 관계와 긴장"[10] 속에서 발생한다. "우리는 우리의 특수성을 포기함으로써 보편적인 것에 도달하는 것이 아니라 특수성을 타자들에게 도달하는 수단으로 만들면서, 상황들이 서로 이해되게 하는 저 신비한 친화성 덕분에 보편적인 것에 도달한다."[11]

유사한 맥락에서 유아나 정신병자나 광인의 세계는 정상인의 세계와의 비교 속에서, 정상인의 세계를 그 자체로 완결적인 세계가 아니라는 것을 확증할 수 있는 계기가 된다.

> 아이의 세계도, 원시인의 세계도, 환자의 세계도, 하물며 동물의 세계도, 우리가 그들의 행동을 통해 그 세계를 구성하는 한, 정합적 체계를 구성할 수 없으며, 반대로 건강하고 문명화된 성인의 세계는 그러한 정합성을 얻으려 애쓴다는 것은 당연하다. 하지만 중요한 점은 그러한 세계가 정합성을 소유하지 못한다는 것이고, 정합성은 사실상 절대로 도달될 수 없는 하나의 관념이나 한계로 남아 있다는 것이다. 결국 중요한 점은 그러한 세계가 자기 위로 문을 닫아버릴 수 없다는 것이다. '정상인(le normal)'은 자신이 결코 완전히 면제되지 않은 비정상성들을 이해하는 데 몰두해야 한다. 정상인은 자신 안에서 모든 종류의 환상, 몽상, 마법의 행동들, 모호한 현상들을 냉정하게 재발견하도록 권유받는데, 이러한 것들은 그의 사적이거나 공적인 삶 속에서, 다른 인간들과의 관계들 속에서 전적으로 강력하게 남아 있으며, 심지어 자연에 대한 그의 인식에 있어서 그 사이로 시가 스며들 수 있는 그러한 모든 종류의 결함을 남겨놓는다. …… 이성은 자신의 세계가 또한 미완성이라는 것을 인정하기 때문이고, 자신이 감추는 데 그쳤던 것을 자신의 세계가 넘어섰다고 꾸며댈 수 없기 때문이며, 정반대로 이성의 최고의 기능이 부인하는 문명과 인식을 명백한 것으로 생각할 수 없기 때문이다.[12]

이러한 이성에 의해서만 인간은 독단론으로부터 빠져나올 수 있다. 그리고 우리는 합리성의 반대가 애매성이나 불합리성이 아니라, 거꾸로 오로지 이러한 애매성과 불합리성으로부터 좀 더 확장된 이성을 발견하고 구체화할 수 있다는 것을 알 수 있다.

자기 자신(만)의 세계가 미완성이라는 것을 인정하는 이성, 이러한 이성은 분명 메를로퐁티에게서 주체성이나 '자기(soi)'라고 지칭될 수 있는 것은 단단한 동일성을 형성하는 데 기여하지 않는다. 그의 주체성은 타자에 의해서, 세계에 의해서, 역사에 의해서 갈가리 찢겨 있으며 늘 "인간 삶의 애매성들과 어려움들과 대결"하고 있다. 그러한 주체성은 삶을 통해서 자신의 세계가 미완의 상태로 남아 있다는 것을 알고 있다.

정치와 사회, 역사 속에서 지각된 세계가 어떻게 나와 타자들을, 나의 과거와 나의 미래를 매개하는지를 살펴본 후에 메를로퐁티는 점차 그러한 지각된 세계 속에서의 존재들에 대한 원리론적 탐구를 시작한다. 그리하여 그는 감각적 살(chair)의 존재론에 이르게 되는데, 고전 철학이 비본질적인 것이기에 진지하게 고려하지 않은 바로 저 감각적인 것에서 '살'이라는 원리를 끌어낸다.

> 그들[타인들]은 내가 나의 사막을 채우게 될 허구들, 내 정신의 섬유들, 영원토록 비활성적인 가능성들이 아니고, 나의 쌍생아들 혹은 나의 살의 살이기 때문이다. 물론, 나는 그들의 삶을 살지 않는다. 그들은 결정적으로 나를 결여하고, 나는 그들을 결여한다. 그러나 이러한 거리는 감각적 존재가 되찾아지는 한 낯선 근접성이 된다. 왜냐하면 감각적인 것은 정확히, 그 자리에서 움직이지 않은 채 하나의 몸 이상의 것을 사로잡을 수

있는 것이기 때문이다.[13]

즉, 감각적 살은 비록 감각적이기는 하나 원리가 없는 것이 아니다. 그는 말 내지는 표현의 논리(logos prophorikos)와 이것을 요청하고 불러일으키는 표현 이전의 논리(logos endiathetos)을 구분하면서, 후자를 야생적 존재(l'être sauvage)를 이루는 논리라고 부른다. 야생적 존재의 세계는 그로부터 인간의 모든 표현 노력이 분출하는 표현의 자원이다. 저 야생적 존재의 세계—침묵의 세계, 감각적인 것의 세계—를 이루는 논리는 다름 아닌 키아즘(chiasme, 교차)[14]이다. 이것은 메를로퐁티의 또 다른 저서인《보이는 것과 보이지 않는 것》에서 "최종적 진리"라고 명명된다. 표현이 주관적이기만 한 것이 아니라면, 이는 표현의 주체가 보이면서 보는, 만져지면서 만지는 등등의 키아즘적 원리가 지배하는 '살'의 존재이면서 동시에 그것에 속해 있기 때문이다.

이렇듯 후설이 고유한 신체를 현상학적으로 구성하기 위해 풀어낸 '이중 감각'의 경험은 메를로퐁티에 의해 재해석되는데, 그것은 보는 자이면서 동시에 보이는 자이고, 만지는 자이면서 동시에 만져지는 자인 감각의 주체가 찢김에 의해서만 자기 자신일 수 있다는 것을 보여준다. 즉, 키아즘의 원리는 나의 내부[만지는 손]가 외부[만져지는 손]가 됨으로써, 혹은 타인의 내부[타인의 만지는 손]가 나의 외부[나의 만져지는 손]가 됨으로써만 감각적 경험이 가능하다는 것을 보여준다. 그랬을 때 "의식이라는 단어가 가리킬지도 모르는 자기의식의 신화학"은 더 이상 유효하지 않으며, 살적 존재 안에 있는 고유한 신체가 동일성의 의식의 자리를 대체한다.

> 키아즘에 의해 나에게 자신을 존재로서 알리는 것은, 타자들의 눈에는 "의식의 상태들"일 뿐이다. 하지만 눈들의 키아즘처럼 그러한 키아즘은 또한 우리가 동일한 세계에 속하게 만드는 그것이기도 하다. …… 키아즘은 단지 나와 타인의 교환만이 아니다. …… 그것은 또한 나와 세계의, 현상적 신체와 '객관적' 신체의 교환, 지각하는 자와 지각된 것의 교환이다.[15]

미리 정해져 있지 않은 통일성. 나의 세계와 타인의 세계는 보편적 에고의 동일한 투사로서의 세계가 아니기 때문에 공존 불가능하지만, 바로 그러한 공존 불가능성을 통과하면서 통일성을 이룬다. 이것이 살적 존재의 이성이며, 살적 존재를 구성하는 동일성 안에서의 차이들이다. 그런데 이러한 세계에서의 통일성의 획득은 자기 세계 안에만 머무는 게 아니라 타자의 세계를 향해 자기 세계를 넘어서는 창조적 행위에 의해서만 가능하며, 바로 이러한 창조적 행위가 나와 타자들을 모두 표현으로 이끄는 것이다.

주지하다시피 메를로퐁티에게서 반이성의 철학은 없다. 다만 그는 이성이 가진 한계를 인정하고 이성을 해방시키려고 한다. 그랬을 때 그가 몰두한 영역은 신체를 매개로 하는 감각적 살의 세계, 가장 원초적인 상호 주관성이 발견되는 세계였다. 우리가 메를로퐁티를 거의 최후의 근대 철학자로 볼 수 있는 이유도 바로 저 이성 개념 때문이다. 하지만 감각과 살과 신체에 대한 그의 현상학적·존재론적 연구는 이미 후근대적 사상을 잉태하고 있었던바, 메를로퐁티는 자신도 모르게 이미 이후에 나올 사상들을 예견하고 있었다고 보아도 될 것이다.

더 읽어볼 책

메를로퐁티, 모리스. 1990. 《의미와 무의미》. 권혁면 옮김. 서광사.

구체적 작품이나 사건, 사상가를 다룬 에세이들을 통해서, 예술·정치·사상에서의 메를로퐁티의 철학을 접할 수 있다. 이 글에 있는 수평적 초월성을 알고자 한다면, 〈인간의 형이상학〉을 읽어보기를 권한다.

메를로퐁티, 모리스. 2004. 《보이는 것과 보이지 않는 것》. 남수인 옮김. 동문선.

메를로퐁티의 후기 철학인 살의 존재론이 펼쳐져 있는 책이다. 감각적 존재들의 서로 얽힘을 의미하는 '키아즘'을 알고 싶다면, 이 책 가운데 〈얽힘—교차〉를 읽어보기를 권한다.

메를로퐁티, 모리스. 2004. 《휴머니즘과 폭력》. 박현모·유영산·이병택 옮김. 문학과지성사.

스탈린이 소련을 장악했을 때, 프랑스의 많은 공산주의 지식인들이 갈라지기 시작한다. 당대의 대표적 지식인이면서 대중적으로도 영향력을 가지고 있었던 메를로퐁티, 카뮈, 사르트르 역시 진한 우정에도 불구하고 갈라지기 시작하는데, 이 책은 당시의 정세와 의견의 분기를 기술하면서, 메를로퐁티 자신의 정치적 입장을 논하고 있다. 특히 한국전쟁이 이들 지식인 사이에서 어떻게 이해되었는지를 알고 싶다면, 읽기를 권한다.

14장

푸코
서양적 합리성의 역사와 그 한계—하버마스의 비판에 대한 하나의 응답

허경(철학학교 혜윰 교장)

"나는 지도도 달력도 없는 것에 대해서는 말하지 않습니다."
- 미셸 푸코

1. 하버마스의 문제 제기

미셸 푸코는 비합리주의자일까? 이러한 질문은 푸코가 동시대의 주요한 사상가로 부각되기 시작하던 1960년대 이래 꾸준히 제기되어오는 질문이다. 그리고 독일의 사상가 하버마스가 푸코의 사망 직후인 1985년 발간한 책 《현대성의 철학적 담론》에 의해 결정적인 방식으로 주장되었다. 푸코는 '**신앙고백적** 비합리주의라고 하는 익히 연주된 멜로디(durchgespielten Melodie eines bekennenden Irrationalismus)'[1]에 굴복한다는 것이다. 하버마스는 어떤 의미로도 무시할 수 없는 현대의 중요한 학자로 그의 이러한 주장은 격렬한 논쟁을 불러일으켰고, 여하한 의미로든 동시대의 푸코 이해 전반에 강력한 영향을 미쳤다. 그러나 하버마스의 이러한 주장은 과연 타당한 것일까? 푸코와 하버마스 양자가 모두 동시대에 강력한 영향력을 발휘했던 학자들이었던 만큼, 이는—실제로는 벌어진 적이 없었던 이른바 '푸코-하버마스 논쟁'은 물론—오늘날의 '현대성' 논의와 관련해서도 중요한 함축을 갖는다.[2] 이 글에서는 주로 푸코가 '비합리주의자'라는 하버마스의 입장을 중심으로, **실제로** 푸코가 비합리주의자인가의 여부를 살펴보도록 하겠다.

우리에게 주어진 문제, 곧 '푸코는 비합리주의자인가?'라는 물음과 관련하여 무엇보다도 중요한 것은 우선 이러한 물음의 정확한 의미가 무엇인지를 이해하는 일이다. 우리가 이 물음에 유의미한 방식으로 대답하고자 한다면 우리는 다음과 같은 질문에 대한 대답을 먼저 찾아야만 할 것이다. '비합리주의'란 무엇인가? 이는 물론 다시금 '합리주의'란 무엇인가라는 질문을 낳을 것이다. 그리고 이들 양자에 대한 대답은 어느 누가, 언제, 어떤 근거로 제시한 것들인가를 알아야 할 것이다. 그리고 문제의 나머지 한편으로서, 푸코의 어떤 사상을 말하는 것인가라는 문제를 다루어야만 할 것이다. 우리 모두가 그러한 것처럼, 푸코의 사유는 시기마다 일정한 혹은 때로는 상당한 변화를 겪어왔고, 푸코 사상의 연속성 내지 단절 여부에 관한 논쟁이 있어왔기 때문이다. 그리고 이를 우리가 구체적으로, 곧 하버마스의 문제 제기와 연관하여 다룰 경우, 우리는 이러한 질문들에 대한 하버마스의 규정들 또한 정확히 이해해야 할 것이다.

2. 하버마스의 니체: 비합리주의자

하버마스는 1985년 출간된 《현대성의 철학적 담론》 중 9장과 10장을 할애하여 푸코의 사유가 '자기 고백적인' 비합리주의에 함몰되는 결과에 빠지고 말았다고 비판한다. 하버마스에 따르면, 이 책은 프랑스 '신(新)구조주의적 이성 비판(neostrukturalistische Vernunftkritik)에 대한 도전'을 담고 있는데, 이는 이미 그 자체로 '현대성의 철학적 담론을 단계적으로 구성하려는' 하버마스 시도의 근본 관점을 형성하는 것이다.[3] 오늘날에는 너무도 잘 알려져 있는 것처럼 이 책은 **계몽**의 문제, 곧 **미완의 기획으로서의 현대성의 문제**를 다루는 책이다. 이는 '현대(성)가 오늘날 하나의 끝장난 기획으로 파악되어야 하는지, 아니면 여전히 미완의 기획으로 파악되어야 하는지의 문제'에 다름 아니며, 하버마스의 입장은 명백히 후자의 입장을 옹호하는 것이다. 그리고 오늘날 이러한 계몽의 문제에 대한 두 가지 반응은 다음과 같다. 첫째, '약간은 주변부로 밀려난 독일의 지방적 학문 전통을 자유보수주의적으로 재활용하는 것'. 둘째, '니체의 이성 비판의 모티브들을 활용하는 것'.[4] 하버마스는 푸코를 물론 후자의 입장, 곧 니체로부터 기원하는 이성 비판의 흐름에 속하는 사상가로 바라보고 있다. 이후에 밝혀질 것처럼, 하버마스는 푸코를 니체를 잇는 사상가로 바라보면서, 근본적으로 니체의 계보학을 잇는 푸코의 계보학 역시 니체 계보학의 모순을 벗어나지 못하는 것으로 바라본다. 하버마스는 니체가 근본적으로 '이성의 작업을 포기함으로써, 이성의 비판에서 주체적 소유격, 즉 비판의 주체인 이성을 제거'[5]한다고 본다. 좀 더 구체적으로, 하버마스에 따르면 니체는 '서양 합리주의(okzidentalen Rationalismus)의 틀'을 파괴하고자 한다. 이러한 니체의 '반인간주의(Antihumanismus)'를 잇는 두 계열은 하이데거와 바타유에 의해 대표되는데, 푸코는 바타유 계열을 잇는 사상가로 규정된다.[6] 푸코는 "주체에 관한 부정적 담론을 **현대성에 대한 비판**으로서 이해하였다."[7] 어떤 경우이든, 니체는 비합리주의이자, 반이성주의자이며, 니체를 잇는 푸코 역시 동일한 규정을 부여받게 된다.

하버마스에 따르면, 니체의 선택 가능성은 '주체 중심적 이성을 다시 한번 내재적으로 비판하거나' 아니면 '이 [주체 중심적 이성의] 기획을 전체적으로 포기하는' 것이었다. 니체가 선택한 길은 후자이며, 니체는 '이성 개념의 새로운 수정을 포기하고, 계몽의 변증법과 결별'한다. 이제 니체는 '**이성의 타자(他者)인 신화** 속에' 정착한다.[8] 니체가 권력 이론적으로 발전시킨 현대성의 개념은 '스스로를 이성 지평의 밖에 설정하는 폭로적 이성 비판의 덕택'이다. 결국 '디오니소스적인 것으로 통하는 문으로서 예술적인 것은 오히려 이성의 타자로 실체화'되고, 그 결과 "권력 이론적 폭로들은 총체적이 되어버린 자기 관계적 이성 비판의 딜레마에 묶이게 된다."[9] 니체를 잇는 두 가지 근본적 방식인 하이데거와 바타유 양자는 모두 '철저한 이성 비판을 실행하고자' 하는데, 이는 "**비판의 뿌리 자체를 공격하는 비판**이다." 그런데 이 같은 총체적 이성 비판의 무대에 등장하는 두 인물인 "이성과 이성의 타자라는 두 계기들은 변증법적 지양을 지시하는 대립의 관계에 있지 않고, 상호 반발과 배척의 긴장 관계에 있다. 양자의 관계는 자기반성 또는 계몽된 실천의 반대 과정을 통해 상쇄될 수 있는 배척의 과정에 의해 구성되지 않는다. 이성은 오히려 후퇴와 방기, 배척과 추방의 역동성에 무력하게 내맡겨져 있어서, 편협한 주체성은 기억과 분석이라는 고유한 힘으로는 자기에게서 벗어나거나 또는 거리를 둘 수가 없다. 반성의 타자는 **자기반성에 폐쇄되어** 있는 것이다."[10] 따라서 이처럼 계몽의 변증법에 대한 희망을 포기한 '총체적 이성 비판'은 자기 관계도 자기반성도 불가능한 맹목적인 지향으로, 하버마스 자신의 **의사소통적 이성**

(kommunikative Vernunft)이 수행하는 "총체적 · 자기 관계적 이성 비판을 수행할 수 없다."[11]

3. 하버마스의 푸코 1: 인간 과학의 이성 비판적 폭로

푸코에 대한 하버마스의 비판, 곧 '푸코가 어떻게 비합리성에 빠질 수밖에 없었는가'에 대한 분석 및 비판은 이러한 **니체-푸코적 계보학에 대한 비판**을 중심으로 전개된다. 푸코의 '계보학적 역사 기술론(genealogische Geschichtsschreibung)'은 '역사적으로 방향이 설정된 제반 인간 과학들의 지평으로부터 벗어날 때에만' 반학문(Antiwissenschaft)이라는 '이성 비판적 역할'을 떠맡을 수 있으며, 이러한 '새로운 역사(neue Historie)'는 "18세기 말 이래로 현대성의 역사적 의식, 역사적 사유, 역사적 계몽에 대해 구성적이었던 모든 전제 조건들을 부정해야 한다."[12] 이러한 입장을 갖는 푸코는 이제 **'현대성의 현재주의적 시대 의식**(präsentistische Zeitbewußtsein der Moderne)을 극복하고자' 하는 동시에, 이러한 사실로부터 **'해석학과의 결별**(Abschiedes von der Hermeneutik)이라는 방법론적 귀결'에 도달하게 되고, 나아가 '암암리에 역사를 거시 의식으로 개념화하는 **전체적 역사 기술**(globalen Geschichtschreibung)과 결별하고자' 한다.[13] 하버마스는 이러한 푸코의 입장이 '니체의 역사주의 비판을 물려받고 동시에 능가'하는 **'초월적 역사주의**(traszendentalen Historismus)'에 이르게 된다고 말한다. "푸코의 급진적 역사 기술은 여전히 약한 의미에서 '초월적'인데", 그 이유는 그것이 "역사적-해석학적인 의미 이해의 대상을 구성된 것으로서, 즉 그때마다 토대에 놓여 있으며 구조주의적으로 파악할 수 있는 담론 실천의 객관화로서 간주"

하기 때문이다.[14] 이 '가차 없는 역사주의', '급진적 역사 기술'이 만들어 내는 '역사 공간'은 '새로운 담론 구성체들의 **무질서한** 생성과 소멸이라는 **순전히 우연적인** 사건들로 가득 채워져 있'으며, 이 "**덧없는** 담론 우주들의 혼동적 다양성들 속에는 이제 **포괄적** 의미(übergreifenden Sinn)를 위한 자리는 없다."[15] 이제 역사는 하나의 '빙산'이 된다. 곧 역사는 '**자의적인** 담론 구성체들이 형성'했으며 '**무근원적인** 자율성'이 주어져 있는 '결정체', '가장 인접한 상황들로부터 **우연히** 생겨'난 '**기괴한** 구성체들'이 된다.[16]

하버마스에 따르면, 이러한 일련의 현상을 설명하는 푸코의 근본 가설은 **권력의 가설**이다. 이 권력의 가설은 '익명적 정복 과정의 변화 속에서 항상 새로운 가면을 쓰고 등장'한다. "이제까지 초월적 의식의 종합력은 가능한 경험의 대상들을 하나의 일반적 우주로 만들었다. 그런데 이와 같은 종합은 무질서하고 우연적인 담론 구성체들의 부침 과정 속에서 작용하고 있는 권력의 비주체적 의지 속에서 해체된다."[17] 이제 권력은 '이성 비판적 역사 기술의 초월적·역사적 근본 개념'으로 이해된다. 푸코는 '역사 기술의 파괴'를 통해 니체의 '이성 비판 기획'을 이어간다. 푸코의 이러한 작업은 '시대적 존재 이해 또는 담론의 구성 규칙을 그 근원에서' 파헤치는데, 이는 담론 구성체들의 '초월적 권력(transzendentale Macht)', 곧 '주어진 세계의 지평 안에서 또는 실행되고 있는 담론의 지평 안에서 존재의 의미와 언술의 타당성을 각각 가능하게' 능력을 부당하게 전제하는 것으로, 결국 푸코 자신의 연구가 제기하는 '**타당성 요청**(Geltungsansprüche)'을 무력화시킨다.[18]

하버마스는 이에 관해 다음처럼 문제를 제기한다. "그런데 우리의 맥락에서 중요한 것은 푸코가 권력의 이 분명한 의미들을 어떻게 종합적 수행의 초월적 의미와 함께 사유하는가 하는 점이다." 하버마스에 따르면, 푸코가 전개하는 '권력의 초월적·역사적 근본 개념'은 '선험적·종합적 활동을 역사적 사건의 영역으로 환원시키는' 모순에 더하여, 다음과 같은 세 가지 **모순**을 노정하고 있다. 우선 푸코는 '진실에의 의지로서의 담론 속에서 역설적으로 자신을 은폐하고 동시에 관철시키는 권력의 개념에 진실을 가능하게 하는 조건들의 초월적 의미를 보존해야' 한다. 나아가 푸코는 '(낡은 담론 구성체들을 몰아내는 새로운 담론 구성체들이 **사건**처럼 등장할 수 있도록) 칸트적 개념의 관념론에 대항하여 아 프리오리의 시간화를 강행'해야 한다. 마지막으로 푸코는 '역사화' 할 뿐만 아니라, 동시에 '유명론자적으로, 유물론적으로, 경험주의적으로' 사유한다. 푸코는 초월적 권력 실천들을 '모든 보편자에 대항하는 특수한 것', '모든 지성적인 것을 침식시키는 하위의 것', '신체적·감성적인 것', 나아가 '다르게 존재할 수도 있는 우연적인 것'으로 생각한다. 이러한 '오염된 권력의 근본 개념'은 '모순적 결과들'을 결코 감출 수가 없다.[19] 하버마스는 푸코가 전개하는 이러한 의문스러운 논의의 배면에서 우리가 '반계몽의 상투적 표현들'을 읽어낼 수 있다고 말한다. 곧 "사고의 형태는 항상 동일하다. 계몽의 보편주의, 해방적 이상의 인본주의, 체계적 사유의 이상 속에는 편협한 권력에의 의지가 들어 있다는 것이다. …… 권력에의 의지는 이론이 실천적으로 되려고 하면 곧 쓰고 있던 가면을 던져버리고 그 모습을 드러낸다. 다시 말해 철학적 사유의 대가, 지성인, 의미 중개인, 간단히 말해서 새로운 계급의 권력의지가 이 가면의 뒤에서 생겨난다. 푸코는 잘 알려진 이 반계몽의 모티브들을 과격한 투로 대변할 뿐만 아니라, 실제로 이성 비판적 관점에서 **첨예화**시키고 권력 이론적으로 **일반화**시키는 것처럼 보인다."[20] 하버마스는 다음처럼 권력에 대한 푸코의 관심을 정당화하는 근거를 물으며 글을 마친다.

> 그렇다면 푸코로 하여금, 일반적으로는 현대적 지식 형식을, 특별하게는 인문과학을 구성하는 이 특수한 지식에의 의지와 진실에의 의지를, 간단히 말해 이 지식에의 의지와 자기 배려에의 의지를 **일반화시켜** 권력 의지로 재해석하게 만든 근거는 무엇이며, 또 현대적 담론뿐만 아니라 모든 담론에는 은폐되어 있는 권력 성격이 있다는 점과 권력 실천으로부터 이들이 유래한다는 점을 증명할 수 있다고 주장하게 만든 근거는 무엇인가?[21]

4. 하버마스의 푸코 2: 권력 이론의 아포리아

하버마스에 따르면, 우선 푸코는 자신이 발전시킨 인문과학의 고고학과 하이데거의 근대 형이상학 비판 사이에 명백히 존립하는 친화성에 관하여 혼동했음에 틀림없다. 다음으로, 인간중심주의적인 근대 및 현대를 구조주의를 통해 극복하고자 하는 푸코의 시도는 구조주의가 은연중에 기호학적 재현주의의 고전주의적 지식 형식을 서술하기 위한 모델이었음이 밝혀지자마자, 현대성의 극복이 아닌, 다만 고전주의 시대의 초기 구조주의적 지식 형식을 현저하게 갱신시키는 것에 불과함을 드러내게 된다. 마지막으로, 《지식의 고고학》에서 수행되었던 것처럼, 담론을 실천보다 상위에 두려는 푸코의 시도 역시 상당한 개념적 난점을 불러일으킨다. 그러나 가장 커다란 난점은 이 모든 것을 바라보는 푸코의 근본적 관점, 곧 계보학 자체의 애매한 지위가 불러일으키는 난점이다. "푸코는 자신의 **고유한** 계보학적 역사 서술에 관해서는 계보학적으로 사유하지 않고 자신의 초월적·역사적 권력 개념이 어디에서 유래하는지 인식하지 못하게 만듦으로써만 이 토대를 얻을 수 있다."[22] 나아가 "푸코는《말과 사물》에서 인문과학을 형이상학으로 설명된 지식에의 의지가 가지고 있는 구성적인 힘으로 환원하였다. 이미 지적하였듯이 권력 이론은 이 연관성을 숨겨야 한다."[23] "푸코는 이러한 모순성에 대해 방법론적으로 어떤 해명도 하지 않기 때문에 그가 행한 경험적 연구가 왜 편파적(Einseitigkeit)인지 감추어져 있는 것이다."[24] 이어서, 하버마스는 푸코의 친우이자 콜레주 드 프랑스의 역사학 교수 폴 벤(Paul Veyne, 1930~)이 푸코를 '과거가 어떠했는지 엄숙하게 말하는 것 외에는 달리 아무것도 하려 하지 않는 순수 상태의 역사가'라 묘사했을 때, 벤이 푸코의 (숨겨진 또는 스스로도 모르는) '진짜 의도'를 정확히 파악했다고 말한다. 하버마스는 이어 푸코에 대한 (실로 '정확하다'고 말하지 않을 수 없는!) 폴 벤의 인용을 첨부한다. "모든 것은 역사적이다……. 그리고 모든 주의들을 철수시켜야만 한다. 역사 속에는 단지 개별적 상황 또는 유일무이한 정황들만이 있으며, 모든 것은 그 고유한 상황으로부터 완전히 설명 가능하다."[25]

하버마스는 푸코가 이렇게 '난감한' 상황에 놓이게 된 근본적인 이유를 인식론적인 측면에서 다음처럼 세 가지로 풀이한다. "푸코는 계보학적 역사 서술가가 스스로 행하는 것을 어떻게 이해할 수 있는지를 설명해야만 할 때 아포리아에 빠지고 만다. 소위 말하는 인식의 객관성은 다음의 사실들로 인하여 스스로 의문시되고 있다는 것을 깨닫는다. (1) 비자의적 **현재주의**(unfreiwilligen Präsentismus) (2) 불가피한 **상대주의**(unvermeidlichen Relativismus) (3) 자신의 규범적 토대를 입증할 수 없는 비판의 자의적 **당파성**(willkürliche Parteilichkeit)." 그런데 "푸코는 이러한 모순들을 고백할 만큼 충분히 절조 있는 사람이다. 그러나 그는 그 모순으로부터 어떤 결론도 이끌어내지 않는다."[26] 인식의 **객관성**과 관련된 푸코의 이 세 가지 '난점'은 실로 **근본적**인데, 이는 그것이 하버마스가 수행하는 푸코 비판의 핵심을 이루기 때문이다. 아래에서는 이를 하나씩 차분히 검토해보자.

1) 비자의적 현재주의

하버마스에 따르면, 푸코는 '출발 상황에 얽매여 있는 역사 서술의 비자의적[본의 아닌] 현재주의'에 매몰된다. 푸코가 말하는 "모든 지식욕에 들어 있는 객관주의적 환상의 폭로는 자아도취적으로 역사학자의 입장만을 지향하는 역사 서술과의 합의에 이르게 되고, 이러한 역사 서술은 과거의 고찰을 현재의 욕구에 맞춰 도구화"하며,[27] 이는 '담론적 우주의 무의미하고 변화무쌍한 형태 변동으로 간주되는 역사 개념'을 전제하는 푸코 역시 실은 '현재 중심적 경향을 함축한 시대구분에 대한 강요'를 피할 수 없음을 의미하고, 따라서 푸코는 '**신앙고백적** 비합리주의'에 굴복한다.[28] 하버마스는 이어 푸코의 1971년 논문 〈니체, 계보학, 역사〉에 등장하는 다음의 문장을 인용하면서, 이 문장이 (푸코의 의도와는 정반대로) 푸코 자신의 '**철학적 파산**에 관한 자기 고백'을 드러낸 것이라고 주장한다.

> 외관, 또는 적어도 그것[역사적 의식]이 쓰고 있는 가면에 따르면, 역사적 의식은 중립적인 것, 어떤 종류의 정열과도 무관한 것, 오직 진실만을 추적하는 것이다. 그러나 만약 역사적 의식이 자신을 탐구해본다면, 그리

고, 가장 일반적인 방식으로라도, 자신의 역사 속에 담긴 과학적 의식을 탐구해본다면, 역사적 의식은 이제 본능, 정열, 심문을 멈추지 않는 악착스러움, 잔인한 기교, 악의에 다름 아닌 지식의 의지가 보여주는 다양한 형태 및 변형을 발견하게 될 것이다. …… 인류를 지배해온 이 커다란 지식의 의지에 대한 역사적 분석은 따라서 불의에 기초하지 않는 인식이란 존재하지 않는다는 것(따라서 인식 자체에는 진실에 대한 권리 또는 참된 것의 기초가 존재하지 않는다), 또한 인식의 본능이 악하다는 것(인식 본능 안에는 살해와 같은 어떤 것이 존재하고, 인식 본능은 인간의 행복을 원하지도, 원할 수도 없다는 것)을 드러내준다.[29]

그런데 하버마스의 이러한 입장은 무엇인가 '기묘한' 입장이다. 하버마스는 푸코가 비자의적으로, 곧 본의 아니게 혹은 불가피하게 푸코 스스로가 비난하는 현재주의에 함몰되어버렸다고 비판한다. 그러나 이는 푸코가 자신의 입장이 현재주의가 아니라고 주장할 경우에는 유의미한 말일 테지만, 푸코 스스로가 자신이 '현재주의'에 입각하여 사유한다고 말할 경우에는 실로 **기묘한 말**이 된다. 푸코 스스로가 자신은 현재주의 안에서만 사유한다고 늘 말해왔음에도, 푸코가 현재주의 안에서 사유한다고 '비판'하는 것은 기본적 사실에 대한 오해이거나, 혹은 현재주의 자체가 문제라고 지적하는 일 이외의 다른 것이 될 수 없다. 전자가 명백한 오해라고 할 때, 하버마스의 입장은 후자일 수밖에 없다. 그렇다면 푸코는 이에 대해 무엇이라 답할 것인가? 우선 푸코에게서 현재주의는 당위가 아니라 사실이다. 어떤 인간도 인식주관이 사유하는 시점인 **인식의 현재성**을 벗어날 수는 없기 때문이다. 곧 푸코는 현재주의를 인식의 '한계'가 아닌 **조건**으로서 적극적으로 받아들인다.

심지어 푸코는 자신의 철학을 '현재의 진단학(diagnostic du présent)'이라고 부른다. 어느 누구도 벗어날 수 없는 것을 벗어나야 한다고 말하는 것은 무지이거나, 혹은 단순한 오해에 불과하다. '과거를 현재화한다'는 것은 과거를 과거의 사실 자체와 무관하게 현재의 입맛에 맞게 재단한다는 말이 아니다. 그것은 우리가 과거를 최대한 과거 자체의 논리에 의하여(당시의 인식론적 장, 곧 에피스테메에 의하여) 설명한다 하더라도, 그것 역시 오늘 나의 인식론적 장이라는 하나의 '틀'에 의해 이미 해석된 것일 수밖에 없음을 자각해야 한다는 말이다. 그러나 나의 인식론적 장 혹은 틀은 이미 나의 '힘에의 의지'의 표현이다. 그러므로 인간은 자기 인식의 **편파성**, **불의함**을 받아들여야 한다(이처럼 푸코는 철두철미 '니체적'이다). 따라서 푸코에 따르면, 인간 인식의 현재주의는 '어떤 인간도 벗어날 수 없는' 조건이고, 따라서 푸코는 '불가피하게' '자기 고백적인' 현재주의자가 된다. 의사소통적 이성을 말하는 하버마스는 **자신만은** 이처럼 '불가피한' 현재주의를 벗어날 수 있으며, 자신이 '완벽한' 공정성에 도달할 수 있다고 말하는 것일까?

2) 불가피한 상대주의

그렇다면 푸코는 니체와 마찬가지로 '완전한 상대주의'에 빠지게 되는 것이 아닐까? 하버마스는 푸코가 '자신을 상황 의존적·실천적 기획으로만 이해할 수밖에 없는 현실 연관적 분석이 갖는 불가피한 상대주의'에 빠진다고 말한다. "[푸코가 말하는] 진리 주장의 의미는 **그때그때** 해당하는 담론적 우주가 자기주장을 할 수 있도록 수행하는 기능적 기여로 그친다. 다른 한편 이러한 권력 이론의 근본 가정은 자기 관계적이다. 즉, 그 가정이 적중한다면, 그것은 자신이 영감을 준 연구가 가지고 있는 **타당성 토대**를 무너뜨려야 한다. 그러나 푸코 자신이 자신의 지식의 계보학과 결합시켰던 진리 주장이 실제로 환상에 불과하고, 또 그것이 이 이론이 동조자 집단에 불러일으킬 수 있는 효과에 불과하다면, 인문과학을 **비판적으로** 폭로하려는 전체 기획은 그 논지를 잃어버린다."[30] 푸코는 "**국지적 합의들을 초월할 수 있는 진리 주장의 척도**에 따라 자신의 지식이 우월하다고 주장할 수 없다. 그러므로 계보학의 서술을 그 고유한 수단을 통해 **상대주의적 자기부정**으로부터 보호하고자 하는 시도는 실패한다."[31] 하버마스는 다시 한번 푸코의 〈니체, 계보학, 역사〉를 인용한다.

> 니체가 이해하는 바의 역사적 의미는 자신이 관점주의적이라는 것을 알고 있으며, 따라서 자신의 불공정한 체계를 거부하지 않는다.[32]

'객관주의적 인식의 환상'을 파괴하는 푸코의 현재주의는 불가피하게 '상대주의'와 '주관주의'에 함몰되는 것이 아닐까? 우선 상대주의라는 용어는 절대주의와 짝을 이루는 말이다(이 절대주의는 오늘날 그 함축이 약화되어 인식론에서 객관주의, 혹은 보편주의와 거의 유사한 의미로 사용된다). 그런데 푸코가 부정하는 것은 실은 이 **절대주의/상대주의의 쌍** 자체다. 이 쌍은 근대적 인식론의 지형도를 드러내주는 것으로, 실상 그 자체가 '상대주의를 폄하하기 위해 고안된' **차등 기계**라 해도 과언이 아니다. 당신은 절대주의자인가? 그러나 상대성 원리, 양자역학, 불확정성 원리 이후, 오늘 누가 '절대적' 관점, '객관적' 사실을 말하는가? 그렇다면 남는 것은 완전한 상대주의일까? 최소한의 사실들이 있지 않은가? 그렇다. 물론 있다. 푸코가 말하는 상대주의는 주어진 사실 자체의 존재를 부정하는 것이 아니라, 그러한 사실들을 선택하는 행위 자체가 늘 특정 시공간에 속하는 **특정 인간의 특정 관점 아래에서 수행될 수밖에 없음**을 말한다.

그런데 정말 특정 관점이 아닌 '보편적' 관점은 불가능한가? 특정 관점 없이, 사실을 그냥 '있는 그대로' 기술하면 되지 않을까? 그러나 '있는 그대로'의 사실들에 대한 객관적 묘사라는 환상은 19세기 독일 실증사학자 랑케의 "있었던 그대로!(wie es eigentlich gewesen)"라는 모토에 잘 나타나 있다. 랑케는 역사가는 오직 사료 그 자체만을 제공할 뿐 그에 대한 어떤 해석도 달지 말아야 한다고 말한다. 그러나 무수한 사실들 중에 다른 사료들이 아니라 바로 이 사료들을 **선택했다**는 것 자체가 **이미 하나의 해석**이다. '있는 그대로'의 사실을 기술한다는 생각은 실로 순진한 생각이다. 오늘 어떤 역사학자가 랑케 유의 실증사관을 글자 그대로 신봉하는가? 해석 이전의 사실 그 자체를 있는 그대로 말하려면, 랑케가 말한 대로 모든 사실을 있는 그대로 나열해야 할 것이다. 그러나 모든 사실을 어떻게 나열할 수 있는가? 이 과정에서 **필연적으로 선택**이 있을 수밖에 없으며, 모든 선택은 이미 특정 관심, 관점, 이론의 존재를 전제한다. 인간은 어떤 경우에도 전체 그 자체를 있는 그대로 알 수 없다. 순진한 사람은 이제 '균형 잡힌' 판단을 해야 한다고 말하겠지만, 전체를 모르는데 어떻게 균형을 잡는가? 내가 판사이고 무한한 '관련' 사실 중 1,000가지의 자료들을 검토한다고 하자. 무한개의 자료 중 이 1,000개를 검토하면 저 사람이 유죄일 수 있지만, **저** 1,000개를 검토하면 무죄가 나올 수도 있다. 더욱 아이러니한 사실은 **동일한** 1,000개의 사실들로부터 **이** 판사는 유죄를, **저** 판사는 무죄를 이끌어 낸다는 사실이다. 이처럼 모든 사실은 이미 특정 관점에서 **선택된 사실**

들이다.

그렇다면 모든 것은 늘 무한한 상대주의에 빠지는 것일까? 그렇지 않다. 주어진 특정 진실 놀이(jeu de vérité, truth game) 안에서는 그 체계가 보증해주는 일련의 진리[진실][33]들이 존재할 수 있기 때문이다.

곧 하나의 체계, 진실 놀이가 주어지면 그 체계, 진실 놀이 안에서는 진실, 참인 것이 있다. 1+1=2라면, 2+3=5인 것이다. 푸코는 이처럼 '자신의 진실/거짓, 곧 옳음과 그름을 생산하는' 진실 놀이를 초기에는 '담론(discours)'이라고 불렀으나, 후기에는 이를 '장치(dispositif)'라는 개념으로 확장하여 비(非)담론적 영역을 포괄했다. 그러나 진실 놀이들 사이에서 어떤 진실 놀이가 더 옳은가 하는 문제에는 정답이 없다. 야구와 축구 중 어떤 것이 옳은가? 한국어와 영어 중 어떤 것이 더 옳은가? 서양에서는 전통적으로 이렇게 개별적 관찰자, 곧 인간의 한계를 넘어서는 보편적 관찰자의 존재를 '신'이라 불렀다. 신은 유한한 인간이 아니라, 모든 것을 있는 그대로 다 보는 무한한 존재다. 그러나 로크와 니체의 지적대로, 신의 뜻이 무엇인지 누가 정확히 알 수 있는가? 그런데 니체에 따르면, 이제 그 자체로 중립적이며 객관적인, 절대적이고 보편적인 인식을 보증해주는 존재로서의 신이 허구임이 밝혀졌다. 이른바 '전체'를 '균형 잡힌' 시각에서 '있는 그대로' 인식하고 판단해줄 "신은 죽었다." 니체 이래, 상대주의는 인식의 **한계**가 아니라 **조건**이다!

푸코는 다양한 진실 놀이들 사이에서 각자가 다양한 조건들에 의해 실제로 특정 진실 놀이(들)을 선택하는 요인을 니체적 의미의 '힘(Macht, force)'으로 바라본다. 이것이 푸코의 권력-지식(pouvoir-savoir)이다. 다시 한번 정리하자. **주어진 진실 체계 안에서는 진실이 있다.** 그러나 **진실 체계들 사이에는 메타-진실, 보편적 진실이 없다**. 개별자들만이 있을 뿐, 이들을 넘어서는 신, 곧 보편이 존재하지 않는다는 것이다. 따라서 푸코의 이론은 자기 이론의 보편성도 부정한다. 하버마스가 자신의 책에서 인용했던 푸코의 1971년 〈니체, 계보학, 역사〉로부터의 인용은 이렇게 되어 있었다. "니체가 이해하는 역사적 의미는 자신이 관점주의적이라는 것을 안다. …… 그는 특정한 시각에서 바라본다."[34] 이 인용문에 등장하는 두 문장 사이의 공백은 하버마스의 것이다. 그런데 푸코의 원문을 보면, 하버마스가 인용한 첫 번째 문장은 좀 더 긴 것으로, 하버마스가 이 문장의 뒷부분만을 인용하고 있음을 알 수 있다. 하버마스가 생략한 문장의 뒷부분을 포함한 문장 전체는 다음과 같다. "니체가 이해한 바의 역사적 감각은 자신이 관점주의적이라는 것을 알고 있으며, **따라서 자신의 불공정한 체계를 거부하지 않는다**(Le sens historique, tel que Nietzsche l'entend, se sait perspective, et ne refuse pas le systeme de sa propre injustice)."[35] 니체와 푸코의 위대한 점은, 자신의 이론을 자신의 이론에 대한 예외로 설정하지 **않았다**는 사실에 놓여 있다. 그리고 하버마스는 니체와 푸코의 바로 이러한 선택이 (그 정직성과는 무관하게) 인식의 보편성을 부정하는 자기 파괴적 결과를 낳는다고 보는 것이다.

물론 푸코는 이를 한계가 아닌 조건으로 받아들이고 사유를 지속한다. 푸코에 따르면, 개별적 상황들 위에 존재하는 보편적 인식, 타당성 자체란 존재하지 않으며, 주어진 그때그때 상황 속에서 구성될 수 있는 '일정한' 타당성만이 존재한다. 푸코는 이런 일정한 타당성을—늘 필연성(nécessité)을 전제하게 되는 보편성(universalité)이라는 용어를 피하기 위하여—**일반성**(généralité)이라고 부른다. 푸코의 생각을 간단히 설명하면 이렇다. 19세기 유럽의 마르크스주의 이론은 21세기 대한민국에 전반적으로 적용될 수 없다. 20세기 미국의 계량경제학은 21세기 대한민국에 전반적으로 적용될 수 없다. 가령 내가 20대 때 직면했던 문제를 인식하고 해결했던 방식은 오늘 30대인 당신 혹은 20대인 그녀가 직면한 문제를 전반적으로 인식·해결할 수도 없다. 아니, 실은 20대 시절 나의 인식은 50대가 된 나의 오늘조차도 전반적으로 인식·해결하지 못할 것이다. 마찬가지로, 20세기 프랑스를 살았던 나 푸코의 생각은 21세기 대한민국을 사는 당신의 문제를 인식·해결해주지 못할 것이다. 다만 당신 스스로가 당신의 문제를 해결하는 데 도움을 받거나 참고가 되는 식으로, 나의 생각을 당신이 잘 이용해주었으면 좋겠다. 상대주의자가 아닌 보편주의자 하버마스는 20세기 독일을 산 자신의 생각이 21세기 대한민국에 전반적으로 타당하리라고 믿는다. 이것이 하버마스의 '**보편적** 규범을 제공하는 타당성 주장'의 핵심이다.

하버마스의 의사소통적 이성은 그 내용이 아니라, 형식의 측면에서 공간과 시대, 지도와 달력을 넘어서는 인간성 그 자체의 '보편적' 인식 이론이다. 내용이 아닌 **형식적 보편성**만을 주장한다는 의미에서는 얼핏 보아 푸코도 역시 하버마스와 같은 입장을 취하는 것처럼 보일 수 있지만, 푸코는 자신의 입장 역시 하나의 특정 관점에서 구성된 무수히 가능한 입장들 중 하나로 본다. 곧 푸코는 자기 이론의 편파성과 부당성을 **인정한다.**[36] 그러나 하버마스는 자기 이론의 편파성과 부당성을 **인정하지 않는다.** 왜냐하면 하버마스는 자신의 이론을 어떤 특정 관점에서 구성된 하나의 이론이 아닌 인간 인식 자체의 형식적 보편성에서 기인한 '보편타당한' 이론으로 간주하기 때문이다. 그러나 푸코는 이러한 하버마스적 의사소통적 이성은 실상 '자신에게 타당하게 여겨지는 것'을 **타당성 자체**로 간주하는 권력 행위에 다름 아니라고 본다. 이런 의미에서, 하버마스가 바라보는 유럽적 타당성은 특정 문화의 형식 아래 구성된 하나의 타당성 형식이 아닌, 타당성 그 자체의 형식이다.

3) 자의적 당파성

마지막으로 푸코는 자신의 **규범적 토대**를 입증할 수 없는 비판의 **자의적 당파성**에 함몰되고 만다. 하버마스에 따르면, 이는 푸코 이론 전반의 **가장 커다란 결함**으로, '가치중립성을 자랑하는 인문과학이 책임져야 하는 정체불명의 규범주의를 그[푸코] 역시 피해 갈 수 있는가 하는 문제'와 연관된다. 다시 말해, "계보학적 역사 서술은 엄격히 기술적인 태도로서 담론 우주들의(이 안에서만 규범과 가치에 대한 논의가 이루어진다) 배후를 소급해 파악해야 한다. 그것은 규범적인 타당성뿐만 아니라 명제적 진리에 대한 주장들을 포괄하지만, 몇몇 다른 담론 구조와 권력 구성체들이 다른 것들보다 더 정당한가 하는 문제는 포기한다. 푸코는 당파를 결정하라는 요구를 거부한다. …… 그[푸코]에게 '옳은 편'은 없다."[37] 그런데 "이런 식으로 제2단계의 가치중립성의 기초를 세우는 일은 물론 그 자체 가치중립적이지 않다. …… 푸코는 현대가 그 시작부터 자기 자신과 논의해왔던 저 반대 담론을 계승하려는 의도는 전혀 가지고 있지 않다. 즉, 그는 (자율성과 타율성, 도덕성과 합법성, 해방과 억압이라는 근본 개념들을 통한) 근대의 정치 이론들의 언어유희를 좀 더 세련되게 만들어 현대의 병리학에 대항하고자 하지 않는다—그는 단지 현대와 그 언어유희의 밑바닥을 파고들고자 한다."[38] 이런 태도는 다음과 같은 결정적 결함을 불러온다. "[푸코가 수행한] 지금까지의 논의는 계보학적 역사 서술을 비판이 아니라 규범적으로 공격할 수 없는 권력의 구조에 대한 전투에서 전술이나 수단으로 생각하기에는 충분하다. 그러나 반대 권력의 동원, 술책이 가득한 투쟁과 대립이 문제시된다면, **왜 우리가 도대체 현대 사회조직의 혈액순환 속에서 돌고 있는 편재적 권력에 복종하는 대신 저항해야만 하는가** 하는 문제가 제기된다."[39] 이 부분에서 하버마스는 미국의 철학자 **낸시 프레이저**의 다음과 같은 탁월한 비판을 인용한다. "왜 투쟁이 복종보다 더 바람직한가? 왜 지배에 저항해야 하는가? 모종의 규범적 개념을 도입함으로써만 푸코는 이 물음에 대답을 시작할 수 있다. **규범적 개념**을 도입함으로써만 그는 현대적 권력/지식의 지배가 무엇이 잘못되었으며 왜 우리가 그것에 반대해야 하는지를 말하기 시작할 수 있다."[40] 그러나 푸코의 전 기획은 이러한 보편적 규범성의 파괴를 목적으로 구축된 것이며, 따라서 하버마스에 따르면, 푸코는 "자신의 비판이 서 있는 규범적 토대에 대해서도 마찬가지로 대답을 포기할 수밖에 없다."[41]

이는 실로 이상의 모든 주장을 요약·정리하는 **핵심적** 논증이 아닐 수 없다. 간단히 말해, 이 논쟁에서 하버마스는 문화와 시대를 가로지르는 일정한 보편성의 존재를 가정하는 토대주의(foundationalism)의 입장을, 푸코는 보편성의 개념 자체가 특정 시대와 문화에 의해 구성된 것이며 개별적 상황들을 넘어서는 보편성 혹은 메타 보편성은 존재하지 않는다는 **반토대주의**(anti-foundationalism)의 입장을 대변한다. 이 글의 모든 논의가 그렇지만, 이는 주어진 현재의 지면에서 다루기 벅찬 거대한 주제다.

아래에서는 하버마스의 입장에 대한 푸코의 가능한 반론을 정리해 보자. 하버마스와 낸시 프레이저의 논지는 간단하다. 모든 것을 역사적으로 구성된 것으로 간주하면서 개별적 입장들을 넘어서는 어떤 '보편적' 기준 혹은 규범성도 존재하지 않는다고 말하는 푸코는 어떻게 현재의 세계가 강요하는 예속화보다 자신의 분석이 제시하는 저항이 **더 나은** 것이라고 말할 수 있는가? 곧 보편적 토대의 존재를 부정하는 푸코가 도대체 **어떤 근거에서** 이 세계에 대한 순응보다 저항이 **더 나은** 것이라고 말할 수 있는가? 하버마스에 따르면, 저항의 타당성도 합리성도 보편성도 부정하는 푸코는—자신의 의도와도 상관없이—저항의 가능성 자체를 파괴하는 반동적 보수주의자가 되고 만다.

이러한 비판에 대해 푸코는 어떤 대답을 할 수 있을까? 사실 하버마스, 실은 낸시 프레이저의 푸코 비판은 누군가가 보편적 규범주의를 긍정한다면 푸코에게 던질 수밖에 없는 불가피한 질문이다. 그러나 푸코의 입장에서 볼 때, 이러한 비판은 푸코가 비판하는 상대주의-보편주의의 쌍 자체의 타당성을 기초로 해서만 전개될 수 있는, 처음부터 잘못된 비판이다. 하버마스의 비판은 개별적 타당성들을 넘어서는 일정한 타당성 자체, 개별적 합리성들을 넘어서는 합리성 자체, 개별적 특수 상황들을 넘어서는 보편성 자체의 존재와 인식 가능성을 전제한다.[42] 하버마스는 푸코가 자기주장의 보편적 규범성 확립에 요청되는 최소한의 타당성마저도 스스로 부정함으로써 자기주장의 보편적 규범성을 확보할 수가 없으며, 따라서 푸코는 실상 어떤 규범적 주장도 펼칠 수 없음을 지적하는 것이다. 이를 몇 가지로 나누어 살펴보자. 우선 푸코의 입장에서 가장 먼저 떠오르는 반론은 푸코에 관한 전기를 쓰기도 했던 디디에 에리봉의 것이다. 하버마스는 평생에 걸쳐 푸코가 한 작업의 궁극적 목표가 보편적 규범성이란 결코 존재하지 않으며, 이른바 보편적 규범성이라 '주장되고 있는' 것들이 실상은 특정 시대, 특정 관점이 빚어낸 **사회적·역사적·정치적 구성물**임을 밝히려는 것이었음을 이해하지 못하는가? 이 경우, 하버마스의 비판은 보편적 규범성을 부정하려고 노력하는 이에게 당신의 작업은 보편적 규범성이 결여되어 있다는 비판을 행하는 것으로, 무엇인가 '기묘한' 비판이라고 말하지 않을 수 없다. 에리봉의 말을 직접 들어보자.

> 하버마스는 푸코가 정치 비판을 보편 규범에 기초하여 구성하지 않은 점을 비판한다. 그의 눈에 비친 이러한 정치는 단지 자의적인 것에 지나지 않는다. 그렇지만 푸코가 산산조각 내버리기를 원했던 것이 바로 이 보편 규범에의 호소다. 현대 정신의 계보학을 구성하는 것, '주체'의 계보학을 구성하는 것은, 바로 보편 사상에 대한 모든 시민권을 거부하는 것이었다. 이는 인간이 역사적이라는 것을, 즉 항구적인 인간학이나 보편적인 규범이 아니라 존재의 역사적 형태로서 관통되어 왔음을 보여주기 위해서다. 그에 따르면, 철학자의 임무는 보편성에 대한 요구의 이면에 존재하는 역사성을 드러내는 것이다. …… 우리는 하버마스의 반박이 헛된 것이라는 결론을 내리기 위해 그의 텍스트들이 노골적일 정도로 단순하다는 것을 환기시킬 의무가 있다. 푸코의 모든 작업의 목표가 이러한 규범들이 존재하지 않는 것을 보여주는 것에 있는데, 푸코의 방식이 보편 규범에 의존하지 않는다고 강조해봤자 무슨 소용이 있겠는가?[43]

정리해보자. 하버마스는 푸코가 보편적 타당성을 부정하기 때문에 보편적 규범성을 부정하게 되며, 결국 자기주장의 보편성마저도 부정하게 되므로, 가령 《감시와 처벌》에서 보이는 것과 같은 예속화보다 저항에 방점을 둔 작업을 실은 처음부터 할 수 없게 되거나, 혹은 그러한 작업 자체가 자기 모순적인 것이 된다고 주장한다. 이에 대해 푸코는 '예속보다 저항이 낫다'는 주장이 보편적 규범성·타당성 없이도 가능한 것이라고 말한다. 가령 다수의 사람들이 자유민주주의를 지지할 때, 어떤 사람은 자유민주주의가 만고불변의 타당한 보편적 진리라서 이를 지지할 수도 있지만, 어떤 사람은 단지 그것이 지금 우리에게 유리하고 현 상황에서 다른 것보다 더 필요한 것이라는 **실용적** 이유로 지지할 수도 있다. 이 두 번째 사람(푸코)은 자유민주주의가 보편적 진리가 아니라 지금 우리에게 유리한 것, 필요한 것이기 때문에 이를 이용하고 선택하자고 말한다. 이에 대해 첫 번째 사람(하버마스)은 그러한 태도는 보편적 타당성이 없으며, 실은 그러한 첫 번째 입장 자체가 도대체 **어떤 기준에서** 자유민주주의가 다른 주의들보다 더 나은가에 관련된 보편적 규범성의 논의를 불가능하게 만들기 때문에 근본적으로 자기 모순적이라고 말할 것이다. 이에 대해 두 번째 사람은 각자는 각자의 인식론적 장을 자신의 방식대로 배치·구성하고 그에 따른 각자의 진리[진실]를 주장하는 것이 아닌가, 곧 그렇게 말하고 주장하는 당신은 도대체 어떤 권리로 다른 이들의 주장은 자신의 주장보다 덜 보편적이고 덜 규범적이라고 말할 수 있는가, 그러한 당신의 주장 자체가 이미 실은—옳고 그름의 보편적 규범성보다는—자신의 인식이 **보편적** 타당성을 확보한 인식이라고 주장하는 하나의 **권력 행위**가 아닌가를 물을 것이다.

5. '합리주의자' 하버마스와 '비합리주의자' 푸코: 계몽의 협박

하버마스에 의하면, '대상 영역에 대한 의미 이해적 접근, 보편적 타당성 요청의 자기 비평적 부정과 비판의 규범적 정당화의 맥락에서 등장하는 문제들'[44]을 만족스럽게 다룰 수 없는 푸코의 기획 전체는 그 자체로 처음부터 끝까지 자기모순에 기초해 있으며, 따라서 자기 파괴적이고, 결국 '자기 고백적 비합리주의'에 투항하고 만다. "계보학은 푸코가 인문과학에서 점쳤던 것과 비슷한 운명에 처해 있다. 인문과학이 요지경 속에 천변만화하는 권력의 실행들에 관한 냉정하고 금욕적인 서술로 퇴보하는 만큼 계보학적 역사 서술은 **현재주의적·상대주의적·정체불명의 규범주의적** 사이비 과학, 그 자신이 원치 않았던 바로 그 허구 과학으로 자신의 정체를 드러낸다. 푸코에 따르면, 인문과학은 과학적 자기 지배라는 역설적 운동을 포기하고 절망적인 객관주의로 끝나는, 더 정확히 표현하자면 비참한 종말을 맞이하지만, 계보학적 역사 서술은 주체를 말살시키는 철저하게 역사주의적인 운동을 좇아가지만, 결국 **절망적인 주관주의**로 끝난다."[45] 결국 '니체에 의존하는 청년보수주의자들(Partei der Jungkonservativen)'[46] 중 하나인 푸코는 니체가 시작한 잘못된 현대성 비판을 극단적인 형태로 전개한 **절망적 비합리주의자**일 뿐이다.[47]

푸코는 1984년에 사망했으며, 하버마스의 《현대성의 철학적 담론》은 1988년에 출간되었다. 그러나 푸코는 죽기 직전에 발표한 논문 〈계몽이란 무엇인가?〉(1984)에서 이미 하버마스의 이러한 주장을 강력히 부정한 바 있다. 푸코는 하버마스의 것과 같은 태도, 곧 "합리성의 형식은 보편적인 것이며, 이 보편적 합리성의 형식은 바로 내가 주장하는 바의 바로 그 형식이고, 이 형식을 받아들이지 않을 경우 당신은 비합리주의자다"와 같은 태도를 '계몽에의 협박(chantage à l'*Aufklärung*)'이라고 부른다. 푸코의 말을 직접 들어보자.

우리가 아직 많은 부분 의존하고 있는 일련의 정치적·경제적·사회적·제도적·문화적 사건들인 계몽이 분석의 우선적 대상임에는 틀림없다. 또한 진실의 진보와 자유의 역사를 직접 결합하려 한 기획인 계몽은 우리가 아직도 고려해야 하는 철학적 질문들을 형성했다. 결국 내가 칸트의 텍스트(《계몽이란 무엇인가?》)[48]를 분석하면서 보여주려고 했던 것처럼 계몽은 철학하는 한 방법으로 생각할 수 있다.

그러나 그렇다고 해서 이것이 계몽에 찬성하지 않으면 반대해야 한다는 것을 뜻하지는 않는다. 오히려 그것은 스스로를 단순화해서 권위적으로 제기하곤 하는 양자택일의 모든 형태를 거절해야만 한다는 것을 뜻한다. 계몽을 받아들이고 계몽의 합리주의적 전통 아래 남아 있든지(그러나 계몽의 합리주의란 어떤 사람에게는 긍정적인 요소인 반면에 다른 사람에게는 비난받아야 할 요소로 간주된다), 아니면 계몽을 비판하고 계몽의 합리성에서 빠져나오든지(그러나 계몽의 합리성 또한 어떤 사람에게는 좋게 해석될 수도 있고 [어떤 사람에게는] 나쁘게 해석될 수도 있다) 하는 따위의 양자택일 말이다. 그렇지만 우리가 계몽에서 좋은 요소와 나쁜 요소를 결정하려는 '변증법'적인 방법을 도입해서는 이러한 계몽의 협박을 빠져나갈 수 없다.[49]

이상과 같은 논의의 핵심은, 쉽게 말하자면, **하나의** 궁극적 보편성이 존재하는가 아닌가의 여부다. 들뢰즈와 마찬가지로, 특이성(singularité)과 이질성(hétérogénéité)의 철학자인 푸코에게는 개별적 **사건들**(événements)을 넘어선 보편성 '자체'란 존재하지 않는다. 가령 그리스도인에게 하느님 아버지들이 존재할 수 없는 것처럼, 서양철학의 (적어도 지배적인) 전통에서 신들, 보편성들이란 존재할 수 없는 것이다. 하느님, 신, 보편성(universalité)은 모두 그 자체로 정의상 개별자들을 넘어선 메타적 존재, 곧 정의상 **하나**(uni)일 수밖에 없는 존재이기 때문이다. 니체 이후로, 이 '신'은 죽었고, 남은 것은 각자가 신뢰하는 '신들'일 뿐이다. 그리고 이 각자의 신들을 뛰어넘는 신 자체는 없다. 말하자면 푸코는 개별적 상황 내재적인 신들, 보편성들만이 있다고 말하는 것인데, 신들 혹은 보편성들이란 서양철학에서 그 자체로 형용모순이다. 따라서 푸코는 특정 상황의 일정한 보편성을 가리키기 위해 일반성(généralité)이라는 용어를 사용한다. 이는 곧 보편성을 인정하지 않는 사건의 철학으로, 사건은 근본적으로 일회적·이질적인 것이다. 따라서 푸코는 자신의 이론이 21세기의 대한민국을 사는 우리에게 하나의 참조는 될 수 있을지언정 여기 오늘의 우리가 따라야 할 이론적·실천적·실제적 모델을 제공한다고는 생각하지 않는다. 유럽의 20세기가 대한민국의 21세기를 규정할 수는 없는 것이다. 하버마스는 이에 대하여 푸코와 약간 생각이 다를 것이다.

6. 누가 '청년 보수주의자'인가?

확신하기는 어렵지만 나 자신이 처음 푸코를 공부하던 때와 마찬가지로, 아마도 이 글을 읽는 대부분의 독자들은 당연히 푸코보다는 하버마스의 입장에서 이 글을 읽었을 것이다. 그만큼 하버마스의 입장은 오늘의 대한민국을 형성하고 지배하는 근본 인식틀, 곧 서구 근대의 인식론을 당연한 것으로 받아들이고 있다. 서구 근대성이 21세기 대한민국의 지배적 인식틀이다. 대중의 상식은 여전히 서구 이성의 시대, 서구 합리성의 시대, 주체의 시대, 보편의 시대에 더 가깝다. 내가 하버마스를 지지하지 않고 푸코의 이론을 지지하는 이유는 하버마스의 이론 구조 내에는 비서구적 합리성이 존재할 가능성 자체가 없기 때문이다. 하버마스는 합리성과 보편성이 서구, 혹은 좀 더 일반적으로는 유럽의 위대한 발명임에 틀림없지만, 더 나아가 문화와 시대를 넘어서는 보편적 타당성, 곧 보편적 규범성을 확보해주는 준거라고 말한다. 유럽적 합리성은 이제 합리성 자체이며, 유럽적 보편성은 보편성 자체이고, 유럽적 타당성은 타당성 자체다. 유럽적 보편성은 합리성의 유일한 보편적 형식이다. 따라서 하버마스는 다음처럼 말할 수 있다.

> 스스로 야기한 체계적 강요로부터 벗어날 수 있는 탈출구의 비전을 경제성장, 군비경쟁, '낡은 가치들'의 갈등적 결합에 대립시킬 때에만, 그리고 합리화된 생활세계들 속에 축적된 현대성의 규범적 내용이 점점 더 복잡해지는 체계들 속에 방출될 수 있다는 혼란된 생각에 종지부를 찍을 때에만, 노후한 유럽은 다시 새로운 정체성을 획득할 수 있다. 생존 자체를 위해 시장에서 또는 우주에서의 국제적 경쟁력을 포기할 수 없다는 사실은 체계적 강요들이 응축되어 있는 일상적 확실성 중의 하나다. 마치 힘의 놀이에 밑바탕을 이루고 있는 것이 사회적-다원주의적 유희 규칙이 아닌 것처럼, 모든 사람은 자신의 세력 확장과 간섭을 다른 사람의 세력 확장과 간섭을 들어 정당화한다. 현대적 서양은 이러한 심성이 이성의 자리를 차지할 수 있는 세계를 위한 정신적 전제 조건과 물질적 토대를 만들어냈다. 이것이 니체 이래로 실행되고 있는 이성 비판의 진정한 핵심이다. 서양[유럽](Europa)이 아니라면 누가 자신의 전통으로부터 비전을 지닌 통찰과 에너지와 용기를 길어낼 수 있겠는가?[50]

하버마스의 이러한 논의에 따른다면, 같은 유럽인이긴 하지만 이미

오래전에 '합리성'의 길을 벗어나버린 푸코는 말할 것도 없고, '비합리적 전통에 속한' 사람, 곧 '유럽적 합리성의 전통에 속하지 않은' 타 문화권의 인간이 할 수 있는 일은 하루라도 빨리 비합리적인 자신의 전통으로부터 벗어나 인간 문화의 유일한 합리적 보편성·타당성을 가능하게 해주는 유럽적 이성, 특히 의사소통적 이성으로 개종하는 일일 것이다. '유럽적 합리성'과 '합리성' 자체를 일치시키지 않는 푸코의 논의는 적어도 하버마스의 것과 같은 오리엔탈리즘·서구보편주의(그리고 아마도 '제국주의')의 정당화 담론으로부터 우리를 끄집어내 준다. 적어도 이러한 서구보편주의, 오리엔탈리즘의 관점에서, 하버마스는 '청년 보수주의자'다. 한편 대중의 오해와 달리, 푸코는 반이성과 비합리성을 주장하지 않는다. 푸코는 다만 서구적 합리성의 보편성, 달리 말해 **유일성** 주장을 부정할 뿐이다. 푸코는 보편성이 아닌, 오직 일반성만을 인정할 뿐이며, 이러한 일반성들을 가로지르는 하나의 보편성, **보편적 진리[진실]**가 있을 수 있음을 부정한다.

> 나의 목표 중 하나는 사람들에게 우리들이 **보편적**이라고 생각하는 풍경의 일부가 실제로는 매우 정확한 특정 역사적 변화의 결과라는 점을 보여주는 것입니다. 나의 모든 분석은 인간 실존에 **보편적 필연**이 있다는 관념에 대립합니다. 나의 분석은 제도의 자의성을 보여주고, 또 우리가 여전히 누릴 수 있는 자유의 공간은 무엇이며, 아직도 얼마만큼의 변화가 가능한가를 보이고자 합니다.[51]

하나의 신, 보편성, 진리, 진실은 없다. 오히려 우리는 보편성이야말로 권력 정당화를 위한 궁극의 장치라고 말해야 한다. 보편성은 결코 보편적이지 않으며, 오직 정치적일 뿐이다. 푸코가 언젠가 철학을 '진리의 정치적 역사'로 정의했듯이, 우리는 이제 철학을 **보편성의 정치적 역사**로 정의해야 할 것이다.

더 읽어볼 책

에리봉, 디디에. 2012. 《미셸 푸코, 1926~1984》. 박정자 옮김. 그린비.

푸코 사유에 대한 가장 정평 있는 전기다. 이 책은 푸코의 삶과 사유, 저작들을 시대별로 일목요연하게 정리해놓았을 뿐 아니라, 니체, 하이데거로, 레비스트로스 등 푸코가 영향 받은 사유들, 사회·문화·정치적인 다양한 동시대적 상황들을 정리해놓은 최적의 입문서로서, 푸코를 중심으로 기술된 20세기 프랑스·유럽의 지성사라 말할 수 있다.

벤, 폴. 2009. 《푸코, 사유와 인간》. 이상길 옮김. 산책자.

푸코의 친우이자 콜레주 드 프랑스 교수인 저자가 쓴 이 책은 푸코의 사유에 대한, 상대적으로 가장 쉽고 정확하고 명료한 입문서라고 말할 수 있다.

철학아카데미. 2013. 《처음 읽는 프랑스 현대철학》. 동녘; 한국프랑스철학회 엮음. 2015. 《현대 프랑스 철학사》. 창비.

국내 학자가 쓴 책으로는 나 자신이 작성한 이 글들이 푸코의 사유에 대한 무난한 개관을 제공한다. 고급한 입문서로는 나 자신이 번역한 질 들뢰즈의 《푸코》(그린비, 2019)가, 논쟁의 여지는 있지만, 현대의 지배적인 탁월한 해석을 제공한다. 더하여, 푸코의 국내 번역자·연구자인 심세광의 (번역서에 달린 '옮긴이 해설' 등의) 글도 푸코 이해에 매우 유익하다.

15장

들뢰즈
생각에 대한 새로운 상과 예술가적 배움

김재인(경희대학교 비교문화연구소 학술연구교수)

1. 생각을 생각하라

들뢰즈의 사상을 관통하는 중요한 주제 가운데 하나는 '생각에 대한 상(象)(image de la pensée)'에 대한 비판과 새로운 정립이었다. 이 주제와 개념이 명시적으로 등장한 것은 《니체와 철학》(1962)의 제3장('비판') 마지막 절인 "15절. 생각에 대한 새로운 상"이 처음이었으며, 《프루스트와 기호들》(1964)의 1부 결론('생각에 대한 상')이 그다음이고, 《차이와 반복》(1968)의 제3장에서는 길고 상세한 논의가 전개된다. '생각에 대한 상'에 대한 연구는 과타리와 공동 작업한 1970년대에는 '자본주의와 분열증'이라는 주제를 중심으로 '나무' 유형의 상에 대립해서 '리좀' 유형의 상을 제시하는 과제로 변형되어 전개되며, 다시 홀로 선 1980년대 이후 작업에서는 '감각'과 '이미지'를 중심으로 회화, 영화, 음악, 문학, 건축 등 예술 연구 속에서 본격 재등장한다.

그러나 '생각에 대한 상'이라는 아이디어는 이미 《니체와 철학》에서 거의 완성되었다. 들뢰즈는 《니체와 철학》의 영어판 서문(1983)에서, 영어권 독자에게는 이미 경험주의 전통이 있기 때문에 니체라는 해독제가 불필요할 수도 있다고 적었다. 반면 이성주의 전통이 확고한 독일이나 프랑스에서는 니체의 철학이 꼭 필요했다. 니체가 제시한 '생각에 대한 새로운 상'에서는 예술이 핵심 역할을 한다. 《니체와 철학》은 이 점을 입증하는 데 아주 많은 부분을 할애했다. 생각에 대한 새로운 상을 정립한다는 들뢰즈 평생의 과제는 예술과 조응할 수밖에 없었기 때문에, 예술에 대한 끊임없는 참조는 들뢰즈의 철학에서 본질적이다. 이 점은 초기부터 명백하게 드러난다. 이 글에서는 '생각에 대한 상'에 대한 들뢰즈의 모든 논의를 살필 여유는 없기에, 범위를 좁힐 것이다.

내가 주목하는 텍스트는 오랜 침묵과 숙고 끝에 탄생한 《니체와 철학》[1] 및 연이어 출판된 《프루스트와 기호들》[2]이다. 전자는 전통 철학을 대신하는 활동으로서 예술 혹은 미학을 중요하게 다루지만, 후자는 들뢰즈가 예술 작품을 통해 예술을 탐구한 최초의 책이기에 또 다른 의의가 있다. 이 두 텍스트에서 들뢰즈가 가장 중요하게 탐색하는 주제는 "생각에 대한 새로운 상(象)(nouvelle image de la pensée)"이다. 이 주제는 매우 중요해서 나중에 국가 박사 학위 심사본인 《차이와 반복》의 제3장(생각에 대한 상) 전부를 차지할 정도로 발전된다. 이 주제의 핵심을 상당히 이른 시기부터, 게다가 예술과 관련해서 다룬다는 점은 주목을 끌기에 충분하다. 또한 잃어버린 시간의 의미가 무엇인가 하는 문제 역시 《차이와 반복》의 전체 주제를 관통한다는 점에서도 흥미롭다.

'생각에 대한 상', 그리고 '생각에 대한 새로운 상'은 무엇일까? 왜 예술이 '새로운' 상의 중심에 놓일까? 또한 들뢰즈는 예술을 어떻게 이해하고 있을까? 예술 창작 혹은 예술적 창조의 본성은 무엇일까? 나아가 예술은 어떤 점에서 배움의 문제와 연결될까? 예술과 배움의 관계는 무엇일까? 이렇게 잇달아 제기되는 물음들을 '생각을 생각하며' 아래에서 살펴볼 것이다.[3]

2. 생각에 대한 새로운 상(象)

어떤 사상의 의미를 알기 위해서는 직접 알아내는 방법도 있지만 적수가 누구인지 살피는 것도 유용한 출발점이 된다고 들뢰즈는 종종 말한다. 들뢰즈가 인식(connaissance)의 문제와 관련해서 싸움을 벌이려는 중요한 적수는 철학의 특정 전통, 이른바 이성주의(rationalisme) 전통이다. 들뢰즈가 젊었던 시절 분위기를 고려하는 것이 중요한데, 그렇지 않으면 들뢰즈가 말하는 도발적인 표현들을 완벽하게 오해하게 될 테니 말이다. 그의 대학 시절 파리를 지배했던 것은 이성주의 전통에 속하는 데카르트, 헤겔, 그리고 현상학, 하이데거, 정신분석 등이다. 들뢰즈 자신이 얼마나 갑갑함을 느꼈는지는 몇몇 회고에서 확인된다.

> 철학은 일어나는 일에 적합한 생각하는 방식을, 생각에 대한, "생각한다는 것이 뜻하는 것"에 대한 완전히 새로운 착상을 창조해야 한다. …… 철학자들의 또 다른 일파가 있다. 이들은 다른 어떤 것을 위해, 생각에 대한 새로운 상과 관련해서, 참된 도덕, 참된 믿음, 이상적 인식을 철두철미하게 비판한다. …… 철학자들의 이 또 다른 일파는 루크레티우스·

> 스피노자·니체로, 철학에서의 경이로운 계통이며, 파선(波線)이며 폭발선이며 완전히 화산 같은 선이다. …… 흄·베르그손·프루스트는 내 흥미를 끄는데, 이들한테는 생각에 대한 새로운 상을 위한 깊은 요소들이 있기 때문이다. [1968년][4]

사정이 이렇기에, 들뢰즈가 '철학'이라는 말을 쓸 때는, 문맥을 잘 헤아려야 한다. '이성주의' 전통에 속하는 철학인지 아니면 그에 맞서 들뢰즈가 추구했던 철학, 즉 루크레티우스·스피노자·흄·니체·베르그손·프루스트의 계보를 잇는 '경험주의' 철학인지 잘 판별해야 한다. '생각에 대한 상'을 언급하면서 비판의 과녁으로 삼고 있는 것은 이성주의 철학일 뿐, 결코 철학 전체는 아니었다. 《프루스트와 기호들》에서 비판되는 철학은 전적으로 이성주의 철학임을 잊어서는 안 된다. 들뢰즈의 진술을 정확히 보자.

> 《잃어버린 시간을 찾아서》는 철학과 경쟁한다. 프루스트는 철학의 그것과 대립하는 하나의 생각에 대한 상을 세운다. 그는 이성주의 유형의 고전 철학에서 가장 본질적인 것을 공격한다. 그는 이 철학의 전제들을 공격한다.[5]

요컨대 들뢰즈는 프루스트의 도움을 받아 철학의 갱신을 시도하고 있다. 하지만 여기서 오해하면 안 되는 게, 프루스트는 모든 철학과 경쟁하는 게 아니라 특정 유형의 철학(이성주의 전통)과 경쟁하고 있으며, 그 반대 유형의 철학(경험주의 전통)과는, 열거하자면 루크레티우스·흄·스피노자·니체·베르그손과는 손을 잡고 있다.

그렇다면 이성주의 철학을 어떻게 변별할 수 있을까? 그것의 주된 특징은 무엇이며 어떤 약점이 있을까? 이 점은 《차이와 반복》의 3장에서 자세히 해명되지만, 내가 주목한 초기 텍스트들에서는 훨씬 요약적으로 정리되어 있다. 이 텍스트들을 중심으로 들뢰즈의 논점을 정리해보자.

1) 잘못 번역된 '사유의 이미지', 그리고 생각에 대한 독단적 상

들뢰즈의 유명한 개념인 'image de la pensée(영어로는 image of thought)'는 통상 '사유(思惟)의 이미지'로 번역되어왔다. 그런데 이 번역어는 들뢰즈의 논점을 가장 배반하고 있는 듯하다. 우선 '사유'라는 말부터가 'pensée'의 뜻을 담기에 부적절하다. 데카르트 철학이 한국어로 번역되는 과정을 통해 이를 검토해보자. 데카르트는 "나는 생각한다, 그러므로 나는 있다(Je pense, donc je suis)"라고 말한다. 그런데 더 정확한 표현은 《성찰(Meditationes De Prima Philosophia)》(1641)에 나온다. 데카르트는 〈두 번째 성찰〉 문단 2와 문단 6에서 "나는 있다, 나는 실존한다(Ego sum, ego existo)"라고 단언한 뒤, 문단 8에서 부연 설명한다. "하지만 그렇다면 나는 무엇인가? 생각하는 존재다. 그것은 무엇인가? 분명 그것은 의심하고, 이해하고, 긍정하고, 부정하고, 의지하고, 의지하지 않고, 상상하며, 또한 감각하는 존재다."[6] 이렇듯 데카르트는 '생각함'을 '의심함, 이해함, 긍정함, 부정함, 의지함, 의지하지 않음, 상상함, 감각함' 따위를 포괄하는 뜻으로 사용했다. 여기서 '생각'은 가장 포괄적인 뜻을 갖는다. 그리고 이런 행위들(즉, 생각)을 하는 존재를 데카르트는 'res cogitans'라고 하면서, 그것이 '나'라고 말한다.

그런데 'res cogitans'를 대부분의 한국어 번역은 '사유하는 실재'로 옮긴다. 그러나 바로 이 순간 '생각'이라는 평범한 말이 '사유'라는 심오한 말로 바뀌고 만다. 가령 "생각 없이 산다"라는 말은 부정적 어감을 담고 있다. 반면 "사유하지 않고 산다"라고 해서 부정적인 느낌을 주지는 않는다. 반가사유상(半跏思惟像) 같은 불교 유물에서 확인되듯 '사유'라는 말 자체가 이미 벌써 뭔가 특별하고 전문적인 활동을 가리킨다고 여겨지기 때문이다. 이처럼 '생각하는 존재'가 '사유하는 실재'로 번역되는 과정에서, 데카르트의 철학은, 그리고 철학 일반은 어려워지기 시작한다. 철학과 일반인 사이에 벽이 세워진다. 철학을 어렵게 느끼게 하는 장벽이다. 개념이란 생각을 도와줘야 한다. 겉보기의 심오함은 중요하지 않다. 있어 보일 필요도 없다. 뜻은 모르는 채 외워서 사용하는 것도 좋지 않다. 개념은 최대한 이해할 수 있게 옮겨야 한다.[7]

들뢰즈가 비판하려는 논점이 바로 이와 관련된다. 왜 철학을 어렵게 만드는가? 왜 생각하는 일을 어렵고 특별한 활동으로 만드는가? 왜 생각에 특별한 상을 덧씌우는가? 회고에서 들뢰즈는 분명히 이 문제를 지적했다. "너는 이런저런 것을 읽지도 않고서, 이것에 대해 저렇다고, 저것에 대해 이렇다고 감히 네 이름으로 말하려 들지는 않겠지."[8] '네가 사유를 알아?'라고 다그치는 순간 철학은 명백히 '억압적인 기능'을 행사한다. 들뢰즈는 이처럼 '생각'에 특정한 상(이미지)을 부여하면서 '생각'을 억압하고 가로막는 실천을 비판하기 위해, '생각에 대한 상'이라는 개념을 만들었다. 그런데 이를 '사유의 이미지'로 번역하게 되면, 그야말로 들뢰즈의 비판적 논점을 원점으로 되돌리는 셈이다. '사유의 이미지'라는 번역어야말로 들뢰즈의 비판이 적용되어야 하는 첫째 목표물이다.

논점을 조금 더 살피자. 앞서 언급했듯, 들뢰즈는 이성주의 철학이 품고 있는, 생각에 대한 특정한 상을 겨냥하며 이를 '생각에 대한 독단적 상(image dogmatique de la pensée)'[9]이라고 특정했다. 왜 '독단적'인가? 본래 독단(dogma)이란 종교 집단에서 의문의 여지 없이 받아들여야만 하는 교리, 교의, 교조 따위를 가리킨다. 마찬가지로 특정 철학이 생각에 대해 어떤 의문도 던지지 않으면서 전제하는 상이 있기에, '독단적'이라고 한 것이다. 《차이와 반복》에서는 이 '독단적 상'을 '기본 전제(postulat)'[10]라고 부르기도 한다.

《니체와 철학》에서 처음 제기되고, 《프루스트와 기호들》 1부에서 발전되며, 《차이와 반복》 3장에서 심화되는 '생각에 대한 독단적 상'은, 최초의 정식화를 통해 보면 세 가지 특징으로 요약된다.[11] 첫째, '생각의 올바른 본성, 보편적으로 할당된 양식(良識)'으로 인해 생각은 '참(le vrai)' 또는 '진실(vérité)'과 자연스러운 관계를 갖는다. 생각은 자연스레 진실을 추구하며 진실에 도달한다.[12] 둘째, 우리가 진실에 도달하지 못한다면, 그것은 생각에 낯선 여러 힘(몸, 정념, 감각적 관심) 때문이며, 이런 힘 때문에 생각은 '오류'에 빠져든다. 셋째, 따라서 참되게 생각하기 위해서는 '방법'이 있기만 하면 된다. 방법을 통해 우리는 오류를 몰아낸다. 이런 세 가지 특징이 '생각에 대한 독단적 상'을 구성한다.[13]

2) 인식과 배움은 창조를 지향한다

이런 상은 생각을 억압하고 가두는 기능을 한다. 그래서 문제가 된다. 생각을 해방해야 한다. 따라서 이성주의 철학의 전제를 갱신해야 한다. 진실, 인식, 생각, 이 세 개념의 관계를 재설정해야 한다. '인식'과 '생각'은 무슨 관계인가? 생각은 진실을 추구하고 인식을 추구한다. 그러나 들뢰즈가 보기에 이성주의 철학은 '진실'과 '인식'에 대한 그릇된 전제 위에 서 있다. 따라서 이 두 개념 자체를 갱신해야만 한다. 이 과업은 '생각'을 앞서 말한 '독단적·도덕적 상'에서 해방하면서 동시에 시작될 수 있다.

들뢰즈는 우선 '인식'과 '배움'을 대립시킨다. 그러나 가장 중요한 수준에서 보자면, '인식'과 '배움'이 아니라 '재인식(récognition)'과 '배움'이 대립된다. 들뢰즈의 요점은 이렇다. 이제 '인식'은 '재인식'이 아닌 '배움'으로 이해되어야 한다. 처음부터 관건은 "어떤 배움의 이야기"[14]다. 이렇게 될 때 '진실' 또한 재인식의 목표가 아닌 배움의 목표로 바뀐다. '생각-인식(재인식)-진리'의 배치는 이제 '생각-인식(배움)-진실'의 배치 속에서 갱신된다. '배움(apprendre, apprentissage)'이란 인식을 얻는 일을 가리킨다. 이때 얻는 인식은 어떤 특성을 지닐까? 이성주의에서 그것은 '재인식'으로 전제된다. 인식의 내용이 이미 있고, 그것은 방법을 따라가면 얻을 수 있다는 것이다. "우리는 사물들을 재인식한다(reconnaître). 하지만 우리는 사물들을 결코 인식하지(connaître) 못한다."[15]

이런 식의 인식과 배움은 이미 플라톤의 대화편《메논》에서 잘 제시된 바 있다. 소크라테스는 노예 소년 메논에게 피타고라스 정리를 가르치는데, 무식했던 메논이지만 결국 소크라테스의 가르침을 따라가면서 그 정리를 배운다. 이 대화편에서 소크라테스는 방법의 역할을 하며, 피타고라스 정리는 이미 존재하는 인식의 내용에 해당하고, 배움은 '상기(想起)'라는 형태의 '재인식'으로 규정된다. 원래 아무것도 몰랐다면 뭔가를 인식한다는 건 불가능하며, 따라서 잊었던 것을 다시 알아내는 형태로만, 즉 '재인식'의 형태로만 배움은 가능하다. 배움이란 이미 알고 있는 것을 다시 알아내는 일, 영혼이 레테의 강을 건너면서 잊었던 내용을 상기하는 일로 규정된다. 현대의 용어로 표현하면, 이미 구축된 데이터베이스(인식의 내용)가 있는데, 거기에 접속하는 경로를 잊고 있다가, 경로 하나하나를 기억해내는 일이 재인식으로서의 배움이다.

이에 반해 "《잃어버린 시간을 찾아서》는 과거가 아닌 미래를 향해 간다."[16] "그것은 정말이지 안티-《메논》이다."[17] 다시 말해 들뢰즈에 따르면, "프루스트의 작품은 과거와 기억의 발견들을 향해 가지 않고, 미래와 배움의 진전을 향해 간다."[18] 프루스트의 책이 미래를 향하고 있다는 것은, 그것이 교과서를 통해 이루어지는 배움과는 다른 형태의 배움을 추구하고 있다는 말이다. 이미 있는 인식의 내용을 습득하는 것이 아니라, 아직 있지 않은 인식을 찾는 일이, 프루스트의 말처럼 '잃어버린 시간'을 찾는 식으로 배움을 얻는 일이 관건이다. 프루스트 책의 제목처럼 찾아 나서는 일이 필요하다. 오지에 내던져졌을 때, 그곳에 대해 아무것도 알지 못하는 상태, 하지만 실패를 거듭하면서라도 하나하나 알아가야만 하는 상태, 따라서 그 오지를 해독하고 해석해서 길을 만들고 지도를 만들어가야 하는 상태, 이것이 배움으로서의 인식을 예시해주는 상이다. "해독과 해석을 통해서가 아니고서는, 그 어떤 진실도 발견하지 못하고 아무것도 배우지 못한다."[19] 이를 다시 현대의 용어로 표현하면, 아직 없는 데이터베이스를 손수 구축해가는 일이 진정한 배움이다.

재인식으로서의 배움과 참된 배움의 차이를 '길'과 관련해서 살펴보자. 한 시인은 "길은 내 앞에 놓여 있다"라고 노래했고, 다른 시인은 "길은 가면 뒤에 있다"라고 노래했다. 시구만 놓고 보자. 사실 처음부터 길이 있지는 않았다. 특히 오지에 던져진 경우라면. 따라서 여기저기 가봐야 한다. 그러다 보면 길이 생긴다. 길이란 이런 과정을 통해서 만 생성되며 이것이 참된 배움이다. 그다음에 이렇게 난 길을 따라가는 것이 재인식으로서의 배움이다. 재인식에서 중시되는 '방법(methode)'이라는 말은 그 어원부터 '(이미 나 있는) 길(rhodos)'을 '따라가는 것(meta)'을 의미한다.

들뢰즈에 따르면 프루스트는 '플라톤주의자'[20]이기도 하다. 하지만 이 플라톤주의는 과거를 재인식하는 식의 플라톤주의는 아니다. 플라톤주의의 또 다른 면모가 있는 것이다. "플라톤은 여러 만남과 폭력의 기호를 통해 우리에게 생각에 대한 하나의 상을 제공한다."[21] 들뢰즈가 프루스트를 통해 재구성하고자 하는 것이 생각에 대한 이런 새로운 상이다. 책에 직접 언급되지는 않지만, 결국 들뢰즈가 재구성하려 한 철학은 '경험주의'다. 여기서 '경험'과 '실험'이라는 뜻을 동시에 지닌 프랑스어 'expérience'의 의미가 부각된다. 음악가 존 케이지(John Cage)는 이렇게 말한다. "실험적이라는 낱말은, 성공과 실패의 견지에서 나중에 판단될 행위를 가리키는 것으로 이해되지 않고 단순히 그 결과가 미지인 행위를 가리키는 것으로 이해된다면, 적절하다."[22] 경험주의는 결국 경험, 실험, 탐험, 탐색, 개척을, 그리고 종국에는 창조와 발명을 뜻한다. 배운다는 것은 일종의 창조와 관련되는 행위인 것이다.

3. 예술과 기호, 생각과 해석 사이의 진실

《프루스트와 기호들》 1부의 결론에서 들뢰즈는 《잃어버린 시간을 찾아서》의 마지막 편인 《되찾은 시간》의 거대한 주제에 대해 이렇게 단언한다.

> 진실 찾기는 비자발적인 것(l'involontaire)의 고유한 모험이다. 생각하라고 강요하고 생각에 폭력을 행하는 무언가가 없다면 생각이란 아무것도 아니다. 생각보다 더 중요한 것이 있으니, 그것은 "생각하게 해주는(donne à penser) 것"이다. 철학자보다 중요한 것이 있으니, 그것은 시인이다. …… 《되찾은 시간》의 라이트모티브는 '강요하다(forcer)'라는 낱말이다. 즉, 응시하라고 우리에게 강요하는 인상들, 해석하라고 우리에게 강요하는 만남들, 생각하라고 우리에게 강요하는 표현들 말이다.[23]

곧 살펴보겠지만, 프루스트를 따라, 들뢰즈는 이처럼 생각을 강요하는 것을 기호(signes)라고 부른다. 바로 이 기호가 재인식과 구별되는 인식과 배움을 촉발한다. 진실 찾기라는 목표를 두고 이성주의 철학자와 경험주의자 시인 사이의 경쟁이 시작되었다.

1) 기호와 진실

들뢰즈는 1부 결론에서 생각, 기호, 창조, 해석의 관계를 일목요연하게 정리한다. 아주 중요한 대목이어서 표현 하나하나, 문장 하나하나 잘 살펴야 한다.

> 생각하도록 강요하는 것, 그것이 기호다. 기호는 만남의 대상이다. 하지만 만남의 우발성이야말로 기호가 생각에 부여하는 것의 필연성을 보증한다. 생각 활동은 자연스러운 단순한 가능성에서 흘러나오지 않는다. 반대로, 그것은 유일한 참된 창조다. 창조, 그것은 사고 자체 속에서 생각 활동의 발생이다. 그런데 이 발생은 생각에 폭력을 행하는 어떤 것을, 생각의 자연적인 마비 상태에서, 즉 생각의 추상적이기만 한 가능성에서

> 생각을 캐내는 어떤 것을 내포한다. 생각한다는 것, 그것은 항상 해석하기, 말하자면 기호를 설명하고 전개하고 해독하고 번역한다는 것이다. 번역하기, 해독하기, 전개하기는 순수한 창조의 형식이다. …… 강제되고 강요되었기에, 우리는 시간 안에서만 진실을 찾는다.[24]

여기에서는 우선 '기호'의 정의가 언급된다. "생각하도록 강요하는 것"이 기호다. 우리는 기호와 우연히 만난다. 그런데 들뢰즈는 "만남의 우발성"이 "기호가 생각에 부여하는 것의 필연성"을 보증한다고 말을 잇는다. '우발성'과 '필연성'이라는 개념 쌍은 "뜻밖이면서 피할 수 없는(fortuit et inévitable)"[25]이라는 표현에 대응한다. 그렇다면 의미상 상반되는 듯 보이는 '우발성/뜻밖임'과 '필연성/피할 수 없음'의 관계는 무엇일까?

먼저 '필연'의 의미에 주목하자. 어원적으로 라틴어 '필연(necessarius)'은 '부정'을 뜻하는 'ne'와 '물러나다, 철수하다'를 뜻하는 'cedere'가 합쳐진 말로, 물러날 길이 없다는 뜻이며, 이로부터 '피할 수 없다', '꼭 필요하다'라는 뜻으로 발전했다. 일단 여기서 필연이 논리적 필연과 상관없다는 점부터 지적하고 가자. 논리는 이미 추상 수준에서 작동한다. 즉, 논리적으로는 어떤 일이 일어나는 것이 100퍼센트일 때 필연이라고 한다. 전제들에서 100퍼센트 결론이 도출된다면 그 결론은 필연적이다. 반면 '확률적' 또는 '우연적/우발적'이라는 것은 꼭 100퍼센트인 건 아닐 때, 혹은 그런지 아닌지 알 수 없을 때를 가리킨다. 논리학에서 필연과 우연은 모순 관계에 있으며, 따라서 '우발성이 필연성을 보증한다'라는 명제는 성립하지 않는다. 그렇다면 들뢰즈가 말하려는 것은 무엇일까?

들뢰즈의 필연 개념은 니체에게서 왔다. 니체에 따르면, 어떤 일이 이미 벌어졌을 때(Es war), 무를 수 없는 일이 일어났을 때, 그것은 필연(Notwendigkeit)이고 운명(fatum)이다. 《맥베스(Macbeth)》의 한 구절처럼 "일어난 일은 돌이킬 수 없다(What's done cannot be undone)." 이 맥락에서 보면, 기호와의 만남은 비록 우연히 일어났지만, 다시 말해 만날 수도 있고 아닐 수도 있었지만, 일단 만난 연후에는 설사 내가 원치 않았더라도 이미 생각이 강요되고 생각하기 시작해버렸다. 기호와 만나기 전에는 만날지 만나지 않을지 미리 알 수 없지만, 일단 만난 후에는 피할 수 없었다는 게 확인된다. 이미 기호와 만나버렸기 때문에, 만나지 않을 수 없었고 생각도 이미 시작되어버렸다. 그런 점에서 생각은, "기호가 생각에 부여하는 것"은 필연적이다. 강요의 결과로 생각되는 '것'은 필연적이다.

두 번째 요점으로 가보자. 우리한테 '단순하고 추상적인 가능성' 수준에서 생각의 능력이 있다고 해서 자연스럽게 '생각 활동'이라는 현실태로 이어진다는 보장은 없다. 생각은 강제되어야 한다. 강요된 후에야, 즉 '폭력'이 있고 난 뒤에야, 생각 활동이 벌어진다. 자연 상태에서는, 자연적으로는 생각 활동이 가동되지 않는다. 생각을 내가 원한 게 아니라는 점에서, 기호의 폭력에 의해 생각이 시작되었다는 점에서, 생각 활동은 '비자발적(involontaire)'이다. 생각 능력이라는 추상적인 가능성에서 생각 활동을 캐내야 하는데, 기호가 그걸 촉발한다. 생각 활동이 발생했다는 것은, 그 전에 기호가 생각에 폭력을 행사했다는 것을 내포한다.

뜻밖이면서 피할 수 없고 비자발적이라는 기호의 이런 특징들은 삶이 처한 조건이기도 하다. 그러므로 중요하다. 그냥 안주하며 편안히 살고 싶은데, 폭탄처럼 떨어진 저건 도대체 뭐지? 도대체 뭐가 나를 어쩔 수 없이 생각하게 만들지? 해독하고 해석하고, 배워가고 인식해야 할 그것의 정체가 뭐지? 기호들은 이런 물음을 유발한다. 기호야말로 생각의 출발점이자 촉발제다. 들뢰즈가 보기에 프루스트는 '방법'이라는 이성주의 철학적 관념에 '강제(contrainte)'와 '우연(hasard)'이라는 관념을 대립시킨다.

> 진실은 우리에게 생각하라고 강요하고 참을 찾으라고 강요하는 그 무엇과의 만남에 의존한다. 만남의 우연과 강제의 압력은 프루스트의 근본적인 두 주제다. 정확히 말해, 만남을 대상으로 만들고 우리에게 이 폭력을 행사하는 것은 바로 기호다. 생각되는 것의 필연성을 보증하는 것은 만남의 우연성이다.[26]

우리는 진리를 찾으려는 선의지(善意志)를 갖고 있지 않다. 선의지 따위 없이 가만히 있으려고 하는데도 어쩔 수 없이 생각 활동을 펼치게 된다는 것이다. 어떤 기호를 우연히 만났지만(만남의 우연성), 인식하려고 하지 않고는, 진실을 찾으려고 하지 않고는 못 배기게 되어버렸다(생각되는 것의 필연성). 하지만 진실은 미리 있지 않다. 진실은 생각 활동을 통해 찾아진다. 바로 이 점에서 들뢰즈는 '생각'을 '해석'이라고 주장한다. 해석이란 "기호를 설명하고 전개하고 해독하고 번역하는" 활동이다. 나아가 이 활동은 "순수한 창조의 형식"이다.

여기에서 세 번째 요점이 등장한다. 생각은 해석이고, 나아가 창조다. 그렇다면 무엇이 창조되는 걸까? 놀랍게도 진실이 창조된다. 시간에 따라 펼쳐지는 진실이다. 초시간적인 불변의 진리와는 관계없다.

진실은 멀리 있어서 아직 닿지 못한 것, 미리 존재하는 것이 아니라 생각 활동 후에 창조되고 발명되는 것이다. '생각-해석-창조-진실'이라는 배치도 니체에게서 유래했다. 기호 개념, 우연과 필연, 해석과 창조의 일치 등 들뢰즈의 프루스트론의 기초는 여러 면에서 니체와 통한다. '시간 안에서' 진실을 찾는 과정은 기호와의 만남 → 생각 활동의 가동 → 기호의 해독 → 진실의 창조로 요약된다.

2) 지능과 시간이라는 문제

지금까지 이성주의 철학에서 전제하는 진실 및 생각에 대한 상과 전혀 다른 상을 살펴봤다. 누군가 진실을 원한다면, 자발적인 선의지에 따라 자연스럽게 그러는 것이 아니다. 생각은 '기호의 폭력'에 의해 비로소 시작된다. "우리가 구체적인 상황과 관련하여 진실을 찾도록 규정될 때만, 우리를 이 진실 찾기로 몰고 가는 어떤 폭력에 내맡겨질 때만, 우리는 진실을 찾는다."[27] 이성주의 철학에서처럼 생각에 대한 독단적 상이 전제하는 '고유하게 지성적인 진실들(vérités proprement intellectuelles)'은 '필연성'을 놓치고 있다. 들뢰즈는 이렇게 덧붙인다.

> 하지만 예술 또는 문학에서, 지능(intelligence)이 기여할 때, 항상 그것은 먼저(avant)가 아니라 나중에(après) 기여한다. …… 잃어버리는 시간과 잃어버린 시간이라는 경우에 한정하면, 생각의 노력을 제공하거나 기호를 해석할 수 있는 것은 지능, 오직 지능뿐이다. '나중에' 온다는 조건에서 찾는 일을 하는 건 바로 지능이다. 생각의 모든 형식 가운데, 지능만이 이 차원(ordre)의 진실들을 뽑아낸다.[28]

기호는 먼저 생각을 강요하고, 지능은 나중에 기호를 해석한다. 이런 순서로 지능은 배움을 얻도록 어쩔 수 없이 강제된다. 뜻밖이면서도 비자발적이지만 어쩔 수 없고 피할 수 없다는 이 특성이 진실들에 '필연성'을 부여한다. 혹은 생각이 피할 수 없이 도달하게 되는 그 지점을 가리키는 명칭을 '진실'이라고 해야 더 정확하겠다.

프루스트의 표현에서 주목해야 할 것은 '지능(intelligence)'이라는 용어다. 그는 전통적으로 인식능력의 하나로 여겨지는 '지성(entendement, understanding, Verstand)' 대신 굳이 '지능'이라는 용어를 썼다. 지성은 인식주관이 선험적으로(a priori) 지닌 타고난 능력이다. 이에 반해 지능은 진화적·경험적으로 형성된 지적 능력이다. 최근 우리가 집단 지능(collective intelligence)을 언급할 때, 또는 아이나 침팬지나 돌고래나 까마귀의 지능을 말할 때, 우리가 염두에 두는 것이 바로 그것이다.[29] 이렇게 이해할 때만, 왜 지능이 나중에 오는지, 그리고 지능이 자신을 넘어서면서 확장되고 발전하는지 더 제대로 납득이 간다. 지성은 먼저 있는 것이기에 원칙상 나중에 온다고 말할 수 없다. "과학과 철학에서 지능은 항상 먼저 온다. 하지만 기호들의 고유함은, 지능이 나중에 오는 한에서, 지능이 나중에 와야만 하는 한에서, 기호들이 지능에 호소한다는 점이다."[30] 지능의 중요성은 배움과 관련해서 이 글 끝에서 다시 살필 것이다.

들뢰즈에 따르면, 기호는 네 유형으로 구분된다. 첫째, '사교계의 기호들'은 결국 '잃어버리는 시간'과 관련된다. 흔히 '시간이 아깝다'라고 말할 때의 소멸되고 사라져버리는 시간이다. 둘째, '사랑의 기호들'이 있다. 질투를 유발하는 기호는 우리에게 생각하라고 강요한다. 애인의 거짓말은 감추려는 어떤 것을 표현하는 기호다. 셋째, '감각 인상들 혹은 감각 성질들(des impressions ou des qualités sensibles)의 기호들'이 있다. 향, 맛, 자세 등 이때의 감각은 육감적이고 즉각적이다. 소설 첫 대목에 등장하는 마들렌 과자가 바로 이 기호이며, 이로 인해 주인공 마르셀이 어린 시절을 보냈던 마을 콩브레가 되살아난다. 물론 콩브레는 "완전히 새로운 형태로", "한 번도 체험될 수 없는 그런 형태로" 나타난다는 점에서 단순한 회상과는 다르다. 마지막으로, 가장 중요한 '예술의 기호들'이 있다.

> 예술(Art)의 세계는 기호들의 궁극적 세계다. **탈물질화된** 것인 이 기호들은 관념적 본질 안에서 자신들의 의미를 발견한다. …… 모든 기호는 예술로 수렴된다. 가장 다양한 길들을 통해 **모든 배움은 이미 예술 자체의 무의식적 배움이다**(tous les apprentissages sont déjà des apprentissages inconscients de l'art lui-même). 가장 깊은 층위에서, 본질적인 것은 예술의 기호들 안에 있다.[31]

그렇다면 여기서 언급되는 "예술 자체의 무의식적 배움"이란 무엇일까? 그 배움은 모든 배움의 모델이다. 모든 배움은 그 바탕에 '예술 자체의 무의식적 배움'을 내포한다. 따라서 예술의 기호를 추적하는 것이 본질적이다. 처음 세 기호는 '되찾는 시간'과 연관시킬 수 있지만, 그 시간은 여전히 과거의 시간이다. 우리는 예술의 기호를 통해서만 '잃어버린 시간' 및 '되찾은 시간'에 이를 수 있다.

이 네 유형의 기호들과 대응하면서 뒤얽혀 있는 시간의 선들도 있다. "잃어버리는 시간(temps qu'on perd), 잃어버린 시간(temps perdu), 되찾는 시간(temps qu'on retrouve), 되찾은 시간(temps retrouvé)은 시간의 네 가지 선이다."[32] 들뢰즈에 따르면, "《잃어버린 시간을 찾아서》는 사실상 진실 찾기다. 그것이 잃어버린 시간 찾기라고 불린다면, 오직 이는 진실이 시간과 본질적 관계를 갖는 한에서다."[33] 나아가 "진실 찾기, 그것은 해석하기, 해독하기, 설명하기"[34]다. 이 과정에서 가장 중요한 것은 '잃어버린 시간'과 '되찾은 시간'의 진실을 찾는 일이다. '잃어버리는 시간'이란 "존재들을 변질시키고 있었던 것을 무화하는 지나가는 시간"이며, '되찾는 시간'이란 회상을 통해 불러낸 시간일 뿐이기 때문이다. 따라서 이제부터는 시간의 진실이 무엇인지, "진실이 시간과 본질적 관계를 갖는다"라는 말이 무슨 뜻인지, 또 시간의 진실을 찾는다는 의미에서 이와 관련된 인식과 배움이 무엇인지를 밝혀야 한다. 각 시간에 대해 진실이 있는 것이다.

'잃어버린 시간' 또는 '되찾은 시간'은 바로 예술의 시간이기도 하다. 들뢰즈는 말한다. "되찾은 시간, 그것은 우선 잃어버린 시간의 한가운데서 우리가 되찾는 시간이며, 우리에게 영원의 상을 제공하는 시간이다. 하지만 그것은 또한 예술 안에서 자신을 긍정하는 절대적·근원적 시간이며, 참된 영원이다."[35] 예술의 시간에서는 절대적·근원적 시간으로서의 참된 영원이 나타난다. 예술의 시간이 가장 본질적인 까닭은 그것이 곧 영원이기 때문이다. 되찾는 것은 영원과 관련된다. 영원을 되찾는 것이다. '절대적·근원적 시간'과 '참된 영원'은 같은 것이라고 했다. 시간인데 영원이 등장하는 건 왜일까? 영원은 시간의 극복 혹은 부정 아닐까? 되찾은 시간은 예술 안에서 과연 자신을 긍정할까? 이런 의문은 뒤에서 살피기로 하겠다.

3) 예술 기호의 의미와 본질

그러면 예술의 기호들은 어떤 특징을 지니고 있을까? 들뢰즈에 따르면, "예술의 기호들은 우리에게 생각하라고 강요한다. 그것들은 본질들의 능력인 순수한 생각을 동원한다. 그것들은 사고 안에서 선의지에 가장 적게 의존하는 것, 즉 생각 활동 자체를 일으킨다."[36] 요컨대 예술의 기호들은 모든 기호의 원형이다. 예술의 기호들은 우리의 생각을 가장 멀리까지, 능력의 '극한'까지 이르게 해서, 자신의 능력을 넘어서라고 강요한다. 이는 오직 예술의 기호들만이 할 수 있는 일이다. 칸트 미학에서 '숭고'가 행하는 역할이기도 하다. 그런데 들뢰즈는 칸트를 언급하지 않으면서, 기호라는 개념, 그 가운데 '예술의 기호'라는 개념을 통해 똑같은 이야기를 한다. 결국 들뢰즈는 칸트의 숭고 이론을, 선험적으로 주어졌다고 상정되는 인식능력과 관련시키지 않으면서, 완전히 다른 형태로 번역해놓은 것이다.

이제 예술 기호의 의미와 본질에 대해 물을 수 있다. 들뢰즈는 기호, 기호의 의미, 기호의 본질, 주체, 객체의 관계에 대해 몇 가지로 설명한다.

> (1) 기호는 기호를 방출하는 객체보다 분명 심오하지만 이 객체에 여전히 매여 있으며, 여전히 반쯤은 포함되어 있다. 그리고 기호의 의미는 그것을 해석하는 주체보다 분명 심오하지만 이 주체에 매여 있으며, 주체의 연상들의 계열 속에 반쯤은 육화되어 있다.[37]

> (2) 본질 자체는 기호를 나르는 객체로도, 또한 기호를 체험하는 주체로도 환원될 수 없는 채로 있다.[38]

(3) 확실히 기호는 그 자체로는 객체로 환원되지 않지만, 여전히 객체에 반쯤은 포함되어 있다. 확실히 의미는 그 자체로는 주체로 환원되지 않지만, 반쯤은 주체에 의존하고 있다.[39]

이 언급들을 정리해보자. 먼저 기호는 '기호를 방출하는 객체'/'기호를 나르는 객체'와 '기호를 해석하는 주체'/'기호를 체험하는 주체' 사이에 있다. 또한 기호는 객체보다 '심오'하며 객체로 '환원될 수 없지만' 객체에 '여전히 매여 있고' '반쯤은 포함되어' 있다. 기호는 그 자체로는 객체가 아니며, 이 점에서 비물질적이지만, 물질적인 것과 관련된다. 비물질적인 것인, 혹은 정확히는 '반쯤은' 물질적인 것인 기호는 주체를 촉발해 주체는 그것을 해석하고 생각하기 시작한다. 한편 기호의 의미는 주체보다 '심오'하며 주체로 '환원될 수 없지만', 주체에 '매여 있고' '주체의 연상들의 계열 속에 육화되어' 있으며 주체에 '반쯤은 의존하고' 있다. 끝으로 기호의 본질은 객체와 주체로 '환원될 수 없는 채로' 있다.

들뢰즈는 묻는다. 그렇다면 객체와 주체 그 이상의 무엇이 있을까? 들뢰즈는 연극을 그 예로 든다. 페드르를 연기하는 배우 라베르마다.

페드르는 하나의 역(役, rôle)인데, 배역을 맡은 라베르마는 이 역과 하나가 된다. …… 기호들을 나르는 라베르마는 이 기호들을 아주 비물질적으로 만들어, 기호들은 그 본질들 위에 자신을 완전히 열고 자신을 그 본질들로 채운다.[40]

라베르마는 기호들을 나르고 있기 때문에 하나의 객체이며, 기호를 방출하고 있기도 하다. 라베르마 자신('객체')은 기호들의 관점에서는 지워져야 한다. 이 점에서 라베르마는 페드르라는 역과 하나가 된다. 기호의 본질은 객체인 라베르마로 환원되지 않는다. 기호들은, 기호의 본질은 라베르마에 얹혀 있다. 기호들은 극중 인물로서의 페드르다. 라베르마가 연기할 때 드러나는 것은 페드르다. 그런데 더 정확하게는, 페드르라는 기호들은 '본질들' 위에서 완전히 열리며 '본질들'로 채워진다. 이제 기호들은 온통 기호의 본질들로 생성했다. 중요한 것은 객체 혹은 물질로서의 라베르마가 완전히 사라지면서 페드르라는 역으로 육화해, 본질을 열어 보인다는 점이다. 라베르마의 연기, 즉 페드르는 예술의 기호이며, 공연에서는 페드르, 즉 페드르의 본질이 드러나고, 관객('주체')은 페드르의 의미를 알게 된다.

그렇다면 페드르의 의미는 무엇일까? 주체보다 심오하고 주체로 환원되지 않는다는 점에서 얼마간 독립적이지만, 주체에게 반쯤은 의존한다는 점에서 주체가 없다면 드러나지 않는 기호의 의미는 무엇일까? 이 의미는 페드르를 해석하는 주체의 자의(恣意)에 달려 있지 않다. 들뢰즈에 따르면 이렇다.

> 기호와 의미의 진정한 통일은, 바로 본질이 구성한다. 의미를 파악하는 주체로 환원될 수 없다는 점에서 의미를 구성하는 것이 바로 본질이다. 배움의 마지막 말 혹은 최종적 계시가 바로 본질이다.[41]

라베르마는 페드르라는 기호의 본질을 방출하는 객체지만, 페드르라는 기호의 본질은 그 의미를 파악하는 주체 혹은 관객으로 환원되지 않는 고유함을 지닌다. 기호의 본질은 기호의 의미를 해석하는 주체의 자의에 완전히 의존하지 않고 오히려 기호의 의미를 구성하며, 이 점에서 기호의 독자성이 확보된다. 말하자면 예술가는 각자의 방식으로, 각자의 스타일로 작품 속에 본질을 구성한다. 각각의 창작 활동이 독자적인 것은 이런 까닭이다. 예술가는 예술 기호의 본질을 창작하는 자다. 그래서 기호 일반의 특성을 가장 탁월하게 보여주는 것이 바로 예술 기호다.[42] 끝으로 배움은 본질과 결정적인 관계를 갖는다고 들뢰즈는 덧붙인다. 배운다는 것, 그것은 본질을 배운다는 뜻이다.[43]

이제 가장 중요한 물음과 그에 대한 답변이 제시된다.[44]

> 예술 작품에서 계시되는 본질이란 무엇일까? 그것은 하나의 차이, 궁극적이고 절대적인 대문자 차이(une différence, la Différence ultime et absolut)다. 존재를 구성하고, 우리가 존재를 착상하도록 해주는 것은 바로 차이다.[45]

본질은 바로 차이다. 그리고 "만일 본질의 계시가 일어나야 한다면, 그것은 바로 예술에서 일어나리라."[46] 그렇다면 여기서 말하는 궁극적이고 절대적인 하나의 차이, 대문자 차이란 무엇일까? 그것은 "항상 외부적인 두 사물 혹은 두 객체 간의 경험적 차이"가 아니다. 즉, 그것은 미리 존재하는 항들 간의 차이가 아니다. 사실 이러한 외부적 차이는 그 차이에 선행하는 발생적 차이가 아니라는 점에서 참된 차이가 아니다. 이 점에 대해 들뢰즈는 다음과 같이 설명한다.

> 본질은 주체 안에 있는 무엇이며, 주체의 심장부에 있는 마지막 질(質)의 현전과도 같다. 즉, 내적 차이(différence interne), '우리에게 세계가 나타나는 방식 속에 있는 질적 차이, 예술이 없었다면 각자의 영원한 비밀로 남

아 있었을 차이'[47]가 바로 그것이다.[48]

내적 차이란 발생적 차이, 즉 자기가 자기와 빚어내는 차이를 가리키며, 니체의 용어로 표현하자면 생성이다. 예술은 이를 가장 잘 드러낸다. 예술이 없었다면 우리는, 우리에게 세계가 나타나는 방식을 알 수 없었을 것이다. 여기서 본질이 "주체 안에 있는 무엇"이라고, "주체의 심장부에 있는 마지막 질의 현전"이라고 얘기되었다고 해서 오해할 필요는 없다. 이 문장에서의 '주체'는 기호를 해석하는 주체가 아니라 기호를 혹은 기호의 본질을 창조하는 주체, 예술가 주체를 가리킨다. 그러나 이 답변은 우리에게는 여전히 수수께끼로 남아 있다. 들뢰즈는 더 이상의 설명을 보태지 않고 있기 때문이다.[49]

4) 니체의 시선을 빌려 바라본 예술

이 구절의 의미를 해석하는 데 도움이 될 실마리는 이미 《니체와 철학》의 한 대목에 등장한다. 들뢰즈는 니체를 좇아 예술의 원리를 두 측면에서 제시한다.[50] 첫째로, 예술은 '권력의지의 자극제'이며 '의욕의 흥분제'다. 여기서 니체는 '창조의 미학, 피그말리온의 미학'을 요구한다. 키프로스의 왕 피그말리온은 아름다운 여인의 조각상을 만들어 갈라테이아라 이름 붙이고 연인처럼 사랑했는데, 결국 아프로디테는 그 조각상을 진짜 여인으로 변화시켜주었다. 결국 피그말리온의 미학이란 자신의 객체를 창조하고 산출하는 예술가의 작업을 가리킨다. 스스로 연인을 만들어낸 활동, 이것이 예술가의 활동이다. "예술가의 삶의 활동은 예술 작품 자체 안에 담긴 긍정에 대한 자극제로 기여하며, 예술가의 예술가로서의 권력의지에 대한 자극제로 기여한다."[51] 여기서 긍정이란 이미 있는 것, 기성의 것에 대한 단순한 체념적 수용을 가리키는 것이 전혀 아니다. 들뢰즈는 다음과 같이 주장한다. "긍정은 능동적 삶을 자신의 조건으로 또 자신의 동반물로 여기는 생각의 산물이다."[52] 이런 의미에서 긍정은 창조이자 생산이다.

둘째로, 예술은 '가짜의 최고 권력(la plus haute puissance du faux)'이다. "예술은 오류로서의 세계를 확대하고, 거짓말을 인가하며, 속이려는 의지를 우월한 이상으로 만든다."[53] 우리는 예술을 좋아한다. 우리는 가짜와 허구를 만들어내고는 좋아한다. 가짜가 진짜다. 진실은 가짜이고, 가짜를 만들어내는 활동이다. 그것이 우주의 진실이다. 예술이야말로 세계의 진실을 가장 잘 드러낸다. 여기서 가짜와 거짓말과 대립하는 것은 참과 진실이다. 그러나 이때의 참과 진실은 이성주의 철학이 이 세계의 삶보다 우월하다고 여기는 삶, 그런 의미에서 '삶에 맞서는 삶'에 다름 아닌 그런 세계의 삶이다. 그 세계는 고정불변의 그 무엇, 파르메니데스의 세계다.

> 누군가가 진실을 바란다면, 그것은 세계인 것의 이름으로가 아니라 세계가 아닌 것의 이름으로다. …… 참을 바라는 자는 무엇보다도 가짜의 이 고귀한 권력을 폄하하려 한다. 그는 삶을 '오류'로 만들고, 이 세계를 '외양'으로 만든다.[54]

플라톤도 참과 진실과 관련해 예술을 비판했다. 예술이 가짜라는 점 때문이었다. 그러나 니체와 들뢰즈는 가짜(거짓)와 진짜(참)의 관계를 뒤집는다. 전통 철학의 참은 가짜다. 현실에서는 가짜가 바로 참이다. 세계는 단 한순간도 똑같지 않다. 생성이 세계의 참모습이다. 생성만이 존재한다. 그래서 고정불변의 진리란 없다. 생각에 대한 이성주의적 상 아래에서 '인식' 혹은 '배움'이란, 고정불변의 진리를 얻어 가져지닌다는 뜻이었다. 그런데 가짜의 권력을 실천하는 활동이 바로 예술이다.

> 바로 예술은 가짜를 이 가장 높은 긍정적 권력으로 고양하는 거짓말들을 발명하며, 속이려는 의지를 가짜의 권력 속에서 자신을 긍정하는 뭔가로 만든다. 예술가에게 외양은 이 세계 속에서 현실적인 것의 부정을 뜻하지 않는다.[55]

그것은 선별과 교정과 배가(倍加)와 긍정을 통해, 창조된 예술 작품을 한층 더 고양하려는 의지다. 니체에게 '예술가'라는 말은 '인식 혹은 진실을 찾는 자', 그리고 '삶의 새로운 가능성들의 발명가'와 같은 뜻이다.[56]

5) 생각에 대한 새로운 상, 그리고 예술

생각에 대한 새로운 상과 예술의 관계를 들뢰즈는 다음과 같이 요약한다.

> 생각에 대한 독단적 상은 다음 세 가지 본질적 테제 속에 나타난다. …… 생각에 대한 이런 상에서 가장 기이한 것은, 거기에서 참이 추상적 보편자로 착상되는 방식이다. 사람들은 생각을 만드는 현실적 힘들과 자신을 관련짓지 않으며, 생각이 생각인 한에서 가정하는 현실적 힘들에 생각 자체를 관련짓지 않는다. …… 생각에 대한 새로운 상은 무엇보다 다음

과 같은 뜻이다. 참은 생각의 요소가 아니다. 생각의 요소는 의미와 가치다. 생각의 범주는 참과 거짓(le vrai et le faux)이 아니라 생각 자체를 점령하는 힘들의 본성에 따른 고귀함과 저열함, 높음과 낮음이다. …… 우리의 가장 높은 생각들은 가짜(la faux)의 일부다. 더욱이, 그 생각들은 가짜를 예술 작품 속에서 자신의 실효화, 자신의 정당화, 자신의 진짜-생성(devenir-vrai)을 찾는 최고의 권력으로, 긍정적이고 예술가적인 권력으로 만드는 일을 결코 부인하지 않는다.[57]

한편 많이 오해되고 있는 것과 달리 《차이와 반복》에 등장하는 '상이 없는 생각'이라는 기묘한 개념은 '특정한' 상이 없는 생각, 이성주의적 상을 극복한 생각, 경험주의적 생각을 가리키며, 궁극적으로는 '예술'을 뜻한다고 봐야 한다.

(1) 생각에 대한 도덕적 '상'(l'Image morale de la pensée)에 기대는 대신, 철학은 그 '상(l'Image)'과 그 상이 함축하는 '기본 전제들'에 대한 급진적 비판 속에 자신의 출발점을 잡아야 하리라. …… 이를 통해, 철학은 가장 큰 파괴들과 가장 큰 탈도덕화를 대가로 치를지라도, '상' 없는 생각(une pensée sans Image) 속에서 자신의 진정한 반복을 찾아야 하리라. …… 생각은 마치 그 '상'과 기본 전제들에서 해방되어야만 생각하기 시작할 수 있고, 항상 다시 시작할 수 있는 것 같다.[58]

(2) 생각 안에서 탄생한 생각, 본유성(本有性) 안에서 주어진 것도 아니고 상기(想起) 안에서 전제된 것도 아닌, 자신의 생식 능력 안에서 출산한 생각 행위, 그것이 상이 없는 생각이다. 하지만 그런 생각이란 무

것이고, 세계 속에서 그 과정은 무엇일까?[59]

(3) 생각에 대한 이론은 회화와도 같아서, 재현에서 추상예술로 이행하게 하는 저 혁명이 필요하다. 그것이 상 없는 생각에 대한 이론(une théorie de la pensée sans image)의 대상이다.[60]

이는 《프루스트와 기호들》 1부의 결론에 나온 내용과 대응한다.

프루스트에게 예술 작품에서 계시되는 본질이란, 존재를 구성하고 우리가 존재를 착상하도록 해주는 궁극적이고 절대적인 차이라고 했다. 이 말을 니체의 예술관에 입각해 풀이하면, 이 궁극적이고 절대적인 차이는 존재를 창조해내는 권력(puissance)이라고, 예술가의 조형적 권력이라고, 피그말리온의 미학이라고 말할 수 있다. 예술 작품은 세계의 본질을, 존재 생성의 본질을 계시한다. "본질에 감싸인 세계(le monde enveloppé de l'essence)는 항상 세계 일반(Monde en général)의 시작이고, 우주의 시작이고, 급진적·절대적 시작이다."[61] 프루스트가 말하는 "자연의 근원적 요소들의 이러한 영구한 재창조"[62]는 들뢰즈가 보기에는 "본질과 예술 작품에 더 진실"하다. 그런데 들뢰즈는 여기에 재빨리 한 문장을 덧붙인다. "하지만 이렇게 정의된 본질은 대문자 시간(Temps) 자체의 탄생이다."[63]

이 대목에서 들뢰즈는 짧고 압축적인 진술들을 제시했다. 먼저 '본질에 감싸인 세계', 즉 세계의 본질은 항상 '세계 일반', 즉 '우주'의 '급진적·절대적 시작'이며, 프루스트의 표현으로는 "자연의 근원적 요소들의 이러한 영구한 재창조"이며, "대문자 시간 자체의 탄생"이다. 본질은 우주의 급진적·절대적 시작, 우주의 영구한 재창조, 시간 자체의 탄생이다. 여기서 들뢰즈가 물리학적 시간을 가리키지 않는다는 점은 명백하다. 현대물리학에서조차도 시간은 여전히 '시계가 측정한 것'이라고 조작적으로 정의될 뿐이다. 조금 더 풀이하면, 시간의 단위인 1초는 절대영도에서 세슘-133 원자의 바닥상태(6S½)에 있는 두 개의 초미세 에너지준위(F=4, F=3)의 방사(放射) 주기 차이를 9,192,631,770헤르츠(Hz)로 정의한 후 이 수의 역수에 의해 정의된다.[64] '주파수' 또는 '진동수(frequency)'는 본래 주기적인 현상이 단위시간 동안 몇 번 일어났는지를 뜻하는 말이다. 가령 1헤르츠는 1초에 1번, 2헤르츠는 1초에 2번 주기적인 현상이 일어나는 것이다. 9,192,631,770헤르츠란 1초에 그 수만큼의 주기적인 현상, 즉 특정한 거리를 왕복하는 운동이 일어났음을 가리킨다. 요약하면 1초에 일정한 공간적 거리 사이에서 일어나는 주기적 운동을 특정한 수(단위는 헤르츠)로 정의한 다음, 그 수만큼 주기적 운동이 일어나는 시간을 1초라고 정의했다는 말이다. 그야말로 순환적 정의의 전형이다. 들뢰즈는 이런 시간 규정이 나타난 건 시간이 운동(움직임)에 종속된 결과라고 평가한다. 들뢰즈는 시간을 완전히 다르게 정의하려 하며, 프루스트에게서 그 답의 한 단초를 찾는다. 그렇다면 참된 시간이란 무엇일까? 들뢰즈가 프루스트한테서 가져온 표현은 "자연의 근원적 요소들의 이러한 영구한 재창조"이며, 이를 "우주의 급진적·절대적 시작"이라고 번역하고, "시간 자체의 탄생"이라고 해석한다. 이렇게 착상된 시간은 "본질과 예술 작품에 더 진실"하다.

들뢰즈는 여기서 신플라톤주의자들의 '복합(complication)'이라는 개념을 원용한다.

복합, 그것은 일자(l'Un) 안에 다자(多者)를 싸고 있으며, 다자의 하나임(l'Un)을 긍정한다. 그들에게 영원은 변화의 부재도, 심지어 실존의 제한 없는 연장마저도 아니며, 시간 자체의 복합된 상태[너의 변화들은 단박에 담긴다(uno ictu mutationes tuas complectitur)]로 보였다.[65]

들뢰즈의 해석에 따르면, 신플라톤주의자들의 '복합' 개념은 스피노자에게는 '능산적 자연'과 '소산적 자연'의 동일성으로서의 '자연(Natura)'으로, 라이프니츠에게는 '접기와 펼치기(pli)'로, 니체에게는 '생성(Werden)' 또는 '영원회귀(ewige Wiederkehr)'로, 베르그손에게는 '지속(Durée)'으로 나타난다. 여기서는 우주와 영원의 동일성이, 우주와 시간의 동일성이, 따라서 영원과 시간의 동일성이 화해한다. 시간은 미리 펼쳐져 있지 않다. 우주는 매 순간 급진적이고 절대적으로 시작하며, 시간은 매 순간 탄생한다. 시간은 매 순간 펼쳐지지만, 단박에 자신 안에 담긴다. 그 시작과 탄생, 전개와 복합이 전체(Tout)이고, 또한 일어나는 일의 전부다.

예술가는 그 사건을 본다.

(1) 예술가 주체는, 그 모든 계열들과 차원들을 동시에 끌어안으면서, 본질 자체 속에 말려 있고 복합되어 있는 기원적 시간의 계시를 가진다. '되찾은 시간'이라는 말의 의미가 바로 여기에 있다. 되찾은 시간은 순수한 상태로 예술의 기호들 속에 포함되어 있다.[66]

(2) 예술적 본질은 우리에게 기원적 시간을 계시하는데, 그 시간은 자신의 계열들과 자신의 차원들을 뛰어넘는다. 그것은 바로 본질 자체

안에 '복합된', 영원과 동일한 시간이다. 또한 우리가 예술 작품 안에서 '되찾은 시간'에 대해 말할 때 문제가 되는 것도 이 기원적 시간으로, 이 시간은 펼쳐지고 전개된 시간과 대립하며, 말하자면 지나가는 순차적 시간과, 지나가버리는 시간 일반과 대립한다.[67]

(3) 모든 단계들은 예술로 귀착해야 하며, 우리는 예술의 계시에까지 이르러야 한다.[68]

되찾은 시간이란 곧 복합된 기원적 시간이고, 다시 말해 영원이다. 또한 그것은 시간 자체의 탄생이다. 시간의 탄생은 우주의 시작이다. 바꿔 말하면, 우주의 시작이 곧 시간 자체의 탄생이다. 존재는 그렇게 구성되고, 우리는 존재를 이런 방식으로만 착상해야 한다. 존재의 탄생, 시간의 탄생은 곧 궁극적·절대적 차이의 운동의 개시다. 들뢰즈는 말한다.

예술은 본질들의 능력인 순수한 생각에 호소한다. 예술이 우리에게 되찾게 하는 것은, 본질 속에 말려 있는 그런 시간, 본질에 감싸인 세계 안에서 탄생하는 그런 시간, 영원과 동일한 시간이다.[69]

복합되어 있고 말려 있는 것이 펼쳐짐이 바로 시간이다. 기원적 시간이란 저 먼 기원에 있는 시간이 아니라 매 순간 기원이 되는, 탄생하는 시간이다.

4. 예술 창조와 배움

1) 스타일은 예술의 본질을 만든다

프루스트는 예술 작품이 "잃어버린 시간을 되찾는 유일한 수단"[70]이라고 말한다. 어떻게 예술 작품은 그 일을 행할까? 예술의 우월함은 어디서 오는 걸까? 예술이 질료를 변모시켜 본질을 굴절해 표현하는 데서 온다. 여기서 굴절이라는 표현은 자신만의 스타일을 부여한다는 의미로 이해되어야 할 것이다.

> 예술은 물질의 진정한 변모다. 본질을, 말하자면 기원적 세계의 질을 굴절시키기 위해 물질은 정신화되고 물리 환경들은 탈물질화된다. 그리고 물질에 대한 이런 취급은 '스타일'과 하나를 이룬다.[71]

예술은 재료가 아니다. 재료인 물질은 화가에게는 색이고 음악가에게는 소리이고 문인에게는 언어다. 예술가가 스타일을 통해 물질을 변모시킬 때만, "감각들의 창작품과 미학적 창작면"[72]이 접하는 바로 그 순간에만 "진실은 시작되리라."[73]

진실은 미리 존재하는 것이 아니라, 창조를 통해서만 비로소 존재하기 시작한다. 그렇기에 예술에서 진실에 대한 인식은 재인식이 아니다. 인식의 내용은 창조의 산물로서 나중에 온다. 들뢰즈에 따르면, "필경 예술 자체가 배움의 대상을 만들었다."[74] 배움이란 예술 작품의 창조와 같은 창조를 통해 일어난다.

스타일의 작업을 더 살펴보자.

하나의 본질은 언제나 세계의 탄생이다. 하지만 스타일은 연속되고 굴절된 이 탄생이요, 본질들에 적합한 물질들 속에서 되찾은 이 탄생이며, 대상들의 변신이 된 이 탄생이다. 스타일은 인간이 아니다. 스타일 그것은 본질 자체다.[75]

스타일의 역할은 본질을 탄생시키는 데 있다. 본질조차도 미리 존재하지 않는다. 본질은 세계의 탄생과 더불어 펼쳐진다. 스타일이 없이는 기원적 시간, 대문자 차이, 내적 차이도 없다고 할 수 있다. 스타일이 만들어질 때만 세계의 본질조차 함께 존재할 수 있다. 스타일은 본질을 펼치는 권력이다. 스타일은 복합으로서의 본질을 세계로 전개한다. 그래서 "본질은 그 자체로 차이이다. 하지만 본질이 자신을 반복할 능력(pouvoir), 자신과 동일한 것인 능력이 없다면, 본질은 다양하게 만들 능력, 자신을 다양하게 만들 능력도 없을 것이다."[76] 스타일을 통해 만들어낸 예술 작품의 본질이 스스로를 반복할 능력이 없다면 다양하게 변주될 여지도 없다. 위대한 음악만이 다시 연주될 수 있는 까닭도 이와 같다. 그 위대함이란 자신을 반복하고 다양하게 변주할 수 있는 능력이다. 들뢰즈는 부연하길, "진실로, 차이와 반복은 본질이 지닌 서로 뗄 수 없고 서로 상관적인 두 권력이다. 예술가는 자신을 반복하기 때문에 늙지 않는다. 반복은 차이의 권력이며, 마찬가지로 차이는 반복의 능력이기 때문이다."[77] 반복은 차이가 지닌 권력이며, 차이는 반복할 수 있는 능력이다. 여기서 들뢰즈의 《차이와 반복》이라는 주제가 어렵지 않게 발견된다.

예술의 핵심은 스타일에 있고 스타일을 통해 배움의 대상이 창조되기에, 비로소 진실이 시작된다. 스타일을 통해 본질이 펼쳐지지만, 본질은 그 자체로 차이를 낳으면서 반복할 수 있는 능력이다. 이것이 '되찾은 시간'의 진실, '기원적 시간'의 진실이다. 예술가는 이 점에서 패러다임(典範)의 위치에 있다. 피그말리온 미학! 스타일을 통해 세계가 드러나고 우주가 시작된다면, 예술가의 작업은 존재론적 수준으로 고양된다. 세계의 드러남 혹은 우주의 시작은 지각, 회상, 기억의 문제가 아니라 좀 더 근원적인 차원의 이야기다. 여기서는 주객 관계를 전제하는 인식론이 문제가 아니다. 우리는 세계 속에 존재하는데, 세계는 어떻게 존재하는 걸까? 세계는 어떻게 존재하게 되는 걸까? 세계는 어떻게 존재하기 시작했을까? 세계의 존재 방식, 더불어 세계 안에 있는 우리의 존재 방식 자체가 여기서 문제가 되는 것이다. 이는 알아야 할 진실이기도 하다.

그런데 진실은 미리부터 있지 않고 예술 창조의 순간에 시작된다. 이제 예술가의 작업은 개인적 작업이 아니라 세계 전체, 우주 전체의 본질과 관련된 존재론적 작업임이 확인된다. 세계의 모델이 예술가의 작업이다. 세계는 정태적(靜態的)으로 있지 않고, 항상 차이를 빚어내는 방식으로 존재한다. 즉, 생성한다. 차이가 빚어지는 매 순간 본질이 탄생한다. 그렇게 본질이 탄생하는 매 순간이 시간 자체의 탄생이다. 요컨대, 시간 속에서 본질이 매 순간 탄생하는 것, 이것이 시간의 흐름이다. 그러면 이렇게 탄생한 본질은 어디로 갈까? 매 순간 본질이 탄생한다면, 매 순간 진실이 시작된다면, 본질과 진실은 어디로 갈까? 그것은 영원하다. 그것은 영원으로 편입되며, 그것 자체가 영원이다.

2) 예술가적 배움이란 곧 창조하는 삶

앞에서 프루스트의 책이 "어떤 배움의 이야기"라는 것을 보았다. 그러나 "더 정확하게는, 한 문인(文人)의 배움"[78]이 중요했다. 작가 지망생의 배움이란 작가가 되는 과정, 바로 습작(習作)이다. 거기에서 기억은 "배움의 수단"[79]으로서만 의미를 지니며, 그렇기에 이 작품은 과거가 아니라 미래를 향한다. 그런 점에서 "프루스트의 작품은 기억의 전시(展示)가 아니라 기호들의 배움 위에 기초해 있다."[80] 그러나 잃어버린 시간은 과거가 아닌가? 되찾아야 할 시간은 결국 과거가 아닌가? 그런데도 들뢰즈는 왜 자꾸만 되찾은 시간을 미래와 관련짓는가?

들뢰즈는 설명한다. "배운다는 것, 그것은 다시 회상한다는 것이다. 하지만 다시 회상한다는 것은 배운다는 것, 어떤 예감을 갖는다는 것 이상이 아니다."[81] 나아가 들뢰즈는 기억과 시간이 본질적이지 않다고까지 주장한다. "《잃어버린 시간을 찾아서》에서 본질적인 것은 기억과 시간이 아니라 기호와 진실이다. 본질적인 것은 회상하는 것이 아니라 배우는 것이다."[82] 그러나 이 구절에서 '기억과 시간'이라는 말은 회상과 관련된 과거를 가리키기에 들뢰즈가 지금까지 말한 내용과 어긋나지 않는다. 중요한 것은 배움이며, 배움은 기호의 강제와 폭력을 통해서만 얻을 수 있다.

들뢰즈는 니체의 유명한 말을 떠올리게 하는 말을 한다. "사실들을 믿는 건 잘못이다. 기호들만 있을 따름이다. 진실을 믿는 건 잘못이다. 해석들이 있을 따름이다."[83] 사실(fait, fact)이란 어원적으로 '만든다'는 뜻의 라틴어 'facere'의 수동과거분사 'factum(이미 만들어진 것)'을 가리킨다. 따라서 이미 일어난 일을 완결된 것이라고 믿는 것은 잘못이다. 만듦은 이내 되풀이되기 때문이다. 또한 고정불변의 진실, 이성주의 철학에서 추구한 진실을 믿는 것 역시 잘못이다. 세계는 반복되며, 즉 매 순간 창조되며, 매 순간 해석을 강요하기 때문이다. 그래서 모든 것은 기호들이며 이집트 상형문자다. 생성이 반복되기에, 우리는 계속해서 해석해야 한다. 프루스트는 말한다. "이 미지의 기호들로 이루어진 내면의 책……을 읽는 데 있어, 누구도 나에게 어떤 규칙을 줘서 도와줄 수 없으리라. 이 읽기는 누구도 우리를 대체 보완해줄 수 없고, 심지어 우리와 협력할 수조차 없는 창조 행위 속에 있으리라."[84]

예술의 기호들과 만날 때, 우리는 스스로 행해야만 한다. 들뢰즈는 이렇게 말한다.

> 구체적이고 위험한 생각을 꿈꿀 때마다, 생각은 명시적인 결정과 방법에 의존하지 않고, 오히려 우리와 상관없이 우리를 본질들에까지 이끄는, 우연히 직면한 굴절된 폭력에 의존한다는 것을 우리는 알고 있다. …… 본질들은 생각하도록 강요하는 것 안에 감겨 있다. 본질들은 우리의 자발적인 노력에 응답하지 않는다. 본질들은 우리가 생각을 행하도록 강제될 때만 생각을 허용한다.[85]

이렇게 생각이 강요될 때, 지능이 작동하기 시작한다.

지능은 어떻게 진실을 찾는가? 찾는다, 찾아낸다는 말은 무슨 뜻일까? 몰랐던 것을 알게 된다는 것, 배우게 된다는 것은 무슨 뜻일까? 여기서 들뢰즈는 상식을 뒤집는다. 진실을 찾는다는 것, 알게 된다는 것, 배운다는 것은 '발견한다(discover, find)'는 것이 아니라 '만들어낸다(create, invent, fabricate)'는 것을 가리킨다. 보통 우리는 찾는다거나 알게 된다고 할 때 만들어낸다거나 창조한다는 것과 연관시키지 않는다. 하지만 배운다는 것은 새로운 것을 창조하고 발명한다는 것 말고 다른 뜻이 없다. '재인식'과 구별되는 '인식'의 특징이, '배움으로서의 인식'의 특징이 바로 여기에 있다.

세계가 드러나는 국면, 세계가 창조되면서 시작하는 국면, 그것이 바로 "순수 상태의 약간의 시간(un peu de temps à l'état pur)"[86]이다. 하지만 그것은 왜 영원과 관련되는 걸까? 순간에 일어난 일 자체는 지워버릴 수 없고 돌이킬 수 없고 무효화할 수 없다. 모든 순간은 되돌릴 수 없다. 좋은 것이건 나쁜 것이건 되돌릴 수 없다. 그래서 모든 순간은 영원하다. 그것들의 총체가 바로 과거다. 우리가 더는 손댈 수 없고 변형시킬 수 없다는 의미에서 영원한 것인 과거, 이것이 매 순간 생성한다. 순수 상태의 약간의 시간은 즉각 영원으로 편입된다. 그것이 높은 등급에서 전형적인 형태로 표출되는 것이 예술 창작의 순간이다. 예술가가 만들고 창조하듯이 세계가 매 순간 자신을 창조할 때만 우리는 사라져버리지 않을 수 있다. 순간순간 거듭 창조하지 않으면 없어져버린다. 촘촘하게 만들어간 순간이 아니라, 켜켜이 채워진 순간이 아니라, 뻥 뚫린 것 같은 순간이 영원 속에 편입되는 것이다.

5. 내가 우주다, 우주를 펼쳐라

삶의 시간은 누구에게나 똑같이 주어졌지만, 어떤 사람은 성기게 시간을 만들어가고 어떤 사람은 조밀하게 만들어간다. 사람마다 조건은 같다는 것이 삶의 진실이다. 자신의 삶을 허망하게 만들어가면 세계는 허망해지고, 의미 있게 만들어가면 세계는 충만하게 된다. 이런 식으로 차이가 빚어진다. 사람이 만들어가는 것이지 세계의 본질이 미리 있는 것이 아니다. 진실은 시작된다. 스타일이 예술 작품을 만들어내듯이, 삶의 방식, 삶의 태도, 삶에 임하는 에토스가 세계를 만들어낸다. 어떻게 만드느냐에 따라 자신에게 주어진 시간은 바뀔 수 있고, 또 필연적으로 달라진다. 삶의 의미를 찾는다는 것은 바보 같은 짓이다. 삶의 의미를 만들어가야 한다.

그렇다면 어떻게 만드느냐? 우리는 알 수 없다. 이미 나 있는 길을 가는 것이 아니므로, 우리는 처음 태어났으므로. 따라서 배워야 한다. 스스로 개척할 수밖에 없다. 실험하고 탐험해서 나름의 길을 뚫어야 한다. 각자가 갈 길은 하나뿐이고, 각자에게 우주는 자신의 삶이다. 자신의 삶이 곧 우주다. 자신이 죽으면 우주도 끝난다. 한 사람 한 사람 안에 우주가 들어 있다. 각자가 우주다. 자신이 살아가는 과정이 우주 전체가 펼쳐지는 과정이다.

시인 이성복은 이렇게 노래했다. "세상에는 사람들이 살고 있는 가장 더러운 진창과 사람들의 손이 닿지 않는 가장 정결한 나무들이 있다 세상에는 그것들이 모두 다 있다 그러나 그것들은 함께 있지 않아서 일부러 찾아가야 한다 그것들 사이에 찾아야 할 길이 있고 시간이 있다"[87]라고. 찾아야 할 그 길이 바로 시간이다.

《잃어버린 시간을 찾아서》에는 물에 적시면 펼쳐지면서 모양을 만드는 일본 종이가 비유로 등장한다. 비유를 바꾸면 더 좋겠다. 사실은 미리 모양을 만든 것을 말려서 물에 넣는 것이 아니라, 마치 잉크 방울을 물에 떨어뜨리듯이 넣는 것이 실상에 더 가깝다. 그 잉크 방울이 펼칠 수 있을 만큼 힘껏 펼쳤을 때 만들어지는 모양, 무늬, 그것이 창조와 배움의 결과다. 이 잉크 방울은 각자이며, 결국은 찾는 것이 아니라 만드는 문제다. 예술가적 배움이란 창조하는 삶 외의 다른 것을 뜻하지 않는다. 예술 교육이 중요하다면, 그것은 예술가적 삶의 훈련이라는 의미를 지니기 때문이다.

더 읽어볼 책

들뢰즈, 질. 1997. 《프루스트와 기호들》. 서동욱·이충민 옮김. 민음사.

이 글의 기본 텍스트를 직접 읽어보는 것이 유익하다. 프루스트 관련 대목에서 친절한 설명은 큰 도움이 된다. 번역은 대체로 무난하지만, 조금 장황한 설명조의 번역은 들뢰즈의 핵심 논지를 놓치게 하기 쉽다. 프랑스어 원본이나 영어본을 옆에 놓고 보면 좋은 길잡이가 될 수 있을 것이다.

들뢰즈, 질. 2021. 《베르그손주의》. 김재인 옮김. 그린비.

들뢰즈는 《차이와 반복》에 나오는 시간의 두 번째 종합에서 베르그손과 프루스트를 통해 논증한다. 가장 난해한 논증으로 알려진 이 대목은 《프루스트와 기호들》(1964)과 《베르그손주의》(1966)을 읽어야 풀리며, 이 두 책이 어떤 점에서 서로 보완적인지 해명된다. 역자의 해설 논문 "들뢰즈의 초기 베르그손주의"는 프루스트를 가로질러 베르그손의 사상을 통해 들뢰즈 자신의 '시간'과 '우연'을 다루는 철학이 정립되는 과정을 잘 보여준다.

김재인. 2015. 《혁명의 거리에서 들뢰즈를 읽자》. 느티나무책방.

비교적 최근에 출판된 들뢰즈 철학 입문서다. 들뢰즈의 작업을 철학사 연구, 과타리와의 공동 연구, 이미지 연구로 나누어 각 시기를 설명했고, 특히 좌파에서 들뢰즈를 꺼리는 이유를 논하는 대목도 흥미롭다. 지은이가 《안티 오이디푸스》와 《천 개의 고원》을 번역하면서 겪은 에피소드를 읽는 재미도 쏠쏠하다.

16장

라캉
문자의 과학과 이성, 주체의 전략[1]

김석(건국대학교 철학과 교수)

1. 주체와 합리성을 가로지르는 라캉

데카르트 이후 현대까지 이어지는 철학의 흐름에서 뚜렷하게 대립되는 명확한 사상적 전선을 설정하기는 쉽지 않다. 그럼에도 불구하고 주체(sujet)와 이성에 대한 태도는 철학사의 흐름을 가르는 한 기준이 될 수 있다. 미셸 푸코는 1984년에 쓴 한 논문에서 이 분열의 전선을 다음과 같이 설정한다. "이 전선은 경험 및 의미, 그리고 주체의 철학을 지식 및 합리성, 그리고 개념의 철학으로부터 분리시키는 대립점이다. 한편에는 사르트르와 메를로퐁티의 계열이 있고, 다른 편에는 카바이에스, 바슐라르, 코이레, 그리고 캉길렘의 계열이 있다."[2]

라캉의 초기 사상에 대해 책을 쓴 베르트랑 오질비는 만약 푸코가 분열의 전선을 최근까지 확장했다면 라캉과 푸코 자신을 주체의 철학보다는 개념 쪽에 위치시켰겠지만 사태가 단순하지 않다고 푸코를 비판한다.[3] 그의 말처럼 라캉은 무의식의 언어적 본성을 강조하고 시니피앙 논리를 통해 프로이트를 합리주의적 입장에서 재해석하는 동시에 주체 개념과 무의식적 욕망을 통해 개인이 삶에서 부딪히는 실존적 문제와 불확실성을 사고한다. 그러므로 이성과 반이성 혹은 주체와 지식이라는 대립 구도를 통해 라캉의 위치를 명료하게 평가하려는 시도는 위험하다. 오히려 라캉은 주체가 상징계의 구조(시니피앙, 문자)와 맺고 있는 다의적이고 변증법적인 관계 자체에 주목하면서 형식(언어)과 내용(욕망)을 종합하려 했다고 말해야 한다. 아래에서 필자는 라캉이 1958년 소르본 대학 철학과 학생들에게 강의하고, 유일한 저서인 《에크리(*Écrits*)》[4]에 수록한 〈무의식에서 문자의 심급, 혹은 프로이트 이후의 이성〉(이하 〈문자의 심급〉)을 중심으로 푸코가 말한 대립의 전선을 가로지르는 독특하고 불균형적인 입장을 문자 이론과 주체의 전략을 중심으로 개괄하며 분석할 것이다. 물론 라캉의 주체 개념이나 욕망 이론은 다양한 이론적 쟁점과 해석을 깔고 있고 상상계-상징계-실재계 식으로 그 강조점도 바뀌기 때문에 제한된 지면에서 논점을 다 다루기는 어렵다. 필자는 1950~1960년대 문자 이론에 초점을 맞춰 라캉이 한편으로는 주체를 낳고 규정하는 상징계의 규정성과 문자의 우월성을 인정하면서도 또 한편으로는 말과 텍스트 너머로 가보려는 주체의 적극성을 보여주려 했다는 점을 강조할 것이다. 이를 통해 주체와 욕망에 대한 사고가 여전히 현대 철학의 생생한 자양분과 다양한 대립을 관통하는 생산적 지점이 될 수 있음을 보여줄 것이다. 논점이 분명해지도록 라캉의 많은 쟁점을 생략하고 단순화했다는 점을 미리 전제한다. 이것은 라캉에 대한 왜곡이 아니라 해석에 입각한 실천적 전유를 위해서라는 것을 강조한다.

2. 문자의 과학과 라캉의 이성

〈문자의 심급〉은 라캉이 특별히 중요성을 부여한 논문으로 원래 1957년 소르본 대학 철학과 학생들을 위한 강의록이었다. 그래서 이 글은 철학자들을 의식하면서 문자와 주체, 진리와 이성 등 철학의 핵심 주제들을 정신분석적 관점에서 독창적으로 해석하려는 라캉의 입장이 잘 드러나 있다. 라캉은 강연 후 두 주 동안 공들여 글을 수정해 《에크리》에 재발표하면서 이 글이 말과 글의 중간에 위치한다고 선언한다.[5] 진리를 현장에서 이루어지는 말의 선언에서 찾는 입장(소크라테스)과 글을 통해 사후에 재해석이 가능하도록 텍스트화하려는 입장(플라톤)을 절충하려는 라캉의 무의식적 욕망이 이런 선언을 유도하지 않았을까? 라캉은 이른바 '문자의 과학'[6]을 통해 주체가 문자와 맺는 관계를 중심으로 무의식을 재해석하면서 진리(vérité) 개념을 정신분석의 지평에 접목시켜 더 풍부하게 만들었다. 라캉은 '진리' 개념을 통해 사유 과정이나 해석의 맥락의 진리보다는 무의식적 욕망이 드러나는 것과 주체 개념의 재해석이라는 정신분석적 진리와 이성을 제시한다.

라캉이 소쉬르의 기호 이론을 대폭 수정해 무의식의 위상학을 보여주는 대수학 공식을 만든 배경과 언어학적 전환의 사상사적 의미는 필립 라쿠라바르트와 장뤽 낭시가 《문자라는 증서》에서 잘 설명하고 있다. 저자들은 이 책에서 라캉이 쓴 〈문자의 심급〉이라는 한 편의 논문을 파고들어 라캉 이론의 정수를 분석한다. 저자들에 따르면, 문자 과학의 핵심은 시니피앙S와 시니피에s의 위치를 바꾸고 소쉬르 기호의 안정성과 통일성을 상징하는 원을 제거한 새로운 공식 S/s에 있다. 새로운 공식은 이제 기호가 아니라 시니피에에 대한 시니피앙의 우월성과 독립성을 보여주는 새로운 공식이 된다. 그런데 이 공식의 핵심은 이러한 위치 전환보다는 둘을 나누는 횡선의 도입에 있다.[7] 라캉이 강조한 것처럼 횡선은 이제 시니피앙과 시니피에의 안정된 결합을 방해하면서 의미화에 저항하는 분리대 역할을 한다. 기표와 기의가 계속해서 대립하면서 떠돌아다니고 결합과 미끄러짐을 반복한다면 안정된 의미화나 공통적인 해석은 힘들다. 프로이트가 무의식의 과학인 정신분석학을 창시한 이후 무의식이 이성의 정합적인 해석의 지평에서 계속해서 벗어날 수밖에 없는 근본 이유를 라캉은 새로운 문자 이론을 가지고 설명한다. 문자의 과학은 동시에 주체의 욕망이 타자의 욕망에 의존하면서 근본적인 모호함과 불가능 속에 남을 수밖에 없는 이유를 설명해주기도 한다.[8] 라캉이 말하는 새로운 진리 개념과 프로이트 이후의 이성 개념의 의미를 제대로 이해하려면, 그러므로 문자의 과학을 제대로 이해할 필요가 있다.

문자의 과학은 문자의 이중성과 관계가 있다. 라캉에게 문자는 한편으로 모든 사건의 원인이자 주체가 되며 사회적인 것을 앞서면서 규정하는 구조이자 실제 토대로 새로운 이성의 자리를 차지한다. 그러나 라캉은 문자의 절대성만이 아니라 문자에 의존하면서도 그것에서 벗어나려는 주체의 욕망과 전략에 대해서도 강조한다. 문자의 이중성은 주체가 시니피앙과 맺는 이항적이면서 상보적인 관계에서 비롯된다. 우리가 이러한 이중성에 주목할 때 라캉의 욕망 이론의 특이성을 잘 이해할 수 있다. 라캉은 주체와 문자의 이중적 관계를 세미나의 구성을 통해서도 강조하는데, 세미나 홀수 권은 주로 문자와 시니피앙에 관해, 그리고 짝수 권은 주체와 욕망에 관해 다룬다.

문자는 주체를 그 구조 속에 연루시키면서 상징계에서 좌표를 잡도록 해주는 선험적인 구조다. 〈문자의 심급〉에서 심급(instance)이라는 말은 어원으로 살펴볼 때, 결정권을 가진 기관이나 권위적 당국이라는 의미다.[9] 심급이라는 말을 통해 라캉은 언어가 주체를 지배하는 질서이자, 주체 자체라는 것을 이야기한다. 라캉은 이런 속성을 〈《도둑맞은 편지》에 대한 세미나〉(이하 〈편지〉)에서 유비적으로 설명한다. 《도둑맞은 편지》는 궁정에서 왕비가 편지를 도둑맞았다가 되찾는 간단한 플롯의 소설이지만, 역사에 대한 우화이기도 하다. 편지가 순환하면서 왕, 왕비, 장관의 역할과 위치는 경찰, 장관, 뒤팽으로 바뀌며 되풀이된다. 이 모든 사건의 전개 과정을 결정하는 것은 '편지', 즉 문자다. 문자는 주체를 규정하는 대타자이면서 《도둑맞은 편지》라는 상징적 이야기의 실질적인 네 번째 인물이다. 라캉은 소설의 진정한 주체가 등장인물이 아니라 바로 편지[10]라고 강조한다. 편지가 순환하면서 어떤 관계를 만드느냐에 따라 사건이 전개되고 편지에 대한 시선을 통해 각자 역할과 위상[11]이 정해지기 때문이다. 라캉이 말하는 상징계의 우월성은 결국 문자가 갖는 지위와 역할에서 나오고, 이것이 역사의 본질에 대한 과학적 이해다. 모든 것은 문자와 더불어 시작되며, 문자에 의해 가능해진다. 이것이 진리를 문자의 과학이라는 지평에서 재정의할 이유다.

라캉은 문자의 회귀와 반복, 그것에 의한 주체의 지배라는 관점으로 프로이트의 고전적인 임상 사례를 재해석한다. 유아신경증의 대표적 사례인 '늑대인간'에서 로마숫자 V의 예가 그것이다. V는 늑대인간의 신경증에서 복합적인 시니피앙으로서 작용하며, 늑대인간 증상의 핵심을 구성한다. V는 다의적 의미를 지니는데, 늑대인간이 두려워하는 쫑긋한 늑대의 귀, 늑대인간이 주로 발작하는 5시, 그리고 다리를 벌린 여성을 은연중 암시한다. 이 모든 문자는 일련의 연쇄적 증상 속에서 늑대인간이 완전히 극복되지 못한 거세 콤플렉스의 유아적 흔적을 실재의 차원에서 반복하게 만든다. 또 다른 신경증 사례인 '쥐 인간'의 증상들을 묶어주는 일련의 시니피앙 '쥐(Ratte)'의 역할도 마찬가지다. 쥐 인간은 군대에서 잔인한 상사가 해준 '쥐 고문'을 듣고 그때부터 신경증이 악화되는데, 시니피앙 '쥐'는 쥐 인간의 아버지가 노름을 하다 끈 갚지 못한 '노름빚(Rate)'-'노름꾼(Spielratte)'-결혼(Heirat)-'쥐(Ratte)' 고문 등 일련의 사건을 지시하면서 증상에서 반복된다. 라캉은 이렇게 반복되고 증상을 통해 주체를 움직이는 문자의 일련의 작용을 '은유'와 '환유'라는 법칙으로 정리하는데, 이것은 주체가 만들어지고 욕망을 지속하는 과정이기도 하다. '문자의 과학'을 통해 라캉이 강조하는 것은 한마디로 문자의 구조로 짜인 기호나 텍스트가 안정적인 의미화를 보증하지 못하며, 늘 텍스트 너머로 주체를 향하게 만든다는 것이다. 그것은 문자 자체가 의미화를 가로막는 횡선의 구조를 갖고 있기 때문이다. 이런 맥락에서 라캉은 다음과 같이 선언한다.

"가장 의미를 많이 담고 있는 텍스트는 이 분석에서 무의미한 잡동사니의 상태로 변하며 수학적인 대수학만이 그것에 저항하는데, 이 대수학 역시 당연히 어떠한 의미도 없다."[12]

중요한 것은 주체가 해석한 텍스트의 의미가 아니라 문자의 반복이 지시하는 텍스트 너머다. 그리고 이것은 욕망과 진리의 관계라는 문제의식으로 우리를 이끈다. 라캉이 말하는 이성은 철학자들의 전통적 개념이 아니라 무의식적 작용, 그리고 그것을 규정하는 문자적인 것과 관련이 있는 것이다. 의미, 해석, 언어를 뒤집고 그 너머의 불가능한 실재를 진리의 차원에서 더 강조한다는 점에서 라캉의 이성은 오히려 반철학적이라 할 수 있다.

3. 욕망과 존재, 진리

라캉이 문자의 과학을 통해 소쉬르의 언어학 이론을 재해석하고 이를 무의식의 위상학처럼 소개한 것은 단순히 문자의 우월성이나 상징계의 자율성만을 강조하려는 의도는 아니다. 만약 그랬다면 라캉은 구조주의적 입장에서 정신분석학의 풍부한 발견을 언어 이론으로 환원한 단순한 사상가에 머물 것이다.[13] 라캉의 관심사는 문자가 인간 삶의 흔적을 남기면서 반복하는 의미화의 근본적 불가능성과 그 불가능성을 해소하려고 시도하는 불가능한 욕망의 관계, 그리고 그것이 주체의 삶에 미치는 효과다. 주체는 문자의 구조 속에서 자신을 구성하면서 그것에서 벗어나는 것을 붙잡으려는 욕망을 통해서 자신을 드러낸다. 문자가 주체를 구성하지만, 문자의 연쇄는 또한 주체의 욕망에 의해 지속된다. 마치 《도둑맞은 편지》에서 편지에 대한 각 주체들의 상호 주관적 욕망이 편지를 이동시키는 원인이면서 이를 통해 새로운 관계를 만드는 것처럼 말이다. 주체는 구성되는 것이면서 동시에 구성하는 작인이기도 하다.

문자는 주체의 삶에서 반복되면서 주체로 하여금 텍스트 너머(l'au-delà)를 지시하는데, 이 너머는 문자가 근본적인 의미화의 불가능성[14]을 드러나게 하는 실재의 공간이다. 말하는 주체는 이 불가능성을 욕망의 형태로 체험하며, 여기서 욕망은 언어가 드러내면서 감추는 존재의 문제에 직면한다. 라캉은 〈문자의 심급〉 마지막 부분에서 은유와 환유가 결국은 존재의 문제와 연관된다고 말한다.

> 또한 마찬가지로 여러분들이 분개하기를 권고하기 위해서인데, 그토록 오랜 종교적 위선과 철학적 허풍의 세기가 지난 후에도, **은유를 존재의 문제에, 그리고 환유를 존재 결여에 연결하는 것에 대해** 여전히 아무런 것도 타당하게 밝혀진 것이 없기 때문이다.[15]

은유와 환유는 문자의 두 가지 근본 법칙이면서 동시에 욕망의 메커니즘이다. 은유는 욕망의 원인이고, 환유는 그 지속이다. 그런데 라캉은 은유와 환유가 결국 존재의 문제와 연관된다고 말하면서 그 중요성을 제기하는 것이 정신분석의 사명임을 〈문자의 심급〉의 결론처럼 제시한다. 욕망이 진리와 결합되는 것이 이 지점이다. 욕망은 결국 대상 자체가 아니라 그 너머에 대한 주체의 관계이고, 그렇기 때문에 늘 의미화의 불가능성이라는 좌절에 직면할 수밖에 없다. 욕망은 충족이 불가능한 무한한 되풀이 속에서 결여를 무대화한다. 그런데 이 결여는 언어가 만들어내는 근본적인 틈에서 비롯되고, 이 틈에서 문제가 되는 것은 다름 아닌 존재다. 적어도 진리에 대해 가장 명확한 입장이 표현된 글인 〈문자의 심급〉에서 라캉은 존재가 욕망에서 중요한 문제임을 여러 차례 강조한다. 이 존재는 언어에 의해 표현되면서도 그 자체를 언어 속에서 드러내지 않는 것이다. 결국 문자의 과학은 언어가 드러내면서 감춘다는 존재의 진리를 보여주기 위한 것이다. 라캉은 이것을 언어는 그것이 말하는 것과 '전혀 다른 것(tout autre chose)'을 지시하기 위해 사용된다고 말한다.[16] 이 '전혀 다른 것'은 대상이 아니라 문자와 관계에서 근원적인 부재로 자신을 드러내는 존재(being, Kern unseres Wesen)를 말한다.

결론적으로 문자의 과학의 또 다른 의미는 존재와 관계에서 문자가 실패한다는 데 있다.[17]이 실패가 역설적으로 라캉이 말하려는 진리를 잘 보여준다. 존재는 언어에 의해 지시되면서도 스스로를 감추는 그런 것이다. 라캉은 하이데거처럼 존재를 그 자체로 가정하지는 않는다.[18] 존재가 언어와의 관계 속에서 드러나는 것을 진리 개념에 연결시키는 것은 라캉이나 하이데거가 비슷하지만 라캉은 존재의 부정성 자체를 강조한다. 라캉은 "무의식은 존재론의 대상이 되는 일이 없다", "무의식의 심연은 존-존재론적이다"[19]라고 말하면서 존재를 실체나 본질처럼 가정하는 것에 반대하기 때문이다.

라캉에게 진리는 존재를 환하게 드러내는 것이 아니라, 그것의 근본적인 탈중심성과 부정성을 적나라하게 보여주는 것이다. 오히려 우리가 진리에 대해 똑바로 말할 수 없음을 언어적 행위를 통해 그 자체로 보여주는 것이 라캉적 진리이자 정신분석의 이성이다. 의식이 주도하는 치밀한 사유나 언어적 명료성이 아니라 말실수, 거짓말, 실착 행위 등이 진리에 더 가깝다고 말하는 것은 그것이 존재의 드러남과 관계있기 때문이다. 이런 관점에서 라캉은 특히 프로이트의 저작 중 특히 초기 서술적 무의식의 과정에 관심을 쏟은 《일상생활의 정신병리학》, 《농담과 무의식의 관계》의 중요성을 강조한다.

라캉이 말하는 진리는 그러므로 문자의 불가능성을 그 극한까지 추구할 때 (그) 본모습을 드러낸다. 이렇게 극한까지 불가능성을 추구하는 행동이 라캉이 말하는 욕망이다. 라캉은 욕망의 공식을 $ ◇ a로 정식화한다. 여기서 빗금 친 주체 $는 문자에 의해 구조화되어 분열(거세)

된 형태로만 자신을 유지한다. 이 주체는 존재의 결여를 상징하는 대상 a와의 관계를 환상 속에서만 유지할 수 있는데, a는 구체적인 대상이 아니라 욕망이 창조한 대상이자 결여를 감추는 그런 그림자에 불과하기 때문이다. 그러므로 중요한 것은 욕망이 철저하게 존재 결여에 대한 관계이자 존재를 되찾고자 하는 몸부림[20]이라는 것을 아는 것이다. 존재란 어딘가 실재하며 우리가 도달할 수 있는 그런 대상이 아니라, 불가능한 것이자 그 불가능성 때문에 결국은 주체의 욕망이 유지되는 그런 것이다. 그러므로 문자에 대한 주체의 바른 전략은 존재의 이런 모순성을 정면으로 돌파하면서 불가능성 자체를 겨냥하는 데서 모색되어야 한다. 이것은 대상 a의 그림자에 갇히는 것이 아니라 그 너머를 향해 전진하는 무조건적 명령인 욕망의 윤리를 통해 가능하다. 이 말은 욕망이 단순히 시니피앙의 순환에 따르는 소극적 효과가 아니라 더 적극적인 행위라는 말이다. 라캉이 욕망을 존재론이 아닌 윤리적 차원에 연결시키는 것도 그 때문이다. 이런 의미에서 문자에 대한 적극적 전략이 필요하다.

4. 문자에 대한 전략

라캉에게 진리의 문제는 결국 실천적인 문제로 귀결된다. 진리 자체가 환유적인 무한한 순환 속에서 욕망이 지속될 때 드러나기 때문이다. 앞서 본 것처럼 주체와 문자의 관계가 이렇게 복잡하다면 주체는 어떤 식으로 진리를 발견하고 실천할 수 있을까? 우리는 언어 속에서 자신을 감추고 오직 말을 하는 행위를 통해서만 드러나는 존재와 문자의 불가능성을 전제하면서 대략 두 가지 정도의 방향을 생각해볼 수 있다. 첫째는 말과 연관된 욕망의 전략이 있을 것이고, 다음으로 텍스트에 대한 전략이 있다.

1) 말과 욕망의 전략

말하는 주체에게 욕망은 언어에 의해 시작되고, 언어를 통해 표현되는데, 특히 글보다는 말이 진리와 관계가 많다. 여기서 말은 문자에 의해 규정되면서도 그 빈틈을 드러내는 이중성을 잘 보여준다. 〈문자의 심급〉에서 은유와 환유는 문자의 작동 법칙이기도 하지만, 또 한편으로는 언어의 비틀어짐을 통해 주체가 욕망의 진실을 말하는 과정이기도 하다. 다시 말해 말은 의미의 정합성이 아니라 욕망을 드러내는 비의미의 층을 함께 무대화한다. 주체가 의식적 자아와 무의식적 주체로 분열되어 있듯이, 말도 이중으로 분화된다. 말이 표면적인 의미를 벗어나 정반대의 상황이나 아주 엉뚱한 대상을 지시할 수 있는 것은 이 때문이다. 라캉은 감춰진 존재의 욕망을 드러내는 말실수, 거짓말, 실착 행위 등을 무의식의 수사법이라고 정의하면서 그것이 감춰진 존재의 진실을 보여준다고 말한다. 무의식의 수사법은 언어를 의미의 층에 가두는 게 아니라 오히려 의미의 실패를 통해 존재의 진리를 은연중 드러내는 일종의 실천적 양식(style)이다. 라캉은 "무의식이 언어처럼 구조화되어 있다"라고 말하면서, 무의식의 형성물들이 어떻게 주체의 숨겨진 욕망을 보여주는지 분석한다. 여기서 중요한 것은 의미가 어느 정도 고정되는 글보다는 말과 말의 이면이 드러나는 아이러니한 상황 자체다. 주체는 자신의 숨은 의도를 감추기 위해 농담, 말실수, 망각과 대체, 동음이의어, 신조어 등 다양한 수사법을 활용한다. 이런 수사법은 거꾸로 말을 통해 전혀 '다른 대상'을 지시하거나 화자를 속이기 위한 일종의 무의식적 전략이다. 프로이트의 한 사례를 보자.

> 두 유대인이 갈리치아 역의 열차에서 만난다. 한 사람이 묻는다. "어디 가나?" 친구가 "크라쿠프"라 대답하자 물어본 사람이 화를 낸다. "이런 거짓말쟁이가 있나. 넌 크라쿠프에 간다고 말하면서 렘베르크에 갈 거라고 내가 믿기를 원했지. 하지만 난 네가 실제로 크라쿠프에 간다는 걸 안단 말이야. 그런데 왜 거짓말을 하는 거야?"[21]

여기서 질문에 답한 친구는 실제 목적지에 간다고 말했기 때문에 거꾸로 거짓말을 한다는 비난을 받는다. 언표가 된 문장은 참이지만 대화의 상황에서 거짓이 되는 것이다. 이런 역설이 발생하는 것은 크라쿠프라고 말한 사람과 친구가 일상적으로 거짓말을 통해서만 진실을 말한다는 대화의 사전 맥락을 전제하고 있기 때문이다. 프로이트에 따르면 이 농담이 보여주는 것은 정신분석학이 전제하는 '진리의 조건'이다. 말은 표면적인 내용을 그대로 전달하는 게 아니라 때로는 반대의 뜻을 전달할 수 있다. 그리고 말에서 중요한 것은 의미가 아니라 주체간 상호작용과 믿음이다. 나중에 라캉은 프로이트가 분석한 이 농담을 언표 주체와 언술 행위 주체의 분열을 잘 보여주는 사례로 지적한다. 라캉 자신도 의도적으로 말장난을 많이 한다. 라캉의 텍스트가 흔히 난해하고 뜻이 불명확한 것도 이 때문이다.

라캉은 말장난을 통해 오히려 언어의 한계를 의미화 불가능한 욕망과 진리를 드러내는 조건으로 활용한다. 서로 다른 단어지만 같은 소리로 발음되는 'homme aux lettre(문인)'와 'omelette(오믈렛)', 'lettre(문자)'와 'l'être(존재)' 등은 말이 어떻게 안정적인 의미의 층을 뚫고 숨겨진 무의식적 욕망을 드러낼 수 있는지 보여주려고 라캉이 활용한 대표적 예들이다. 이처럼 무의식의 수사법은 언어의 '모호성(ambiguïté)'을 그대로 활용하는 전략이다. 무의식의 수사법은 욕망을 표현하기 위한 주체의 전략이다. 주체는 문자의 불가능성과 모호성을 그 자체로 활용하는데, 언제나 말이 아니라 말을 한다는 행위 자체와 둘의 분열을 통해서 진리를 순간적으로나마 드러낼 수 있기 때문이다. 반대로 의미를 파악하고자 언표가 된 말 자체에 집착하면 언제나 난관에 봉착하며, 그래서 주체와 주체가 만나는 언술 행위 자체에 충실해야 한다. 말은 화자와 청자 간 완벽한 이해(의미화)와 소통을 가능하게 한다는 생각을 버리고, 오히려 적극적으로 언어 놀이를 즐길 필요가 있는 것이다.

2) 텍스트와 욕망의 전략

다음으로는 텍스트에 대한 전략이다. 텍스트에 대한 전략을 세우기 위해서는 먼저 텍스트가 무엇인지 이해해야 한다. 그러나 우리는 라캉이 즐겨 묻는 방식처럼 텍스트가 무엇인가를 개념적으로 묻지 말고 텍스트의 성격과 특이성을 물어야 한다. 다시 말해 텍스트는 어디에 있고, 어떤 상황에서 텍스트가 되는가가 중요하다. 텍스트 역시 죽은 문자로 쓰인 책이나 의미를 전달하기만 하는 활자가 아니라 무의식 주체를 드러내는 담론의 효과이기 때문이다. 텍스트는 의미를 지연시키고, 말하는 주체의 증상을 대표하는 대상이기도 하다. 텍스트는 죽은 문자로서가 아니라 욕망과의 관계에서 문자로서 작용한다.

첫 번째로 얘기할 수 있는 것은 텍스트는 읽기를 통해 나타나는 대상이라는 것이다. 읽는 행위는 텍스트를 존재하게 만들고 규정하는 원인이다. 물론 여기서 말하는 읽기는 의미의 파악에 충실한 수동적 독서가 아니라 텍스트와의 조우(tuché), 그것도 반복적이고 우연적인 조우를 말한다. 이것은 앞서 말한 무의식적 수사법과 비슷한데, 텍스트도 의미화에 저항하기 때문이다. 《문자라는 증서》 저자들에 따르면, 텍스트는 읽기 위해 존재하면서도 읽기에 저항하는 이중성을 갖는다.[22] 텍스트는 계속해서 의미화를 지연시키며, 사후 효과[23]로서 텍스트의 의미들을 반복적으로 생산하기 때문이다. 사후 효과라는 말은 현재의 시점에서 과거로 해석이 소급해 올라간다는 말이다.

텍스트도 의미의 층과 비의미의 층으로 나뉘기 때문에 완전한 해석에 대해 저항한다. 그런데 이러한 저항과 완전한 의미화의 불가능성은 오히려 텍스트를 읽으려는 욕망을 불러일으키며, 그 욕망을 통해 다시금 텍스트에 새로운 위상을 부여하며, 그것을 진정한 텍스트로 만든다. 많은 텍스트들 중에 특별히 라캉이 무의식의 수사에 적합한 예로 든 것은 근대시[24]와 초현실주의 텍스트다. 이것들은 시니피앙이 결합하여 만들어내는 은유의 창작적 효과를 가장 잘 보여주기 때문이다.[25] 은유의 창작적 효과라는 것은 그것이 주체(작가와 독자)를 텍스트의 운동 가운데 만들어낸다는 말과 통한다. 그러므로 텍스트는 주체와 더불어 나타나고 주체의 욕망을 통해 텍스트로 승인된다. 텍스트의 완전한 해독 불가능성은 사후 효과의 중단 없는 순환을 통해 의미의 다양한 생산을 계속한다. 그리고 다양한 의미 형성의 작용 속에서 텍스트는 매 순간 재발견되고 재해석된다. 반복적 독해가 필요한 것은 이 때문이다.

둘째로 텍스트는 생톰므(sinthome)다. 생톰므라는 말은 라캉이 제임스 조이스의 글쓰기를 지칭한 것으로 "상징계의 효능을 받지 않는 즐거움의 중핵"[26]을 지칭하지만 복합적 의미를 지닌다. 라캉은

'sinthome'의 음소를 쪼개어 그것이 '죄(sin)', '인간(homme)', '집(home)', '성 토마스(Saint Thomas)' 등 여러 의미를 지닌다는 점을 보여준다. 생톰므는 한마디로 주체를 드러내주는 징환이다. 라캉은 조이스에 대한 〈세미나 23, 생톰므〉에서 보로메오 고리에 네 번째 고리[27]를 추가하는데, 이것이 특히 글쓰기와 연관된다. 여기서 라캉은 텍스트가 더 이상 글쓰기가 아니라 향유의 적극적 수단이라고 강조한다. 생톰므는 텍스트가 의미에 종속되어 있다는 것을 부정하는 논리일 뿐 아니라 예술을 통한 향유(jouissance)의 가능성을 보여주는 개념이다. 프로이트가 《창조적 작가와 몽상》에서 글쓰기라는 행위를 아이가 하는 모방이자 자기 자신의 고유한 세계를 창조하는 과정으로 본 것을 라캉은 생톰므라는 용어를 통해 비판적으로 발전시킨다. 라캉이 보기에 언어와 주체의 관계는 복잡하며, 문자는 단순히 놀이나 모방의 수단이 아니기 때문에 글쓰기는 글쓰기 이상이다. 이제 텍스트는 읽기와 쓰기 과정을 통해 실재계와 직접 관계되면서 향유의 매개물이 된다.

> 《피네간의 경야(Finnegan's Wake)》를 펼치고 이해하려고 하지 말고 그냥 읽어보세요. 그것은 그냥 읽어집니다. 그것이 그냥 읽어진다면 내 이웃 중 한 사람이 내게 발견하게 한 것처럼, 우리는 이 텍스트를 쓴 사람이 (경험한) 향유를 그냥 느끼기 때문입니다.[28]

생톰므는 이처럼 문자와 관계된 향유에 독자와 작가 모두를 끌어들이는데, 글쓰기가 바로 그 자체로 증상이기 때문이다.[29] 글쓰기는 더 이상 이야기를 엮어내는 상상적 작업이 아니다. 그것은 상징계를 붙들어주는 실재의 향유에 모두를 참여시키며, 꿈과 현실의 경계를 허물고 무너뜨리는 특별한 경험이기도 하다. 조이스의 작품에 대해 라캉은 다음과 같이 말하기도 한다.

> 《피네간의 경야》, 꿈, 이것은 비록 순화된 악몽이기는 하지만, 다른 모든 꿈처럼 하나의 악몽이다. 조이스가 말했듯이 단지 다음을 제하고는 말이다. 이 피네간의 경야를 쓴 것은 이와 같은데 꿈꾸는 사람이 여기서 어떤 특정한 인물이 아니라 꿈 자체라는 것이다. 바로 여기서 조이스는 융으로 미끄러지고, 미끄러지고, 미끄러지고, 집단적 무의식으로 미끄러진다. 집단 무의식, 그것이 생톰므라는 것에 대해 조이스보다 더 좋은 증거는 없다. 왜냐하면 피네간의 경야가 그 상상력 속에서 이 생톰므에 속하지 않는다고 말할 수 없기 때문이다.[30]

텍스트는 향유가 되고, 이제 읽기와 글쓰기는 주체가 자신의 증상을 즐기는 새로운 가능성이 된다. 생톰므는 문자의 불가능성에 직면한 주체가 문자를 대면하는 창조적 전략으로 라캉이 생각하는 마지막 희망이자 탈출구가 될 수 있다. 그것은 언어를 가지고 향유하려는 적극적 가능성이자 대타자가 실패한 지점에서 실재로 향하는 전략이다. 언어의 모호성과 문자의 불가능성은 이제 구원의 조건이 된다.

5. 새로운 이성을 향하여

장뤽 낭시가 주목한 것처럼 라캉의 공헌은 '진리'라는 개념을 정신분석의 장에 도입하면서 이것을 통해 프로이트의 이론을 혁신한 데 있다. 그런데 진리는 더 이상 사유와 존재의 합치나 혹은 논리적인 참과 거짓의 문제에 대한 검토나 불변하는 실체나 대상에 대한 초월적 인식이 아니다. 정신분석학이 말하는 진리는 문자의 과학에서 시작되지만, 그것은 주체가 말과 글을 통해 늘 '전혀 다른 것'을 말하는 실패와 구조적인 불가능성, 탈중심성에 직면한다는 역설을 드러내는 진리다. 이것은 아무것도 말할 수 없고 아무것도 알 수 없다는 소피스트적 상대주의나 허무주의가 아니다. 오히려 욕망을 통해 존재가 드러나고 그것이 주체의 무의식적 형성물과 연관되어 있다는 것을 강조하기 위함이다. 문자는 지식을 가능하게 만들면서도 끊임없이 상징계에 구멍을 만들어 주체의 욕망을 좌초시키면서 존재의 진리를 드러낸다. 이런 점에서 문자는 진리의 조건이다. 하지만 이 진리는 전통적인 이성주의나 반이성주의의 흐름을 초월하는 역설과 모순의 진리다. 그러므로 진리를 붙잡기 위해서는 이성(문자)에 의지하면서도 그것을 벗어나는(불가능성) 태도가 필요하다. 라캉이 〈문자의 심급〉에서 문자의 심급과 새로운 이성 개념을 벼린 것은 진리란 완성되어 제시되는 그런 대상이 아니기 때문이다. 진리를 잡으려면 그 속으로 들어가야 한다. 그것이 비록 불가능한 과업이지만 말이다. 불가능성은 욕망을 통해 주체의 삶 자체를 가능하게 만든다. 이것이 라캉이 정신분석의 윤리를 그토록 강조하는 이유이자, 우리가 실천적 맥락에서 더 구체화해야 할 새로운 이성의 모습이다.

더 읽어볼 책

라캉, 자크. 2019. 《에크리》. 홍준기 외 옮김. 새물결.

미국에서 번성한 '자아심리학'에 맞서 라캉이 평생 벌인 투쟁에 대한 증언이다.

라캉, 자크. 2008. 《자크 라캉 세미나 11: 정신분석의 네 가지 근본개념》. 맹정현·이수련 옮김. 새물결.

실재와 오브제a를 중심으로 무의식, 반복, 충동, 전이에 대한 개념을 설명한다.

김석. 2007. 《에크리: 라캉으로 이끄는 마법의 문자들》. 살림.

상징계와 주체, 오이디푸스콤플렉스와 주체, 상상계와 자아, 주체 분열과 진리 개념, 대타자와 무의식, 욕망과 말, 남근과 성차, 임상과 세 가지 정신 구조: 정신병, 신경증, 도착증, 실재, 주이상스, 승화 그리고 정신분석과 과학과 같은 10가지 개념으로 라캉을 균형감 있게 서술한다.

호머, 숀. 2014. 《라캉 읽기》. 김서영 옮김. 은행나무.

라캉의 생애에서부터 상상계와 상징계, 환상, 주이상스 등 그의 주요 개념들에 대해 설명하며, 현대의 텍스트와 영화분석 및 정치사회 이론에서 라캉이 차용되어 온 다양한 방식과 라캉이 다른 이론가들에게 어떻게 수용되고 발전되었는가를 요약한다.

낭시, 장뤽·필립 라쿠라바르트. 2011. 《문자라는 증서: 라캉을 읽는 한 가지 방법》. 김석 옮김. 문학과지성사.

욕망과 이를 규정하고 구조화하는 시니피앙의 결정적 역할을 인정하면서 여기에 맞춰진 글쓰기를 통해 문자의 본질과 텍스트 너머를 제시하고자 하는 라캉 작업의 특징을 잘 보여준다.

도르, 조엘. 2021. 《라깡 세미나: 에크리 독해 1》. 홍준기·강응섭 옮김. 눈출판그룹.

라캉의 《세미나》와 《에크리》를 전체적으로 주해하는 방식으로 씌어진 라캉 입문서이다.

17장

크리스테바
이성의 시공 찢기, 비체와 코라

윤지영(창원대학교 철학과 부교수)

1. 모성 혐오 현상

쥘리아 크리스테바에 대한 논의의 지평을 열기 전, 최근의 여성 혐오 현상에 대한 고찰을 실행해보고자 한다. 여러분은 '맘충'이라는 낙인 범주를 알고 있는가? 맘충이란 자신의 아이 하나 제대로 통제하지 못해 공공장소에서 여러모로 폐를 끼치는 이를 가리키는 조어로, 모성에 대한 혐오를 이름 붙이는 방식이라 할 수 있다. 필자는 이러한 모성에 대한 혐오에는 아이와 엄마 간의 밀착적 유대 관계를 통해서만 생존을 보장받는 아이에 대한 혐오 역시 수반된다고 생각한다. 여기서 아이는 라틴어로 'infans'로서 '말하지 못하는 자'이며 아직까지 언어 질서라는 부권 체계에 제대로 편입되기엔 여러 규범들을 다 내면화하지 못한 상태를 뜻한다. 이러한 동물성의 단계에 더 가까운 아이에 대한 돌봄노동을 전담하는 엄마는 아버지의 '아니오'라는 금기와 부정의 양식들을 제대로 전달하는 자가 아니게 될 때에 언제든 혐오의 대상으로 규정될 수 있는 것이다. 즉, 엄마의 품에서 아버지의 세계로 진입하기 위해, 아버지의 권위와 금기들을 제대로 익혀 이에 순응하도록 아이를 준비시키는 것이 엄마의 본분이며, 이러한 상태로 아이를 규율화하지 못한 엄마는 힐난과 혐오의 대상이 된다.[1]

이러한 맥락에서, 아이가 들어오지 못하도록 지정하는 'No kids zone'의 특정 카페와 레스토랑의 등장은 아이는 물론 아이를 전담해서 돌봐야 하는 엄마를 공적 영역에서 배제하는 방식이자 이들을 가정에 유폐하는 방식이다. 온전한 인간만이 공적인 장소에 대한 출입권을 얻고 그렇지 아니한 이들은 사적 영역에만 머무르도록 강요하는 것은 온전한 인간이 아닌 동물성의 상태에 엄마와 아이를 범주화하여 그들을 공간적으로 분리 구획하는 일이다. 이는 배제와 소외를 목적으로 하는 공간적 분리주의인 게토화의 실행 양식이다. 또한 아버지의 법질서에 이미 편입된 인간화의 양태라 할 수 있는 어른들, 바로 그들의 습속이나 관습적 행동 패턴들만을 정상화하고 이를 순응적으로 내면화하지 않은 이들을 벌레나 동물의 단계로 격하시키는 것은 다양한 습속과 행동의 지점들이 갖는 차이와 불예측성 등을 제거하여 규제의 용이성을 높이기 위한 것이다. 다시 말해 가부장적 사회 내에서 유일한 여성 숭배와 이상화 지점이라 여겨졌던 모성 역시 혐오의 지대로 포섭되어버린 것이다. 크리스테바는 이러한 모성을 비천한 것으로 규정하는 이성의 역사를 찬찬히 그려냈다는 점에서 오늘날의 모성 혐오 현상을 읽어낼 수 있도록 하는 유용한 열쇠가 될 것이다.

여기서 필자는 프랑스 페미니스트 철학자인 크리스테바를 좀 더 잘 이해하기 위한 단초의 일환으로 프랑스어 단어들 간의 섬세한 의미의 뉘앙스 차이를 다뤄보고자 한다. '엔느(haine)'라는 프랑스어 단어와 크리스테바가 자주 사용하는 '헤퓨낭스(répugnance)'와 '데구(dégoût)'라는 단어를 구분하여 번역하고자 한다. 즉, 'Haine'를 '혐오/증오'로, 'répugnance'와 'dégoût'를 '거부감'과 '역겨움, 역함'으로 번역하고자 한다. 왜냐하면 후자의 두 단어는 악취를 풍기거나 상한 음식, 시체 등이 속을 뒤집어놓아 바깥으로 모든 중심이 쏠리도록 한다는 의미를 가지기 때문이다. 이는 물질성으로 넘쳐나는 사물(la Chose)과의 접촉과 뒤섞임이 유발하는 감응이자 아버지의 법질서에 의해 포획되지도 않고 이것의 유효성을 넘어서 버리는 실재(le réel)의 소용돌이로 작동하기 때문이다. 이때에 사물이란 언어로 규정되거나 기표로 추상화되어 그 물질성이 다 덜어 내어질 수 없는 축축한 과잉을 뜻한다. 다시 말해 사물은 언어로 포착되어 한계가 지어지고 지칭되어 가리켜질 수 없는 것, 의미의 겨냥을 항상 빗나가는 것이다. 사물은 실재라는 비의미와 무의미, 죽음과 성의 장으로 끊임없이 흘러들어 가는 것이라 할 수 있다. 그러나 혐오로서의 'haine'는 증오의 중핵이 단단히 자리 잡혀 있는 고체적인 것이라서, 이러한 적대성의 실체에 대한 규정과 명명 행위가 항시 수반된다. 즉, 혐오는 이미 개념적 규정성과 도덕적 규범성을 정제하고자 하는 상징계라는 의미화 질서에서 도출되는 것이라 할 수 있다. 이러한 관점에서 혐오는 상징계라는 아버지의 법질서에 의한 규정 속에서 탄생한다면, 역함과 역겨움, 거부감이라는 정동은 실재라는 상징계의 불가능성에서 비롯되는 것이기에 필자는 이 두 가지를 구분하고자 한다. 이처럼 세밀한 의미의 층위를 번역 과정에서 정치하게 구분해봄으로써, 크리스테바의 대표 저작인 《공포의 권력(Pouvoirs de l'horreur)》에서의 아브젝시옹(abjection)이라는 비체(鼻涕)의 급진성을 효과적으로 드러낼 수 있다고 생각한다.

쥘리아 크리스테바는 《공포의 권력》이라는 저서를 통해 아브젝시옹이라는 비체의 양가적 측면—이끌림과 밀쳐냄, 숭고와 저주, 흡수와 구토—의 긴장성을 팽팽히 그려내고 있다. 그리하여 이러한 비천한 존재로서의 모성이 어떠한 관점에서 이성이라는 체계의 근저를 뒤흔드는 원천적 공간이자 낯선 공간인가를 드러낸다. 여기서 주목할 것은, 모성이 원천적 공간으로서의 시원, 기원이라는 것, 즉 무엇보다도 먼저 오는 것이라는 선재성의 영역인 동시에 이물감을 안기는 이질적이며 익숙하지 않은 예외적 영역이기도 하다는 점이다. 어떻게 가장 먼저 오는 것이 가장 이질적인 것이 될 수 있을까? 이것은 바로 가장 먼저 오는 것으로서의 모성의 영역이 부성의 질서에 의해 그 가치가 폄하되며 전 언어적 단계라는 상징계에 대한 예비적 단계로 그 위상이 격하되고 말았기 때문이다. 이로써 진정한 기원은 아버지라는 팔루스(Phallus)에 의해 탈취, 독점되었기 때문이다. 이러한 맥락에서, 크리스테바는 모성의 영역을 재가치화함으로써, 기원과 공간 구획권에 대한 팔루스의 탈취의 역사를 드러내고 이것의 독점권을 해체하고자 한다.

크리스테바는 최초의 사랑의 대상이었던 모성이 증오와 혐오의 대상으로 전락하는 것이 이성 질서라는 남근적 질서로 이행하기 위한 하나의 전략임을 효과적으로 보여준다. 필자는 크리스테바의 이러한 관점이야말로 오늘날의 여성 혐오 현상에서 모성 혐오 현상에 대한 이해의 기반을 제공한다고 생각한다. 이러한 관점에서 맘충이라는 모성 혐오는 모성이 가진 경계 파기의 힘, 이성적 질서를 붕괴시키는 힘을 제거하는 방식이자 혐오의 실체성을 뒤집어씌운 여성적 본질을 고정화함으로써 무규정적인 에너지로서의 모성을 통제하고 규제하려는 방식이기도 하다. 왜냐하면 이성은 끊임없이 "~는 무엇인가?"라는 형이상적 질문을 통해 본질과 실체라는 고정불변의 속성과 필연성의 딱지들을 사물들에 덕지덕지 붙이며, 그 의미의 무게들로 인해 규정될 수 없는 것들을 이성의 인식틀 속에 억지로 편입시키려 하기 때문이다. 그러나 크리스테바는 "~는 어디로부터 위치해 있는가?"라는 물음을 통해 새로운 사유의 공간을 여는 비약의 날갯짓을 하게 만든다. 여기서 어디로부터란 현실 좌표축 위의 한 점으로 축소될 수 있는 고정점이거나 정박점으로서의 닻 내리기를 가리키는 것이 결코 아니다. 이것은 운동성의 궤적이자 고정될 수 없는 새로운 공간의 열림을 뜻한다.

2. 비체: 아브젝시옹의 시공

이처럼 새로운 물음을 빚어내는 크리스테바의 사유 지형도는 기존 이성의 지형도와는 다른 시공으로 우리를 이끌 것이다. 그 새로운 지형학의 습곡면에서 무엇보다 융기한 지점이 바로 비체라는 개념이다. 비체는 아브젝시옹(abjection)이라는 단어의 번역어로서, 기존의 인식론이라는 앎의 체계에 제대로 들어오지 않는 것이다. 먼저 'Abjection'을 어원학적으로 분석해보자. 이 단어는 라틴어로 'abjectio'에서 기인하는데, 여기서 'ab'는 부재와 분리를 뜻하는 접두사이며 'jectio'는 내던져짐을 의미한다. 다시 말해 아브젝시옹은 내던져짐으로부터의 분리인데, 이는 두 가지 종류의 내던져짐에 대한 비판이기도 하다. 즉, 'objet(오브제)'에서 'ob'가 '대립하거나 마주본다'라는 의미의 접두사로 '대립적으로 마주보며 내던져진 것'으로서의 대상이라면, 'sujet(슈제)'

는 'sub', 즉 '아래'라는 의미의 접두사로 '아래로 내던져진 것'으로서의 주체를 의미한다. 다시 말해 필자는 아브젝시옹을 주체와 대상이라는 두 가지 양태의 내던져짐의 방식에 대한 비판이라고 해석해본다.

왜냐하면 비체는 주체로도 대상으로도 규정되지 않는 것이자 이 두 항 중 어느 하나로 환원되어 명확한 표지점을 얻는 것이 아니기 때문이다. 다시 말해 비체는 규정 가능한 현실의 좌표축 위에 뿌리내린 곳이 아닌 다른 곳으로 우리를 이끌어 내동댕이쳐 버리는 것이다. 이러한 맥락에서 비체는 현실 좌표축 자체를 일그러지게 하는 새로운 공간의 난입이라 할 수 있다. 측량화와 분할이 가능한 기존의 공간 개념에서는 안과 바깥, 내 땅과 남의 땅, 고향과 타국 등의 경계 기입이 이루어진다. 반면 비체의 공간은 이러한 질서의 규칙성과 경계선들이 흐려진 곳이기 때문이다. 왜냐하면 비체는 체계의 견밀도라는 고체성을 융해시켜버리는 것이자 기존 의미 질서가 붕괴되는 지점에서 돌발하여 솟구쳐 오르는 것이기 때문이다. 즉, 비체는 의미 질서의 붕괴 지점인 바깥으로부터 도래하는 것인데, 여기서의 바깥은 기존 의미 체계의 내부성을 견고히 하는 테두리로서의 가장자리가 결코 아니다. 내부와 짝패를 이루는 외부성이 아닌 다른 어떤 곳을 뜻한다. 다시 말해 이것은 안과 바깥이라는 기존의 측량화할 수 있는 공간 개념의 파국이자 새로운 공간으로의 모험인 것이다. 바로 이것이 비체의 유랑성—떠도는 자이자 길 잃은 자, 도망치는 자로서의 유동성—을 구성하는 것이기 때문이다. 이러한 맥락에서 비체는 전통적 존재론을 뒤흔드는 것이다. 왜냐하면 크리스테바가 제시하는 비체의 공간은 뿌리내림이 아닌, 유랑과 모험의 궤적에 다름 아니기 때문이다. 그렇다면 이제 비체의 시간에 대해 알아보도록 하자.

여기서 비체의 시간은 이중적이다. 그것은 잃어버린 망각의 시간으로 지속적으로 기억되는 것이자 번개처럼 우리를 내려치는 섬광의 순간이기 때문이다. 망각의 시간으로서 비체는 우리에게 섬뜩할 정도의 근원성의 얼굴을 들이밀기에 우리에게 역겨움을 안기는 동시에 번개처럼 우리를 내려치는 순간적 운동성으로 번뜩인다. 필자는 번개의 번뜩임과도 같은 섬광의 순간으로서의 비체의 시간이 니체가 말하는 영원회귀의 운동성과 맞닿아 있다고 해석한다. 이러한 섬광과도 같은 번갯불이라는 표현은 니체의 《차라투스트라는 이렇게 말했다》에서 초인의 도래를 뜻하는데, 쥘리아 크리스테바 또한 이러한 초인의 급작스러운 출몰로서의 도래의 양태를 번갯불에 비유한 니체의 수사학에 영향을 받았다고 생각할 수 있다. 이러한 관점에서 크리스테바가 말하는 번갯불과 같이 번뜩이는 섬광의 순간은 예고 없이 급작스레 도래하는 시간이자 영원회귀의 운동성을 갖는 것이라 할 수 있다.

여기서 영원회귀란 기존의 동일성의 논리를 깨뜨리는 것을 말한다. 동일률에서 a=a로서 a는 항상 동일하게 존속하는 고정불변의 항이어야 하지만, 이제 이 동일률이라는 고전논리학의 첫 번째 법칙이 깨지게 되면 a항에 해당한다고 여긴 것과 not a항에 해당한다고 여긴 것들이 서로 상호적으로 위치가 변환됨으로써 기존의 동일률이 파기되어 버린다. 이러한 동일률은 기존의 실체(susbtance)와 존재 개념을 지지하는 토대였으며, 바로 이러한 동일률을 통해 존재는 자신의 항존성과 고정불변성에 의한 뿌리내림으로 해석되어왔던 것이다. 그러나 이렇게 동일률이 부서지면 기존의 존재 개념이 생성이라는 변화와 전환의 항과 맞물리게 됨으로써 비체의 시간이 드러나고 마는 것이다. 왜냐하면 비체의 시간에서 욕망의 대상은 역겨움의 대상으로 전환되고 깨끗

한 것은 더러운 것이 되며 매혹은 치욕으로 변환됨으로써 대립적 두 항들은 더 이상 고정적인 것이 아니라 마구 뒤엉켜버리는 유동적인 것들이 되기 때문이다. 다시 말해 비체의 시간은 가려진 것이자 드러난 것, 지속적으로 기억되어야 할 것이자 순간적으로 방출되어버리는 것이라는 점에서 명확한 윤곽이 무너진 것이며 나아가 대립적 항들이 상호 융해되고 침투되는 변화들의 연속체가 되는 것이다. 이러한 맥락에서 크리스테바는 비체 개념이 열어젖히는 새로운 시공을 통해 기존 이성의 체계, 그것의 토대라 할 수 있는 동일성의 원리를 비틀어버린다.

또한 비체는 언어 체계라는 기존 문법 질서이자 사회·도덕적 규범, 문화의 장인 상징계에 속한다기보다는 실재적 사물로서의 물(物, Chose)에 가까운 것이다. 실재적 사물은 상징계의 개념들, 언어에 의해 특정 대상으로 다 환원될 수 없는 것이다. 왜냐하면 남근적 언어 질서는 사물을 대상으로 축소하여 사물의 죽음을 선포하고자 하는 체계이기 때문이다. 여기서 실재적 사물은 크리스테바의 《검은 태양》에서 잘 설명된다. 우리는 책 이름에서부터 모순율이 깨어짐을 알 수 있는데, 태양은 보통 우리를 밝히는 빛의 근원으로 여겨지는데, 여기서는 검은 것, 어두운 것이라는 수식을 받고 있기 때문이다. 가장 밝게 빛나는 것인 동시에 어두운 것이라는 모순적 표현에서 이미 실재적 사물의 특징이 잘 드러난다고 할 수 있다.

크리스테바가 말하는 실재적 사물이란 상징계의 남근적 언어에 의해 규정되지 않는 비확정성과 유동성의 지점이다. 이는 우리를 생명성으로 넘치게 하기도 하도 죽음으로도 함몰시켜버리기도 하는 양가적 영역이기도 하다. 이러한 비규정성과 삶과 죽음의 양가성을 넘나드는 실재적 사물의 대표적 예는 주이상스(jouissance)다. 왜냐하면 《공포의 권력》에서 크리스테바는 비천한 것을 그 자체로 존재하게 하는 유일한 것으로 주이상스를 들기 때문이다. 또한 비체는 우리가 알거나 우리가 욕망하는 것이 아니라, 그저 향유하는 것, 즐기는 것이라고 설명하고 있다. 왜냐하면 주이상스는 상징계의 불가능성의 지점을 통해 가장 극렬하게 존재하는 것이기 때문이다. 이러한 관점에서 비체는 이성의 질서보다는 카오스에, 상징계보다는 주이상스에 가까운 것이다. 왜냐하면 주이상스는 상징계라는 아버지의 법, 그 기표의 질서에 의해 포박당하지 않는 실재의 소용돌이이자 사건이기 때문이며, 쾌락과 고통, 유쾌와 불쾌, 죽음과 삶, 선과 악 등의 이분법적 경계선을 파기하여 이둘을 이접시키는 것이기 때문이다. 다시 말해 번개처럼 내리치는 섬광의 순간으로서의 비체는 대립적 두 항의 맞물림을 도래시키는 것이기에, 이러한 주이상스라는 쾌락 원칙 너머를 향한 충동의 운동과 만나는 것이다. 나아가 비체는 기존 이성 체계가 숭앙하는 명증성과 명료성, 확실성 대신 모호성과 애매성, 비규정성으로 넘치는 것이다. 비체는 기표와 충동, 판단과 정동의 혼합물로서 기존의 이분법적 경계 구획성의 한 항으로도 축소·환원되지 않는다는 점에서 기존의 의미 질서를 위협하는 파국이다. 왜냐하면 기존의 의미 질서는 이분법적 의미의 분절 행위를 통해 경계가 매끈하고도 명확한 지점들을 산출해내는 행위였기 때문이다. 즉, 이러한 모호성과 경계 파기의 이접물로서의 비체는 분리와 구획이라는 범주화를 통한 이성 체계에 대한 교란으로서 작동하게 되는 것이다. 그렇다면 이제 본격적으로 크리스테바가 그리는 새로운 언어 양태, 즉 이성적 언어에 대한 강력한 비판 전략을 살펴보도록 하자.

3. 이성 체계에 대한 교란과 파열 에너지: 세미오틱

이성 체계는 아버지의 법질서인 상징계적 언어를 통해 강화된다. 이러한 이성적 언어 질서는 의미화 체계만이 아니라 우리가 욕망하는 법, 우리가 주체로 구성되는 방식마저 다 결정하는 것이다. 생볼릭(symbolic)이라는 남근적 언어에 대한 비판은 대안적 세계를 구상하기 위해서는 무엇보다 시급한 것이자 근본적인 것이라 할 수 있다. 그렇다면 이러한 남근적 언어에 대한 대안으로 크리스테바는 무엇을 제시하는가? 이것이 바로 시적 언어로서의 세미오틱(sémiotique)이다.

크리스테바는 《시적 언어의 혁명》에서 세미오틱이라는 기호계를 '길을 내어 막힘없이 잘 통하는 것이자 충동의 장'으로 보고 있다. 이 점에서 그는 상징계와의 절연 지점으로 기호계를 효과적으로 드러내고 있다. 왜냐하면 상징계는 리비도(libido)라는 성충동 에너지 흐름의 폐색과 절단으로서의 길 막힘이자 충동이 아닌 욕망의 장이기 때문이다. 크리스테바에게 있어 생볼릭이라는 남근적 언어는 "성차를 포함한 생물학적 차이와, 구체적으로, 그리고 역사적으로 정해진 가족 구조가 형성하는 객관적인 억압을 통한 타자와의 관계에서 비롯된 사회적 산물"[2]로 정의된다. 다시 말해 남근적 언어는 부계 혈통주의로서의 가족이라는 단위를 통해 성별은 물론 나이와 세대에 따른 수직적 구도를 형성하는 의미화, 가치화 체계다. 즉, 우리가 평온함과 위안의 공간으로 여기는 가족은 이미 아버지의 법질서가 공고하게 재생산되는 토대다. 왜냐하면 첫째 아이인가 막내인가에 따라서도 주어지는 역할과 기대치도 달라지며 여아인가 남아인가에 따라 허용되는 욕망의 범위도 달라지며 엄마인가 아빠인가에 따라서도 가족 내 위상이 상이하게 결정되기 때문이다. 나아가 부모라는 이전 세대가 아이라는 후세대에게 취해야 할 의무와 권리, 또 자식이 부모에게 취해야 할 행동 양식은 각각 다르게 규정되는 장이 가족이기 때문이다.

다시 말해 가족이라는 가장 이상적인 위안과 쉼, 평화의 공간 역시 상징 질서가 각인되는 공간이다. 이러한 가족 관계 내에서 엄마와 아이의 관계가 지나치게 밀착적일 때에, 아버지는 열외될 수 있으며 이러한 엄마와 아이 간의 충만한 합일의 경험을 인간 질서의 바깥으로 규정함으로써 철저히 배격하는 것이 상징계의 구성 원리다. 즉, 엄마라는 최초의 사랑의 대상을 증오와 혐오의 대상으로 강등시켜야만 아이는 아버지라는 사회질서 속으로 용이하게 편입될 수 있다. 그러하기에 상징계 내에서 모성은 비천한 것으로 규정되어버리고 마는 것이다. 다시 말해 모성적인 것과의 단절과 분리가 라캉적 의미에서 주체가 산출되는 방식이다. 왜냐하면 상징계는 '제자리에 놓기'[3]라는 공간화 방식을 취하는 안정화와 통일화의 지점이기 때문이다. 그렇다면 제자리란 어디이며 누가 이것을 규정하는 것인가? 아이와 엄마의 충만한 합일의 상태—자아와 타자, 삶과 죽음, 정신과 육체 등의 이분법적 경계가 파기되어 융해되어 있는 상태—에 경계를 부여하여 질서를 만드는 것이 남근 질서이며 엄마와 아이를 아버지의 지배하에 놓는 것이 바로 제자리 놓기다. 그렇다면 우리는 어떻게 제자리 놓기라는 공간화 방식에 교란을 가져올 수 있는가?

상징계가 제자리 놓기라는 질서와 경계 구획의 공간이라면, 세미오틱은 모성적 육체로서의 코라(chora)를 가리킨다. 이는 위치를 정할 수 없는 공간이자 비규정적 물질성의 흐름인 충동(pulsion)이 넘실대는 공간이다. 이것은 제자리라는 고정성의 지점들을 지워내는 효과를 낸다.

상징계는 이러한 제자리를 초월적 심급으로서의 남근에 의한 선험적 배치의 결과로 보아왔다면, 기호계는 어떠한 초월적 심급으로서의 신도 일원화된 부권도 전제하지 않는 공간이다. 코라는 신이 설정되어 있지 않은 무신론적 공간으로, 절대적 실체나 영속적 원리에 의해 위계화되지 않은 곳이기 때문이다. 즉, 제자리 놓기의 방식으로 경계와 한계를 부여하는 상징계의 강령을 비웃고 뒤틀어버리고 마는 것이 모성적 공간인 코라다. 이러한 코라는 아버지의 법과 이름에 선행하는 것이자 이를 구조화하는 토대다. 이러한 코라는 뿌리내림으로써의 단단한 고체성으로서의 기원이 아닌, '사랑의 샘'[4]이라는 유동적이며 흘러넘치고 마는 양태의 기원이다. 여기서 코라는 기원과 토대이긴 하지만, 전혀 견고하지도 통일적이지도 일관적이지도 않은 기원이라는 점에서 이미 기존의 상징계적 의미 질서에서 모순을 일으키고 마는 것이다.

바로 이러한 모순과 애매성, 비규정성의 공간이 코라다. 코라는 "생성을 갖는 모든 것에 자리를 제공"[5]하는 것으로, 텅 빈 용기가 아닌 무수하게 우글거리고 진동을 울려대는 리듬과 운율에 열린 장이다. 코라는 생성과 파괴라는 두 에너지가 충돌하여 들끓는 곳이다. 코라는 생성이라는 차이의 운동에 양분을 공급하는 모성적 육체로 그려지며, 결핍의 공간이 아닌 충만의 공간으로 그려진다. 왜냐하면 코라는 "유동적이며 불안정한 원초적인 수용체로서 유일자와 부성은 물론 음절 형성에까지도 선행하는 것으로, 은유적으로 표현하자면 유모 같은 존재, 모성적 존재"[6]이기 때문이다. 유일자와 부성이라는 초월적 심급, 일원적 원리를 폐기하게 하고 음절이라는 기표와 기의의 분리를 무용하게 하는 원천적 기원이란 전통적이기보다는 전복적인 요소가 더 많다. 왜냐하면 이러한 원천성이 언제든 이질성으로 변환할 수 있기 때문이다. 이러한 맥락에서 기호계는 상징계를 가능하게 하는 선재 조건임과 동시에 상징계라는 안정성의 장에 균열과 파열을 도입해버리는 것이다. 즉, 상징계의 가능성과 불가능성의 조건들을 결정짓는 기호계는 매우 역설적 위상을 지닌다. 그러하기에 기호계는 기존 의미 질서에서는 애매하고 모호하기 짝이 없는 장으로 여겨지는 것이다.

나아가 기호계는 상징계가 설정한 아버지의 법질서들을 탈구시키고 그것에 대한 위반 혹은 그것에 의해 가두어지지 않는 범람을 지속적으로 출몰시킨다. 상징계에 의한 남근적 의미화 질서와 몸의 배치 방식, 가치화 방식 등의 한계를 주파하여 이를 내파시켜버리는 것이 바로 기호계가 가진 전복적 힘이다. 이러한 기호계는 코라라는 어머니의 육체성—아이와 엄마, 자아와 타자, 삶과 죽음의 경계를 함몰시켜 뒤엉켜버리게 하는 융해의 장이자 주이상스의 범람—이기에 상징계에 그토록 위협적인 것이다. 왜냐하면 상징계는 이러한 주이상스를 적출시키고 이에 대한 방어의 방식으로 구성되는 것이기 때문이다.

그렇다면 기호계가 상징계의 질서에 파국성을 도입하는 예는 과연 무엇이 있을까? 바로 그것은 시다. 시야말로 상징계의 남근적 의미 질서와 가치 질서를 뒤흔드는 것이기 때문이다. 시는 기존의 문법 체계를 비틀고 구멍 내는 반문법성을 발휘하며 기존 언어의 한계를 극명히 드러낸다. 이러한 시적 언어는 단순히 언어적 차원에만 국한된 것이 아니라 의미와 가치, 욕망을 생성해내는 것과 연동된다. 또한 기호계가 상징계의 촘촘한 교직들을 흩뜨려놓아 버리는 다른 예로는 뭉크의 〈절규〉라는 미술 작품이 있다. 이 그림을 찬찬히 들여다보라. 뭉크의 〈절규〉에서 외마디 비명을 내지르는 인물은 해골 형상과도 같다. 그는 이미 산 자와 죽은 자의 경계를 모호하게 하고 있다. 그리고 그 외마디 비명은 소리조차 나지 않는다. 숱한 기표에 의해서도 틀어막을 수 없는, 그 소리 나지 않는 비명이라는 모순이 기호계의 출몰을 암시한다. 그리고 하늘은 핏빛으로 물들어 불길처럼 이글거림으로써 본래적 하늘의 색감마저 제자리를 잃었다. 땅 길과 물길, 하늘길이 마구 소용돌이치며 굽이쳐서 어디에도 정박점이나 안정적 토대를 찾을 수 없다는 점이 기호계의 분출과 폭발을 드러내는 것이라고 필자는 생각한다. 이처럼 기호계의 분출과 범람은 우리에게 두려움이라는 감정을 안기며 일상을 이질적이고 낯선 것으로 변환시킴으로써, 기존의 상징계에 안착하거나 협착하는 것을 용인하지 않도록 한다.

또한 기호계는 상징계의 가능성과 불가능성의 조건이자 상징계의 억압과 규제에 노출되어 있음으로써 상징계와 맞물려 있는 동시에 온전히 상징계에 의해 개편·통합될 수 없는 것이다. 이렇게 상징계가 기호계를 억압하는 방식은 리비도라는 성충동 에너지를 정상화하는 데에 있다. 여기에서 정상화란 제2세대를 재생산하는 이성애적 리비도의 흐름으로 다각적·다층적 성충동 에너지를 단선화하는 것이다. 오늘날 사회 현상을 담아내는 신조어 중에 삼포 세대가 있는데, 이 용어는 연애·결혼·출산 포기를 의미한다. 그런데 여기서 왜 '포기'라는 용어를 쓰는가? 마치 모든 인간의 성충동 에너지는 이성애적 욕망 방식—결혼과 출산이라는 재생산의 영역—에서 한 치도 벗어나지 않는 것으로 전제하기에, 이 세 가지 요소를 인간의 본능과 본질에 대한 포기로 규정해버리는 것이다. 그러나 모든 연애가 결혼과 출산으로 이어지는 이성애적 욕망 방식으로 귀결된다고 할 수 없다. 그런데도 이를 기존의 가부장적 결혼을 통한 출산과 양육의 방식에 대한 선택적 거부

행동이자 가부장적 친족 구조로부터의 이탈로 읽어내려 하지 않는다는 점은 과연 무엇을 뜻하는가? 이는 상징계가 기호계적 충동 에너지들을 재단하고 그 위협성을 잘라내는 방식으로 해석될 수 있다. 왜냐하면 상징계가 기호계의 비예측적 흐름들을 폄하하고 비가치화하는 방식이 바로 '포기'라는 단어 선택을 통해 드러나기 때문이다. 이로써 기존의 욕망을 제도화하는 방식에 대한 선택적 거부와 저항 가능성을 차단해버리는 것이다. 또한 몸짓 언어와 운율 언어라 할 수 있는 기호계적 언어를 비문법적인 것이자 소음과 난동으로 치부하는 것도 상징계가 기호계를 규제하는 방식이다. 왜냐하면 기호계는 남근적 표상 질서에 의해 다 포획되지 않는 것이지만, 아버지의 법에 의해 항시 경계의 대상이 되는 것이기 때문이다.

기호계는 상징계와 완전히 분리되지도 온전히 종속되지도 않은 채 맞닿음과 불연속성의 지대에서 긴장적 조우와 충돌을 이어간다. 이러한 상징계와의 상호 충돌과 경합, 접합의 과정 속에서 새로운 의미화 양태가 생성되는 것이다. 즉, 의미 생성이란 온전히 기호계에도 온전히 상징계에도 자리하지 않는 것으로, 기호계와 상징계의 두 지대에서 발생하는 역학적 긴장성의 운동 속에서 도래하는 것이라고 할 수 있다. 이를 통해 기호계와 상징계를 분리 구획된 매끈하고 정제되어 있는 실체적 공간, 폐쇄적 두 공간의 병렬로 두지 않고, 이 두 가지 공간의 중첩과 튕겨나감의 모순적 지대에서 의미가 창조된다고 본 것이다. 의미화라는 양태는 단선적인 체계에서 파생된 결과물이 아닌 양가적·비규정적 과정 속에서 찢기와 스며들기와 접합과 분열이라는 운동성으로 넘쳐나는 동역학적인 과정 자체다. 다시 말해 의미는 더 이상 미리 규정되고 결정된 것이 아니라, 생성 중에 있는 비완결체이자 열린 양태로서 재구성되고 해체되는 것이다. 이러한 맥락에서 불변의 실체로서의 진리, 영원한 의미의 담지소나 가치의 정박소는 존재하지 않게 된다. 이러한 관점에서 기호계와 상징계의 격렬한 충돌과 접속이 일어나는 의미 생성 과정은 본질과 실체, 절대와 진리 개념을 바탕으로 한 기존의 이성 질서에 대한 도전이라 할 수 있다.

그렇다면 크리스테바가 제시하는 주체는 과연 어떤 주체인가? 의미화의 생성 과정에 열려 있는 주체는 기호계가 제공하는 생성의 토대를 통해 구성됨과 동시에 상징계적 규범들에 관통되어 있는 분열적 존재다. 주체는 더 이상 합일적이고 일관된 이가 아니라 기호계와 상징계의 충돌과 접합의 장에 의해 생성되는 존재다. 즉, 크리스테바가 제시하는 주체는 더 이상 모성과의 충만적 경험에 대한 상실과 포기를 통해 산출되는 신경증적 주체가 아닌, 모성적 공간인 코라의 비규정성과 부권적 공간인 상징계의 규정성이 교차되고 이접·경합되는 속에서 구성·재구성·해체될 수 있는 과정-주체다. 이러한 주체는 더 이상 상상계의 나르시시즘적 거울 단계나 거세의 법에 의해 결핍이 각인된 이가 아니라, 기호계의 충만한 충동 에너지가 터져 나올 수 있는 파열점을 내포한 존재다. 이처럼 새로운 주체화 양태와 새로운 의미화 양태의 궤적은 맞물려 돌아간다. 크리스테바는 기호계라는 개념을 통해 의미를 생성 과정으로, 주체를 과정-주체로 개념화함으로써 기존의 남근적 의미 체계의 한계와 주체 개념의 종속성을 넘어섰다고 할 수 있다.

4. 저항의 근원성과 이질성

크리스테바는 상징계라는 이성 질서의 교란점을 외부나 바깥에서 찾지 않는다. 그는 남근적 의미화 체계의 내부적 이질성으로서의 코라라는 모성적·혼돈적 공간에서 그 교란점을 찾는다. 이를 통해 상징 질서의 기원임과 동시에 이것의 파기점이기도 한 코라라는 모순적 공간은 상징 질서 자체를 불안정한 것, 역동적인 것으로 만들어버린다. 미셸 푸코는 저항마저 권력의 그물망에서 파생되어 나오는 부차적 효과로 보았던 반면, 크리스테바는 이러한 저항과 위반 자체가 이미 부성 권력의 잊힌 토대이자 이것의 실패 지점임을 드러내고자 한다. 필자는 이 지점이 무엇보다도 중요하다고 생각한다. 왜냐하면 저항의 근원성과 이질성의 힘을 강조하는 크리스테바를 통하여 페미니즘은 물론 정치철학은 기존 질서를 재구성하거나 교란·파열시키는 저항을 어떻게 구성할 것인가에 대한 사상적 단초를 찾을 수 있기 때문이다. 나아가 크리스테바는 저항과 위반이라는 비판적 부정성이 창조적 긍정성이라는 생성으로 이어짐을 이론적으로 제시해준다.

또한 크리스테바가 제시하는 비체라는 아브젝시옹 개념은 바바라 크리드의 《여성괴물: 억압과 위반 사이》라는 저작에서 본격적으로 차용되어 공포 영화 분석에 적용되기도 한다. 남근적 상징계를 기반으로 한 문명의 질서가 어떻게 여성을 괴물화하고 공포의 대상으로 규정하는가를 추적하는 가운데 크리스테바의 비체 개념은 매우 주요한 개념틀이 됨과 동시에 페미니스트 정신분석학의 길을 연다. 이처럼 비체 개념은 여러모로 역동적인 개념으로서 다양한 현대 미술사, 문학비평, 페미니즘 이론, 퀴어 이론, 포스트휴머니즘, 정치 이론 등에서 적극적으로 차용·변용되고 있다.

더 읽어볼 책

크리스테바, 쥘리아. 2001.《공포의 권력》. 서민원 옮김. 동문선.

크리스테바의 핵심 개념인 아브젝시옹이라는 비체 개념을 알고 싶다면 이 책의 제1장을 읽길 권한다. 크리스테바는 이 책에서 경계를 모호하게 하는 뒤섞임이 어떻게 두려움의 대상이 되는가를 여러 종교적 제의에 대한 분석을 통해 효과적으로 드러내고 있다. 비체에 대한 생산이 남근적 주체를 정초해내기 위한 예비 작업이라면, 이러한 비체야말로 남근 질서라는 이성 질서에 대한 위협과 파국이 될 수 있음을 이 책은 상세히 그려내고 있다.

크리스테바, 쥘리아. 2000.《시적 언어의 혁명》. 김인환 옮김. 동문선.

크리스테바는 이 책에서 기호계와 상징계라는 두 가지 의미화 양식에 대한 개념 구분을 제1장 세미오틱과 생볼릭에서 제공하고 있다. 상징계라는 부권적 질서, 이성적 담론 구조에 끊임없이 개입하여 이를 변형시키고 균열을 일으키는, 원천적이고 이질적인 에너지로서의 코라라는 공간과 충동이라는 비규정적 에너지에 대한 크리스테바의 개념화 작업은 혁명적 사유와 실천의 주체화 양태를 그려나가기 위한 밑그림이라 할 수 있다.

18장

데리다
유사초월론과 이성의 탈구축

진태원(성공회대학교 민주자료관 연구교수)

1. 데리다는 포스트모더니스트?

프랑스의 철학자 자크 데리다는 외국에서만이 아니라 국내에서도 늘 몇 가지 수식어와 결부되는 인물이다. 해체주의, 포스트모더니즘, 상대주의, 허무주의……. 사실 유명한 철학자들은 대개 이런저런 수식어들을 통해 알려지기 마련이다. 가령 플라톤은 이데아론, 아리스토텔레스는 중용의 철학, 스피노자는 범신론, 칸트는 코페르니쿠스적 전회, 헤겔은 변증법, 마르크스는 사회주의(또는 공산주의), 하이데거는 현존재 등이 그것이다. 따라서 데리다가 몇 가지 수식어를 통해 사람들 입에 거론된다는 사실에 특이한 점은 없다. 특이한 점이 있다면, 데리다를 수식하는 이 표현들은 대개 부정적인 성격을 지니고 있다는 점이다.

데리다를 수식하기 위해 사용하는 이 문구들 중에서 데리다 자신이 직접 사용하는 것은 하나도 없다는 사실이야말로 이 수식어들이 부정적 성격을 띤다는 것을 잘 드러내주는 증거다. 이것은 참으로 이상한 일이다. 어떤 철학자를 규정하기 위해 그 철학자가 사용하지 않는 문구, 더욱이 그 철학자를 비판하거나 거부하는 사람들이 주로 사용하는 문구를 동원한다는 것은 철학사에서 매우 이례적인 일이기 때문이다.[1] 따라서 데리다가 자신의 철학을 포스트모더니즘, 포스트구조주의, 또는 해체주의로 규정하는 사람들에 대해 다음과 같이 항변하는 것은 당연한 일이다.

> 나는 또《마르크스의 유령들》및 나의 작업 일반을 **포스트모더니즘** 내지 **포스트구조주의**라는 '유(類)'의 단순한 한 가지 종(種)이나 경우 또는 사례로 간주하려는 모종의 성급한 시도 때문에 충격을 받는다. 이 통념들[포스트모더니즘과 포스트구조주의—옮긴이]은 바로 가장 미흡한 정보를 지닌 공중(대개의 경우 거대 언론)이, '해체'를 필두로 자신이 좋아하지 않거나 이해하지 못하는 거의 모든 것들을 쓸어 담는 잡동사니 부대 자루들이다. 나는 내가 포스트구조주의자도 포스트모더니스트도 아니라고 생각한다. 나는 여러 번에 걸쳐, 내가 하려는 것과 일치하지 않는다는 점을 일러두기 위해 사용하는 경우를 제외하고는 왜 내가 이 단어들을 거의 사용하지 않는지 설명했다. 나는 결코, 더군다나 내 나름대로 활용하기 위해 '모든 메타서사의 종말의 예고'에 관해 말한 적이 없다. …… 또한 사람들은 앞의 경우와는 **정반대로**, 하지만 역시 아주 부당하게도, 위대한 메타서사 담론, '큰 이야기'와 비교해볼 때 '해체주의자들'—또 다른 잡동사니 통념—은 보잘것없이 약하다고 비난하곤 했다.[2]

이러한 이상한 평가 방식은 국내의 경우에 한층 더 심각한 형태로 표현되는데, 이는 1990년대 이후 '포스트 담론'을 비롯한 서양 이론의 수용 방식이 내가 다른 글에서 '비판적 사유의 미국화'라고 부른 바 있는 경향을 보이고 있기 때문이다.[3] 내가 비판적 사유의 미국화라고 부른 것은 한마디로 하면 "오늘날 한국 인문학에서 회자되는 많은 담론들이 미국을 통해 가공되고 변형되고 수입된 담론이라는 사실"[4]을 가리킨다. 그런데 이것은 일부 독자들이 오해하듯이, 원래는 해방적이고 비판적인 사상으로서의 프랑스 철학이 제국주의의 본산인 미국을 경유하면서 그 비판적 잠재력을 거세당한 채, 국내에는 후기 자본주의의 이데올로기인 포스트모더니즘으로 변형되어 수입되었다는 사실을 뜻하는 것이 아니다. 나는 오히려 프랑스 철학 사상을 비롯한 유럽 사상을 창조적으로 수용하여 포스트마르크스주의, 포스트구조주의, 포스트식민주의 또는 포스트페미니즘 등과 같은 새로운 형태의 이론적 담론들을 만들어낸 영미 학계의 생산적 변용 능력에서 배워야 할 것이 많다고 생각하는 편이다. 실제로 원래 프랑스 학계에는 존재하지 않던 포스트마르크스주의, 포스트식민주의 같은 담론은 최근 프랑스 학계에 역으로 수입되어 영향을 미치고 있다.

따라서 '비판적 사유의 미국화'라는 주장은 오히려 "미국에서 변용되고 재창조된 담론들을 글로벌한 첨단 유행 담론으로서 그때그때 재빨리 수입해서 등재지 논문들이나 교양 대중 저술을 생산하기 위한 편리한 자원으로 이용하는 데 골몰하는, 지난 20여 년 동안의 유행의 흐름 속에 비친 한국 인문학의 지적·정치적 자화상을 드러내 보이"[5]기 위한 목적을 표현하는 것이다. 그렇다면 비판적 사유의 미국화에서 정말 문제가 되는 것은, 포스트 담론이 우리에게 왜 필요한지, 우리가 이 담론들로 무엇을 할 수 있을지 묻기보다는, 그것이 학문의 본고장인 미국 학계에서 첨단의 담론으로 유행한다는 사실만으로 앞다퉈 수입하여 소비하는 태도라고 할 수 있을 것이다. 포스트 담론들과 관련하여 무언가 의미 있는 논쟁과 토론 대신에 일방적인 거부와 맹목적인 추종 현상이 나타나는 것도 이 때문이라고 할 수 있다.

데리다는 이러한 현상이 가장 두드러지게 나타나는 사례라고 할 수 있다. 한편으로 데리다는 포스트 담론의 대표자로 널리 간주된다. 해체나 차연, 로고스중심주의 같은 단어들은 그의 철학을 지칭하는 용어들만이 아니라 포스트 담론 일반을 가리키는 명칭으로 통용되고 있다. 하지만 지난 1980년대 말 이래 30여 년이 지나는 동안 그의 사상에 관해 무언가 독창적이거나 깊이 있는 저작들이나 논의들이 존재해왔느냐고 질문해본다면, 그 답변은 다분히 부정적일 수밖에 없다. 김진석 교수의 초기 저작이나 김상환 교수의 몇몇 글을 제외한다면,[6] 사실 국내에서 데리다는 이름만 유행한 것과 다름없다고 할 수 있을 만큼, 거의 아무런 영향을 미치지 못했다. 그럼에도 데리다는 늘 포스트 담론의 대표자로 거론되곤 한다. 그리고 그와 동시에 포스트 담론의 빈곤을 비판하기 위한 사례로 동원되곤 한다. 그의 사상의 실제 내용에 대해서는 아무도 알지 못하고 아무런 이론적 영향력을 미친 적이 없는데도 포스트 담론의 대표자로 간주되는 이 현상만큼, 비판적 사유의 미국화 현상을 적나라하게 드러내는 것은 없다.

내가 비판적 사유의 미국화 현상에 대해 서두에서 길게 논의한 까닭은, 데리다와 관련하여 이성과 반이성이라는 주제를 논의하려면 우선 이 주제에 관한 선입견들을 교정할 필요가 있기 때문이다. 데리다가 포스트모더니즘이나 해체주의의 대표자로 간주된다면, 그것은 일차적으로 데리다가 반(反)근대성, 따라서 반이성, 반합리성, 반주지주의의 대표자로 이해된다는 뜻이다. 하지만 앞에서 인용한 바와 같이 데리다 스스로 자신의 철학을 포스트모더니즘이나 포스트구조주의, 또는 심지어 해체주의의 일종으로 규정하는 것을 거부한다면, 그리고 이러한 규정이 사실은 포스트 담론 및 데리다의 비판자들에 의해 주로 사용되어온 것이 사실이라면, 이성과 반이성이라는 주제와 관련하여 데리다를 논의하기 위해서는 새로운 해석의 틀을 사용할 필요가 있다. 이 글에서는 유사초월론(quasi-transcendental)이라는 개념에 입각하여 데리다 철학과 이성의 관계를 재조명하고 싶다.[7]

2. 유사초월론이란 무엇인가?

근대 철학에서 초월론적(transzendental) 철학[8]은 칸트에게서 시작된다. 칸트에게 초월론은 인식 경험의 가능성의 조건, 좀 더 정확히 말하면 "인식의 선험적(a priori) 가능성"[9]의 조건을 탐구하는 철학적 탐구 양식을 가리킨다. 이러한 초월론적 탐구 절차에 의거하여 칸트는, 주체 이전에, 그리고 주체 바깥에 그 자체로 존재하는 사물들의 질서와 그 근거를 탐구하는 전통적인 철학에 대하여 이른바 '코페르니쿠스적 전회'를 수행하게 된다. 곧 이제 사물들의 질서는 주관성 내부에, 정확히 말하면 초월론적 주관성 내부에 그 근거를 두게 된다.

현대 철학자들 가운데 칸트의 초월론 철학을 자기 나름대로 재개한 사람이 바로 에드문트 후설이며, 후설 이후의 현대 철학, 곧 현상학에 영향을 받은 철학, 따라서 실제로는 거의 모든 유럽 철학이 한편으로는 칸트-후설식의 초월론적 문제 설정을 계승하면서 다른 한편으로는 그러한 문제 설정을 변형하고 또 넘어서기 위해 고투했다. 가령 칸트나 후설과 별로 관계가 없어 보이는 질 들뢰즈가 자신의 철학을 초월론적 경험론(empirisme transcendantal)으로 지칭하는 것[10]이나 푸코가 《지식의 고고학》에서 '역사적 선험(a priori historique)' 개념에 준거하고 말년에는 '현재의 존재론'이라는 이름 아래 자신의 작업을 재설정하면서 비판을 "더 이상 보편적인 가치를 지니는 형식적 구조들에 대한 연구가 아니라, 사건들을 통해 우리로 하여금 우리를 구성하도록 이끌어온, 그리고 우리로 하여금 우리 자신을 우리가 하고 사고하고 말하는 것의 주체들로서 인지하도록 이끌어온 것이 무엇인지에 관한 역사적 탐구"[11]로 정의하는 데서도 칸트의 영향과 동시에 그로부터 벗어나려는 시도를 살펴볼 수 있다.

20세기 후반 유럽 철학자들 가운데 칸트-후설의 초월론적 문제 설정을 가장 충실하게 계승한 사람으로 흔히 독일의 위르겐 하버마스를 꼽지만, 데리다 역시 그 나름의 방식으로 매우 철저하게 초월론적 탐구 방식을 수행했으며, 또 그 한계를 넘어서기 위해 노력했다. 사실 파리 고등사범학교 졸업논문[12]에서 《"기하학의 기원" 서론》(1962), 그리고 《목소리와 현상》(1967)[13]에 이르기까지 데리다는 후설 현상학에 관해 지속적으로 탐구했으며, 최고의 후설 전문가 중 한 사람으로서 명성을 얻었다. 하지만 《목소리와 현상》 이후 데리다는 더는 현상학에 관한 연구를 진행하지 않고, 그 대신 그가 '기록학(grammatologie)'[14]이라고 부른 문제 설정에 입각하여 (문자)기록(écriture)과 차이, 산종(散種, dissémination)의 개념들을 탐구하면서 서양 형이상학의 탈구축을 시도한다.[15] 하지만 기록학의 문제 설정만이 아니라, 그 후 데리다의 작업에서도 초기 현상학 연구에서 수행된 후설 현상학에 대한 엄밀한 탈구축의 논리는 지속적으로 영향을 미친다. 그리고 이러한 탈구축의 논리를 집약하는 개념이 바로 유사초월론이다.

데리다의 유사초월론은 아주 간단하지만 수수께끼 같은 정식으로 표현될 수 있다. 칸트 이후의 초월론 철학이 가능성의 (선험적) 조건을 탐구한다면, 유사초월론은 가능성의 조건은 동시에 불가능성의 조건이라는 것을 드러내고자 한다. 데리다가 자신의 유사초월론 개념에 관해 명시적으로 논평하는, 아주 드문 곳에서 부연하는 것을 조금 더 들어보자.

> 초월론적인 것의 문제는 '유사(quasi-)'라는 말에 의해 변형되어왔으며, 따라서 만약 초월론성이 나에게 중요한 것이라면, 이는 단순히 그 고전적인 의미에서 그런 것이 아니다(비록 고전적 의미의 초월론성이 나에게 여전히 아주 흥미롭지만 말이다). …… 이 새로운 형태의 초월론적 질문하기는, 고전적인 초월론적 진지함의 유령을 단순히 흉내 내는 데 그치지 않으면서도 이러한 유령 내에서 본질적인 유산을 구성하는 것을 포기하지 않아야 한다. …… 나는 지난 30년 동안 규칙적으로, 그리고 아주 상이한 문제들과 관련하여, 가능성의 초월론적 조건은 또한 불가능성의 조건인 것으로 정의해야 할 필연성으로 인도되었다. 이는 내가 무효화할 수 없는 어떤 것이다. 분명 가능성의 기능을 불가능성의 기능으로 정의하는 것, 곧 가능성을 불가능성으로서 정의하는 것은 전통적인 초월론적 관점에서 볼 때 정통적인 입장과 매우 어긋나는 태도이며, 내가 아포리아의 숙명성이라는 문제로 되돌아갈 때마다 항상 다시 출현한 것이 바로 이러한 정의다.[16]

이 인용문에서 데리다 자신이 명시적으로 지적하듯이, 30여 년 넘게, 곧 1962년 출간된 《"기하학의 기원" 서론》에서부터 1993년 출간된 《아포리아들》[17]에 이르기까지, 그리고 데리다가 2004년 사망할 때까지도 계속해서 데리다 작업의 중심적인 축으로 남아 있었던 것이 바로 유사초월론 개념이다.[18] 그리고 '유사'라는 접두어가 붙은 유사초월론의 핵심은 "가능성의 초월론적 조건은 또한 불가능성의 조건"임을 보여주는 것이다. 이는 데리다가 후기 철학에서 '아포리아(aporia)'라는 또 다른 개념을 통해 표현하고자 한 것과 일맥상통하는 것이다.[19]

3. 유사초월론의 논리

하지만 유사초월론의 논리는 간단한 정식의 외양과 달리 그리 간단하지 않다. 왜 데리다가 전통적인 초월론 철학의 관점을 넘어서 '유사'초월론으로 나아갔는지 이해하려면 후설의 현상학에 대한 초기의 탈구축 작업을 살펴볼 필요가 있다.

칸트가 《순수이성 비판》에서 인식의 선험적 가능성의 근거를 만들기 위해 초월론적 탐구를 수행했던 것과 마찬가지로, 후설은 초기의 기술적(descriptive) 현상학 작업 이후에는 초월론적 현상학 연구로 방향을 전환한다. 초월론적 현상학은 세계의 존재 및 의미 자체가 초월론적 주체에 의해 수행되는 의미 부여 활동에 의해 가능하게 된다고 주장한다. 따라서 후설은 (데카르트 및) 칸트의 초월론 철학의 한계에 대해 이런저런 비판을 제기하지만, 데카르트에게서 칸트로 이어지는 초월론적 주체성의 계보에 자신의 현상학을 위치시킨다.[20]

데리다는 후설의 초월론적 현상학에 관해 두 편의 저작을 남기는데,

첫 번째 저술이 《"기하학의 기원" 서론》[21]이며, 두 번째 저술이 《목소리와 현상》이다. 후자는 "후설 현상학에서 기호 문제에 대한 입문"이라는 부제가 말해주듯이, 후설 현상학에서 표현(Ausdruck)과 표지(Anzeichen) 개념의 차이에 주목하여 자기 촉발(auto-affection) 내지 "자신이 말하는 것을 듣기(s'entendre parler)"에 기초하고 있는 후설 현상학의 로고스중심주의 또는 음성중심주의를 탈구축한다. 반면 전자는 기하학과 같은 과학의 "이념적 대상성(ideale Gegenständlichkeit)"[22]의 구성 및 전승 가능성을 초월론적 현상학의 관점에서 설명하려고 하는 후설의 작업에 전제되어 있는 것이 경험적 사물로서의 문자 기록(écriture)이라는 점에 주목하여 후설의 초월론적 현상학에 대한 탈구축을 시도한다.

〈기하학의 기원〉에서 후설의 관심은 "어떻게 (모든 학문의 이념성과 똑같이) 기하학적 이념성이 개인의 마음에서 생기는 그것 본래의 근원—이것에서 기하학의 이념성은 그것을 처음 고안한 사람의 정신인 의식의 영역 속에서 이룩된 형성물이다—으로부터 이념적 대상성으로 나아가는가"[23]하는 것이다. 후설은 이러한 기하학의 이념적 대상성은, 최초의 기하학자의 주관적 형성물을 넘어서 언어공동체로서 인간들의 공동체를 전제하며, 또한 한 사람에게서 다른 사람으로, 한 세대에서 다른 세대로의 전승 가능성을 전제한다고 말한다. 그리고 이러한 상호주관적 관계와 전승 관계는 "문자, 기록된 언어의 표현"에 의거하고 있다. 이 기록 언어의 중요성은 "개인의 구어적(口語的)인 말이 없이도 의사소통을 가능하게 만든다는 점이며, 말하자면 잠재적으로 형성된 의사소통이라는 점이다. 이러한 점을 통해 인간성(인류)을 공동체로 만드는 일은 새로운 단계로 고양된다"[24]는 점에 있다. 곧 문자로 표현된 언어를 통해 과학적 발견은 한 사람에게서 다른 사람에게, 또한 한 세대에서 다른 세대로 전승될 수 있으며, 각각의 후속 세대의 학자들은 이러한 전승을 바탕으로 최초의 기하학자 내지 자신들의 선배 기하학자들이 사라진 이후에도 새로운 발견을 수행하고 과거의 발견을 정정하거나 폐기하고, 또한 발전시키는 등의 작업을 수행할 수 있다. 따라서 문자 기록은 보편적 기억과 지식의 저장고로 기능한다는 점에서 기하학의 이념적 대상성의 구성에서 초월론적 역할을 수행한다고 말할 수 있다.

그런데 후설은 언어의 두 측면을 구별한다. 하나는 후설이 "언어적 신체(Sprachleib)"[25]라고 부르는 것이며, 다른 하나는 "순수하게 물체적으로 고찰된(rein körperlich betrachtet) 문자 기호(Schriftzeichen, 데리다 자신의 프랑스어 번역어로는 signes graphiques)"[26]라고 표현하는 것이다. 전자의 것이 기하학의 이념적 대상들의 구성 및 전승을 가능하게 하는 것이라면, "단순히 감각적으로 경험할 수 있는" 것으로서의 후자는 "단지 수용적 태도로 파악된 수동성"을 나타내며, 사람들로 하여금 이념적 대상성들을 능동적으로 복원하게 만드는 것이 아니라 "순수하게 연상에 의해 지배된 말하기와 읽기로 빠져들"[27]게 만들 수 있는 것이다. 그렇다면 문자 언어가 지닌 이 두 가지 측면 중에서 후자를 환원함으로써 전자의 측면을 보존하고 활성화하는 것이 기하학의 구성 및 전승을 가능하게 한다고 말할 수 있다.

여기에서 데리다의 탈구축적인 독서가 개시된다. 데리다의 말을 직접 인용해보자.

본질적이고 구성적인 신체성(incorporabilité)의 운동으로서 언어는 또한

> 모든 절대적으로 이념적인 대상, 곧 진리가 사실적이고 우연적으로 신체화(incorporation)되는 장소이기도 하다. 역으로 진리는 말과 문자에 대한 순수 권리 속에서 자신의 기원을 지니고 있지만, 일단 구성되고 나면 그 자신이 [말과 문자] 표현을 경험적 사실로서 조건화한다. …… 우리는 앞서 진리는 현행적으로 또는 사실적으로 사고되지 않고서도 지속될 수 있다는 점을 보았으며, 바로 이것이 모든 경험적 주관성, 모든 사실적인 삶, 모든 현실적인 세계로부터 진리를 근본적으로 해방시키는 것이다. 동시에 인간성(인류)을 공동체로 만드는 일은 "새로운 단계로 고양된다." 인류는 실로 초월론적 공동체로 나타난다. 진정한 문자 기록 행위는 **우리**에 의해, 그리고 **우리**를 향해 수행되는 초월론적 환원이다. 하지만 [경험적] 세계성을 피하기 위해서는, 의미가 우선 [경험적] 세계 안에서 수용되고 감각적인 시공간성 안에 맡겨질 **수**(pouvoir) **있어야**(doit) 하기 때문에, 의미는 자신의 순수한 지향적 이념성, 곧 그 진리 의미를 위험에 빠뜨려야 한다. 그리하여 우리는, 적어도 그것의 몇몇 동기에 따르면, 경험론의 반대인 어떤 철학 내에서 경험론 및 비철학과 합치할 수밖에 없는 어떤 가능성, 곧 진리의 **소멸**의 가능성이 나타나는 것을 보게 된다.[28]

이 대목은 데리다의 탈구축 작업의 고전적인 면모를 잘 드러내준다. 데리다는 우선 언어의 '신체성'과 '물체성'을 구별하는 후설에 맞서, 언어가 지닌 "본질적이고 구성적인 신체성(incorporabilité)", 곧 지금 여기에 최초의 기하학자가 현존해 있지 않아도 우리가 그의 이념적 대상들을 이해할 수 있게 해주는 초월론적 매체로서의 언어는 "또한 모든 절대적으로 이념적인 대상, 곧 진리가 사실적이고 우연적으로 신체화(incorporation)되는 장소"라고 지적한다. 이 말의 뜻은, 우리가 경험적으로 접하고 사용하는 이런저런 구체적인 언어 속에 물체적으로 신체화되지 않고서는 언어의 초월론적 기능 역시 존재할 수 없다는 것이다. 달리 말하면, 경험적 언어와 초월론적 언어, 또는 언어의 경험적 측면과 초월론적 측면을 구별할 수 있는 가능성 자체가 경험적 언어가 성립되고 사용되는 것 속에 놓여 있다고 할 수 있다. 데리다가 "[경험적] 세계성을 피하기 위해서는, 의미가 우선 [경험적] 세계 안에서 수용되고 감각적인 시공간성 안에 맡겨질 수(pouvoir) 있어야" 한다는 말로 표현하는 것이 바로 이 점이다.

그런데 후설 자신도 지적하듯이, 경험적인 언어는 우리가 기하학의 이념적 대상을 명증적으로 이해하고 또 그것을 보편적으로 전승할 수 있게 해주는 것이 아니라, 오히려 언어의 그러한 능력을 방해하거나 잠식하며, 따라서 그것을 실패하게 만드는 가능성을 지닌 것이다. 후설은 언어가 지닌 초월론적 명증성의 능력으로 인해 이러한 경험적 우연성과 난점은 크게 문제가 되지 않는다고 간주한다. 하지만 데리다가 지적하듯이 언어의 초월론적 기능 자체가 언어의 사실적이고 우연적인 신체화를 전제하는 것이라면, 후설이 경험적 언어로 국한했던 의미 전달의 실패 가능성은 사실은 초월론적 언어 그 자체에 본래적인 실패 가능성이라는 점이 드러난다. 데리다가 "의미는 자신의 순수한 지향적 이념성, 곧 그 진리 의미를 위험에 빠뜨려야 한다"라고 말한 것은 바로 이런 뜻이다.

그렇다면 마지막 문장에서 데리다가 말한 것, 곧 일체의 경험론 및 비철학에 맞서 철학적 진리의 가능성을 초월론적으로 정초하려는 후설의 현상학 내에는 본래적으로 "진리의 소멸의 가능성"이 포함되어 있는 것으로 드러난다. 언어의 초월론적 활동이 경험적인 언어 속에서 그것의 물체적 구현, 물질적 신체화 없이 성립하거나 전개될 수 없는 것이라면, 그런데 경험적 언어는 본래적으로 진리 의미의 전달 가능성을 보장하는 것이 아니라 오히려 그것을 방해하거나 잠식할 가능성, 따라서 진리 의미의 전달 불가능성을 함축하는 것이라면, 진리가 성립하거나 전달되지 않을 가능성은 진리의 성립 가능성 내에 본래적으로 포함되어 있다고 할 수 있다. 이로써 데리다가 "가능성의 초월론적 조건은 또한 불가능성의 조건인 것"이라고 유사초월론을 정의하는 이유를 이해할 수 있다.

이와 동일한 논리는 데리다의 다른 저작에서도 여러 차례 나타난다. 《그라마톨로지에 관하여》에서 데리다가 루소에게서 가져와서 탈구축의 핵심적인 개념 중 하나로 발전시킨 '쉬플레망(supplément)' 개념이 대표적인 사례가 될 수 있다. 프랑스어 쉬플레망은 영어의 서플먼트(supplement)라는 말과 마찬가지로 '보충'이나 '추가' 또는 '부록'을 의미한다. 요컨대 어떤 본체나 중심이 먼저 존재하고, 그것에 부족하거나 결여되어 있는 것을 채우기 위해 덧붙여지는 것이 바로 '쉬플레망'이나 '서플먼트'의 일반적인 의미다. 하지만 데리다는 쉬플레망의 일반적 의미에 담겨 있는 본체와 보충물, 중심과 부가물 또는 기원적인 것과 사후에 덧붙여진 것 사이의 위계 관계를 뒤집어, 본체와 중심, 기원적인 것이야말로 보충물이나 부가물 또는 사후적인 것에 존재론적으로 의존한다는 점을 보여준다. 더 나아가 데리다는 우리에게 '정상적인' 것으로 나타나는 본체와 보충물, 중심과 부가물 사이의 관계가 사실은 폭력적인 억압과 전위(轉位)를 통해 사후에 정상적인 관계로 구성된 것이라는 점을 밝혀준다.

쉬플레망은 원래 루소가 《언어 기원에 관한 시론》[29]에서 문자 기록의 성격을 표현하기 위해 사용한 말이다. 루소는 자연 상태의 인간에게 언어란 몸짓에 불과했을 것이며, 인간은 자신의 정념을 표현하기 위해 비로소 목소리를 사용했을 것으로 본다. 그리고 루소는 이 최초의 언어는 이성적이라기보다는 감정적이고, 조음적(articulé)이라기보다는 음량과 강세, 억양이 중시되는 소리였을 것이고, 자음보다는 모음을 위주로 하는 소리였을 것으로 본다. 그러다가 목소리가 단조로워지면서 자음이 증가하고, 강세와 음량이 줄어들면서 조음이 증가하게 되고, 감정 표현보다는 명확한 의사 전달이 중시되는 방향으로 언어가 바뀌어간다. 조음적인 언어가 등장하고 의사소통이 언어의 주요한 기능이 되면서 사용된 것이 바로 문자 기록인데, 루소는 이 문자 기록을 '위험한 보충물(dangereux supplément)'이라고 부른다. 왜냐하면 원래 문자 기록은 목소리에 기초한 고유한 의미의 언어를 보조하고 보충하기 위한 수단에 불과한 것인데, 이 문자 기록은 점차 고유한 언어를 대체하는 경향이 있기 때문이다.

데리다에 따르면 루소의 이 개념은 《언어 기원에 관한 시론》에서 드러나는 루소의 아포리아를 이해하기 위한 열쇠가 될 뿐 아니라, 플라톤에서 루소, 후설에서 레비스트로스에 이르기까지 지속되어온 서양의 현존의 형이상학 또는 음성중심주의의 맹점을 분석할 수 있게 해주는 핵심 개념이다. 데리다가 플라톤의 《파이드로스》[30]나 루소의 《언어 기원에 관한 시론》, 또는 레비스트로스의 《슬픈 열대》 및 《구조인류학》에 대한 분석에서 밝혀주고 있듯이,[31] 서양의 철학자나 이론가들은 문자 기록을 폄하하고 목소리나 말 또는 두 사람이 직접 대면하여 주고받는 대화를 진정한 언어로 간주하려는 경향을 보여준다.

하지만 이처럼 문자 기록을 폄하하고 있음에도 이들은 문자 기록의 존재를 완전히 제거하거나 배제하지 못하며, 이를 일종의 '필요악'으로 긍정하는 모습을 보여준다. 데리다는 이러한 양면적 태도는 사실은 서양의 형이상학에 내재하는 아포리아의 징표라고 말한다. 곧 순수하고 충만한 현존이나 기원(목소리, 말, 대화, 로고스 등)을 인정할 경우 이를 보충해야 할 도구가 왜 필요한지 이해할 수 없으며(왜냐하면 보충은 결함을 지닌 것에만 필요하기 때문에), 반대로 보충의 필요성을 인정할 경우에는 결국 현존과 기원의 불완전성, 결핍을 인정하지 않을 수 없다는 것이다.

따라서 루소가 문자 기록의 위험성을 지시하기 위해 사용한 쉬플레망이라는 단어는 데리다에게는 존재나 구조, 또는 언어나 기타 다른 모든 체계에서 작동하는 일반 논리를 보여주는 개념이 된다. 요컨대 우리가 현존, 기원, 중심 등으로 부르는 것은 사실은 무한한 차이와 대체의 작용으로부터 사후에 파생된 것이며, 이러한 차이와 대체의 작용은 결국 기록의 경제[이는 곧 차이(差移, différance)의 경제이기도 하다]에 근거하고 있다는 점에서, 쉬플레망, 곧 대체 보충 개념은 유사초월론의 논리를 잘 보여준다고 할 수 있다.

4. 유사초월론은 진리와 정의를 부정하는가?

마지막으로 과연 데리다가 초기 저작에서 후기 저술들에 이르기까지 지속적으로 전개하는 유사초월론이 진리와 정의를 부정하거나 상대화하는 것인지, 곧 데리다가 부정적인 의미에서 포스트모더니스트인지 질문해볼 수 있다.

유사초월론의 가장 기본적인 정식이 "가능성의 초월론적 조건은 또한 불가능성의 조건"이고, 초월론적인 근거는 자신이 근거로 하는 경험적인 것에 의존한다면, 또는 데리다가 '대체 보충' 개념을 통해 보여주듯이 토대로서의 기원(가령 로고스나 구어적인 말)은 최초의 것 내지 절대적 원리가 아니라 자신에게 후속하는 것(가령 문자 기록)에 의존하며 더욱이 이러한 의존 관계를 은폐하는 것이라면, 보편적이고 필연적인 진리란 성립하지 않는다고 할 수 있을 것이다. 아울러 보편적인 해방의 주체(가령 프롤레타리아로 대표되는)와 같은 것도 존재하지 않는다고 할 수 있다.

하지만 이는 데리다가 진리나 해방 또는 정의 그 자체를 부정하거나 포기한다는 뜻은 아니다. 《그라마톨로지에 관하여》에서 데리다가 분석한 대체 보충의 논리를 다시 살펴보면, 루소는 목소리에 기초한 진정한 언어를 보충하는 역할을 해야 하는 문자 기록이 오히려 그것을 대체하게 된다는 점을 문자 기록의 고유한 위험성이라고 주장한다. 이는 보충하는 것은 보충하는 역할에 그쳐야 하며, 자신이 보충하는 것을 대체해서는 안 된다는 의미, 다시 말하면 서양 논리학의 가장 기본적인 원리인 배중률에 근거를 둔 주장이다. 하지만 데리다는 오히려 보충과 대체는 양립 불가능한 것이 아니고 서로가 서로를 전제하는 것이라고 주장하며, 이러한 기록의 논리, 기록의 합리성은 서양 형이상학의 고유한 로고스중심주의 및 음성중심주의에서는 드러나지 않는다(곧 그것의 맹점을 이룬다[32])고 말한다. 기록에 대한 배제는 서양 형이상학, 서양의 로고스중심주의의 역사와 한 몸을 이루는 것이다.

> 단지 플라톤에서 헤겔에 이르는 (심지어 라이프니츠도 포함되는) 역사일 뿐만 아니라, 또한 [형이상학의] 외관상의 경계 바깥에 위치해 있는 소크라

테스 이전 사상가들에서부터 하이데거에 이르는 역사이기도 한 이 역사는 그것에 내포된 온갖 차이에도 불구하고, 항상 로고스를 진리 일반의 기원으로 지정해왔다. 진리의 역사, 진리의 진리의 역사는 항상 [우리가 앞으로 설명해야 하는 은유적 교란(diversion)의 경우를 제외한다면] 문자 기록의 폄훼이자 '충만한' 말(parole) 바깥으로 그것을 억압해온 역사였다.[33]

따라서 계속 데리다 자신의 말을 인용하자면, 데리다가 《그라마톨로지에 관하여》를 비롯한 여러 저작에서 추구하는 작업, "여전히 잠정적으로 에크리튀르라고 불리는 것을 둘러싼 끈기 있는 성찰과 엄격한 탐구는, 문자 기록에 대한 과학 아래에 머물러 있기는커녕, 또는 모종의 몽매주의적 반동에 의해 조급하게 그러한 과학을 쫓아내기는커녕 그러한 학문으로 하여금 자신의 실증성을 가능한 한 멀리까지 발전시키도록 만든다는 점에서, 현재, 지식의 울타리를 넘어서 예고되고 있는, 환원 불가능하게 도래할(à venir) 세계에 충실하게 그 세계에 주의를 기울이는 어떤 사유의 방황일 것이다."[34]

데리다는 후기 저술에서는 특히 실천철학의 문제와 관련하여 유사초월론의 논리를 발전시켰다.[35] 이 경우에도 유사초월론은 해방이나 정의를 부정하지 않는다. 그는 《법의 힘》에서 "고전적인 해방의 이상이야말로 내게는 다른 무엇보다 시의적절한 것으로 보인다"[36]라고 말하면서 "해체는 정의다"[37]라고 주장한다. 하지만 해체 또는 탈구축이 정의라는 데리다의 주장은 탈구축이 아무런 불의나 부당함, 폭력의 요소를 포함하지 않는 순수한 정의 그 자체라는 자화자찬을 뜻하는 것이 아니다. 그것은 탈구축, 해체가 "정의의 해체 불가능성과 법의 해체 가능성"[38] 사이에 있다는 것, 해체 불가능한 것, 계산 불가능한 것으로서의 정의(곧 초월론 철학의 논리에 따르면 초월론적 근거를 이루는 것)가 법(경험적인 것, 실증적인 것)의 해체 또는 탈구축을 이끌어야 한다는 의미다.

하지만 다시 한번 이것은, 많은 사람들이 오해하듯이, 법을 넘어서는 것, 계산 불가능한 것으로서의 정의가 그 자체로 정의롭다는 것을 의미하지 않는다. 오히려 "계산 불가능한 정의, 선사하는 정의라는 이념은 그것 자체로 고립될 경우에는 항상 악이나 심지어 최악에 더 가까운 것이 되고 마는데, 왜냐하면 이는 가장 도착적인 계산에 의해 재전유될 수 있기 때문이다."[39] 데리다가 구체적으로 부연하고 있지는 않지만, 우리는 역사에서 이처럼 "그것 자체로 고립"된 계산 불가능한 정의의 사례를 많이 알고 있다. 프랑스혁명 당시 자코뱅의 공포정치나 스탈린주의, 나치스의 유대인 대학살, 문화혁명, 크메르루주의 학살 등이 바로 그 대표적인 사례들이며, 그 밖에 정의의 이름으로 자행되는 크거나 작은 숱한 폭력과 대항 폭력, 극단적 폭력들이 또한 존재한다.

데리다에 따르면 계산 불가능한 정의와 계산의 원리로서의 법은 서로가 서로를 전제하는 것이며, 서로 분리 불가능한 것이다. 따라서 양자의 관계는 오염의 관계이자 협상의 관계이지, 하나가 다른 하나를 일방적으로 지휘하거나 규정하는 관계는 아니다.

> 계산 불가능한 정의는 계산할 것을 **명령한다**. …… 계산 가능한 것과 계산 불가능한 것의 관계를 계산하고 협상**해야** 하고, 우리가 '던져져' 있는 곳에서, 우리가 스스로를 발견하는 곳에서 재발명되어야 하는 규칙들 없이 협상**해야** 할 뿐만 아니라, 또한 우리가 스스로를 발견하는 장소를 넘어서, 그리고 기존의 식별 가능한 도덕이나 정치 또는 법적인 지대를 넘

어서, 민족적인 것과 국제적인 것, 공적인 것과 사적인 것 등의 구분을 넘어서 마찬가지로 가능한 한 멀리 이렇게 **해야** 한다. 이러한 **해야 함**의 질서는 정의에도 법에도 **고유하게** 귀속되지 않는다.[40]

《마르크스의 유령들》에서 데리다가 전개하는 유령론(hantologie)[41]이나 그 이후에 발전시킨 '자기 면역(auto-immunity)' 개념[42] 역시 유사초월론의 실천철학적인 표현들이라고 볼 수 있다. 데리다는 이 모든 경우에서 해방이나 정의의 가능성을 부정하지 않는다. 오히려 데리다는 마르크스주의를 비롯한 지금까지의 모든 해방의 정치가 경험적인 조건들을 넘어서는 순수한 해방의 정치를 추구했으며, 이것이 낳을 수 있는 도착이나 퇴락의 효과들을 고려하지 않았다고 본다. 따라서 유령론이나 자기 면역에 기초를 둔 '도래할 민주주의'는 지금까지의 해방의 정치나 민주주의의 한계를 넘어서기 위한 새로운 유사초월론 정치의 시도라고 할 수 있다.

앞에서 말했던 것처럼 그동안 데리다는 '포스트모더니스트'나 '해체주의자'로 지목되면서, 동시대의 다른 프랑스 철학자들에 비해서도 유독 많은 비판과 무관심의 대상이 되어왔다. 이는 단순히 그의 저작이 난해하고, 또 그의 저작들의 번역 상태가 좋지 못한 데서 비롯된 것만은 아니다. 그것은 그만큼 그의 사유가 독창적이고 우리에게 낯설게 여겨지기 때문이기도 하다. 하지만 필자의 생각으로는, 민주주의의 기초가 무너지고 적자생존의 원리에 기반을 둔 각자도생의 생존경쟁과 약자들에 대한 혐오와 배제가 횡행하는 신자유주의의 시대에 유사초월론의 논리, 그리고 그것에 기반을 둔 도래할 민주주의의 정치는 다른 어떤 철학보다도 우리에게 귀중한 통찰을 제공해줄 수 있다.

더 읽어볼 책

진태원. 2013. 〈해체, 차이, 유령론으로 읽는 데리다〉. 철학아카데미 엮음. 《처음 읽는 현대 프랑스철학》. 파주: 동녘.

데리다 철학의 기초 개념인 해체, 차이, 유령론에 관한 개론적인 설명이 담겨 있는 글이다.

데리다, 자크. 2006. 《목소리와 현상》. 김상록 옮김. 서울: 인간사랑.

초기 데리다 철학에서 유사초월론적인 논의가 제시되는 구체적인 장면을 살펴보고 싶은 독자라면, 《목소리와 현상》 6장인 〈침묵을 지키는 목소리〉를 읽어볼 것을 권한다.

데리다, 자크. 2014. 《마르크스의 유령들》(수정 2판). 진태원 옮김. 서울: 그린비.

유사초월론의 실천철학적인 함의를 이해하고 싶은 독자라면, 《마르크스의 유령들》의 1장인 〈마르크스의 명령들〉을 읽어보면 도움이 될 것이다.

본문의 주

1장 이성과 반이성의 철학적 격돌

1 이성의 활동에 견주어볼 때, '반(反)이성'이라는 말은 '비(非)이성' 또는 '탈(脫)이성'이라는 말보다 그 부정성이 더 강하다. 하지만 아래에서 언급되는 '반이성'이라는 말이 반드시 이성에 대해 그렇게 강한 부정성을 띠는 것만은 아니다. 맥락에 따라 '비이성'이라거나 '탈이성'이라는 뜻으로 읽어야 마땅할 때도 있다. 그런데 굳이 '비이성' 또는 '탈이성'을 쓰지 않고 '반이성'을 채택한 것은 이성과의 격돌을 더욱 강하게 드러내고자 함이다.

2 에드워드 윌슨, 《통섭》, 최재천·장대익 옮김(사이언스북스, 2005), 459쪽.

3 헤시오도스, 《신통기: 그리스 신들의 계보》, 김원익 옮김(민음사, 2003/2011), 27~29쪽.

4 플라톤, 《티마이오스》, 박종현·김영균 공역(서광사, 2000), 147~148쪽.

5 위의 책, 75쪽.

6 위의 책, 79쪽.

7 위의 책, 114~115쪽 참조.

2장 호메로스에서 플라톤까지 이성 개념

1 《일리아스》 15권 393행; 《오뒤세이아》 1권 56행.

2 《일리아스》 2권 125행; 《오뒤세이아》 4권 452행.

3 《일리아스》 2권 435행; 《일리아스》 13권 275행; 《오뒤세이아》 11권 374행; 《오뒤세이아》 14권 197행.

4 C.M. 바우라, 《그리스 문학과 예술의 이해》, 이창대 옮김(철학과현실사, 2006).

5 "언제나 있는 이 로고스에 관해 사람들은 듣기 전에도 듣고 나서도 이해하지 못한다. 왜냐하면 모든 것이 이 로고스에 따라서 생기지만……"(단편 1). "로고스는 공

통된 것임에도 많은 사람들은 마치 자신들만의 고유한 생각(phronēsis)을 가지고 있다는 듯이 살아간다"(단편 2).

6 "누스를 가지고 말하려는 사람들은 모든 것에 공통된 것(로고스)을 통해 확고해져야 한다"(단편 114). "박식이 누스를 갖도록 가르치지 않는다"(단편 40).

7 "눈과 귀는 사람들에게 나쁜 증인이다. 말을 알아듣지 못하는 혼을 가진 한에서"(단편 107), "눈은 귀보다 더 정확한 증인(martyres)이다(단편 101a)". "보고 듣고 배울 수 있는 그 모든 것을 나는 더 중시한다"(단편 55).

8 헤라클레이토스에서는 로고스가 주도한다는 점에서 '로고스적 누스'라고 했는데, 파르메니데스에서는 '누스적 로고스'라고 부를 수 있겠다.

9 논박을 벗어나기 위해 새로운 답을 제시하고 다시 논박이 가해지는 과정이 계속 이어진다. '로고스 안에서의 탐구'를 '논변을 통한 탐구'라고 번역할 때, 이런 일련의 과정을 포괄적으로 일컫는 표현으로 이해할 수 있다.

10 '디알레게스타이'는 로고스를 서로(dia) 주고받는 사유활동을 뜻하며 명사형은 dialektos다. 우리말로 '대화', '담론', '논의', '토론' 정도로 번역한다. 여기에 _kē(technē, 기술)가 덧붙여진 단어가 dialektikē다.

11 인용문(《국가》 532a-b)에서, 변증술의 여정이 완성되는 지점, 즉 선의 이데아를 파악하는 지점에서 '노에시스'라는 단어를 사용하고 있다.

12 플라톤의 《파이드로스》(246a-249d)를 보면, 인간의 영혼은 원래 천상에서 신들과 함께 거하며 이데아 세계로부터 진리의 빛을 양식으로 공급받으면서 우주의 운행을 이끌었는데, 어떤 변고로 날개가 상해 지상으로 추락한다. 지상에서 살아가기 위해 어쩔 수 없이 육신을 입고 윤회의 삶을 거듭하다가 때가 되면 날개를 회복하고 다시 천상으로 돌아간다.

3장 아리스토텔레스: 인간과 세계 속의 '이성' 개념

1 이 글에서 '지성'은 계산·숙고·추리 능력의 의미로 사용하고, '이성'은 이와 더불어 직관·관조·통찰 능력까지 포함한, 좀 더 폭넓은 의미로 쓰기로 한다. '이성'이 좁은 의미로 쓰일 때에는, 즉 그것에서 '지성'의 의미를 제외할 때에는, 직관의 능력을 의미한다.

2 《니코마코스 윤리학》 9권 8장 1168b 31-1169a 3. 이하 원문은 필자가 직접 우리말로 옮겨 인용한 것이다.

3 《니코마코스 윤리학》 7권 13장 1332b 2-4.

4 '감정'으로 옮겨진 그리스어 'pathos'는 원래 신체와 마음의 두 측면에서 수동적으로 당하는 외부의 영향 및 그 결과를 뜻한다. 특히 마음에 미치는 영향에 어떻게 사람이 능동적으로 대처하느냐에 따라 그 사람의 도덕성(ēthos, 성격)이 갈린다.

어원적으로, 윤리학(ēthika)은 '성격에 관한 학'이다.

5 《니코마코스 윤리학》 7권 1장 1145b 10-15.

6 《연설술》 1권 5장 1362a 6-11.

7 《정치학》 1권 2장 1253a 10-18.

8 《연설술》 1권 1장 1355a 38-b 2.

9 아리스토텔레스 글 조각 187, 1511a 44.

10 그리스어 'hexis(라틴어 habitus)'는 아리스토텔레스의 《범주론》 8장에 따르면, '일시적인 상태'를 뜻하는 'pathos'와 대비되어 '지속적인 상태(습성)'를 뜻하는 것으로, 10가지 범주 가운데 질에 속한다. 여기에는 타고난 능력, 지병, 정의, 절제, 지식 등 신체적·도덕적·지적 상태가 모두 포함된다.

11 'thymos'는 호메로스의 시에서는 '생명', '용기', '심장', '마음' 등 아리스토텔레스의 'psychē(혼)'에 가까운 의미를 지닌다. 플라톤에서는 주로 '기개', '용기'로 번역되는 말이다. 아리스토텔레스에서는 '바람', '욕망'과 더불어 혼의 욕구 능력을 이루면서, 이성에 따를 수도 있고 거스를 수도 있는 양면성을 지닌 것으로 설명된다.

12 《정치학》 7권 15장 1334b 17-28.

13 《영혼에 관하여》 3권 10장 433a 14-17.

14 《니코마코스 윤리학》 6권 5장 1140b 26-29.

15 《니코마코스 윤리학》 10권 8장 1179a 22-31.

16 좁은 의미의 이성, 즉 직관(nous)은 궁극적인 원리를 증명의 과정을 통하지 않고 직접 파악하는 능력이다.

17 《니코마코스 윤리학》 6권 7장 1141b 2-9.

18 《정치학》 3권 16장 1287a 28-32.

19 《니코마코스 윤리학》 6권 1장 1139a 3-11.

20 《국가》 5권 476c~480a, 《티마이오스》 51b-52a 등.

4장 스피노자: 욕망의 힘, 이성의 역량

1 Benedictus de Spinoza, Ethica, in *Spinoza Opera*, ed., Carl Gebhardt(Carl Winter Verlg, 2015).

2 Ibid., p.80.

3 칸트를 비롯한 여러 철학자들은 역으로 그를 교조주의 내지 독단주의의 대표적 사례로 간주한다.

4 《윤리학》 4부 정리 17의 주석.

5 《윤리학》 2부 정리 40의 두 번째 주석.

6 《윤리학》 2부 정리 40의 주석 1.

7 《윤리학》 2부 정리 18의 주석.

8 《윤리학》 5부 정리 25 이하.

9 《윤리학》 2부 정리 41.

10 《윤리학》 2부 정리 42.

11 《윤리학》 4부 정리 28.

12 《윤리학》 5부 정리 25.

13 《윤리학》 5부 정리 28.

14 《윤리학》 5부 정리 36의 주석.

15 《지성교정론》 1절.

16 《지성교정론》 16절.

17 스피노자는 철학자에게도 이것이 쉽지 않은 일임을 상기시킨다. "키케로가 말하기를 훌륭한 사람들은 자부심(명예심, gloria)에 의해 극도로 이끌리고 있는 것이다. 자부심(명예심)을 무시하기 위해 책을 쓴 철학자들조차 그 책에 자신들의 이름을 써넣곤 한다"[《윤리학》 3부 〈부록〉 중 44항 암비치오(ambitio)에 대한 '해명'(강조는 스피노자)]. 또한 5부 정리 10의 주석에서는 다음과 같이 지적한다. "따라서 명예(자부심)의 오용과 세상의 공허함에 대해 가장 소리 높여 외치는 사람들이야말로 가장 명예(자부심)를 욕망하는 사람들이라는 점은 확실하다."

18 주지하다시피 《윤리학》의 마지막 정리는 다음과 같다. "하지만 고귀한 모든 것은 어려울 뿐만 아니라 드물다."

19 스피노자 철학에서 정치학의 중요성에 관해서는 특히 현대 스피노자 정치철학 연구에 큰 영향을 끼친 알렉상드르 마트롱, 《스피노자 철학에서 개인과 공동체》, 김문수·김은주 옮김(그린비, 2008); 에티엔 발리바르, 《스피노자와 정치》, 진태원 옮김(그린비, 2014); Antonio Negri, *The Savage Anomaly: the power of Spinoza's metaphysics and politics*, trans., Michael Hardt(University of Minnesota Press, 1990) 등을 참조. 네그리의 책은 《야만적 별종》, 윤수종 옮김(푸른숲, 1997)이라는 제목으로 국역본이 출간된 적이 있으나, 심한 오역 때문에 참조하기 어렵다. 알튀세르, 들뢰즈, 네그리, 발리바르의 스피노자 해석에 관한 포괄적 소개로는 진태원, 〈스피노자의 현재성: 하나의 소개〉, 《모색》 2호(2001) 참조.

20 《신학정치론》 16장, p.524.

21 《정치론》 11장 1절.

22 스피노자 철학에서 사회계약론의 문제에 대해서는 진태원, 〈《신학정치론》에서 홉스 사회계약론의 수용과 변용: 스피노자 정치학에서 사회계약론의 해체 I〉, 서울대학교 철학사상연구소 편, 《철학사상》 19집(2004) 및 〈대중들의 역량이란 무엇인가? 스피노자 정치학에서 사회계약론의 해체 II〉, 《트랜스토리아》 제5호(박종철출판사, 2005) 참조.

23 《신학정치론》 17장, p.546.

24 《정치론》 3장 2절.

25 《정치론》 6장 1절.

26 사실 스피노자는 명시적으로 인간 및 사회 혐오자들과 거리를 둔다. "그리고 실제 보더라도 사람들의 공동사회로부터 손해보다는 훨씬 더 많은 이익이 생겨난다. 따라서 풍자가들이 인간사를 마음껏 조소하고, 신학자들이 증오하고, 우울증에 빠진 사람들이 할 수 있는 대로 야생의 전원생활을 예찬하고 인간을 경멸하며 짐승에 대해 경탄하도록 내버려두자. 그렇게 한다 해도 사람들은 경험을 통해, 그들은 서로 도움으로써 자신들에게 필요한 것들을 훨씬 쉽게 갖출 수 있고, 서로의 힘을 연합함으로써만 도처에서 그들을 노리는 위험에서 벗어날 수 있음을 깨닫게 된다"(《윤리학》 4부 정리 35의 주석).

27 L. Althusser, *Psychanalyse et sciences humaines. Deux conférences(1963-1964)*, eds., Olivier Corpet & François Matheron(Le Livre de Poche, 1996), p.114. 이는 또한 역시 유고로 출간된 〈유물론의 독특한 전통〉이라는 글에서도 나타난다. 루이 알튀세르, 《미래는 오래 지속된다》, 권은미 옮김(이매진, 2008) 참조.

28 《윤리학》 2부 정리 48의 주석.

29 알튀세르 자신은 이데올로기를 이렇게 이해했다. 루이 알튀세르, 〈마르크스주의와 인간주의〉, 《마르크스를 위하여》, 서관모 옮김(후마니타스, 2017) 참조. 이에 관한 평주로는 진태원, 〈스피노자와 알튀세르: 상상계와 이데올로기〉, 서동욱·진태원 엮음, 《스피노자의 귀환》(민음사, 2017) 참조.

30 《윤리학》 2부 정리 35의 주석.

31 라틴어 'virtus'는 '힘'을 뜻하는 'vis'라는 어근에서 파생된 것으로, 영어의 'virtue'와 달리 단어 자체에 힘 내지 역량 개념을 포함하고 있다. 실로 스피노자는 《윤리학》 4부 정의 8에서 "나는 덕(virtus)과 역량을 같은 것으로 이해한다"라고 말한다. 따라서 'virtus'를 '덕'이나 '미덕'으로 번역할 때에도 이 단어에 함축된 힘이나 역량의 의미를 늘 염두에 두어야 한다.

32 《윤리학》 2부 정리 17의 주석.

33 이런 관점에서 스피노자의 상상 개념을 이해하려는 또 다른 흥미로운 시도는 Genevieve Lloyd & Moira Gatens, *Collective Imaginings: Spinoza, Past and Present* (Routledge, 1999) 참조.

34 《윤리학》 3부 정리 7.

35 이때의 '생존'을 유한한 사물의 존재 보존이라는 넓은 의미로 이해해야 한다. 스피노자가 독특한 실재(res singularis)의 본질을 '코나투스'로 정의할 때, 독특한 실재에는 인간이나 동물, 식물 같은 생명체만이 아니라 바위 등과 같은 무생명체도 포함되기 때문이다.

36 《윤리학》 3부 정리 9의 주석.
37 《윤리학》 3부 부록인 〈정서들에 대한 정의〉.
38 《윤리학》 3부 정리 2의 주석 참조.
39 《윤리학》 3부 〈서문〉이나 5부 〈서문〉.
40 《윤리학》 3부 정의 3.
41 《윤리학》 3부 정리 11의 주석.
42 《윤리학》 3부 부록 〈정서들에 대한 정의〉 중 2항.
43 《윤리학》 3부 부록 〈정서들에 대한 정의〉 중 3항.
44 《윤리학》 3부 정리 13의 주석.
45 《윤리학》 3부 정리 59의 주석.
46 《윤리학》 3부 정리 35의 주석.
47 《윤리학》 4부 정리 7.
48 《윤리학》 3부 부록 〈정서들에 대한 정의〉 4항.
49 《윤리학》 2부 정리 18의 주석.
50 《윤리학》 5부 정리 6의 주석.
51 《윤리학》 5부 정리 9.
52 《윤리학》 5부 정리 10.
53 《윤리학》 5부 정리 10의 주석.

5장 칸트: 두 얼굴의 이성, 이론이성과 실천이성

1 임마누엘 칸트, 《칸트의 역사철학》, 이한구 옮김(서광사, 1992), 13쪽.
2 르네 데카르트, 《방법서설·성찰》, 최명관 옮김(서광사, 1988), 9쪽.
3 임마누엘 칸트, 《순수이성 비판 1》, 백종현 옮김(아카넷, 2006), 168쪽.

6장 헤겔: 이성의 진보로서의 역사

1 이마누엘 칸트, 《순수이성 비판 1》, 백종현 옮김(아카넷, 2011), 168쪽(번역 수정함).
2 Ingrid Strohschneider-Kohrs, *Die romantische Ironie in Theorie und Gestaltung* (Tuebingen, 2002), S.43ff. 참조.
3 게오르크 빌헬름 프리드리히 헤겔, 《헤겔의 미학 강의 1》, 두행숙 옮김(은행나무, 2015), 143쪽(번역 수정함).
4 게오르크 빌헬름 프리드리히 헤겔, 《정신현상학》, 임석진 옮김(한길사, 2005), 50쪽.
5 게오르크 빌헬름 프리드리히 헤겔, 《법철학》, 서정혁 옮김(지식을 만드는 지식,

2020), 49쪽 이하(재번역함).

6 위의 책, 50쪽(재번역함).

7 하버마스는 칸트 등 근대의 철학자들이 근대 안에서 철학을 했다면 헤겔은 근대를 그 자체로 철학의 대상으로 삼은 최초의 사상가라고 평가한다. 그런 점에서 헤겔은 이미 근대 이후의 세계를 연 자라고 할 수 있다. 위르겐 하버마스, 《현대성의 철학적 담론》, 이진우 옮김(문예출판사, 1995), 44쪽 이하 참조.

8 게오르크 빌헬름 프리드리히 헤겔, 《정신현상학》, 임석진 옮김(한길사, 2005), 57쪽.

9 게오르크 빌헬름 프리드리히 헤겔, 《법철학》, 서정혁 옮김(지식을 만드는 지식, 2020), 64쪽.

10 Hegel, *Glauben und Wissen Order Die Reflexionsphie der Subjektivität in der Vdlständigkeit iher Formen als Kantische, Jacobische und Fichtesche Philosophie*, in: GW, Bd.4, *Jenaer Kritische Schriften*, H. Buchner / O. Pöggeler (Hg.)(Hamburg, 1968)(이하 *Glauben und Wissen*로 약기). 이 저작에서 우리는 헤겔이 근대 철학의 본질을 건드리고 있음을 보게 된다. 예를 들어, 데카르트는 물체를 정신과 구별되는 하나의 실체로 규정하고 물체의 본질을 연장에서 찾았는데, 이것은 사물에는 특정한 목적성이나 의미, 즉 정신성이 들어 있다고 한 과거 형이상학적 사유와 구별되는 근대 철학의 가장 큰 특징에 속한다. 헤겔이 계몽을 '건조한'이라는 형용사로 묘사하는 이유는 바로 여기에 있다.

11 Hegel, *Differenz des Fichteschen und Schellingschen Systems der Philosophie*, Bd.2, in: Werke in zwanzig Baenden(Frankfurt/M. 1986)(이하 *Differenzschrift*로 약기), S.11.

12 Hegel, *Glauben und Wissen*, S.322.

13 Hegel, *Glauben und Wissen*, S.322.

14 L. Zahn, *Reflexion*, in: HWPh, Bd.8, sp.396ff. 참조.

15 Hegel, *Glauben und Wissen*, S.322f.

16 Hegel, *Differenzschrifft*, Bd.2, S.21.

17 Hegel, *Differenzschrifft*, Bd.2, S.21.

18 Hegel, *Differenzschrifft*, Bd.2, S.23.

19 Hegel, *Differenzschrifft*, Bd.2, S.21f.

20 Hegel, *Differenzschrifft*, Bd.2, S.23.

21 게오르크 빌헬름 프리드리히 헤겔, 《법철학》, 서정혁 옮김(지식을 만드는 지식, 2020), 66쪽(재번역함).

22 위의 책, 66쪽(재번역함).

23 게오르크 빌헬름 프리드리히 헤겔, 《정신현상학》, 임석진 옮김(한길사, 2005), 48

쪽(재번역함).

24 Hegel, *Wissenschaft der Logik*, in: ders., *Werke in 20 Baenden*, a.a.O., Bd.6, S.288.

7장 호르크하이머: 이성 비판과 가부장의 자의식

1 이순예, 《아도르노》(한길사, 2013), 158~225쪽 참조.

2 막스 호르크하이머, 《도구적 이성 비판》, 박구용 옮김(문예출판사, 2013), 41쪽. "사유 자체가 마치 산업 생산과정의 수준으로 축소된 것처럼 치밀한 계획에 복속되었는데, 간단히 말하자면 생산의 고정된 구성 요소로 전락한 것이다."

3 막스 호르크하이머, 《도구적 이성 비판》, 박구용 옮김(문예출판사, 2013), 13쪽.

4 위의 책, 15쪽

5 위의 책, 17쪽

6 Jürgen Habermas, *Die Moderne-ein unvollendetes Projekt*(Reclam, 1992), S.41.

7 이순예, 《민주사회로 가는 독일적 특수경로와 예술》(길, 2015), 16~43쪽 참조.

8 막스 호르크하이머, 《도구적 이성 비판》, 박구용 옮김(문예출판사, 2013), 20~25쪽 참조.

9 위의 책, 21쪽.

10 위의 책, 218쪽.

11 위의 책, 218쪽.

12 위의 책, 230쪽.

13 위의 책, 17쪽과 20~21쪽 참조.

14 막스 호르크하이머, 《도구적 이성 비판》, 박구용 옮김(문예출판사, 2013), 221쪽. "이러한 충동이 파괴적인 행동 대신에 언어라는 보편적인 매체로 변환되는 것은 잠재된 허무주의적인 에너지가 화해에 기여한다는 것을 의미한다. 여기에 철학과 파시즘 사이의 근본적이고 본질적인 대립이 존재한다."

15 막스 호르크하이머, 《도구적 이성 비판》, 박구용 옮김(문예출판사, 2013), 50~51쪽.

8장 하버마스: 기능주의적 이성 비판과 의사소통적 이성 옹호

1 이 글 전반에 걸쳐, 그리고 하버마스 이론에서도 '상호 이해(Verständigung)'는 상호 이해가 이루어진 상태보다는, 의견을 주고받으며 상호 이해를 추구하는 과정에 방점을 두고 이해하는 것이 좋다.

2 합리성은 이성의 본질적 특성이다. 이성이 제대로 발휘될 때 합리성이 구현된다.

무엇이 합리적이라고 판단하는 것도 이성의 고유한 능력이다. 합리적이라는 것은 이성에 맞는다는 것이며, 이성적이라는 것이다. 그래서 많은 맥락에서 '합리성'과 '이성'은 상호 교환될 수 있다. 굳이 구분하자면 이성은 합리성을 구현할 수 있는 능력이고, 합리성은 그런 능력에 의해 구현된 상태를 가리킨다.

3 설혹 운이 좋아 그 결정이 좋은 결과를 낳았다 하더라도 좋은 근거로 뒷받침되지 못하는 결정 자체는 비합리적인 것이다. 비합리적인 결정인데 좋은 결과를 낸 것, 그것이 운이다.

4 근거 제시 가능성의 이면은 '비판 가능성'이다. 근거를 제시한다는 것은 정답을 제시한다는 것과 다르다. 근거를 제시한다는 것은 다른 근거와 견주어볼 수 있다는 것을 함축한다. 이런 의미에서 근거 제시 가능성과 비판 가능성은 한 동전의 양면이다.

5 하버마스는 이 맥락에서 '목적론적 행위', '목적 합리적 행위', '목적 지향적 행위'를 동의어로 사용한다. '목적 지향적 행위'라는 표현을 가장 드물게 사용하는데, 필자가 생각하기에 이 표현이 하버마스가 말하고자 하는 바를 가장 정확하게 전달해준다. 이에 대해서는 192쪽의 설명도 참조.

6 앞에서 목적 합리성은 진리에 기초하고 있다고 했다. 전략적 행위는 목적 지향적 행위의 하위 유형이다. 그렇다면 전략적 행위의 성공 여부도 진리에 달려 있을 것이다. 그런데 위의 사기 치는 예에서 보듯이, 전략적 행위의 성공을 위해서는 거짓말, 거짓 눈물, 거짓 약속이 효과적인 수단이 될 수 있다. 목적 합리성에서는 목적의 타당성과 수단의 정당성은 시야 밖에 있다. 주어진 목적 달성을 위한 수단의 효율성만이 문제가 될 뿐이다. 이렇게 본다면 전략적 행위에서는 자주 거짓이 목적 달성을 위한 효과적 수단이 될 수 있다. 그렇다면 목적 합리성이 진리에 기초한다는 것은 무슨 말일까? 이 말은 거짓이 전략적 합리성의 효과적 수단일 수 있다는 것과 어떻게 양립 가능할까? 이에 대해 독자는 일단 스스로 생각해보기 바란다. 필자의 설명은 이 글의 마지막 각주 14에 있다.

7 "우리는 '**보완을 필요로 하는 계기들 사이의 균형**', 인지적인 것과 도덕적인 것 및 미학적-표출적인 것 사이의 균형 잡힌 공존에 대해 말해야 할 것이다." 위르겐 하버마스, 《의사소통행위이론》 1권, 장춘익 옮김(나남출판, 2006), 137쪽.

8 "의사소통적 합리성 역시 …… 목적 합리성, 도덕적-실천적 합리성, 미학적-실천적 합리성과 전혀 다른 합리성이 아닐 것이다. …… 의사소통적 합리성이란 바로 합리성 요소들을 동시에 고려하는 합리성, 혹은 다른 합리성 요소들에 대해서 맹목적이지 않은 개별 합리성이다." 장춘익, 〈포괄적 합리성과 사회 비판: 하버마스의 《의사소통행위이론》 읽기〉, 《고전 강연 4: 근대정신과 비판》(민음사, 2018).

9 이 말이 당사자들이 단순히 합의만 하면 된다는 뜻으로 오해되지 않기를 바란다. 의사소통 행위를 통해 합의에 이르는 과정은 서로 자신의 판단과 해석을 제시하

고, 그것을 좋은 근거로 뒷받침하는 과정이다. 이상적인 상황에서는 가장 좋은 근거에 의해서 뒷받침되는 해석에 사람들이 합의하게 될 것이다.

10 위르겐 하버마스, 《의사소통행위이론》 1권, 장춘익 옮김(나남출판, 2006), 178쪽.

11 위의 책, 154쪽.

12 위의 책, 89쪽.

13 위의 책, 426쪽.

14 [각주 6번에 대하여] 전략적 행위에서는 사실 왜곡, 거짓 선전, 거짓말 등 참이 아니라 거짓이 주어진 목적을 달성하기 위한 효율적 수단으로 투입될 수 있으며, 그렇게 되고 있다. 그런데 이때 거짓이 기대된 효과를 낳기 위해서는 그 거짓된 수단의 효과적 작동에 대한 기대가 참이어야 한다. 그 기대를 뒷받침하는 관련 정보와 지식이 참이어야 한다. 예를 들어 한국 사회에서 아직도 자주 일어나는 것처럼 거짓 보도로 여론 몰이를 하려 한다고 하자. 이 시도가 성공하려면, 신문·방송이 사실을 왜곡하는 보도를 계속하면 사람들이 왜곡된 보도를 사실인 양 받아들일 것이고, 한국 사람들은 그렇게 여러 번 속고도 계속해서 잘 속아 넘어갈 것이라는 가정이 참이어야 한다. 이런 의미에서 목적 합리성을 전략적으로 거짓된 수단에 의해 성취하려는 경우에도 그 시도의 성공은 상당 부분 관련된 정보와 지식의 진리성 여부에 달려 있다.

10장 사르트르: 20세기의 마지막 거대 담론 주창자

1 Jean-Paul Sartre, *Critique de la raison dialectique*(précédé de Questions de méthode), t.I: *Théories des ensembles pratiques*; t.II: *L'Intelligibilité de l'histoire* (Gallimard, 1985). 이하 각각 CRD1, CRD2로 약기.

2 CRD1, p.14.

3 Jean-Paul Sartre, *Saint Genet, comédien et martyr*(Œuvres complètes de Jean Genet, t.I) (Gallimard, 1952), p.158.

4 Jean-Paul Sartre, *L'Etre et le néant: Essai d'ontologie phénoménologique*(Gallimard, 1943).

5 부제는 '현상학적 존재론 시론(essai d'ontologie phénoménologique)'이다.

6 Raymond Aron, *Histoire et dialectique de la violence*(Gallimard, 1973), p.9.

7 Joseph S. Catalano, *A Commentary on Jean-Paul Sartre's* Critique of Dialectical Reason, vol.I, Theory of Practical Ensembles(The University of Chicago Press, 1986).

8 Wilfred Desan, *The Marxism of Jean-Paul Sartre*(Anchor Books, 1965).

9 Thomas R. Flynn, *Sartre and Marxist Existentialism*(The University of Chicago

Press, 1984).

10 Claude Lévi-Strauss, *La Pensée sauvage*(Pocket, 1990). 특히 이 저서의 제10장, 〈역사와 변증법(Histoire et dialectique)〉을 볼 것.

11 Ronald David Laing & David G. Cooper, *Raison et violence: Dix ans de la philosophie de Sartre*(1950-1960)(Petite Bibliothèque Payot, 1971).

12 장폴 사르트르, 《변증법적 이성 비판》(1~3권), 박정자·변광배·윤정임·장근상 옮김(나남, 2009).

13 우리나라의 경우에는 《변증법적 이성 비판》에서 '폭력'의 사용이 정당화되고 있다는 점, 사르트르가 과격 좌파 지식인이라는 점 등이 이 저서의 연구에 불리한 여건으로 작용하고 있는 것으로 판단된다.

14 물론 제1권만 출간되었지만, 제2권의 원고도 이때 쓰인 것이다.

15 사르트르는 제2차세계대전 당시 독일 점령하에 있던 파리가 수복되었을 때도 이와 같은 상태를 경험한다.

16 프랑스 해군 장교이자 공산당원이었던 앙리 마르탱은 1949년 7월부터 인도차이나 전쟁을 반대하는 유인물 작성 및 배포 죄목으로 1950년 5월에 체포되어 군사법원에서 실형을 선고받았다. 사르트르는 그의 석방을 요구하던 공산주의자들의 입장에 동조했다. 1953년에는 이 사건의 전말을 담은 《앙리 마르탱 사건(L'Affaire Henri Martin)》이라는 책을 출간했다.

17 1952년에 PCF는 한국전쟁에서 주한 미군을 지휘했던 리지웨이 장군이 아이젠하워의 후임으로 나토(NATO) 총사령관으로 부임하는 것을 반대하는 시위를 벌였다. 리지웨이는 한국전에서 세균전을 주도했다는 혐의를 받았다. 반대 시위가 한창일 때, 차 트렁크에 비둘기 몇 마리를 싣고 가던 PCF 간부이자 국회의원이었던 자크 뒤클로가 체포되었다. 그 비둘기들을 구소련을 위한 간첩 활동에 전서구(傳書鳩)로 이용했다는 이유였다. 사르트르는 같은 해 여름에 로마에서 휴가를 보내던 중 이 소식을 접하고 급히 돌아와 〈공산주의자들과 평화〉를 썼다.

18 이 두 논쟁에 대해서는 정명환·장프랑수아 시리넬리·변광배·유기환, 《프랑스 지식인들과 한국전쟁》(민음사, 2004)을 볼 것.

19 CRD1, p.180.

20 CRD1, p.14.

21 CRD1, p.31.

22 《존재와 무》에서 '대자 존재'로 규정되는 인간은 미래를 향해 자기 자신을 기투(se projeter)하며 실존을 영위하게 된다. 이에 반해 《변증법적 이성 비판》에서 '욕구(besoin)'의 주체로 정의되는 인간은 자신의 욕구를 충족시키기 위해 부단히 노력하면서 지금까지 이 세계에 존재하지 않았던 것을 만들어내고, 그 과정에서 자기를 에워싸고 있는 객관적 여건을 극복하고, 또 그 여건을 변화시키기도 하는 '실

천'의 주체로 여겨진다.

23 CRD1, p.14.

24 CRD1, p.132.

25 실제로 이 방법은 《존재와 무》에서 사르트르가 "실존적 정신분석(psychanalyse existentielle)"을 정립할 때 이미 그 윤곽이 그려졌던 것이다. 하지만 이 저서를 집필할 당시에는 이 방법을 구성하는 두 축(軸) 가운데 하나인 '전진적 방법'의 축을 제대로 기술할 수가 없었다. 그로 인해 거의 절름발이 형태로 남겨져 있던 이 방법이 〈방법의 문제〉에 와서 마르크스주의의 도움으로 '전진적·후진적 방법'으로 완성된 것이다.

26 사르트르는 '변증법적 이성'을 "행위의 살아 있는 논리(logique vivante de l'action)"로 규정하고 있다(CRD1, p.156).

27 CRD1, p.14.

28 이것이 바로 어쩌면 《변증법적 이성 비판》에서 가장 중요한 개념 중 하나인 '실천적-타성태' 개념에 해당한다. 사실 사르트르는 이 개념에 대해 명확한 정의를 내리지는 않고 있다. 하지만 대략 다음과 같은 추론을 통해 개략적으로 개념 규정을 할 수 있을 것이다. 실제로 물질세계에서 삶을 영위하면서 실천적 유기체로서의 인간은 항상 지금까지 그 세계에 존재하지 않았던 그 '무엇'을 나타나게끔 한다. 사르트르는 이 '무엇'을 "가공된 물질(matière ouvrée)"이라고 명명한다. 이 가공된 물질은 엄밀한 의미에서 인간이 '희소성(rareté)'—이 세계를 지배하는 우연적 요소로 모든 인간관계를 대립과 폭력으로 이끄는 가장 기본적인 요인이다—에 대항하는 과정에서 나타난 것이다. 따라서 그것의 기능은 항상 순기능적이어야 할 것이다. 다시 말해 그것은 희소성에 의해 매개된 인간들 사이의 관계에서 대립을 완화시키는 데 기여해야 할 것이다. 하지만 현실에서는 인간들과 가공된 물질과의 관계가 그와는 정반대로 펼쳐지고 있다. 왜냐하면 가공된 물질은 물질세계로 흡수되어 새로운 물질세계를 구성하게 되고, 또한 인간들은 이처럼 새로이 구성된 물질세계로부터 출발해서 다시 자신들의 욕구를 충족시키는 과정에서 또 다른 가공된 물질을 만들어내야 하는 새로운 여건을 구성하기 때문이다. 그러니까 가공된 물질은 인간들의 새로운 실천에 조건을 만들고 제약하게 된다. 사르트르는 인간과 가공된 물질 사이의 이와 같은 관계, 즉 인간에 의해 나타난 가공된 물질이 그의 새로운 실천에 유리하게 작용하는 대신 오히려 '반목적성(contre-finalité)'을 띠고, '반실천(anti-praxis)'의 적대적 요소로 작용하는 예기치 못한 결과를 '실천적-타성태'로 규정하고 있다. 《변증법적 이성 비판》에서 사르트르는 기계, 역사, 제도, 언어 등과 같은 모든 인간의 산물이 '실천적-타성태'와 무관하지 않은 것으로 보고 있다.

29 물론 사르트르에 따르면 '분석적 이성'이나 '실증적 이성'으로는 인간학의 탐구 대

상인 인간과 역사를 제대로 파악할 수 없다. 가령 이와 같은 이성들이 적용되는 자연과학의 경우 실험자는 항상 실험 체계의 외부에 있다. 따라서 그는 실험자이자 관찰자의 자격으로 이 체계와 일정한 거리를 두고 실험 결과를 설명할 수밖에 없다. 하지만 자연과학의 실험에서와는 달리 인간학의 정립에서 인간은 그 스스로 그 '주체'임과 동시에 관찰 '대상'의 위치에 있다.

30 CRD1, pp.14~15.

31 CRD1, p.15.

11장 니체: 이성은 힘에의 의지의 도구다

1 프리드리히 니체, 《아침놀》, 박찬국 옮김(책세상, 2019), 264쪽.

2 프리드리히 니체, 《안티크리스트》, 박찬국 옮김(아카넷, 2005), 17쪽.

3 프리드리히 니체, 《차라투스트라는 이렇게 말했다》, 황문수 옮김(문예출판사, 1999), 55쪽 이하.

4 위의 책, 367쪽 이하.

5 프리드리히 니체, 《우상의 황혼》, 박찬국 옮김(아카넷, 2015), 56쪽 이하.

6 프리드리히 니체, 《차라투스트라는 이렇게 말했다》, 황문수 옮김(문예출판사, 1999), 52쪽.

7 위의 책, 42쪽 이하.

8 위의 책, 43쪽.

9 위의 책, 44쪽.

10 위의 책, 115쪽.

11 위의 책, 53쪽.

12 위의 책, 265쪽(번역을 약간 수정함).

13 헤르만 헤세, 《유리알 유희》, 박종서 옮김(을유문화사, 1988), 399쪽 이하.

12장 바타유: 이성의 성(城) 밖으로

1 '코기토(cogito)'는 "생각한다. 고로 나는 존재한다(Cogito ergo sum)"라는 의미로서 인간의 존재를 인간의 생각, 특히 반성으로부터 확인한다.

2 Georges Bataille, "Informe," *Oeuvres complètes I*(Gallimard, 2004), p.217; *Documents*, n° 7(décembre, 1929).

3 Georges Bataille, "Informe," *Oeuvres complètes I*(Gallimard, 2004), p.217; *Documents*, n° 7(décembre, 1929); 김성하, 〈조르쥬 바따이유와 현대미술의 애증관계〉, 《미학예술학연구》 43집, 189쪽 재인용.

4 Georges Bataille, "Informe," *Oeuvres complètes I*(Gallimard, 2004), p.217; *Documents*, n° 7(décembre, 1929).

5 Georges Bataille, "Le Petit," *Oeuvres Complètes III*(Gallimard, 1971), p.43.

6 Georges Bataille, "Le cheval académique," *Oeuvres complètes I*(Gallimard, 1970), p.161.

7 Georges Bataille, "l'expérience intérieure," *Oeuvres Complètes V*(Gallimard, 1973), p.34.

8 Maurice Blanchot, "l'expérience intérieure," *Faux pas*(Gallimard, 1983), p.50.

9 Georges Bataille, "l'expérience intérieure," *Oeuvres Complètes V*(Gallimard, 1973), p.88.

10 바타유 전집은 현재 한국어로 번역되어 있지 않다.

13장 메를로퐁티: 이성의 신화에 대항하는 살적 이성

1 프랑스에서의 현상학을 보면 현상학자마다 모두 다른데, 이는 이들 각자가 후설의 현상학을 넘어서서 자신의 고유한 현상학을 전개했기 때문이다. 게다가 이들은 너무나도 주장하는 바가 달랐기에 서로 늘 논쟁적 관계 속에 있었다. 예컨대 메를로퐁티의 지각 및 신체의 현상학과 레비나스의 타자 현상학은 '세계' 개념을 중심으로 강하게 대립한다.

2 Maurice Merleau-Ponty, *L'oeil et l'esprit*(Gallimard folio essais, 1964), p.36.

3 한나 아렌트는 《정신의 삶(Life of the Mind)》에서 메를로퐁티의 나타남=존재라는 살적 존재의 정의를 충분히 수용한다. 하지만 그는 메를로퐁티가 정신을 영혼과 동일시하면서 오도했다고 주장한다. 반면 그의 지적에 따르면, 메를로퐁티는 이 둘의 구분을 모르지는 않았는데, 왜냐하면 메를로퐁티는 정신이 결여하고 있는 것이 바로 교차(chiasme)이며, 이것은 신체와 결합되어 있는 영혼이 경험할 수 있는 것이라고 추가하기 때문이다.

4 데카르트가 1643년부터 유배 생활을 하고 있던 엘리자베스 공주와 주고받은 서신들이 이후 그의 사상에 상당한 영향을 미쳤다는 사실은 잘 알려져 있다.

5 이 긴 논문의 제목에서 '침묵의 목소리들'은 말로의 《상상의 박물관》이 실려 있는 대작의 제목이다.

6 Maurice Merleau-Ponty, *Signes*(Gallimard, 1960), pp.113~114.

7 Ibid., pp.118~119.

8 작동하고 있는 지향성은 작용 지향성(intentionnalité d'acte)과 구분된다. 지향성의 이 두 구분은 후설에게서 나온 것이나, 메를로퐁티는 그 둘을 더 적극적으로 사용한다. 작용 지향성이 대상을 향해 있는 것이라면, 작동하고 있는 지향성은 아

직 현실화되어 있지 않은 수동적인 차원에서 언제나 이미 활동하고 있는 지향성이다.

9 Maurice Merleau-Ponty, *Phenomenologie de la perception*(Gallimard, 1945), p.674. 번역을 일부 수정함.

10 Maurice Merleau-Ponty, *Sens et non-sens*(Gallimard, 1996), p.110.

11 Ibid., p.113.

12 Maurice Merleau-Ponty, *Causeries, IV Le monde perçu et l'animalité*(Seuil, 1948).

13 Maurice Merleau-Ponty, *Signes*(Gallimard, 1960), p.29.

14 키아즘은 그리스어 자모인 χ(khi)에서 유래한 개념으로서 교차의 의미를 가진다.

15 Maurice Merleau-Ponty, *Le Visible et l'invisible*(Gallimard, 1964), p.311.

14장 푸코: 서양적 합리성의 역사와 그 한계, 하버마스의 비판에 대한 하나의 응답

1 이하의 번역은 우리말 번역본에 따른다. Jürgen Habermas, *Der Philosophische Diskurs der Moderne: Zwölf Vorlesungen*(Suhrkamp, 1985)(이하 PDMZ로 약기), p.327; Jürgen Habermas, *The Philosophical Discourse of Modernity: Twelve Lectures*, trans., Frederick G. Lawrence(The MIT Press, 1987)(이하 PDMT로 약기), p.278; 위르겐 하버마스, 《현대성의 철학적 담론》, 이진우 옮김(문예출판사, 1994), 330쪽. 한편 이하의 굵은 글씨는 특별한 표기가 없는 한 모두 하버마스가 강조한 것이다.

2 필자는 이처럼 푸코를 비합리주의자·해체주의·포스트모더니스트·(포스트)구조주의자·포스트마르크스주의자 등으로 바라보는 논의가 모두 근본적으로 잘못된 오해에 기인한 것임을 다음의 글에서 간략히 밝힌 바 있다. 허경, 〈미셸 푸코와 자기 변형의 기술〉, 《처음 읽는 프랑스 현대 철학》(동녘, 2013), 241~274쪽.

3 PDMZ, p.7; PDMT, p.xix; 《현대성의 철학적 담론》, 13쪽.

4 이 부분은 우리말 번역본에만 실려 있다. 《현대성의 철학적 담론》, 17~18쪽.

5 PDMZ, p.74; PDMT, p.59; 《현대성의 철학적 담론》, 82~83쪽.

6 PDMZ, p.93; PDMT, p.74; 《현대성의 철학적 담론》, 100쪽.

7 PDMZ, pp.279~280; PDMT, p.239; 《현대성의 철학적 담론》, 285쪽. 강조는 필자가 함.

8 PDMZ, pp.106~107; PDMT, pp.85~86; 《현대성의 철학적 담론》, 113~114쪽. 강조는 필자가 함.

9 PDMZ, pp.119~120; PDMT, p.96; 《현대성의 철학적 담론》, 126쪽.

10 PDMZ, pp.126~127; PDMT, pp.101~103; 《현대성의 철학적 담론》, 132~133쪽. 강조는 필자가 함.

11 PDMZ, p.129; PDMT, pp.104~105; 《현대성의 철학적 담론》, 135쪽.

12 PDMZ, p.293; PDMT, p.249; 《현대성의 철학적 담론》, 297쪽.

13 PDMZ, pp.293~296; PDMT, pp.249~252; 《현대성의 철학적 담론》, 298~300쪽.

14 PDMZ, p.296; PDMT, p.252; 《현대성의 철학적 담론》, 300쪽.

15 '포괄적'을 제외하고 강조는 모두 필자가 함.

16 강조는 모두 필자가 함.

17 PDMZ, pp.297~298; PDMT, pp.253~254; 《현대성의 철학적 담론》, 301~302쪽.

18 PDMZ, pp.298~299; PDMT, pp.254~255; 《현대성의 철학적 담론》, 302~303쪽. 물론 하버마스에 따르면, 푸코는 이러한 **진리성 요청**(Wahrheitsprüche), **타당성 요청**을 그리 진지하게 고려하지도 않는다. PDMZ, p.291; PDMT, p.247; 《현대성의 철학적 담론》, 294~296쪽.

19 PDMZ, pp.300~301; PDMT, pp.255~257; 《현대성의 철학적 담론》, 304~305쪽.

20 PDMZ, p.302; PDMT, p.414; 《현대성의 철학적 담론》, 306~307쪽.

21 PDMZ, p.312; PDMT, p.265; 《현대성의 철학적 담론》, 316쪽.

22 PDMZ, pp.313~316; PDMT, pp.266~269; 《현대성의 철학적 담론》, 317~320쪽.

23 PDMZ, p. 323; PDMT, p. 273; 《현대성의 철학적 담론》, 324~325쪽.

24 PDMZ, p.323; PDMT, p.275; 《현대성의 철학적 담론》, 326~327쪽.

25 PDMZ, p.324; PDMT, p.275; 《현대성의 철학적 담론》, 327쪽.

26 PDMZ, p.325; PDMT, p.276; 《현대성의 철학적 담론》, 328쪽.

27 PDMZ, p.327; PDMT, p.278; 《현대성의 철학적 담론》, 330쪽.

28 PDMZ, pp.326~327; PDMT, pp.277~278; 《현대성의 철학적 담론》, 329~330쪽.

29 PDMZ, p.327; PDMT, p.330; 《현대성의 철학적 담론》, 330쪽. 이하 푸코의 〈니체, 계보학, 역사〉에서 인용된 문장의 번역은 푸코의 프랑스어 원문을 따라 필자가 새롭게 번역한 것이다. Michel Foucault, 'Nietzsche, la Généalogie, l'Histoire (1971)', *Dits et ecrits*, vol.I(Gallimard, 2001), p.1023; 미셸 푸코, 〈니체, 계보학, 역사〉(이광래 옮김); 이광래 지음, 《미셸 푸코: '狂氣의 역사'에서 '性의 역사'까지》(민음사, 1989), 357쪽. 강조는 필자가 함.

30 PDMZ, p.331; PDMT, p.279; 《현대성의 철학적 담론》, 331쪽. 강조는 필자가 함.

31 PDMZ, p.330; PDMT, p.281; 《현대성의 철학적 담론》, 333쪽. 강조는 필자

가 함.

32 PDMZ, pp.330~331; PDMT, pp.281~282;《현대성의 철학적 담론》, 333쪽. Michel Foucault, 'Nietzsche, la Généalogie, l'Histoire,' *Dits et ecrits*, vol. I(Gallimard, 2001), p.1018; 미셸 푸코, 〈니체, 계보학, 역사〉(이광래 옮김); 이광래 지음, 《미셸 푸코: '狂氣의 역사'에서 '性의 역사'까지》(민음사, 1989), 350쪽. 필자가 새로 번역함.

33 푸코가 사용하는 프랑스어 'vérité'는 19세기 후반 일본의 메이지(明治) 지식인들에 의해 진리/진실(眞理/眞實)로 번역되었다. 푸코의 'vérité'는 이른바 '엄밀한' '학문적·종교적' 인식에 그치지 않으며—이른바 '정복당한 지식'에 속하는—개인적·주관적 측면을 모두 포섭하는 넓은 개념이므로, 문맥상 특별히 어색한 경우를 제외하고는 기본적으로 **진실**로 옮긴다.

34 PDMZ, p.331; PDMT, p.282;《현대성의 철학적 담론》, 333쪽.

35 Michel Foucault, 'Nietzsche, la Généalogie, l'Histoire,' *Dits et ecrits*, vol.I (Gallimard, 2001), p.1018; 미셸 푸코, 〈니체, 계보학, 역사〉(이광래 옮김); 이광래 지음, 《미셸 푸코: '狂氣의 역사'에서 '性의 역사'까지》(민음사, 1989), 350쪽. 강조는 필자가 함. 필자가 새로 번역함.

36 가령 천안함에 대해 말하는 당신은 왜 세월호에 대해 **그만큼** 말하지 않는가? 마찬가지로, 세월호에 대해 말하는 당신은 왜 천안함에 대해 **그만큼** 말하지 않는가? 그렇다면 세월호와 천안함 사이에서 '적절한' 균형을 맞추면 되는 것일까? 그렇다면 왜 당신은 대구 지하철 참사와 삼풍에 대해서는 그만큼 말하지 않는가? 당신은 왜 이라크와 아프가니스탄에 대해, 볼리비아와 가나에 대해 그만큼 말하지 않는가? 당신은 왜 지구온난화와 남북문제에 대해 그만큼 말하지 않는가? 당신은 왜 아동복지와 동물 해방에 대해 그만큼 관심을 가지지 않는가? 사실들의 개수는 실로 무한하지 않은가? 그리고 인간의 인식과 관심은 유한하지 않은가? 인간은 '모든 것'에 대해 관심을 가질 수가 없다. **유한한 인간의 인식은 무한한 사실들 모두를 포괄할 수가 없기 때문이다.** 모든 인식과 정의는 결국 특정 수의 선택된 유한일 수밖에 없다. 사실, 이 모든 것은 '이렇게 보겠다, 이것을 보겠다'라는 **의지의 문제**가 아닐까? 이른바 '정의'란 실은 늘 특정 수의 정의, 선택된 정의, 편파적 정의, 곧 사실상의 '부정의'를 이르는 다른 이름이다. 어떤 인식이 아니라, 모든 인식이 그 자체로 모두 편파적이다. 편파는 인간 인식의 한계가 아니라, 어떤 인간도 벗어날 수 없는 인간 인식의 **가능 조건**이다.

37 PDMZ, p.331; PDMT, p.282;《현대성의 철학적 담론》, 333~334쪽.

38 PDMZ, pp.331~332; PDMT, pp.282~283;《현대성의 철학적 담론》, 334쪽.

39 PDMZ, p.333; PDMT, pp.283~284;《현대성의 철학적 담론》, 335~336쪽. 강조는 필자가 함.

40 PDMZ, p.333; PDMT, p.284; 《현대성의 철학적 담론》, 336쪽. 강조는 필자가 함. Nancy Fraser, 'Foucault on Modern Power: Empirical Insights and Normative Confusions,' *Praxis International*, vol.1(1981), p.283. 하버마스의 책에서 재인용.

41 PDMZ, pp.333~336; PDMT, pp.284~286; 《현대성의 철학적 담론》, 336~338쪽.

42 따라서 하버마스가 볼 때, 푸코의 입장은 개별적 상황의 미시적 관계에서는 일정한 타당성을 가질지 모르나 이는 더 큰 보편적·합리적 타당성을 보지 못하는 단견으로, 결과적으로는 어떤 보편성·합리성·타당성도 갖지 못하는 자기 고백적인 절망적 주관주의·상대주의·비합리주의에 함몰되는 '청년 보수주의자', 곧 '반동'이 되고 만다.

43 Didier Eribon, *Michel Foucault et ses contemporains*(Fayard, 1994), pp.289~311; 디디에 에리봉, 〈자유를 향한 참을 수 없는 열망: 푸코와 하버마스〉, 《자유를 향한 참을 수 없는 열망: 푸코-하버마스 논쟁 재론》, 정일준 편역(새물결, 1999), 285쪽. 번역을 약간 수정함.

44 PDMZ, p.336; PDMT, p.286; 《현대성의 철학적 담론》, 338쪽.

45 PDMZ, p.324; PDMT, pp.275~276; 《현대성의 철학적 담론》, 327~328쪽.

46 PDMZ, p.57; PDMT, pp.43~44; 《현대성의 철학적 담론》, 67쪽.

47 이 글의 2절에서 살펴본 대로, 하버마스에 따르면, 이 모든 것은 실로 니체의 '잘못된 선택'에서 기인하는 것이다. "니체가 가졌던 선택의 가능성은 주체 중심적 이성을 다시 한번 내재적으로 비판하거나 아니면 **이 기획을 전체적으로 포기하는 것**이었다. 니체는 두 번째 대안을 선택한다. 그는 이성 개념의 새로운 수정을 포기하고, 계몽의 변증법과 결별한다." PDMZ, pp.106~107; PDMT, pp.85~86; 《현대성의 철학적 담론》, 113~114쪽. 강조는 필자가 함. 한편 니체의 이러한 잘못된 선택은 다음과 같은 '근본적 오류'에 입각한 것이다. "니체는 타당성 주장을 **선호 체계**(Präferenzen)로 재해석하면서, 다음과 같은 물음을 제기한다. 우리가 진리와 (정의를) 더 좋아한다고 가정하자. 왜 비진리와 (불의)여서는 안 되는가? 진리와 정의의 '가치'에 대한 물음에 답하는 것은 **취미판단**(Geschmacksurteile)이라는 것이다." PDMZ, p.149; PDMT, pp.123~124; 《현대성의 철학적 담론》, 154~155쪽. 강조는 필자가 함. 번역은 하버마스 국역본의 재인용. 니체의 원문은 다음과 같다. "우리는 이 [진리의] 의지가 가지는 가치에 관해 묻게 되었다. 우리는 진리를 원한다고 가정했는데, **왜 오히려** 진리가 아닌 것을 **원하지 않는가**? 왜 불확실성을 원하지 않는가? 왜 심지어 무지를 원하지는 않는가?"[Friedrich Nietzsche, *Sämtliche Werke*, hg. v. G. Colli, M. Montinari, Bln.1967ff, Bd.5, 15; 프리드리히 니체, 《선악의 저편·도덕의 계보》, 니체전집 14, 김정현 옮김(책

세상, 2002), 15쪽].

48 Immanuel Kant, 'Was ist Aufklärung?' in *Berlinische Monaschrift*, vol. IV (décembre 1784), pp.481~491; 이마누엘 칸트, 〈계몽이란 무엇인가 하는 문제에 대한 답변〉(1784), 이마누엘 칸트 외, 《계몽이란 무엇인가?》, 임홍배 옮김(길, 2020), 25~38쪽.

49 Michel Foucault, 'Qu'est-ce que les Lumières?'(1984), in *Dits et ecrits*, vol.II (Gallimard, 2001), pp.1390~1391; 미셸 푸코, 〈계몽이란 무엇인가?〉, 《자유를 향한 참을 수 없는 열망: 푸코-하버마스 논쟁 재론》, 정일준 편역(새물결, 1999), 191~192쪽.

50 PDMZ, p.425; PDMT, pp.366~367; 《현대성의 철학적 담론》, 423쪽.

51 Michel Foucault, 'Truth, Power, Self: An Interview with Michel Foucault[with Rux Martin]'(1982), in *Technology of the Self. A Seminar with Michel Foucault*(The University of Massachusetts Press, 1988), p. 11; 미셸 푸코, 〈진리·권력·자기〉, 《자기의 테크놀로지》, 이희원 옮김(동문선, 1997), 22쪽. 우리말 번역을 약간 수정함. 강조는 필자가 함. 이러한 문장은 또한 푸코가 1978년 일본 여행 중 어느 선승의 질문을 받고 자신의 근본적 관심은 **'합리성에 관련된 서구의 역사와 그 한계'**에 대한 탐구라고 대답했던(이러한 대답은 실로 매우 '칸트적'이다) 이유를 설명해준다. Michel Foucault, 'Michel Foucault et le zen: un séjour dans un temple zen(1978)', DEQ II, p.620.

15장 들뢰즈: 생각에 대한 새로운 상과 예술가적 배움

1 더 정확히는, 이 책 3부 11~15절에 주목하겠다. 각 절의 내용은 이러하다. "11절. 진실의 개념", "12절. 인식, 도덕, 종교", "13절. 생각과 삶", "14절. 예술", "15절. 생각에 대한 새로운 상". 이 대목에서는 예술이 진실 및 삶과 관련해서 논의되고 있는데, 이미 제1장(비극적인 것)에서부터 희랍 비극 또는 예술이 논의의 중심에 있었다.

2 Gilles Deleuze, *Proust et les signes*(3rd ed)(PUF, 1976). 《프루스트와 기호들》 3판은 세 부분으로 이루어져 있다. 《마르셀 프루스트와 기호들(Marcel Proust et les signes)》이라는 제목으로 1964년에 출판된 책이 1부(기호들)이며, 1970년에 2부(문학기계)가 추가되어 개정판이 나왔고, 1973년에 이탈리아 잡지에 발표했던 글을 책 전체의 '결론'으로 추가한 것이 1976년의 제3판이다. 내가 살필 것은 초판에 해당하는 바로 그 1부다. 1부는 Gilles Deleuze, "Unité de 'A la recherche du temps perdu'," *Revue de métaphysique et de morale*, Vol.68(1963), pp.427~442에 곧 "출간될 책의 테마들을 소개"하는 형식으로 먼저 발표되었다. 책 출간 전에 요

약본이 미리 발표된 셈이다. 내가 본문에서 "연이어 출판된"이라는 표현을 쓴 까닭은 내가 살피는 텍스트가 본래는 1963년에 이미 출판 준비된 것임을 염두에 두었기 때문이다. 들뢰즈의 이런 출판 방식에 대해서는 질 들뢰즈, 《베르그손주의》, 김재인 옮김(서울: 그린비, 2021)에 수록된 역자의 해설 논문을 참고하기 바란다.

3 유사한 주제에 대한 논의는 서동욱, 〈들뢰즈의 사유의 이미지와 발생의 문제: 재인식 대 기호 해독〉, 《차이와 타자: 현대 철학과 비표상적 사유의 모험》(문학과지성사, 2000) 37~92쪽 및 김상환, 〈들뢰즈와 새로운 사유 이미지〉, 《철학과 인문적 상상력: 헤겔 만가》(문학과지성사, 2012). 160~176쪽 참조. 필자와는 논점이 많이 다르다는 점을 미리 지적하겠다.

4 Gilles Deleuze, *L'île Déserte et Autres Textes. textes et entretiens 1953-1974*, édition préparée par David Lapoujade(Les éditions de Minuit, 2002), pp.191~193. 다음 구절도 참조. "나는 무엇보다 철학사의 이성주의 전통(tradition rationaliste)에 반대되는 저자들을 좋아했다"[Gilles Deleuze, *Pourparlers*(Minuit, 1990)], p.14. 또 Gilles Deleuze & Claire Parnet, *Dialogues*(Flammarion, 1977), p.21의 회고도 참조.

5 Gilles Deleuze, *Proust et les signes*(3rd ed)(PUF, 1976), p.115.

6 "Sed quid igitur sum? Res cogitans. Quid est hoc? Nempe dubitans, intelligens, affirmans, negans, volens, nolens, imaginans quoque, & sentiens." René Descartes, *Meditationes de prima philosophia*, (AT VII) II, §8.

7 이런 접근을 통해 서양 철학사의 주요 지점을 재서술한 책으로 다음을 참조하면 좋다. 김재인, 《생각의 싸움: 인류의 진보를 이끈 15가지 철학의 멋진 장면들》(서울: 동아시아, 2018).

8 Gilles Deleuze, *Pourparlers*(Minuit, 1990), p.14.

9 Gilles Deleuze, *Nietzsche et la philosophie*(PUF, 1962), p.118.

10 기하학에서는 '공준(公準)'이라고 옮기며, 공리(公理)처럼 자명하지는 않으나 증명이 불가능한 명제로서, 학문적 또는 실천적 원리로서 인정되는 것을 가리킨다.

11 Gilles Deleuze, op.cit., p.118.

12 여기서 'vérité'라는 말이 통상 '진리'로 번역되는 문제도 거론해야 하나, 지면상 짧게 언급하고 가겠다. '진리'라는 거창한 철학 용어는 본래 '참' 또는 '진실'을 가리킨다. 여기서도 앞서 '사유'라는 번역어가 했던 것과 똑같은 부정적 기능이 발견된다. 들뢰즈가 지적하듯이 "완전히 진실들로만 이루어져 있는 멍청한 생각들, 멍청한 담론들을 우리는 알고 있다. 하지만 이 진실들은 저열하다". Gilles Deleuze, *Nietzsche et la philosophie*(PUF, 1962), p.120.

13 《차이와 반복》에서 들뢰즈는 이를 '생각에 대한 도덕적 상'이라고 풀이한다. "니체가 철학의 가장 일반적인 전제들에 대해 자문할 때, 그는 이 전제들이 본질적으로

도덕적이라는 것을 말하고 있다. 왜냐하면 '도덕'만이 생각은 선한 본성을 갖고 있으며, 생각하는 자는 선한 의지를 갖고 있고, '선'만이 생각과 '참' 간에 가정된 친화성을 정초할 수 있다고 우리를 설득할 능력이 있기 때문이다." Gilles Deleuze, *Différence et répétition*(PUF, 1968), p.173.

14 Gilles Deleuze, *Proust et les signes*(3rd ed)(PUF, 1976), p.10.

15 Ibid., p.37.

16 Ibid., p.10.

17 G. Dowd, "Apprenticeship, philosophy, and the 'secret pressures of the work of art'" In M. Bryden & M. Topping(Eds.), *Deleuze, Beckett, Proust and Ruiz; or Remaking the Recherche. Beckett's Proust/Deleuze's Proust*(Palgrave MacMillan, 2009). 이 논문은 제목과는 달리 우리의 주제에 관해 많은 시사점을 주지는 못한다.

18 Gilles Deleuze, *Proust et les signes*(3rd ed)(PUF, 1976), p.36.

19 Ibid., p.11.

20 Ibid., p.122.

21 Ibid., p.122.

22 John Cage, *Silence*(1961), p.13; Gilles Deleuze & Félix Guattari, *Anti-Œdipe. Capitalisme et Schizophrénie*(Minuit), p.445에서 재인용.

23 Gilles Deleuze, *Proust et les signes*(3rd ed)(PUF, 1976), pp.116~117.

24 Ibid., pp.118~119.

25 Ibid., p.25.

26 Ibid., p.25.

27 Ibid., p.24.

28 Ibid., pp.32~33.

29 물론 그렇다고 해서 모든 생물체의 '지능'을 수평적으로 비교할 수 있다는 건 아닌데, 왜냐하면 '지능'이란 각 종(種)의 진화 조건에 맞게 형성되고 발달한 것이기 때문이다. 생각, 마음, 지능, 지성 등에 대한 다양한 고찰은 김재인, 《인공지능의 시대, 인간을 다시 묻다》(동아시아, 2017) 중 2장을 참고.

30 Gilles Deleuze, *Proust et les signes*(3rd ed)(PUF, 1976), p.120. "지능은 언제나 나중에 온다. 지능은 나중에 올 때 좋은 것이다. 지능은 나중에 올 때만 좋은 것이다." Gilles Deleuze, *Proust et les signes*(3rd ed)(PUF, 1976), p.123.

31 Gilles Deleuze, *Proust et les signes*(3rd ed)(PUF, 1976), pp.21~22. 강조는 들뢰즈가 함.

32 Ibid., p.107. "잃어버리는 시간, 잃어버린 시간, 또한 되찾는 시간, 되찾은 시간"에 대해서는 다음을 참조하라. Ibid., p.34.

33 Ibid., p.23.
34 Ibid., p.25.
35 Ibid., p.26.
36 Ibid., p.120.
37 Ibid., p.48.
38 Ibid., p.83.
39 Ibid., p.110.
40 Ibid., p.49.
41 Ibid., p.50.
42 들뢰즈가 생각하는 '배우'의 윤리학적 의미에 대해서는, 김재인, 〈지젝의 들뢰즈 읽기에 나타난 인간주의적-관념론적 오독〉, 《진보평론》 제56호(여름호)(2013), 206~212쪽 참조. 들뢰즈가 반복해서 제시하는 작가 부스케(Joë Bousquet)는 미학과 윤리학이 결합하는 탁월한 사례다.
43 예술 작품의 이 같은 위상은《철학이란 무엇인가?》에서는 "감각들의 블록"이라는 말로 표현된다. 예술의 기호들이 다른 모든 기호보다 우월한 까닭은, 다른 모든 기호는 물질적이기 때문이다. 예술의 비물질성의 의미에 대해 김재인, 〈들뢰즈의 미학에서 '감각들의 블록(un bloc de sensations)'으로서의 예술 작품〉, 《미학》 제76집(2013), 43~45쪽, 53~55쪽 참조. 우리가 일상적인 삶 속에서 만나는 기호들은 모두 물질적이기에, "삶에 대한 예술의 우월성"이 있다. Gilles Deleuze, *Proust et les signes*(3rd ed)(PUF, 1976), p.53. 그러나 여기서 말하는 삶이란 일상적인 의미의 삶이지 《철학이란 무엇인가?》에서 말하는 우주를 구성하는 힘들(forces)과 동의어인 "우주적 삶", "비인간적 삶", "비유기체적 삶" 등을 가리키는 것은 아니다.
44 이어지는 문단의 '차이'에 관한 논의는 질 들뢰즈, 《베르그손주의》, 김재인 옮김(그린비, 2021) 중 〈들뢰즈의 초기 베르그손주의〉 참조.
45 Gilles Deleuze, *Proust et les signes*(3rd ed)(PUF, 1976), p.53.
46 Ibid., p.64.
47 프루스트의 《되찾은 시간》의 재인용.
48 Gilles Deleuze, op.cit., p.54.
49 들뢰즈 자신은 라이프니츠의 모나드(monad) 이론을 통해 이 대목을 설명하는데, 이를 예술에 직접 적용해서 이해하기란 쉽지 않다. 내가 아래에서 니체의 우회로를 택한 까닭이 그것이다. Gilles Deleuze, *Proust et les signes*(3rd ed)(PUF, 1976), p.54~57.
50 Gilles Deleuze, *Nietzsche et la philosophie*(PUF, 1962), pp.116~117.
51 Ibid., p.117.

52 Ibid., p.117.

53 Ibid., p.117.

54 Ibid., p.109.

55 Ibid., p.117.

56 들뢰즈가 《니체와 철학》의 제1장을 "비극적인 것(le tragique)"으로 시작한 것은 니체의 존재론이 그 자체로 미학적임을 밝히려는 목표 때문이었다. 이와 관련해서 제1장 8~11절 및 15절을 참고.

57 Gilles Deleuze, op.cit., pp.118~119.

58 Gilles Deleuze, *Différence et répétition*(PUF, 1968), p.173.

59 Ibid., p.217.

60 Ibid., p.354.

61 Gilles Deleuze, *Proust et les signes*(3rd ed)(PUF, 1976), p.57.

62 프루스트의 《꽃피는 아가씨들의 그늘에》의 재인용.

63 Gilles Deleuze, *Proust et les signes*(3rd ed) (PUF, 1976), p. 58.

64 이호성, 〈시간의 단위 "초"의 새로운 표현〉, 《물리학과 첨단기술》, 제13권 6호(한국물리학회, 2004년 6월), 39쪽 참조.

65 Gilles Deleuze, *Proust et les signes*(3rd ed)(PUF, 1976), p.58.

66 Ibid., p.59.

67 Ibid., pp.77~78.

68 Ibid., p.81.

69 Ibid., p.59.

70 Ibid., p.60. 프루스트의 《되찾은 시간》의 재인용.

71 Ibid., p.61.

72 Gilles Deleuze & Félix Guattari, *Qu'est-ce que la philosophie?*(Minuit, 1991), p.185.

73 Gilles Deleuze, op.cit., p.61. 프루스트의 《되찾은 시간》의 재인용.

74 Gilles Deleuze, *Proust et les signes*(3rd ed)(PUF, 1976), p.64.

75 Ibid., p.62.

76 Ibid., p.62.

77 Ibid., p.63.

78 Ibid., p.10.

79 Ibid., p.10.

80 Ibid., p.11.

81 Ibid., p.81.

82 Ibid., p.111.

83 Ibid., p.112. 다음 진술을 참고할 것. "'오로지 사실(Thatsachen)만 있다'는, 현상에 머무르는 실증주의에 맞서 나는 이렇게 말하리라. 아니다, 사실들이 있는 게 아니라 해석들만 있다. 우리는 사실(Faktum) '자체'를 확언할 수 없다." Friedrich Nietzsche, *Sämtliche Werke Kritische Studienausgabe, Bd. 13: Nachgelassene Fragmente 1885-1887*, 단편 7[60].

84 Gilles Deleuze, *Proust et les signes*(3rd ed)(PUF, 1976), p.118. 프루스트의 《되찾은 시간》의 재인용.

85 Ibid., p.122. 다음 구절도 참조. "따라서 생각한다는 것은 해석한다는 것이고, 번역한다는 것이다. 본질들은 번역해야 하는 것인 동시에 번역 자체이고, 기호인 동시에 의미다. 본질들은 우리가 생각하도록 강요하는 기호들 안에 감겨 있으며, 필연적으로 생각되어야만 하는 의미 안에서 펼쳐진다." Gilles Deleuze, *Proust et les signes*(3rd ed)(PUF, 1976), p.124.

86 Ibid., p.76. 프루스트의 《되찾은 시간》의 재인용. 이 구절과 베르그손 철학의 관련은 들뢰즈, 《베르그손주의》, 김재인 옮김(그린비, 2021), 98쪽 참조.

87 이성복, 〈산〉, 《그 여름의 끝》(문학과지성사, 1990).

16장 라캉: 문자의 과학과 이성, 주체의 전략

1 이 글의 중요 부분은 필자가 발표한 〈문자의 불가능성과 전략〉, 《프랑스학연구》 54(2010)에 기초하고 있다. 하지만 주장과 서술의 많은 부분을 수정했으며, 출판을 위해 글의 구성도 새롭게 바꾸었음을 밝힌다.

2 Michel Foucault, "La vie: l'expérience et la science," *Revue de Métaphysique et de Morale*, 90e année, n° 1: Canguilhem(janvier-mars 1985); *Dits et écrits II*, 1976-1988(Éditions Gallimard, 2001), p.1583. 여기서는 베르트랑 오질비, 《라캉, 주체 개념의 형성》, 김석 옮김(동문선, 2002), 33~34쪽에서 재인용.

3 베르트랑 오질비, 《라캉, 주체 개념의 형성》, 김석 옮김(동문선, 2002), 34쪽 참조.

4 Jaques Lacan, *Écrits*(Éditions du Seuil, 1966).

5 Ibid., p.493.

6 '문자의 과학'이라는 말은 필립 라쿠라바르트(Philippe Lacoue-Labarthe)와 장뤽 낭시(Jean-Luc Nancy)가 라캉의 문자 이론을 독해하기 위해 사용한 말로, 특히 1950년대 후반 라캉의 언어학적 무의식 이론의 본질을 잘 짚어준다.

7 라캉이 변형한 대수학 공식 S/s의 의미에 대해서는 필립 라쿠라바르트·장뤽 낭시, 《문자라는 증서》, 김석 옮김(문학과지성사, 2011), 47쪽을 참조하라. 소쉬르에게 시니피앙(signifiant)과 시니피에(signifié)가 의존적 관계를 맺는 통일체 기호라면, 라캉은 둘을 대립적으로 보면서 시니피앙 연쇄가 만들어내는 무의식의 효

과를 순수 욕망의 관점에서 설명한다.

8 언어의 모호성 때문에 라캉은 논리실증주의나 해석학에 대해 비판적인 입장을 취하지만, 그렇다고 반 이성주의 입장에 서는 것은 아니고 오히려 주체의 욕망을 중심에 두고 이성과 진리에 대해 전혀 다른 방식으로 사고한다.

9 필립 라쿠라바르트·장뤽 낭시, 《문자라는 증서》, 김석 옮김(문학과지성사, 2011), 34쪽 참조.

10 Jaques Lacan, *Écrits*(Éditions du Seuil, 1966), p.29 참조.

11 라캉에 따르면 편지에 대한 관계(시각)에서 왕과 경찰은 맹인, 왕비와 장관은 피해자, 장관과 뒤팽은 약탈자의 위치를 차지한다.

12 Jaques Lacan, op.cit., p.498.

13 국내에 번역된 맬컴 보위, 《라캉》, 이종인 옮김(시공사, 1999) 책이 라캉에 대한 이런 입장을 잘 보여준다.

14 이것은 의미의 부정확성 때문이 아니다. 앞 장에서 언급한 것처럼 시니피앙과 시니피에가 횡선에 의해 단절되고, 시니피에가 시니피앙 밑으로 계속해서 미끄러지기 때문이다. 이런 언어의 본성 때문에 라캉은 '의미의 의미'를 탐구하는 논리실증주의를 공박한다.

15 Jaques Lacan, Écrits(Éditions du Seuil, 1966), p.528. 강조는 필자가 함.

16 Ibid., p.505 참조.

17 라캉은 "메타언어는 없다"의 의미는 존재의 언어가 없다는 뜻이라고 부연해서 설명한다. Jaques Lacan, *Le Séminaire XX, Encore*(Seuil, 1975), p.107.

18 하이데거는 《형이상학이란 무엇인가》에서 "존재의 소리 없는 목소리"라는 표현을 쓰면서 존재는 언어에 의해 지시되거나 묘사되는 게 아니라 스스로 말하며, 이런 "존재의 말함"에 귀 기울이는 게 중요하다고 강조한다. 이런 입장은 어느 정도는 존재와 언어의 동일성을 전제한다. Martin Heidegger, *Was ist Metaphsik?*(Neunte Auflage, Vittorio Klostermann, 1965, 1968), pp.49~50 참조.

19 Jaques Lacan, *Le Séminaire XI*(Éditions du Seuil, 1973), p.33, p.31.

20 이런 이유로 라캉은 욕망을 대상이 아닌 존재(être, being)를 향한 정념(passion)이라고 말한다. Jaques Lacan, *Écrits*(Éditions du Seuil, 1966), p.627 참조. 존재에 대한 정념이란 욕망이 잃어버린 존재를 향한 맹목적 열정이라는 말이다.

21 지그문트 프로이트, 《농담과 무의식의 관계》, 임인주 옮김(열린책들, 2004), 148쪽. 라캉의 재인용은 Jaques Lacan, *Écrits*(Éditions du Seuil, 1966), p.20에 있다.

22 "텍스트는 스스로를 읽을 만한 것으로 제시하면서도, 독서의 조건들을 끊임없이 벗어나게 하고 연기한다." 필립 라쿠라바르트·장뤽 낭시, 《문자라는 증서》, 김석 옮김(문학과지성사, 2011), 18쪽.

23 데리다는 《글쓰기와 차이(L'Écriture et la différence)》에서 프로이트의 글쓰기를

언급하면서 다음과 같이 말했다. "'지체 효과'의 환원 불가능성, 그러한 것이 분명 프로이트의 발견이다. 프로이트는 이 발견을 개체의 정신분석을 넘어서 그 최종적 귀결까지 활용하고 전개한다. 그는 문화의 역사가 그 발견을 재확인할 것이라고 생각한다. 《모세와 유일 신앙》에서 지연과 사후성(Nachträglichkeit)의 효과는 폭넓은 역사적 간격을 두고 그 영향력을 발휘하고 있다." 자크 데리다, 《글쓰기와 차이》, 남수인 옮김(동문선, 2001), 324쪽.

24 라캉이 〈문자의 심급〉에서 활용한 근대시의 예는 빅토르 위고의 작품이다. "그의 볏단은 인색하지도 미움을 품지도 않았네……." Jaques Lacan, *Écrits*(Éditions du Seuil, 1966), p.506. 이 시는 빅토르 위고가 쓴 《세기의 전설(La Légende des siècles)》에 수록된 작품의 일부로, 제목은 〈잠자는 보아즈〉다.

25 Jaques Lacan, *Écrits*(Éditions du Seuil, 1966), p.506 참조.

26 딜런 에반스, 《라깡 정신분석 사전》, 김종주 외 옮김(인간사랑, 1998), 147쪽('병증' 참조).

27 Jaques Lacan, *Le Séminaire XXIII, Le sinthome*(Éditions du Seuil, 2005). 원래 라캉의 상징계 이론에 의하면, 부성 은유가 실패하여 시니피앙 질서가 자리를 잡지 못하면 정신병적 구조에 빠지지만 조이스 같은 경우 네 번째 고리(생톰므)가 이를 막아준다. 글쓰기, 즉 텍스트를 만드는 작업은 일종의 구원이자 향유의 체험이라 할 수 있다.

28 Jaques Lacan, *Le Séminaire XXIII, Le sinthome*(Éditions du Seuil, 2005), p.165.

29 라캉은 이미 글쓰기 과정 자체에 증상이 기입된다고 강조한 바 있다. Jaques Lacan, *Écrits*(Éditions du Seuil, 1966), p.445.

30 Jaques Lacan, op.cit., p.125.

17장 크리스테바: 이성의 시공 찢기, 비체와 코라

1 이에 대한 논의는 《호모 쿨투랄리스》라는 공저 중 필자가 작성한 장인 〈맘충과 노키즈존〉에서 이미 다루었으며, 여기에서는 이 내용을 재언급했다. 최진우 엮음, 《호모 쿨투랄리스, 문화적 인간과 인간적 문화》(박영사, 2018), 119~122쪽을 참조.

2 줄리아 크리스테바, 《시적 언어의 혁명》, 김인환 옮김(동문선, 2000), 13쪽.

3 박재열, 〈줄리아 크리스테바의 시적 언어와 그 실제〉, 《영미어문학》 제46집(1995), 97쪽.

4 줄리아 크리스테바, 《사랑의 역사》, 김영 옮김(민음사, 2008) 405쪽.

5 플라톤, 《티마이오스》, 박종현·김영균 옮김(서광사, 2000), 145~146쪽.

6 줄리아 크리스테바, 《시적 언어의 혁명》, 김인환 옮김(동문선, 2000), 18쪽.

18장 데리다: 유사초월론과 이성의 탈구축

1 또 다른 예를 든다면, 마키아벨리나 스피노자를 들 수 있을 것이다.

2 자크 데리다 외 지음, 《마르크스주의와 해체: 불가능한 만남?》, 진태원·한형식 옮김(길, 2009), 163~164쪽. 강조는 데리다가 함.

3 진태원, 〈좌파 메시아주의라는 이름의 욕망〉, 《애도의 애도를 위하여: 비판 없는 시대의 철학》(그린비, 2019)을 참조.

4 위의 책, 103쪽.

5 위의 책, 130쪽.

6 김진석, 《탈형이상학과 탈변증법》(문학과지성사, 1993); 김상환, 《철학과 인문적 상상력》(문학과지성사, 2013)을 각각 참조.

7 데리다의 철학을 유사초월론의 관점에서 탐구하는 기존의 연구로는, Rodolphe Gasché, *The Tain of the Mirror: Derrida and the Philosophy of Reflection*(Harvard University Press, 1986); Matthias Fritsch, *The Promise of Memory: History and Politics in Marx, Benjamin, and Derrida*(State University of New York Press, 2005); Maxime Doyon, *Der transzendentale Anspruch der Dekonstruktion*(Ergon, 2010) 등을 참조. 로돌프 가셰의 저서는 데리다 철학에서 유사초월론 개념의 중요성을 처음으로 밝힌 업적이 있으며, 막심 두아용의 연구는 지금까지 나온 저작 중에서 데리다의 유사초월론 개념에 대한 가장 체계적이고 충실한 연구다. 국내에서는 필자가 처음으로 이 문제의 중요성을 지적한 바 있다. 진태원, 〈차이에서 유령론으로: 국내의 데리다 수용에 대한 하나의 반성을 위하여〉, 《현대 비평과 이론》 14호(1997) 참조. 단, 나는 당시에는 '의사초월론'이라는 말을 'quasi-transcendental'의 번역어로 사용했는데, '의사(疑似)'라는 표현이 'pseudo'라는 접두어에 대한 번역과 혼동의 소지가 있어서 이후로는 '유사초월론'이라는 말을 사용하고 있다. 데리다의 유사초월론에 대한 또 다른 논의로는 진태원, 〈시간과 정의: 벤야민, 하이데거, 데리다〉, 《애도의 애도를 위하여: 비판 없는 시대의 철학》(그린비, 2019), 151쪽 이하 참조.

8 'transzendental(또는 영어로는 transcendental)'이라는 용어 번역의 경우 예전에는 주로 '선험적'이라는 번역어를 많이 사용해왔으며, 최근 칸트의 주요 저작을 번역해온 백종현 교수는 '초월적'이라는 번역어를 제안한 바 있다. 하지만 전통적인 '초월' 개념과의 구별을 위해서, 그리고 칸트의 철학적 독창성을 부각시키기 위해서는 오히려 '초월론적'이라는 번역어가 더 적절한 것 같다. 따라서 이 글에서는 계속 '초월론적'이라는 용어를 사용하겠다. 그리고 'a priori'는 '선험적'이라고 번역하겠다.

9 이마누엘 칸트, 《순수이성 비판》, 백종현 옮김(아카넷, 2006), 132쪽(A56/B80).

10 초월론적 경험론으로서 들뢰즈 철학에 대해서는 안 소바냐르그, 《들뢰즈, 초월론

적 경험론》, 성기현 옮김(그린비, 2016) 참조.

11 Michel Foucault, "Qu'est-ce que les lumières?" in *Dits et écrits*, vol.II, "Quarto" (Gallimard, 2001), p.1393.

12 Jacques Derrida, *Le problème de la genèse dans la philosophie de Husserl*(PUF, 1990). 이 논문은 1955년에 제출되었으며, 1990년에 단행본 저작으로 출간되었다.

13 Jacques Derrida, *La voix et le phénomène*(PUF, 1967); 자크 데리다, 《목소리와 현상》, 김상록 옮김(인간사랑, 2006).

14 이것은 원래 문자학이라는 언어학의 한 분야를 가리키는 명칭이다. 고대 상형문자나 설형문자, 표음문자 등을 비교·연구하는 학문이 곧 문자학이다. 데리다는 이 학문을 가리키는 명칭인 그라마톨로지(grammatologie)의 어근을 이루는 'gramme'라는 그리스어가 '문자' 또는 '기록'을 뜻한다는 점을 감안하여, 문자 기록을 포함한 기록 일반에 관한 학문을 지칭하는 의미로 이 단어를 사용한다. 기록학은 《그라마톨로지에 관하여(De la grammatologie)》(Éditions du Minuit, 1967)만이 아니라 초기 데리다 철학의 한 가지 중핵을 이루는 개념이다. 번역에 관해 한마디해둔다면, 국내에는 《그라마톨로지에 관하여》의 번역본 세 가지가 존재한다. 1996년 민음사에서 나온 김성도 번역본과 2004년 동문선 출판사에서 나온 김웅권 번역본, 그리고 2010년 민음사에서 나온 김성도의 수정 번역본이 그것이다. 하지만 이 세 권의 번역서 중에서 신뢰할 만한 번역은 한 권도 존재하지 않는다. 이 세 권의 번역본은 다소 정도의 차이가 존재하긴 하지만, 터무니없는 오역들로 가득 차 있다. 이 번역들이야말로 국내의 데리다 수용 및 연구 수준을 단적으로 나타내는 지표라 해도 과언이 아닐 것이다.

15 이 시기의 대표작이 《그라마톨로지에 관하여(De la grammatologie)》(1967), 《문자 기록과 차이(L'Écriture et la différence)》(1967), 《산종(La dissémination)》(1972) 등이다.

16 Jacques Derrida, "Remarks on Deconstruction and Pragmatism," in Chantal Mouffe ed., *Deconstruction and Pragmatism*(Routledge, 1996), pp.83~84.

17 Jacques Derrida, *Apories*(Galilée, 1993).

18 반면 리처드 로티는 데리다 자신의 명시적인 언급에도 불구하고 데리다 철학이 유사초월론 철학이라는 것을 지속적으로 부정한다. 그는 데리다가 초기의 철학적 작업에서 후기에는 '글쓰기(writing)'와 문학을 중심으로 한 '사적 아이러니스트(private ironist)'로 이행했다는 자신의 분석 도식을 고수하면서, 데리다 자신의 자기 해명을 인정하지 않는다. Richard Rorty, "Is Derrida a Transcendental Philosopher?" In *Essays on Heidegger and Others: Philosophical Papers*(Cambridge University Press, 1991) 참조. 또한 Richard Rorty, "Is Derrida a 'Quasi'-

Transcendental Philosopher?" *Contemporary Literature*, vol.36, no.1(1995) 참조.

19 데리다 저작에서 아포리아 개념이 뚜렷한 철학적 중요성을 지니게 된 것은 《법의 힘》(1990)에서부터다. 자크 데리다, 《법의 힘》, 진태원 옮김(문학과지성사, 2004) 1부 참조.

20 에드문트 후설, 《데카르트적 성찰》, 이종훈 옮김(한길사, 2016) 참조.

21 Edmund Husserl · Jacques Derrida, *L'origine de la géométrie*(PUF, 1962). 이 책은 후설의 유고로 출간되고 나중에 《유럽 학문의 위기와 초월론적 현상학》에 부록으로 수록된 〈기하학의 기원〉(1939)이라는 논문을 데리다가 프랑스어로 번역하고 여기에 후설의 논문보다 네 배나 더 분량이 많은 〈역자 서론〉을 붙여서 출판된 책이다.

22 Edmund Husserl, *Die Krisis der europäischen Wissenschaften und die transzendentalen Phänomenologie*, hrsg., Walter Biemel, Husserliana bd.6 (Martinus Nijhoff, 1976), p.368; 에드문트 후설, 〈기하학의 기원〉, 《유럽 학문의 위기와 선험적 현상학》, 이종훈 옮김(한길사, 1997), 543쪽.

23 Ibid., p. 369; 위의 책, 543~544쪽.

24 Ibid., p.371; 위의 책, 548쪽. 번역은 약간 수정함.

25 Ibid., p.369; 위의 책, 544쪽.

26 Ibid, p.371; 위의 책, 548쪽.

27 Ibid., p.372; 위의 책, 550쪽.

28 Edmund Husserl · Jacques Derrida, *L'origine de la géométrie*(PUF, 1962), pp.90~91. 강조는 데리다가 했으며, 대괄호는 독자들의 이해를 돕기 위해 필자가 추가한 것이다.

29 장자크 루소, 《언어 기원에 관한 시론》, 주경복 · 고병만 옮김(책세상, 2002).

30 Jacques Derrida, "La pharmacie de Platon," in *La dissémination*(Éditions du Seuil, 1972).

31 Jacques Derrida, *De la grammatologie*(Éditions du Minuit, 1967) 참조.

32 "루소는 쉬플레망 개념을 그 의미의 모든 잠재성에 따라 동시에 사용할 수 없다. 루소가 쉬플레망의 의미를 규정하고, 그렇게 함으로써 자신이 배제하는 것 자체를 통해 자기 자신이 규정되도록 만드는 방식, 그가 여기에서는 부가물로, 저기에서는 대체물로, 때로는 악의 실정성 및 외재성으로, 때로는 다행스러운 보조 수단으로 쉬플레망의 의미를 굴절시키는 방식, 이 모든 것은 수동성으로도 능동성으로도, 비의식성으로도 저자의 명철함으로도 번역되지 않는다. 독서는 이 모든 범주—이것들은 또한 형이상학의 근본 범주들이라는 점을 지나치는 김에 상기해두기로 하자—를 포기해야 할 뿐만 아니라, 쉬플레망 개념과의 이러한 관계의 법칙을 생산해야 한다. 쉬플레망 개념은 루소의 텍스트 속에 존재하는 일종의 맹점,

가시성을 열어놓고 그것을 한정하는 보이지 않는 것이다." Jacques Derrida, *De la grammatologie*(Éditions du Minuit, 1967), p.234.

33 Jacques Derrida, *De la grammatologie*(Éditions du Minuit, 1967), pp.11~12.

34 Ibid., p.14.

35 막심 두아용은 앞서 언급한(주 7) 참조) 저서에서 초기 저작에서 데리다의 유사초월론은 하이데거의 문제 설정에 따라 현존의 형이상학을 탈구축하는 데 초점을 맞춘 반면, 후기 저작에서 유사초월론의 문제는 "그리스-기독교 전통의 디나미스 및 가능태(dynamis und des Möglichseins)"에 초점을 맞추고 있다고 지적한다. Maxime Doyon, *Der transzendentale Anspruch der Dekonstruktion*(Ergon, 2010), p.200. 주목할 만한 견해라고 생각한다.

36 자크 데리다, 《법의 힘》, 진태원 옮김(서울: 문학과지성사, 2004), 61쪽.

37 위의 책, 33쪽.

38 위의 책, 34쪽.

39 위의 책, 59쪽.

40 위의 책, 60쪽. 강조는 데리다가 함.

41 자크 데리다, 《마르크스의 유령들》, 진태원 옮김(서울: 그린비, 2014).

42 자기 면역 개념에 대해서는 특히 자크 데리다, 《신앙과 지식/세기와 용서》, 최용호·신정아 옮김(아카넷, 2016) 및 Jacques Derrida, *Voyous*(Galilée, 2003) 참조.

참고문헌

1장 이성과 비이성의 철학적 격돌

들뢰즈, 질·펠릭스 과타리. 2014. 《안티 오이디푸스: 자본주의와 분열증》. 김재인 옮김. 민음사.

메를로퐁티, 모리스. 2002. 《지각의 현상학》. 류의근 옮김. 문학과지성사.

아리스토텔레스. 2007. 《형이상학》. 김진성 옮김. EjB.

윌슨, 에드워드. 2005. 《통섭》. 김재천 옮김. 사이언스북스.

칸트, 임마누엘. 2014. 《순수이성 비판 1, 2》. 백종현 옮김. 아카넷.

크리스테바, 쥘리아. 2011. 《공포의 권력》 서민원 옮김. 동문선.

플라톤. 2000. 《티마이오스》. 박종현·김영균 공역. 서광사.

하버마스, 위르겐. 2007. 《의사소통행위이론 1, 2》. 창춘익 옮김. 나남출판.

헤겔, G. W. F. 2013. 《정신현상학 1, 2》. 임석진 옮김. 한길사.

헤시오도스. 2011. 《신통기: 그리스 신들의 계보》. 김원익 옮김. 민음사.

2장 호메로스에서 플라톤까지 이성 개념

Lewis, C. T. & Short C. 1982. *Oxford Latin Dictionary*. Oxford.

Liddle, H. G. & Scott R. 1968. *Greek-English Lexicon*. Oxford.

강철웅. 2002. 〈파르메니데스에서 노에인 개념과 인식 전달 모티브〉. 《시대와 철학》(vol.13 No.2).

김인곤. 2013. 〈헤라클레이토스〉. 《서양고대철학 I: 철학의 탄생에서 플라톤까지》. 강성훈 외 지음. 길.

딜스 & 크란츠 편집. 2006. 《소크라테스 이전 철학자들의 단편선집》. 김인곤 외 옮김. 아카넷.

바우라, C. M. 2006. 《그리스 문학과 예술의 이해》. 이창대 옮김. 철학과 현실사.
호메로스. 2015. 《오뒷세이아》. 천병희 옮김. 숲.
호메로스. 2015. 《일리아스》. 천병희 옮김. 숲.
플라톤. 2020. 《파이돈》. 전헌상 옮김. 아카넷.
______. 2020. 《파이드로스》. 김주일 옮김. 아카넷.
______. 2020. 《향연》. 강철웅 옮김. 아카넷.
______. 2005. 《국가》. 박종현 옮김. 서광사.

3장 아리스토텔레스: 인간과 세계 속의 '이성' 개념

아리스토텔레스. 2008. 《범주들, 명제에 관하여》. 김진성 옮김. 이제이북스.
______. 2009. 《정치학》. 천병희 옮김. 숲.
______. 2011. 《니코마코스 윤리학》. 김재홍 외 옮김. 길.
______. 2018. 《영혼에 관하여》. 오지은 옮김. 아카넷.
[→이 외에 각주에 기재된 원전들의 서지정보도 수록 바랍니다. 제가 정리해보니 다음과 같습니다.]
아리스토텔레스. 《니코마코스 윤리학》
아리스토텔레스. 《연설술》
아리스토텔레스. 《정치학》
아리스토텔레스 글 조각
아리스토텔레스. 《영혼에 관하여》
플라톤. 《국가》
플라톤. 《티마이오스》

4장 스피노자: 욕망의 힘, 이성의 역량

Althusser, Louis. 1996. *Pour Marx.* Paris: PUF.
______. 1996. *Psychanalyse et sciences humaines. Deux conférences(1963-1964).* eds. Olivier Corpet & François Matheron. Paris: Le Livre de Poche.
______. 2002. *L'avenir dure longtemps.* Paris: IMEC · Stock.
Althusser, Louis et al. 1996. *Lire le Capital.* Paris: PUF.
Balibar, Étienne. 1996. *Spinoza et la politique.* Paris: PUF.
Deleuze, Gilles. 1969. *Spinoza et le problème de l'expression.* Paris: Minuit.
______. 1981. *Spinoza: Philosophie pratique.* Paris: Minuit.
Descartes, Renée. 1974. *Oeuvre de Descartes.* eds. C. Adam & P. Tannery. Paris:

Vrin.

Gueroult, Martial. 1968. *Spinoza*, vol. 1: *Le Dieu.* Paris: Aubier.

______. 1974. *Spinoza,* vol. 2: *L'âme.* Paris: Aubier.

Lloyd, Genevieve & Moira Gatens. 1999. *Collective Imaginings: Spinoza, Past and Present.* London · New York: Routledge.

Matheron, Alexandre. 1988. *Individu et communauté chez Spinoza.* Paris: Minuit.

Negri, Antonio. 1990. *The Savage Anomaly: the power of Spinoza's metaphysics and politics.* trans. Michael Hardt. Minneapolis: University of Minnesota Press.

Spinoza, B. 1925. *Spinoza Opera*. ed. Carl Gebhardt. Heidelberg: Carl Winter Verlg.

______. 1992. *Traité de la réforme de l'entendement.* traduction et commentaire par Bernard Rousset. Paris: Vrin.

______. 1999. *Traité théologico-politique*. texte établi par Fokke Akkerman. traduction et notes par Jacqueline Lagrée et Pierre-François Moreau. Paris: PUF.

______. 2005. *Tractatus politicus; Traité politique.* texte établi par Pina Totaro, traduction par Charles Ramond. Paris: PUF.

______. 2015. *The Collected Works of Spinoza,* vol. 1~2. ed. & trans. Edwin Curley. Princeton: Princeton University Press.

데카르트, 르네. 2013. 《정념론》. 김선영 옮김. 문예출판사.

들뢰즈, 질. 1999. 《스피노자의 철학》. 박기순 옮김. 민음사.

______. 2019. 《스피노자와 표현 문제》. 권순모·현영종 옮김. 그린비.

마트롱, 알렉상드르. 2008. 《스피노자 철학에서 개인과 공동체》. 김문수·김은주 옮김. 그린비.

박기순·진태원. 2009. 〈어떻게 수동성에서 벗어날 것인가?〉. 서양근대철학회 편. 《서양근대윤리학》. 창비.

발리바르, 에티엔. 2014. 《스피노자와 정치》. 진태원 옮김. 그린비.

스피노자, 바뤼흐. 2020. 《정치론》, 공진성 옮김, 길.

______. 2020. 《지성교정론》, 김은주 옮김. 길.

알튀세르, 루이. 2008. 《미래는 오래 지속된다》. 권은미 옮김. 이매진.

______. 2017. 《마르크스를 위하여》. 서관모 옮김. 후마니타스.

진태원. 2001. 〈스피노자의 현재성: 하나의 소개〉. 《모색》 2호.

______. 2004. 〈《신학정치론》에서 홉스 사회계약론의 수용과 변용: 스피노자 정치학에서 사회계약론의 해체 I〉. 서울대학교 철학사상연구소 편. 《철학사상》 19집.

______. 2005. 〈대중들의 역량이란 무엇인가? 스피노자 정치학에서 사회계약론의 해체 II〉. 《트랜스토리아》 제5호. 박종철출판사.

______. 2017. 〈스피노자와 알튀세르: 상상계와 이데올로기〉. 서동욱·진태원 엮음. 《스피노자의 귀환》. 민음사.

5장 칸트: 두 얼굴의 이성, 이론이성과 실천이성

데카르트, 르네. 1988. 《방법서설·성찰》. 최명관 옮김. 서광사.
칸트, 임마누엘. 1992. 《칸트의 역사철학》. 이현구 옮김. 서광사.
______. 2006. 《순수이성 비판 1》. 백종현 옮김. 아카넷.
______. 2006. 《순수이성 비판 2》. 백종현 옮김. 아카넷.
______. 2009. 《실천이성 비판》. 백종현 옮김. 아카넷

6장 헤겔: 이성의 진보로서의 역사

Hegel, G. W. F. 1968. *Glauben und Wissen* in: GW, Bd. 4, *Jenaer Kritische Schriften*, H. Buchner / O. Pöggeler (Hg.), Hamburg: Felix Meiner.
______. 1986a. *Differenz des Fichteschen und Schellingschen Systems der Philosophie*, Bd. 2, in: *Werke in zwanzig Baenden*, Frankfurt/M.: Suhrkamp.
______. 1986b. *Wissenschaft der Logik*, in: ders., *Werke in 20 Baenden* Frankfurt/M.: Suhrkamp.
Kant, Immanuel. 1983. *Kritik der reinen Vernunft*, in: *Werke in sechs Baenden*, Bd. 2, Darmstadt: Wissenschaftliche Buchgesellschaft.
Lukacs, Georg. 1973. *Der junge Hegel*, Bd. 1, Frankfurt/M.: Suhrkamp.
Strohschneider-Kohrs, I. 2002. *Die romantische Ironie in Theorie und Gestaltung*, Tuebingen: De Gruyter.
Welsch, W. 1986. *Vernunft*, Frankfurt/M.: Suhrkamp.

로즈, D. 2015. 《헤겔의 법철학 입문》. 이종철 옮김. 서광사.
스피노자, 바뤼흐. 1991. 《에티카》. 강영계 옮김. 서광사.
아도르노, 테오도어·막스 호르크하이머. 2001. 《계몽의 변증법》. 김유동 옮김. 문학과지성사.
테일러, 찰스. 2014. 《헤겔》. 정대성 옮김. 그린비.
하르트만, N. 1990. 《헤겔 철학 개념과 정신현상학》. 박만준 옮김. 천지.
하버마스, 위르겐. 1995. 《현대성의 철학적 담론》. 이진우 옮김. 문예출판사.
헤겔, 게오르크 빌헬름 프리드리히. 2005. 《정신현상학》. 임석진 옮김. 한길사.
______. 2015. 《헤겔의 미학 강의 1》. 두행숙 옮김. 은행나무.

______. 2020. 《법철학》. 서정혁 옮김. 지식을만드는사람.

7장 호르크하이머: 이성 비판과 가부장의 자의식

Habermas, Jürgen. 1992. *Die Moderne-ein unvollendetes Projekt*. Reclam.
Horkheimer, Max. 2011. *Traditionelle und kritische Theorie*. Fischer.
Müller-Doohm, Stefan. 2003. *Adorno, Eine Biographie*. Suhrkamp.
Wiggerhaus, Rolf. 2001. *Die Frankfurter Schule*. Carl Hanser.

아도르노, 테오도어·막스 호르크하이머, M. 2012. 《계몽의 변증법》. 김유동 옮김. 문학과지성사.
이순예. 2013. 《아도르노》. 한길사.
______. 2015. 《민주 사회로 가는 독일적 특수 경로와 예술》. 길.
호르크하이머, 막스. 2013. 《도구적 이성 비판》. 박구용 옮김. 문예출판사.

8장 하버마스: 기능주의적 이성 비판과 의사소통적 이성 옹호

강병호. 2020. 〈생활세계와 체계. 하버마스의 이단계 사회이론과 그에 대한 비판에 대한 재고찰〉. 《철학》. 144집.
박영도. 2011. 《비판의 변증법: 성찰적 비판문법과 그 역사》. 새물결.
장춘익. 1994. 〈하버마스: 비판적 사회 이론의 정립과 정치적 실천의 회복을 위한 노력〉. 《사회비평》 제11권.
______. 1996. 〈하버마스의 근대성 이론: 진보적 실천의 가능성과 한계에 관한 모색〉. 《하버마스의 사상》. 나남출판.
______. 2018. 〈포괄적 합리성과 사회 비판: 하버마스의 《의사소통행위이론》 읽기〉. 《고전 강연 4: 근대정신과 비판》. 민음사.
하버마스, 위르겐. 2006. 《의사소통행위이론》. 장춘익 옮김. 나남출판.
______. 2018. 《사실성과 타당성》. 박영도 옮김. 나남출판.

9장 가다머: 이성과 감성의 지평융합으로서의 이해

가다머, 한스 게오르크. 2009. 《과학 시대의 이성》. 박남희 옮김. 책세상.
______. 2012. 《진리와 방법》. 이길우·이선관·임호일·한동원·임홍배 옮김. 문학동네.
그롱댕, 장. 2009. 《철학적 해석학 입문》. 최성환 옮김. 도서출판 한울.

원키, 조지아. 1999. 《가다머》. 이한우 옮김. 민음사.
철학아카데미. 《처음 읽는 독일 현대 철학》. 동녘. 2013.
코레트, 에머리히. 1985. 《해석학》. 신귀현 옮김. 종로서적.
푀겔러, 오토. 1993. 《해석학의 철학》. 박순영 옮김. 서광사.
하머마이스터, 카이. 2001. 《한스 게오르크 가다머》. 임호일 옮김. 한양대학교출판부.

10장 사르트르: 20세기의 마지막 거대 담론 주창자

Aron, Raymond. 1973. *Histoire et dialectique de la violence*. Gallimard.
Catalano, Joseph S. 1986. *A Commentary on Jean-Paul Sartre's Critique of Dialectical Reason, vol.I, Theory of Practical Ensembles*. The University of Chicago Press.
Desan, Wilfred. 1965. *The Marxism of Jean-Paul Sartre*. Anchor Books.
Flynn, Thomas R. 1984. *Sartre and Marxist Existentialism*. The University of Chicago Press.
Laing, Ronald David & Cooper, David G. 1971. *Raison et violence: Dix ans de la philosophie de Sartre(1950-1960)*. Petite Bibliothèque Payot.
Lévi-Strauss, Claude. 1990. *La Pensée sauvage*. Pocket.
Sartre, Jean-Paul. 1943. *L'Etre et le néant: Essai d'ontologie phénoménologique*. Gallimard.
______. 1952. *Saint Genet, comédien et martyr*(*Œuvres complètes* de Jean Genet, t. I). Gallimard.
______. 1985. *Critique de la raison dialectique*(précédé de *Questions de méthode*), t. I: *Théories des ensembles pratiques*; t., II: *L'Intelligibilité de l'histoire.* Gallimard.

레비스트로스, 클로드. 1997. 《야생의 사고》. 안정남 옮김. 한길사.
변광배. 2020. 《사르트르와 폭력》. 그린비.
사르트르, 장폴. 2009. 《변증법적 이성 비판》(1~3권). 박정자·변광배·윤정임·장근상 옮김. 나남.
샤프, 아담. 1983. 《마르크스냐 싸르트르냐?》. 박성수 옮김. 인간사.
정명환·장프랑수아 시리넬리·변광배·유기환. 2004. 《프랑스 지식인들과 한국전쟁》. 민음사.

11장 니체: 이성은 힘에의 의지의 도구다

니체, 프리드리히. 1999. 《차라투스트라는 이렇게 말했다》. 황문수 옮김. 문예출판사.

______. 2005. 《안티크리스트》. 박찬국 옮김. 아카넷.
______. 2015. 《우상의 황혼》. 박찬국 옮김. 아카넷.
______. 2019. 《아침놀》. 박찬국 옮김. 책세상.
헤세, 헤르만. 1988. 《유리알 유희》. 박종서 옮김. 을유문화사.

12장 바타유: 이성의 성(城) 밖으로

Bataille, Georges. 1971. *Oeuvres Complètes III.* Paris: Gallimard.
______. 1973. *Oeuvres Complètes V.* Paris: Gallimard.
______. 1973. *Oeuvres Complètes VI.* Paris: Gallimard.
______. 1976. *Oeuvres Complètes VII.* Paris: Gallimard.
______. 1976. *Oeuvres Complètes VIII.* Paris: Gallimard.
______. 1979. *Oeuvres Complètes IX.* Paris: Gallimard.
______. 2004. *Oeuvres complètes I.* Paris: Gallimard.
Blanchot, Maurice. 1983. *Faux pas.* Paris: Gallimard.
______. 2005. *Thomas l'Obscur.* Paris: Gallimard.
Didi-Huberman, Georges. 2003. La ressemblance informe. Macula.
Nietzsche, Friedrich. 1988. *Par-delà le bien et le mal.* traduit de l'allemand par Geneviève Bianquis. Paris: Union Générale d'Éditions.

바타유, 조르주. 2009. 《에로티즘》. 조한경 옮김. 민음사.
______. 2014. 《불가능》. 성귀수 옮김. 워크룸프레스.
______. 2017. 《눈 이야기》. 이재형 옮김. 비채.
______. 2020. 《에로스의 눈물》. 윤진 옮김. 민음사.

13장 메를로퐁티: 이성의 신화에 대항하는 살적 이성

Merleau-Ponty, Maurice. 1945. *Phenomenologie de la perception*. Paris: Gallimard.
______. 1948. *Causeries.* Seuil.
______. 1960. *Signes.* Gallimard.
______. 1964. *L'oeil et l'esprit.* Gallimard folio essais.
______. 1964. *Le Visible et l'invisible.* Paris: Gallimard.

메를로퐁티, 모리스. 1990. 《의미와 무의미》. 권혁면 옮김. 서광사.
______. 2002. 《지각의 현상학》. 류의근 옮김. 문학과지성사.

______. 2004. 《보이는 것과 보이지 않는 것》. 남수인 옮김. 동문선.
______. 2019. 《정신의 삶》. 홍원표 옮김. 푸른숲.

14장 푸코: 서양적 합리성의 역사와 그 한계, 하버마스의 비판에 대한 하나의 응답

Eribon, Didier. 1994. *Michel Foucault et ses contemporains.* Fayard.

Foucault, Michel. 1988. 'Truth, Power, Self: An Interview with Michel Foucault [with Rux Martin]'(1982), in *Technology of the Self. A Seminar with Michel Foucault.* The University of Massachusetts Press.

______. 2001. 'Nietzsche, la Généalogie, l'Histoire'(1971). *Dits et ecrits*, vol.I. Gallimard.

______. 2001. 'Qu'est-ce que les Lumières?'(1984), in *Dits et ecrits*, vol.II. Gallimard.

Fraser, Nancy. 1981. 'Foucault on Modern Power: Empirical Insights and Normative Confusions'. *Praxis International*, vol.1.

Habermas, Jürgen. 1985. *Der Philosophische Diskurs der Moderne: Zwölf Vorlesungen.* Suhrkamp.

______. 1987. *The Philosophical Discourse of Modernity: Twelve Lectures.* trans. Frederick G. Lawrence. The MIT Press.

Kant, Immanuel. 1784. '*Was ist Aufklärung?*,' in *Berlinische Monaschrift*, vol.IV.

Nietzsche, Friedrich. 1967. *Sämtliche Werke.* hg. v. G. Colli, M. Montinari, Bln.

니체, 프리드리히. 2002. 《선악의 저편·도덕의 계보》, 니체전집 14. 김정현 옮김. 책세상.

에리봉, 디디에. 1999. 〈자유를 향한 참을 수 없는 열망: 푸코와 하버마스〉. 《자유를 향한 참을 수 없는 열망: 푸코-하버마스 논쟁 재론》, 정일준 편역. 새물결.

이광래. 1989. 《미셸 푸코: '狂氣의 역사'에서 '性의 역사'까지》. 민음사.

칸트, 이마누엘 외. 2020. 〈계몽이란 무엇인가 하는 문제에 대한 답변〉(1784). 《계몽이란 무엇인가?》. 임홍배 옮김. 길.

푸코, 미셸. 1997. 〈진리·권력·자기〉. 《자기의 테크놀로지》. 이희원 옮김. 동문선.

______. 1999. 〈계몽이란 무엇인가?〉. 《자유를 향한 참을 수 없는 열망: 푸코-하버마스 논쟁 재론》. 정일준 편역. 새물결.

하버마스, 위르겐. 1994. 《현대성의 철학적 담론》. 이진우 옮김. 문예출판사.

15장 들뢰즈: 생각에 대한 새로운 상과 예술가적 배움

Decartes, R. 1641. *Meditationes de prima philosophia. Oeuvres de Descartes.* eds. Charles Adam and Paul Tannery. Paris: Vrin-CNRS, 1964 - 1974, tome VII.

Deleuze, G. 1962. *Nietzsche et la philosophie*. Paris: PUF.

______. 1963. "Unité de 'A la recherche du temps perdu'". *Revue de métaphysique et de morale*, Vol.68.

______. 1966. *Le bergsonisme*. Paris: PUF.

______. 1968. *Différence et répétition*. Paris: PUF.

______. 1976. *Proust et les signes*(3rd ed). Paris: PUF.

______. 1990. *Pourparlers*. Paris: Minuit.

______. 2002. *L'île Déserte et Autres Textes. textes et entretiens 1953-1974, édition préparée par David Lapoujade*. Paris: Les éditions de Minuit.

Deleuze, G. & F. Guattari. 1972. Anti-Œdipe. Capitalisme et Schizophrénie. Paris: Minuit.

______. 1991. *Qu'est-ce que la philosophie?* Paris: Minuit.

Deleuze, G. & C. Parnet. 1977. *Dialogues*. Paris: Flammarion.

Dowd, G. 2009. "Apprenticeship, philosophy, and the 'secret pressures of the work of art'" In M. Bryden & M. Topping(Eds.). *Deleuze, Beckett, Proust and Ruiz; or Remaking the Recherche. Beckett's Proust/Deleuze's Proust*. New York: Palgrave MacMillan.

Nietzsche, F. 1999. *Sämtliche Werke Kritische Studienausgabe, Bd.13: Nachgelassene Fragmente 1885-1887*. München: Deutscher Taschenbuch Verlag GmbH & Co. KG.

김상환. 2012. 〈들뢰즈와 새로운 사유 이미지〉. 《철학과 인문적 상상력: 헤겔 만가》. 문학과지성사.

김재인. 2013. 〈들뢰즈의 미학에서 '감각들의 블록(un bloc de sensations)'으로서의 예술 작품〉. 《미학》 제76집.

______. 2013. 〈지젝의 들뢰즈 읽기에 나타난 인간주의적-관념론적 오독〉. 《진보평론》 제56호(여름호).

______. 2016. 《혁명의 거리에서 들뢰즈를 읽자》. 느티나무책방.

______. 2017. 《인공지능의 시대, 인간을 다시 묻다》. 동아시아.

______. 2018. 《생각의 싸움: 인류의 진보를 이끈 15가지 철학의 멋진 장면들》. 동아시아.

들뢰즈, 질. 2021. 《베르그손주의》. 김재인 옮김. 그린비.

들뢰즈, 질·펠릭스 과타리. 2014. 《안티 오이디푸스》. 김재인 옮김. 민음사.
서동욱. 2000. 〈들뢰즈의 사유의 이미지와 발생의 문제: 재인식 대 기호 해독〉. 《차이와 타자: 현대 철학과 비표상적 사유의 모험》. 문학과지성사.
이성복. 1990. 〈산〉. 《그 여름의 끝》. 문학과지성사.

16장 라캉: 문자의 과학과 이성, 주체의 전략

Foucault, Michel. 2001. *Dits et écrits II,* 1976~1988. Éditions Gallimard.
Lacan, Jacques. 1966. *Écrits.* Éditions du Seuil.
______. 1975. *Le Séminaire XI, Les quatre concept fondamentaux de la psychanalyse.* Éditions du Seuil.
______. 1975. *Le Séminaire XX, Encore.* Éditions du Seuil.
______. 2005. *Le Séminaire XXIII, Le sinthome.* Éditions du Seuil.

낭시, 장뤽·필립 라쿠라바르트. 2011. 《문자라는 증서: 라캉을 읽는 한 가지 방법》. 김석 옮김. 문학과지성사.
데리다, 자크. 2001. 《글쓰기와 차이》. 남수인 옮김. 동문선.
보위, 맬컴. 1999. 《라캉》. 이종인 옮김. 시공사.
에반스, 딜런. 1998. 《라깡 정신분석 사전》. 김종주 외 옮김. 인간사랑.
오질비, 베르트랑. 2002. 《라캉, 주체 개념의 형성》. 김석 옮김. 동문선.

17장 크리스테바: 이성의 시공 찢기, 비체와 코라

Creed, Barbara. 1993. *The Monstrous-Feminine: Film, Feminism, Psychoanalysis.* Routledge.
Kristeva, Julia. 1974. *La Révolution Du Langage Poétique: l'avant-garde à la fin du 19ème siècle, Lautréamont et Mallarmé.* Seuil.
______. 1980. *Pouvoir de l'horreur*. Seuil.
______. 1987. *Soleil Noir*. Gallimard.
Nietzsche, Fredrich. 2006. Ainsi Parlait Zarathoustra. traduit par Geneviève Bianquis. Flammarion.

박재열. 1995. 〈줄리아 크리스테바의 시적 언어와 그 실제〉. 《영미어문학》 제46집.
최진우 엮음. 2018. 《호모 쿨투랄리스, 문화적 인간과 인간적 문화》. 박영사.
크리스테바, 줄리아. 2000. 《시적 언어의 혁명》. 김인환 옮김. 동문선.

______. 2001. 《공포의 권력》. 서민원 옮김. 동문선.
______. 2008. 《사랑의 역사》. 김영 옮김. 민음사.
플라톤. 2000. 《티마이오스》. 박종현·김영균 옮김. 서광사.

18장 데리다: 유사초월론과 이성의 탈구축

Derrida, Jacques. 1962. *L'origine de la géométrie*. Paris: PUF.
______. 1967. *De la grammatologie*. Paris: Éditions du Minuit.
______. 1967. *La voix et le phémonène*. Paris: PUF.
______. 1972. *La dissémination*. Paris: Éditions du Seuil.
______. 1990. *Le problème de la genèse dans la philosophie de Husserl*. Paris: PUF.
______. 1993. *Apories*. Paris: Galilée.
______. 1993. *Spectres de Marx*. Paris.
______. 1994. *Force de loi.* Paris: Galilée.
______. 1996. "Remarks on Deconstruction and Pragmatism". Chantal Mouffe ed. *Deconstruction and Pragmatism.* London·New York: Routledge.
______. 2001. *Foi et savoir*, Paris: Seuil.
______. 2003. *Voyous.* Paris: Galilée.
Doyon, Maxime. 2010. *Der transzendentale Anspruch der Dekonstruktion*. Würzburg: Ergon.
Foucault, Michel. 1969. *Archéologie du savoir*. Paris: Gallimard.
______. 2001. "Qu'est-ce que les lumières?" *Dits et écrits*, Vol. II, "Quarto." Paris: Gallimard.
Fritsch, Matthias. 2005. *The Promise of Memory: History and Politics in Marx, Benjamin, and Derrida.* New York: State University of New York Press.
Gasché, Rodolphe. 1986. *The Tain of the Mirror: Derrida and the Philosophy of Reflection.* Cambridge, Mass.: Harvard University Press.
Hägglund, Martin. 2008. *Radical Atheism: Derrida and the Time of Life.* Stanford: Stanford University Press.
Husserl, Edmund. 1976. *Die Krisis der europäischen Wissenschaften und die transzendentalen Phänomenologie.* Hrsg., W. Biemel, Husserliana, Bd. 6, Haag: Martinus Nijhoff.
Rorty, Richard. 1991. "Is Derrida a Transcendental Philosopher?" *Essays on Heidegger and Others: Philosophical Papers.* Cambridge: Cambridge University Press.
______. 1995. "Is Derrida a 'Quasi'-Transcendental Philosopher?" *Contemporary*

Literature, Vol.36, No.1.

김상환. 2013. 《철학과 인문적 상상력》. 문학과지성사.
김진석. 1993. 《탈형이상학과 탈변증법》. 문학과지성사.
데리다, 자크. 2004. 〈자가면역: 실재적이고 상징적인 자살〉. 지오반나 보라도리 엮음. 《테러 시대의 철학》. 손철성 외 옮김. 문학과 지성사.
______. 2004. 《법의 힘》. 진태원 옮김. 문학과지성사.
______. 2006. 《목소리와 현상》. 김상록 옮김. 인간사랑.
______. 2009. 〈마르크스와 아들들〉. 《마르크스주의와 해체: 불가능한 만남?》. 진태원·한형식 옮김. 길.
______. 2014. 《마르크스의 유령들》(수정 2판). 진태원 옮김. 그린비.
______. 2016. 《신앙과 지식/세기와 용서》. 최용호·신정아 옮김. 아카넷.
루소, 장 자크. 2002. 《언어 기원에 관한 시론》. 주경복·고병만 옮김. 책세상.
문성원. 2012. 《해체와 윤리: 변화와 책임의 사회철학》. 그린비.
소바냐르그, 안. 2016. 《들뢰즈, 초월론적 경험론》. 성기현 옮김. 그린비.
진태원. 2019. 《애도의 애도를 위하여: 비판 없는 시대의 철학》. 그린비.
칸트, 이마누엘. 2006. 《순수이성 비판》. 백종현 옮김. 아카넷.
푸코, 미셸. 1992. 《지식의 고고학》. 이정우 옮김. 민음사.
후설, 에드문트. 1997. 《유럽학문의 위기와 선험적 현상학》. 이종훈 옮김. 한길사.
______. 2016. 《데카르트적 성찰》. 이종훈 옮김. 한길사.

글쓴이 소개(게재순)

조광제

총신대학교 신학과를 졸업하고 서울대학교 철학과 대학원에서 석·박사 과정을 졸업했다. 현재 (사)철학아카데미 대표로 일하고 있다. 한때 한국프랑스철학회 회장, 한국철학회 부회장 일을 했다. 나름의 존재론 구축을 위해 노력하고 있다. 주요 저서로는《현대철학의 광장》,《몸의 세계, 세계의 몸》,《의식의 85가지 얼굴》,《존재의 충만, 간극의 현존》외 다수가 있다.

김인곤

성균관대학교 철학과에서 학사, 서울대학교 대학원에서 플라톤 연구로 박사학위를 받았다. 서양고전학 연구단체인 정암학당 연구원으로 오랜 기간 플라톤 번역에 참여해왔고 완간을 앞두고 있다. 철학아카데미와 문화센터에서 서양철학과 인문학 명저를 소개하며 대중을 위한 인문학 밭갈이를 하고 있다. 몇 년 전부터 전남 장성 부성 마을에서 서울을 오가며 텃밭농부 생활도 겸하고 있다. 저·역서로는《소크라테스 이전 철학자들의 단편 선집》(공역),《고르기아스》,《크라튈로스》(공역),《법률》(공역),《유명한 철학자들의 생애와 사상 1,2》(공역),《서양고대철학 I》(공저) 등이 있다.

김진성

서울대학교 철학과에서 학사·석사 과정을 마치고, 독일 함부르크대학에서 아리스토텔레스를 연구했다. 정암학당 연구원으로 활동하면서 서양철학의 고전을 우리말로 옮기고 있다. 번역서로 아리스토텔레스의 《형이상학》 외 다수가 있다.

진태원

스피노자 철학에 관한 연구로 박사 학위를 취득했으며, 현재 성공회대학교 민주자료관 연구교수로 있다. 스피노자 철학과 현대 프랑스 철학, 사회정치철학, 한국 민주주의론에 관심을 갖고 연구하고 있다. 《을의 민주주의》, 《애도의 애도를 위하여: 비판 없는 시대의 철학》을 저술했으며, 《알튀세르 효과》, 《포퓰리즘과 민주주의》 등을 엮었다. 데리다의 《법의 힘》, 《마르크스의 유령들》, 리오타르의 《쟁론》, 랑시에르의 《불화》, 발리바르의 《우리, 유럽의 시민들?》 등을 번역했다.

박정하

서울대학교에서 칸트 철학으로 학사, 석사, 박사 학위를 받았다. 석사 논문은 〈칸트 역사철학에서 진보의 문제〉, 박사 논문은 〈칸트의 인과 이론〉이다. 현재는 성균관대학교 학부대학 교수로서 칸트의 비판 정신이 반영된 학술적 글쓰기와 고전 읽기 강좌를 담당하고 있으며, 철학의 대중화를 위해 (사)철학아카데미를 공동 운영하고 있다. (사)철학아카데미에서는 2014년부터 칸트의 삼비판서를 번역본으로 강독하는 강의를 진행하여 2017년까지 4년에 걸쳐 완독했으며, 2019년부터 2번째 완독을 위한 강의를 진행하고 있다.

정대성

연세대학교 철학과를 졸업하고 동 대학원에서 석사 학위를, 독일 보쿰대학교에서 철학 박사 학위를 받았다. 현재 연세대학교 근대한국학연구소 HK 교수로 재직하고 있다. 유럽 근현대 철학과 한국 근대 철학을 주요 연구 분야로 삼고 있으며, 특히 철학의 사회정치적 의미 추구에 관심이 있다. 《세상을 바꾼 철학자들》(공저), 《교육독립선언》(공저) 외 다수를 저술했으며, 《헤겔》, 《비판, 규범, 유토피아》, 《자유란 무엇인가》 외 다수를 번역했다.

이순예

서울대학교와 독일 빌레펠트대학교에서 공부하고 독일 철학적 미학의 발전 과정을 연구한 논문으로 빌레펠트대학교 어문학부에서 박사 학위를 취득했다. 현재 홍익대학교 독어독문학과 교수로 재직하고 있다. 칸트의 판단력 비판과 아도르노 미학 이론이 주요 연구 분야이며, 최근에는 문화 연구 분야에서 영미 경험주의 편향을 극복하려는 노력을 기울이고 있다. 주요 저서로는 《예술과 비판, 근원의 빛》, 《예술, 서구를 만들다》, 《민주 사회로 가는 독일적 특수경로와 예술》, 《아도르노》, 《아도르노와 자본주의적 우울》, 《아도르노, 계몽의 변증법》 등이 있고, 주요 역서로는 《아도르노의 부정변증법 강의》, 《아도르노·벤야민 편지: 1928~1940》, 《발터 벤야민》 등이 있다. 주요 논문으로는 〈무지개다리를 이으며 자각하는 자아의 초월성〉, 〈근대성, 합리와 비합리성의 변증법〉, 〈예술과 천재〉, 〈계몽, 비판 그리고 예술〉, 〈나는 살아남기 위해 쓴다〉, 〈아도르노 미학과 서구 시민문화〉 외 다수가 있다.

강병호

춘천의 한림대학교에서 철학과 사회학을 공부했다. 서울대학교 대학원 철학과에서 하버마스의 토의민주주의에 관한 논문으로 석사 학위를 받았다. 독일 프랑크푸르트대학에서 악셀 호네트(Axel Honneth)와 마쿠스 빌라쉑(Marcus Willaschek) 교수의 지도를 받아 칸트의 도덕 이론에 대한 논문으로 철학 박사 학위를 취득했다. 호네트의 글 〈노동과 인정: 새로운 관계규정을 위한 시도〉(《시민과 세계》, 2009)와 《물화: 인정이론적 탐구》(나남, 2015), 《인정: 하나의 유럽사상사》(나남, 2021)를 우리말로 옮겼다. "Werte und Normen bei Habermas. Zur Eigendynamik des moralischen Diskurses"(*Deutsche Zeitschrift für Philosophie*, 2009), 〈악셀 호네트, 인정투쟁: 사회적 갈등의 도덕적 구조와 논리〉(《현대 정치철학의 모험》, 2010), 〈정언명령의 세 주요 정식들의 관계: 정언명령의 연역의 관점에서〉(2014, 한국연구재단 우수논문), 〈악셀 호네트의 인정이론적 도덕 구상의 의무론적 재구조화를 위한 시도〉(2017, 철학연구회 제18회 논문상) 등의 논문을 발표했다. 현재 서울과학기술대학교 기초교육학부 시간강사 겸 한국연구재단 인문사회학술연구교수다.

박남희

연세대학교에서 가다머로 철학 석사와 박사 학위를 받았다. 현재 연세철학연구소 전임 연구원으로 있으면서 철학아카데미 상임 이사와 희망철학연구소 소장일을 겸임하고 있다. 대학에서 철학을 강의하는 외에 철학의 실천적인 일에 관심을 가지고 다양한 계층을 위한 철학 교육에 힘을 쏟고 있다. 저서로는《모든 순간의 철학》,《레비나스, 그는 누구인가》,《세기의 철학자는 무엇을 묻고 어떻게 답했나》 등이 있고, 역서로는《가다머의 과학 시대의 이성》이 있으며, 공저로는《처음 읽는 독일 현대 철학》,《이성의 다양한 목소리》,《세계를 바꾼 철학자들》,《종교와 철학 사이》,《철학, 중독에게 말을 걸다》,《거리의 인문학》,《행복한 인문학》,《인물을 통해서 본 근대 철학》 등이 있다.

변광배

한국외국어대학교 프랑스어과를 졸업하고 동 대학원에서 석사 학위를, 프랑스 몽펠리에3대학교에서 문학 박사 학위를 받았다. 한국외국어대학교 미네르바 교양대학 교수를 역임했다. 사르트르, 카뮈의 철학과 문학을 비롯해 실존주의 철학과 문학이 주요 연구 분야이며, 최근에는 서양 문화를 이해하는 중요한 키워드에 해당한다고 할 수 있는 선물, 용서, 성스러움, 폭력 등을 주요 연구 과제로 삼고 있다. 저서로는《사르트르와 폭력》,《사르트르 vs 카뮈》,《존재와 무: 자유를 위한 실존적 탐색》 등이 있고, 역서로는《사르트르 평전》,《프랑스 인류학의 아버지, 마르셀 모스》,《롤랑 바르트, 마지막 강의》,《변증법적 이성 비판》(공역),《바르트의 편지들》(공역),《데리다, 해체의 철학자》(공역) 외 다수가 있다.

박찬국

서울대학교 철학과를 졸업하고 동 대학원에서 석사 학위를, 독일 뷔르츠부르크 대학교에서 철학 박사 학위를 받았다. 현재 서울대학교 철학과 교수로 재직하고 있다. 니체와 하이데거의 철학을 비롯한 실존철학이 주요 연구 분야이며, 최근에는 불교와 서양철학을 비교하는 것을 중요한 연구 과제 중의 하나로 삼고 있다. 《원효와 하이데거의 비교 연구》로 2011년 제5회 청송학술상을,《니체와 불교》로 2014년 제5회 원효학술상을,《내재적 목적론》으로 2015년 제6회 운제철학상을 받았다. 저서로는《들길의 사상가, 하이데거》,《하이데거는 나치였는가》,《하이데거의《존재와 시간》강독》,《초인수업》 등이 있고, 역서로는《니체 I, II》,《아침놀》,《비극의 탄생》,《안티크리스트》,《우상의 황혼》,《상징 형식의 철학 I》,《상징 형식의 철학 II》 외 다수가 있다.

김성하

고려대학교 정치외교학과와 홍익대학교 조소과를 졸업하고, 프랑스 파리8대학에서 석사 학위를, 프랑스 피카르디 쥘 베른(Picardie Jules Verne) 대학교에서 〈중성과 비정형 사이의 흐름: 조르주 바타유, 모리스 블랑쇼, 현대미술〉로 미학 박사 학위를 받았다. 현재 경기연구원 연구위원으로 지역 문화, 예술, 문화예술교육 등 문화예술 관련 정책 연구를 하고 있다. 발표 논문으로, 〈'작품 안에 있는 관객'에 대한 철학적 사유〉, 〈고든 마타-클락의 작품에 내재된 '건축 쓰레기'의 의미〉, 〈조르쥬 바따이유와 현대미술의 애증 관계〉 등이 있으며, 공저로 《처음 읽는 프랑스 현대 철학》 등이 있다.

정지은

연세대학교 생물학과를 졸업하고 홍익대학교 대학원 미학과에서 수료한 뒤, 프랑스 부르고뉴대학에서 철학 석사와 철학 박사 학위를 취득했다. 현재 홍익대학교 교양교육원 조교수로 있다. 연구 주제는 현상학과 예술, 현상학과 정신분석을 아우르면서 만나는 지점에 놓여 있으며, 이와 관련된 여러 논문들을 발표했다. 역서로는 《동물들의 세계와 인간의 세계》, 《유한성 이후》, 《철학자 오이디푸스》, 《알튀세르와 정신분석》, 《몸: 하나이고 여럿인 세계에 관하여》가 있으며, 《몸의 철학》, 《헬조선에는 정신분석》 등 몸과 일상생활을 접목시키는 책들에 공저자로 참여했다.

허경

고려대학교 불어불문학과를 졸업하고, 같은 대학교 대학원 철학과에서 〈미셸 푸코의 한 연구: 윤리의 계보학에 관하여〉를 제출하여 석사 학위를 받았다. 이후 프랑스 스트라스부르 마르크 블로흐대학교 철학과의 필립 라쿠라바르트(Philippe Lacoue-Labarthe) 아래에서 〈미셸 푸코와 현대성〉을 제출하여 박사 학위를 받았다. 귀국 후, 고려대학교 응용문화연구소와 철학연구소의 연구교수를 지냈다. 현재는 철학학교 혜윰의 교장으로 일하고 있다. 주요 저서로는 《미셸 푸코의 '광기의 역사' 읽기》, 《미셸 푸코의 '임상의학의 탄생' 읽기》, 《미셸 푸코의 '지식의 고고학' 읽기》 등이 있고, 공저로는 《미술은 철학의 눈이다》, 《현대 프랑스 철학사》,

《처음 읽는 프랑스 현대철학》 등이 있다. 주요 역서로는 푸코의 《문학의 고고학》, 《담론의 질서》, 《상당한 위험》, 들뢰즈의 《푸코》 등이 있다.

김재인

서울대학교 미학과를 졸업했고 동 대학원 철학과에서 박사 학위를 받았다. 현재 경희대학교 비교문화연구소 학술연구교수로 재직하고 있다. 니체와 들뢰즈의 철학을 비롯해, 인공지능, 기후변화, 뉴노멀 등 현대 과학기술과 생태를 놓고 새로운 시대의 가치 시스템을 구상하고 있다. 주요 저서로 《뉴노멀의 철학: 대전환의 시대를 구축할 사상적 토대》, 《생각의 싸움: 인류의 진보를 이끈 15가지 철학의 멋진 장면들》, 《인공지능의 시대, 인간을 다시 묻다》, 《혁명의 거리에서 들뢰즈를 읽자》, 《삼성이 아니라 국가가 뚫렸다》 등이 있다. 주요 역서로 《베르그손주의》, 《안티 오이디푸스》, 《천 개의 고원》, 《들뢰즈 커넥션》, 《현대 사상가들과의 대화》(공역) 등이 있다.

김석

프랑스 스트라스부르대학을 거쳐 파리8대학 철학과에서 '라캉의 욕망하는 주체'를 주제로 철학 박사 학위를 받았다. 귀국 후 철학아카데미, 고려대학교, 서울시립대학교 등에서 강의를 하다 2009년부터 건국대학교 자율전공학부 교수, 2018년부터 건국대학교 철학과 교수로 재직하고 있다. 정신분석 개념과 무의식 이론을 적용해 한국 사회의 여러 현상을 심층적으로 분석하면서 욕망의 윤리와 공동체 모델을 철학적으로 제시하는 것에 연구를 집중하고 있다. 대학 강의뿐 아니라 여러 형태의 대중 강연을 통해 대중과 소통하는 것도 많이 하고 있다. 주요 저서로는 《에크리, 라캉으로 이끄는 마법의 문자들》, 《프로이트 & 라캉, 무의식에로의 초대》, 《자아: 친숙한 이방인》 등이 있고, 공저로는 《내 몸을 찾습니다》, 《처음 읽는 독일 현대철학》, 《인문학 명강: 서양고전》, 《헬조선에는 정신분석》 등이 있다. 역서로는 《라캉, 주체개념의 형성》, 《문자라는 증서: 라캉을 읽는 한 가지 방법》 등이 있다.

윤지영

프랑스 파리 소르본대학교에서 철학 학사와 석사를, 프랑스 팡테옹 소르본대학교에서 철학 박사를 취득했다. 현재 국립 창원대학교 철학과에 부교수로 재직 중이다. 푸코와 데리다를 비롯한 프랑스 현대 철학과 페미니즘 철학이 주요 연구 분야이며, 최근에는 신유물론과 인류세에 대한 연구하고 있다. 영어, 불어, 한국어로 KCI 국내 전문 학술지와 A&HCI와 SSCI급 국제 전문 학술지에 42편의 논문을 게재했다. 저서로는 《지워지지 않는 페미니즘》이 있고, 역서로는 《자신을 방어하기》가 있다.